Artur Dziuk

DAS TING

Artur Dziuk

DAS TING

ROMAN

bold

Das Zitat auf Seite 7 stammt aus:
›Die Antiquiertheit des Menschen Bd. 2. Über die Zerstörung des Lebens im Zeitalter der dritten industriellen Revolution.‹ von Günther Anders

Das Zitat auf Seite 218 stammt aus:
›Die Kunst des Krieges‹ von Sunzi
Aus dem Chinesischen übersetzt von Jürgen Langowski
Erschienen 1996 Verlagsgruppe Droemer Knaur GmbH & Co. KG, München

Ausführliche Informationen
über unsere Autoren und Bücher
www.readbold.de

MIX
Papier aus verantwortungsvollen Quellen
FSC® C083411

Originalausgabe
2019 bold, ein Imprint der
dtv Verlagsgesellschaft mbH & Co. KG, München

Lektorat: Frank Griesheimer, Starnberg
Umschlaggestaltung: Focus + Echo
Gesetzt aus der Franziska
Layout: Nadine Clemens, München
Satz: Gaby Michel, Hamburg
Druck und Bindung: CPI books GmbH, Leck
Printed in Germany · ISBN 978-3-423-23006-3

FÜR INSA

Unter »Technokratie« verstehe ich die Tatsache,
dass die Welt, in der wir heute leben und die über uns befindet,
eine technische ist – was so weit geht, dass wir nicht mehr
sagen dürfen, in unserer geschichtlichen Situation gebe es
u. a. auch Technik, vielmehr sagen müssen:
in dem »Technik« genannten Weltzustand spiele sich nun
die Geschichte ab, bzw. die Technik ist nun zum Subjekt
der Geschichte geworden, mit der wir nur noch
»mitgeschichtlich« sind.
Günther Anders

TEIL

EINS

LINUS

Sein Spiegelbild in der gläsernen Drehtür wird mit jedem Schritt größer. Der neue Anzug scheint glänzend und glatt, doch Linus ahnt, dass die Fahrt Falten hineingedrückt hat. Heute darf er sich keine Fehler erlauben. Seine Performance muss tadellos sitzen. Seine Karriere – sein Leben hängt davon ab.

Wenige Meter über ihm, an der Glasfront des Towers, leuchtet der Schriftzug: *Strindholm Consulting.* Die Geräusche um ihn herum werden leiser. Bassgetriebene Musik aus einem Sportwagen. Das Gespräch mehrerer Männer, auf dem Weg in eine Szenekneipe. Das Lachen eines Liebespaares.

Die Hitze der Sommernacht drückt auf seine Schläfen. Zur Sicherheit kontrolliert er das Display seines Smartphones. Keine Nachricht von Kira. Keine Empfehlung des *Ting.*

In der Lobby ist es still, die Deckenlampen sind gedimmt. Die weite Eingangshalle ist leer, abgesehen von einem Mann, der hinter einem Tresen sitzt, das Gesicht erhellt von einem Bildschirm. Wie ein steinerner Wächter, umgeben von Marmor und gläsernen Wänden. Er schenkt Linus keinen einzigen Blick.

In fünf Minuten ist es 22 Uhr 30. Trotzdem ist niemand hier: keine Universitätsabsolventen, die flüsternd die Stationen ihres Lebenslaufs durchgehen. Sich gegenseitig taxieren. Keine Personaler, die ihn begrüßen. Ihm versichern, es gebe keinen Grund, nervös zu sein. Erklären, was er schon weiß. Dass *Strindholm Consulting* Bewerbungsverfahren in der Nacht abwickelt. Dass zwölf Bewerber eingeladen, geprüft, weggeschickt werden, wenn sie den Anforderungen nicht genügen. Dass, wer am Morgen übrig ist, gleich hierbleibt und den ersten Arbeitstag vor sich hat.

Linus streicht sein Sakko glatt, atmet tief ein. Und wieder aus. Wahrscheinlich warten Personaler und Bewerber in einem anderen Raum. Sein Hemd ist unangenehm feucht. Die klimatisierte Luft hat den Schweiß innerhalb von Sekunden abgekühlt. Er hebt unauffällig den Arm und neigt den Kopf, um seinen Körpergeruch einzuschätzen. Doch er ist nicht sicher, ob da überhaupt etwas ist. Die Schritte in den neuen Lackschuhen klingen laut auf dem Marmorboden, und er versucht, weniger stark aufzutreten. Noch immer schaut der Mann hinter dem Empfangstresen nicht auf. Auch nicht, als Linus direkt vor ihm steht.

»Entschuldigung – ich bin wegen des Bewerbungsgesprächs hier.«

Endlich richtet der Mann seinen Blick auf Linus und faltet die Hände ineinander. Aus dem neutralen Gesichtsausdruck schält sich ein schmales Lächeln.

»Guten Abend. Wie kann ich Ihnen helfen?«

Unter dem Anzug steckt ein athletischer Körperbau, obwohl der Mann die Fünfzig bereits überschritten haben muss. Linus denkt über die Berufsbezeichnung seines Gegenübers nach. Aber sie fällt ihm nicht ein. »Pförtner« kann es nicht sein. Vielleicht ein Anglizismus. Dem Aussehen nach zu urteilen ist der Mann Geschäftsführer oder sogar Personaler. Linus stutzt. Was, wenn er tatsächlich Personaler ist? Und diese Situation, die leere Lobby, seine Unfreundlichkeit, Teil der ersten Prüfung?

»Warum starren Sie mich so an?«

»Entschuldigung. Mein Name ist Linus Landmann. Ich bin wegen des Bewerbungsgesprächs hier.«

Der Mann blickt wieder auf den Bildschirm. Bewegt langsam die Maus. Klickt.

»Sie meinen sicherlich das Assessment-Center. Die Kollegen vom Recruiting sind mit den Bewerbern vor 20 Minuten hochgefahren. Tut mir leid. Man hat ohne Sie begonnen.«

Die gläserne Rückwand der Lobby ist beschlagen, als hätte ein riesiger, offener Mund von der anderen Seite dagegengeatmet. Diffuses Licht geht von ihr aus. Es bedeckt den Marmorboden und legt sich von hinten über den Körper des Mannes.

»Das kann nicht ... Laut Einladung beginnt das Assessment-Center erst in einigen Minuten.«

Der Mann hebt die Schultern und schüttelt den Kopf. Wenn das tatsächlich eine Prüfungssituation ist, wenn der Mann das alles nur spielt, dann muss Linus seine Kreativität unter Beweis stellen. Er muss beweisen, dass er sich durch Hindernisse nicht aus der Ruhe bringen lässt.

Vielleicht ist Adam noch im Büro. Linus könnte ihn anrufen, ihn um Hilfe bitten. Dem vermeintlichen Personaler zeigen, dass er vorbereitet ist, dass er Connections hat. Doch in Wirklichkeit weiß Linus noch nicht mal, ob Adam von seiner Bewerbung erfahren hat. Ob er sie gutheißt. Kira hingegen meint, Adam ist der einzige Grund, warum man ihn überhaupt eingeladen hat.

»Könnten Sie vielleicht jemanden für mich anrufen?«

Der Mann hinter dem Tresen stöhnt auf. Greift nach einem Telefonhörer und wählt, wobei er sich auf seinem Stuhl um 120 Grad dreht. Nach einigen Sekunden sagt er: »Ein Linus Landmann ist hier.«

Er wartet die Antwort ab und legt wieder auf.

»Bitte setzen Sie sich. Sie werden gleich abgeholt.«

Linus sucht nach einem Platz. Vor einer Flotte von Lederhockern erstarrt er für einen Moment, als würde von seiner Entscheidung für eine Sitzgelegenheit etwas abhängen. Dann setzt er sich vorsichtig auf den erstbesten Hocker. Das diffuse Licht bedeckt ihn jetzt vollständig. Die Quelle liegt irgendwo im Zentrum des Towers, hinter der inneren Glaswand, die noch immer lückenlos beschlagen ist. Hindurchschauen kann er nicht.

Auf dem Display seines Smartphones findet er neue Nachrichten von Kira.

Ich bin mir sicher, dass es dieses Mal klappt.
Ich glaube an dich.

Darunter ein Foto. Hochgezogene Augenbrauen, ein optimistisches Lächeln, ein gedrückter Daumen. Das Bild soll ihm Mut machen. Kira hat bereits Schlafsachen an und sitzt in ihrem Sessel. Wahrscheinlich scrollt sie gerade durch Modeblogs, um von der Arbeit zu entspannen. Geht zwischendurch auf den Balkon, eine rauchen. Macht Pläne für ihr Wochenende. Hoffentlich bleibt sie noch ein paar Stunden wach.

Dem Bild folgt ein weiterer Satz.

Wenn du Adam triffst, dann grüß ihn ganz herzlich.

Mit seinem Smartphone steuert Linus die Website von *Strindholm Consulting* an, sucht unter der Kategorie *Team* nach seinem ehemaligen Freund. Kein Foto, keine Angaben zur Vita, außer: *M. Sc. Wirtschaftsingenieurwesen.* Er steckt das Telefon in seine Tasche und versucht, geräuschlos seine Sitzposition auf dem unbequemen Hocker zu verändern. Möglicherweise kann Adam ihm helfen, den Job zu bekommen. Doch möchte er Adam überhaupt wiedersehen? Möchte er ihn um einen Gefallen bitten, nach allem, was vorgefallen ist? Linus ist sich nicht sicher. Seit dem Studium haben sie nicht mehr miteinander gesprochen.

Linus versucht, die Gedanken an ihre letzte Begegnung zu unterdrücken, aber es gelingt nicht. In ihrem letzten gemeinsamen Semester hatten sie die Idee für ein Produkt: ein »Navigationssystem fürs Leben«. Sie spielten mit dem Gedanken, ein Start-up zu gründen. Linus zuständig für die Entwicklung, Adam für den wirtschaftlichen Part. Linus entwarf ein erstes Konzept und stützte seine Masterarbeit darauf. Als er die Arbeit abgab, erfuhr er, dass Adam den Entwurf kopiert und in seiner eigenen Abschlussarbeit verwendet hatte. Es gab zu viele Überschneidungen und Linus musste einen neuen Ansatz finden. Letztlich kostete ihn die Neuausrichtung ein ganzes Semester. Auch noch nach Jahren, auch hier in der Lobby von *Strindholm Consulting* verkrampft sein Oberkörper, wenn er an ihr letztes Treffen zurückdenkt: wie sauer er auf Adam war, wie er vor Wut zitterte. Wie Adam am Küchentisch saß und ein großes, leeres Glas von einer Handfläche in die andere schubste. Lächelte und schwieg, statt sich zu entschuldigen, sich zu rechtfertigen, Linus zumindest anzuschauen. Nach einer Weile nahm Adam das Glas und füllte es bis zum Rand mit Wasser. Er ließ sich Zeit und blickte anschließend lange aus dem Küchenfenster. Während Linus um seine Fassung rang, mit der Stille im Raum kämpfte, drehte Adam sich um und schaute ihm direkt in die Augen. Ohne den Blick von Linus zu lösen, setzte er das Wasserglas an die Lippen und trank. Erst behutsam, dann immer gieriger. Mit jedem Schluck wurde die Bewegung des Adamsapfels ausladender, wurde das dazugehörige Geräusch obszöner. Einige Tropfen lösten sich aus seinen Mundwinkeln, flossen als Rinnsal die Wange herab und tropften vom Kinn. Auch wenn es nur ein Glas Wasser war – Linus sah ein Raubtier vor sich, das hungrig Stücke aus dem Leib seiner Beute riss. Mit einem *Klong* stellte Adam das Glas auf den Tisch. Und ging, ohne ein weiteres Wort.

Je länger er und Adam anschließend keinen Kontakt hatten, desto mehr flaute Linus' Ärger ab. Und desto mehr stellte Bewunderung sich ein.

Linus schreckt auf, als sich die Tür des Fahrstuhls öffnet. Es ist nicht Adam, der heraustritt. Eine junge Frau kommt auf ihn zu. Während ihre Absätze selbstbewusst in die Lobby klacken, mustert sie ihn von oben bis unten. Er greift nach der ausgestreckten Hand und widersteht dem Verlangen, sich daran hochzuziehen.

»Herr Landmann, schön. Sie haben es doch noch geschafft. Mein Name ist Enni Strindholm. Ich bin Junior Human Resources Managerin. Und bevor Sie fragen: Ja, ich gehöre zur Familie. Kommen Sie, wir sind spät dran. Die Vorstellungsrunde findet im *Abendmahl* statt.«

Die Seitenwände des Fahrstuhls sind verspiegelt. Linus versucht, die Personalerin unauffällig anzuschauen. Er schätzt sie auf Mitte zwanzig. Sie ist knapp größer als er, trägt einen grauen Hosenanzug und ihre blonden Haare sind zu einem Dutt hochgesteckt. Ihr strenges Äußeres und die geradlinigen Bewegungen passen nicht zu ihrem kindlichen Gesicht. Als sie sich im Nacken kratzt, fällt ihm auf, dass sie keine Ohrringe trägt. Nicht einmal Ohrlöcher hat. Er fragt sich, was das über sie aussagen könnte. Ihm fällt nichts ein.

»Darf ich … Ihnen eine Frage stellen? Hat das Assessment schon begonnen? In der Einladung steht halb elf«, sagt er.

»Zufällig waren alle anderen Bewerber schon um zehn hier. Da dachten wir, wir fangen schon mal ohne dich an. Hast du was dagegen, wenn wir uns duzen?«

Sie macht einen Schritt auf ihn zu und berührt seinen Arm. Mit großer Mühe erwidert er ihr Lächeln.

»Keine Sorge. Das wird sich in keinem Fall negativ auf deine Bewertung auswirken«, sagt Enni.

Sie treten in einen langen Korridor. Die Wände sind weiß und kahl, unterbrochen von gläsernen Türen. Auf den Schildern daneben stehen weder Namen noch Nummern, sondern die Titel bekannter Gemälde: *Geburt der Venus, Himmlische und irdische Liebe, Schule von Athen.* Enni biegt in den nächsten Korridor. In einigen Büros brennt trotz der späten Uhrzeit noch Licht. Eine Mitarbeiterin hebt ihren Kopf, während sie an ihrer Tür vorbeigehen, und blinzelt, als habe man sie aus einem Tagtraum gerissen.

Ennis Pfennigabsätze stechen auf den Boden ein. Er wird sich bei den Personalern entschuldigen, seine Pünktlichkeit mit einer Verspätung des Busses, stockendem Verkehr rechtfertigen müssen. In seiner Hosentasche vibriert das Smartphone. Hoffentlich eine Nachricht von Kira, denkt er. Unauffällig holt er es hervor. Auf dem Display leuchtet eine Empfehlung des *Ting.*

Flüssigkeitsmangel festgestellt. Optimale Versorgung des Gehirns nicht gewährleistet. Kognitive Leistungsfähigkeit zeitnah beeinträchtigt. Empfehlung: Mindestens 400ml Flüssigkeit zuführen.

Linus ist irritiert, denn er ist gar nicht durstig. Eine Empfehlung, wie er sich den Personalern gegenüber verhalten soll, eine gute Erklärung, weshalb er nicht wie alle anderen zu früh erschienen ist, wäre um einiges nützlicher. Eine solche ist ihm das

Tool schuldig, denkt er, während er sich bemüht, nicht auf Ennis Hintern zu gucken. Immerhin ist das *Ting* mitverantwortlich, dass er diesen Abend in einem Assessment-Center verbringt und nicht nach einem langen Tag im Labor vor einem Stream mit Kira entspannt. Eine Empfehlung des *Ting* hat ihn dazu gebracht, seine Promotion abzubrechen. Und einige Wochen später verlangte eine andere Empfehlung des *Ting,* dass er sich bei *Strindholm* bewirbt.

Wunder. Dieses Wort kommt ihm immer in den Sinn, wenn er an jene beiden Empfehlungen denkt. Denn genau das sind sie. Die physische Hardware des *Ting* verfügt zwar über Sensoren, um anhand seiner Hormonausschüttung seine Frustration im Labor festzustellen. Ebenso konnten die Sensoren seinen Stress messen, als seine Stipendien- und Projektgelder ausgelaufen sind. Theoretisch hat das Tool sogar Zugang zu Online-Job-Portalen, um eine offene Stelle bei *Strindholm* ausfindig zu machen. Doch das alles ist nur Theorie: Die Software, also die Modelle und Algorithmen des »Navigationssystems«, die er während seiner Masterarbeit und Promotion entwickelt hat, ist nicht ausgereift genug, um Entscheidungsempfehlungen dieser Komplexität zu generieren. Und doch hat er diese beiden Empfehlungen vom *Ting* bekommen. Wunder. Ein solches könnte er auch jetzt gut gebrauchen.

Linus kollidiert beinahe mit Enni, als sie mitten im Korridor stehen bleibt. Ihre Gesichtszüge wirken weicher als vorhin, ihre braunen Augen groß und rund.

»Linus, da ist etwas, das ich loswerden muss. Versprichst du mir, es für dich zu behalten?«

Ennis Hände fassen nervös an den Saum ihres Blazers. Er hat keine andere Wahl, als zu nicken.

»Ich bin die Enkelin des Firmengründers. – Aber vor Kurzem

war ich in der gleichen Situation wie du. Das hier ist mein erstes Assessment-Center auf der anderen Seite. Ich bin in der Probezeit und darf keinen Fehler machen, sonst bin ich den Job wieder los. Wahrscheinlich bin ich genauso aufgeregt wie du.«

Enni atmet demonstrativ laut aus. Wieder wittert Linus eine Falle. Er versteht einfach nicht, warum sie sich gerade ihm anvertraut. Vielleicht ist das ein Test, um seine Empathie und soziale Kompetenz auf die Probe zu stellen. Er versucht, die Distanz zwischen ihnen zu verringern, und tritt einen Schritt auf Enni zu. Sofort ist ihm die Nähe unangenehm und er weicht wieder einige Zentimeter zurück. Er räuspert sich, dann klopft er Enni dreimal auf die Schulter.

»Du schaffst das schon«, sagt er.

Enni hebt leicht die Brauen. Durchgefallen, denkt er. Doch noch ist es nicht zu spät. Vielleicht erwartet sie etwas im Austausch. Ein Geheimnis oder Geständnis. Er lässt alle Vorsicht fallen und redet einfach drauflos. Sagt, was ihn seit Tagen umtreibt und was er nicht einmal vor Kira aussprechen kann.

»Ich bin seit Monaten arbeitslos. In den letzten vier Assessment-Centern bin ich gescheitert. Fühlt sich an, als wäre das heute meine letzte Chance, mein Leben wieder hinzubiegen.«

Enni reagiert nicht. Macht keine Anstalten weiterzugehen.

»Immerhin scheinst du für deinen Job qualifiziert zu sein«, fährt er fort. »Für mich ist diese Consultant-Stelle 'ne Nummer zu groß. Ich bin Ingenieur, ein Entwickler. Um ehrlich zu sein – betriebswirtschaftliches Denken war nie meine Stärke.«

Das Geständnis erleichtert ihn, als wäre er nach der jahrelangen Vertuschung eines Verbrechens endlich überführt worden. An Ennis Mimik erkennt er, dass er einen Fehler begangen hat. Sie schürzt die Lippen, nickt zögerlich, als würde sie das eben Gesagte mental notieren. Linus will seine Worte relativieren, aber die Personalerin dreht sich um und öffnet, ohne anzuklopfen, eine Tür. Sie betritt den Raum, vor dem sie seit einer Minute stehen. Auf dem Schild die Aufschrift: *Das Abendmahl.* Linus bleibt im Korridor zurück. Im Konferenzraum ist es ruhig. Er hört, wie Enni einen Stuhl zurück und wieder nach vorne zieht, sich setzt. Erst dann folgt er der jungen Personalerin.

Um einen langen Konferenztisch herum sitzen Menschen. Alle Blicke sind auf ihn gerichtet. Das zuletzt gesprochene Wort liegt schwer in der Luft. Der Raum schwankt vor seinen Augen, und Linus versucht, sich festzuhalten. Aber er sieht keinen freien Stuhl, kein freundliches Gesicht, begreift nicht, wer Bewerber, wer Personaler ist. Als sein Sichtfeld wieder einrastet, erkennt er das Gemälde an der Wand, das dem Konferenzraum seinen Namen gibt. Etwas stimmt damit nicht. Es ist nicht originalgetreu, sondern eine Variation.

»Götz, Leiterin der Personalabteilung.«

Eine Frau greift nach seiner Hand. Sie deutet auf mehrere Personaler, die ihm einer nach dem anderen zunicken. Götz nennt ihre Namen, Linus vergisst sie sofort. Dann stellt sie die Beisitzer aus der Abteilung vor, in der die Stelle zu vergeben ist. Adam ist nicht unter ihnen.

»Ist mit Ihnen alles in Ordnung?«

Götz' Stimme besitzt die routinierte Freundlichkeit und rücksichtslose Härte einer Frau, die gelernt hat, sich in einer feindlich gesinnten Domäne durchzusetzen. Ihre Bluse ist leicht aufgeknöpft, und unter ihrem Schlüsselbein leuchten vier rote Striemen, als habe sie sich gekratzt.

»Ich bin mit denen, die pünktlich waren, das Kommende durchgegangen«, sagt sie. »Die Prüfungen, das Bewertungssystem und so weiter. Ich werde das alles nicht für Sie wiederholen. Aber um Ihnen eine kleine Zusammenfassung zu geben: Einen weiteren Fehltritt können Sie sich nicht erlauben.«

Zu keiner Erwiderung fähig, setzt er sich auf den einzigen freien Stuhl nahe der Glasfront. Nach und nach wenden sich seine Mitbewerber wieder der Personalerin zu, die den Zweck der kommenden Kurzvorstellungen erklärt. Zwölf flipchartgroße Papierbögen mit den Namen der Bewerber hängen an der Wand hinter ihr. Auf dem Bogen mit der Überschrift *Linus Landmann* prangt eine Bemerkung: *verspätet.*

Die erste Bewerberin stottert sich durch die Stationen ihrer Ausbildung. Linus fixiert eine Kerbe in der hölzernen Tischplatte und versucht, nicht hinzuhören. Es ist schon vorgekommen, dass die Unsicherheit anderer ihn ansteckte. Die Personaler und Beisitzer notieren auf Klemmbrettern und nicken gelegentlich.

Der nächste Bewerber nennt seinen Namen und sein Heimatland. Zwischen ihm und Linus sitzen noch sieben weitere, Linus hat also noch Zeit. Die Zunge liegt ihm schwer und klebrig im Mund, am liebsten würde er sie ausspucken. Vielleicht hätte er die Empfehlung des *Ting* ernst nehmen und etwas trinken sollen. In der Mitte des Tisches stehen einige Flaschen Mineralwasser und Gläser, ineinandergestapelt und unangetastet. Um heranzukommen, wird er sich aus dem Stuhl erheben müssen. Alle werden zu ihm herschauen. Ein Glas wird klirren. Er wird etwas verschütten.

Linus hat sich auf diese Runde vorbereitet. Sein Leben zusammengefasst und zurechtgelegt, Details eingestreut und lange an einer Selbstdarstellung gebastelt, die überzeugend, aber nicht unrealistisch ist. Er hat noch Zeit, seinen Vortrag ein letztes Mal in Gedanken durchzugehen, sicherzugehen, dass er alle Punkte parat hat.

Ein Bewerber zu seiner Rechten, der tatsächlich Dreadlocks trägt, erzählt eine Anekdote über ein Auslandspraktikum in Frankreich und bringt die Personaler und sogar einige nervöse

Bewerber zum Lachen. Linus ist nicht sicher, ob er einstimmen soll, den Witz hat er verpasst. Seinem eigenen Vortrag fehlen auflockernde Momente, obwohl alle Ratgeber sie für unverzichtbar halten. Wieder kichern einige. Der Bewerber holt sich jeden Lacher einzeln mit einem kurzen Blick ab. Seinem Auslandsaufenthalt in Paris schloss er ein Studium an der *London Business School* an. Den Master hat er in Frankfurt absolviert. Es folgten Praktika bei *VW*, *ThyssenKrupp* und *McKinsey*. Er macht eine Kunstpause, dann schließt er ab: »Im Übrigen bin ich 24 Jahre alt.«

Götz nickt zufrieden und macht eine kurze Notiz auf ihrem Klemmbrett. Egal was Linus aus seinem Leben rausholt, den Typen mit den Dreadlocks wird er nicht übertrumpfen. Er versucht, die ersten auswendig gelernten Sätze seiner Vorstellung gedanklich zu rekapitulieren, doch sie sind verschwunden. Da ist nichts als Leere. Als hätte er nie gelebt. Angst treibt ihm den Schweiß auf Stirn und Handflächen. Um sich zu beruhigen, knetet er seinen linken Daumen. Er wird etwas von sich erzählen müssen, nur was? Vielleicht von seiner Schulzeit in Hannover, seinen guten Noten. Dem Klavier- und Tennisunterricht, wo er kein Talent bewiesen hat, sondern bloß Durchschnitt war. Oder von seinen Ärzte-Eltern, die ihn überreden wollten, Medizin zu studieren. Wie er kurz davor war, ihrem Drängen nachzugeben, aber seine Freunde alle was mit Computern machten. Wie er sich für einen Kompromiss entschied: Medizintechnik. Vielleicht erzählt er aber auch von Kira. Dass sie seit über zehn Jahren in einer festen Beziehung sind und nach dem Abi zusammen nach Berlin zogen. Dass Kira die einzige Frau ist, mit der er je geschlafen hat. Er könnte darüber sprechen, wie stolz sie wäre, wenn er einen richtigen Job hätte, wenn seine Karriere endlich ins Rollen käme.

Vielleicht, denkt Linus, berichtet er sogar vom *Ting,* in das er die vergangenen fünf Jahre seines Lebens gesteckt hat. Das niemals das Alpha-Stadium verlassen wird, weil die Entwicklung seine Fähigkeiten mittlerweile übersteigt.

Oder er erzählt von Adam, seinem früheren besten Freund. Der Gedanke tröstet ein wenig. Die Vorstellung, dass Adam vor einigen Jahren in der gleichen Lage war, genau hier in diesem Raum. Linus hätte ihn kontaktieren und um Rat fragen sollen, trotz der schwierigen Situation zwischen ihnen. Immerhin hat Adam diese Runde und alle weiteren gemeistert und am Ende den Job bekommen. Typen wie Adam bekommen immer den Job. Vielleicht ist das seine einzige Chance, denkt Linus. Zu tun, was Adam tun würde. Zu sein, wie Adam ist.

Als die Frau im Hosenanzug neben Linus verstummt, schaut Götz ihn auffordernd an. Alle Personen im Raum tun es ihr gleich. Mit verschränkten Armen sitzt er da, rührt sich nicht. Wagt es nicht, zu atmen oder den Mund zu öffnen, aus Angst, sich zu übergeben. Er hat bereits Minuspunkte gesammelt, man wird ihn nach dieser Runde wegschicken. In einer Stunde wird er die Wohnungstür aufschließen. Kira wird in ihrem Schlaf-Shirt im Flur stehen und enttäuscht fragen, warum er schon zurück ist.

Linus greift nach einem Glas. Schubst es von einer Handfläche in die andere. Schraubt den Verschluss von einer Mineralwasserflasche. Füllt das Glas fast bis zum Rand. Er drückt sich aus seinem Stuhl und dreht sich von den Gesichtern weg, der Glasfront zu. Draußen ist es Nacht geworden. Ein Bus hält und einige Menschen steigen aus, sie scheinen es nicht eilig zu haben. Hinter ihm ist der Raum still, als wäre er allein. Langsam flaut die Übelkeit ab.

»Mein Name ist Linus Landmann. Ich bin Ingenieur und Programmierer.«

Er wendet sich wieder von der Glasfront ab, die Szenerie am Tisch ist unverändert. Langsam und bestimmt schreitet er in den Raum hinein.

»Ich habe die Regelstudienzeit überschritten. Die Gründe spielen hier keine Rolle. Doch es wird Sie freuen zu hören, dass ich als Bester meines Jahrgangs abgeschlossen habe.«

Der Bewerber mit den Dreadlocks schaut mit zusammengekniffenen Augen zu ihm hoch. Linus versucht, nicht zu blinzeln.

»Ich habe vor einigen Monaten meine Promotion abgebrochen. Das Projekt hat sich als Sackgasse herausgestellt. Die Entscheidung ist mir schwergefallen. Aber auch schwierige Entscheidungen müssen getroffen werden.«

Er schiebt die Enttäuschung und die Selbstzweifel beiseite, die dieses Thema in den Nächten der vergangenen Monate immer wieder in ihm ausgelöst hat.

»Darüber hinaus ist mein Lebenslauf geradlinig. Meine Praktika habe ich an der Universität absolviert, hab an mehreren Forschungsprojekten mitgearbeitet. Ich musste mich nicht ausprobieren, sondern hatte immer ein Ziel vor Augen. Wusste, was ich will.«

Sätze, die sich wie glatte Lügen anfühlen. Er darf sich jetzt nichts anmerken lassen. Als er an Enni vorbeigeht, meidet er ihren Blick. Wendet sich dem *Abendmahl* zu, das fast eine ganze Wand des Raums einnimmt, und lässt sich Zeit, es zu betrachten. Endlich fällt ihm auf, was daran nicht stimmt: Der zentrale Platz ist nicht besetzt.

»Ich kann keine Auslandserfahrungen vorweisen«, fährt er fort. »Aber in jedem Land, das ich kenne, ist zu früh zu kommen genauso unhöflich wie eine Verspätung.«

Für einen kurzen Augenblick meint Linus, hinter der gläsernen Eingangstür Adam zu sehen. Allerdings blickt ihm nur seine eigene Reflexion entgegen. Langsam führt er das volle Wasserglas zum Mund. Dann trinkt er es Schluck für Schluck in einem Zug leer. Er stellt es ab – das Geräusch von Glas auf Holz –, direkt vor Götz. Alle Anwesenden schauen hin. Ein Tropfen löst sich vom Rand und gleitet an der Außenwand herab.

»Schön. Schön. Vielen Dank. Sie können sich jetzt wieder setzen«, sagt Götz.

In den nächsten Minuten hört er nichts als das Echo seiner eigenen Stimme.

»Wir werden Sie jetzt in zwei Gruppen aufteilen. Die erste Gruppe wird unseren Intelligenz- und Persönlichkeitstest absolvieren. Die zweite nimmt an einer Führung durch das Gebäude teil und erhält Einblicke in die Unternehmensstrukturen von *Strindholm Consulting.* Nach einer Stunde wird getauscht.«

Schweigend erheben sich die Bewerber aus ihren Stühlen und teilen sich der Anweisung entsprechend auf. Linus heftet sich an Enni, die die Führung durch das Gebäude übernimmt. An der Tür entsteht ein Gedränge und er dreht sich noch einmal um. Die Personaler und Beisitzer am Konferenztisch blicken in ihre Notizen oder unterhalten sich flüsternd. Die Ersten stehen auf, um Punkte und Anmerkungen auf den Papierbögen zu verteilen. Als sich ein Personaler Linus' Bogen widmet, verlässt er *Das Abendmahl.*

Zusammen mit einer Handvoll anderer Bewerber folgt er Enni durch die Flure der Renaissance-Etage. Neben dem Konferenzraum befindet sich die Kaffeeküche *Marter der zehntausend Christen,* daneben der kleine Kinosaal *Selbstbildnis.*

»Wenn ihr euch bei *Strindholm* zurechtfinden wollt, müsst ihr euch die Namen der Büros und Stockwerke merken. Die Gemälde sind natürlich nicht die Originale. Wenn ein Neuankömmling die Probezeit übersteht und sich verdient gemacht hat, darf sie oder er sich ein Bild aus der jeweiligen Epoche aussuchen. *Strindholm* gibt dann bei jungen, aufstrebenden Künstlern eine Reproduktion in Auftrag, die sich zu einem gewissen Grad vom Vorbild unterscheidet. Dieser Vorgang lehnt sich an unsere Beratungsphilosophie an: Das Ursprungswerk wird modernisiert und verbessert, ohne seine Identität und Seele einzubüßen.«

Während Enni über das Gebäude, die Arbeitsbereiche und die Unternehmensstruktur spricht, dreht sie ihren Kopf leicht zur Seite, schmeißt die Worte häppchenweise über ihre Schulter. Nur wenn sie auf die Firmengeschichte eingeht, von ihrem Großvater erzählt, der die Firma nach dem Zweiten Weltkrieg gründete, dreht sie sich um, öffnet ihre Arme und macht dabei einige Schritte rückwärts.

Die Gerüche von Deodorants, Parfums und Aftershaves mischen sich in der engen Fahrstuhlkabine. Linus wird von einem größeren Bewerber gegen Enni gedrückt und muss sich an die Wand quetschen, damit ihre Körper einander nicht berühren. Um niemanden anzuschauen, fischt er sein Smartphone aus der Tasche und ist enttäuscht, keine weitere Empfehlung des *Ting* vorzufinden. Nur eine Mail seiner kleinen Schwester an Linus und ihre Eltern, in der sie darum bittet, das vorletzte Kapitel ihrer Doktorarbeit in Medizin gegenzulesen. Er stellt sich vor, wie seine Eltern bei einem Glas Rotwein über dem ausgedruckten Kapitel sitzen und sich, stolz über die Leistung ihrer Tochter, gegenseitig Passagen daraus vorlesen. Schnell lässt er das Smartphone wieder verschwinden.

Direkt über ihm an der Decke des Fahrstuhls hängt ein Nachtfalter, der massive Körper braun und haarig. Die beiden schwarzen Flecken auf den Flügeln des Tieres erinnern ihn an ein Augenpaar. Er fühlt sich beobachtet, als würde der Falter ihn mustern. Erst als Enni anfängt, die wichtigsten Kunden von *Strindholm Consulting* aufzuzählen, und er den Kaffee in ihrem Atem riecht, kann er sich von der Vorstellung lösen.

In der Gegenwart-Etage passieren sie die Büros der Analysten, von denen manche noch an ihren Schreibtischen sitzen. Irgendwo hier muss auch Adams Büro liegen, vermutet Linus. Vielleicht arbeitet er gerade an einem wichtigen Projekt. Er spürt den Impuls, Enni nach Adam zu fragen, überlegt es sich aber anders. Bekanntschaften innerhalb des Unternehmens könnten ihm negativ ausgelegt werden. Als sei er auf Hilfe angewiesen oder wolle sich bei der Beurteilung einen Vorteil verschaffen. Vor einer Tür mit einem leeren Schild bleibt die Gruppe stehen.

»In dieses Büro wird einer von euch am Morgen einziehen.«

Der Raum erstreckt sich über mehrere Meter, der Schreibtisch verloren in seiner Weite. Enni schaltet die Deckenbeleuchtung nicht an, und so stehen sie eine Weile im schummrigen Licht, das aus dem Flur hineinfällt. Inhalieren den Geruch von neuer Auslegeware. Eine Bewerberin zieht den Bürostuhl zurück, um sich hineinzusetzen, aber Enni hält sie lächelnd zurück. Linus schaut durch die Glasfront hinaus in die Nacht. Anders als erhofft, kann er sie nicht sehen: die belebten Gehwege, die Menschen, die die erste Station ihres Wochenendes ansteuern. Angestrahlt vom Licht der Laternen, liegt dort nur das geschlossene Einkaufszentrum. Langsam lehnt er seine Stirn gegen das kühle Glas. Die Übelkeit, die ihn den ganzen Abend über quält, flaut ein wenig ab. Er kämpft gegen das Verlangen, die Augen zu schließen.

»An diese Stelle werden wir in sechs Monaten ein neues Bild hängen. Welches würdest du dir aussuchen, Linus?«

Ennis Gesichtsausdruck sieht aus, als hätte sie ihn bei etwas Verbotenem ertappt. Statt über Namen von Künstlern und Bildern nachzudenken, fragt Linus sich, ob er etwas falsch gemacht hat.

»Mhh – ein graues? Das würde gut zum Rest der Einrichtung passen«, sagt er nach einer längeren Pause. Niemand lacht.

Dreadlock, dessen richtiger Name Linus längst entfallen ist, verschränkt die Hände hinter dem Nacken, als er antwortet.

»Ich würde eins von Richter nehmen. Daniel Richter natürlich.«

Die Personalerin nickt und wechselt das Thema. Während sie darüber spricht, welche Leistungen *Strindholm Consulting* Start-ups bieten kann, wird Linus bewusst, dass er soeben zwei Mal hintereinander Minuspunkte gesammelt hat. Er wird sich übergeben müssen, und zwar bald.

»Entschuldigung, ich muss mal.«

Seine Stimme klingt gepresst, und er wartet nicht, bis jemand antwortet.

Die Herrentoilette befindet sich ein paar Türen weiter. Vor der Kloschüssel der nächstbesten Kabine geht er auf die Knie. Tränen schießen ihm in die Augen, der Würgereflex setzt krampfartig ein, aber nichts kommt hoch, nicht mal Säure. Alleine hier zu hocken, ohne bewertet zu werden, nur die glatte, sterile Keramik vor Augen, den schwachen Geruch von Chlor und Zitrone, lässt die Übelkeit mit der Zeit wieder abebben. Vom Flur her hört er dumpf und leise Ennis Stimme hereindringen.

»Da hinten, ganz am Ende des Ganges, ist unser Garten. Das Gebäude ist um eine Grünanlage herum gebaut. Die Vegetation wächst an der inneren Fassade empor und hat sich mittlerweile auf dem Dach ausgebreitet.«

Die beschlagenen Glaswände und das diffuse Licht in der Lobby stammen also von einer ausgeleuchteten Gartenanlage, denkt er. Bestimmt wird er von dieser Etage aus einen Blick darauf werfen können. Und auf dem Weg dorthin kommen sie vielleicht an Adams Büro vorbei.

Linus stemmt sich wieder hoch und durchquert den Raum mit schnellen Schritten. Er hat schon die Hand an der Tür, als er sein Gesicht im Spiegel erblickt. Schweißnass und blass schaut es ihn an. So kann er nicht hinaus. Den Knopf am Waschbecken muss er mehrmals betätigen, bevor das Wasser herausschießt und dabei auf sein Jackett spritzt. Mit kräftigen Stößen reibt er sich die kalte Flüssigkeit ins Gesicht. Ennis Stimme kann er kaum noch hören, geschweige denn das Gesagte verstehen. Mit einigen Papiertüchern trocknet er sich ab und tritt hinaus.

Der Flur wirkt verlassen, die Gruppe ist nicht auszumachen. Aus Richtung der Fahrstühle erklingt ein mechanisches Geräusch. Ein Indiz, wohin die Gruppe verschwunden ist? Andererseits nutzen auch andere den Fahrstuhl. Und hat Enni nicht gerade den Garten im Zentrum des Towers erwähnt? Während Linus versucht, sich zu entscheiden, erlischt das Licht. Der Flur verschwindet in völliger Dunkelheit und Stille. Der Raum verliert alle Züge und ist nicht mehr zu unterscheiden von all den anderen dunklen Räumen, in denen er sich genau in diesem Augenblick stattdessen aufhalten könnte. In seinem Schlafzimmer beispielsweise, wo Kira vielleicht schon fest schläft. In der Küche im Haus seiner Eltern, um nach einem kleinen Snack für die Nacht zu suchen. Oder im Labor der Forschungseinrichtung, kurz bevor er es nach einem langen, aber zufriedenstellenden Tag Arbeit am *Ting* wieder verlässt.

Irgendetwas löst den Bewegungsmelder aus. Die Leuchtstoffröhren springen flackernd an. Er folgt dem Gang Richtung Gebäudemittelpunkt. Hört nichts als das Surren der Lampen. Wenn er abbiegt, erlischt hinter ihm die Beleuchtung und vor ihm wird es hell. Rechts und links liest er die Türschilder, aber die Gemäldetitel scheinen nicht zu Adam zu passen. Linus hat das Gefühl, seine Hilfe mehr denn je zu brauchen. Vielleicht würde Adam sich dafür entschuldigen, ihn damals hintergangen zu haben. Dann würde Linus ihm vom *Ting* erzählen. Vom Sensormodul, das mehrere Dutzend Vitalwerte misst. Den Datenbanken und Modellen, die die Werte ins Verhältnis setzen. Den Algorithmen, die Handlungsempfehlungen daraus ableiten. Davon, wie er das alles selbst entworfen und entwickelt hat. Aber auch von der Fehleranfälligkeit. Und der Sackgasse, in der sich das Projekt befindet.

An einer Gabelung bleibt er stehen. Links oder rechts, er muss sich entscheiden. Bisher ist er niemandem begegnet. Mehrere Minuten schon ist er von der Gruppe getrennt, sein Fehlen wird nicht unbemerkt bleiben. Wenn jemand geschickt wird, um nach ihm zu suchen, wenn er die nächste Aufgabe verpasst, ist alles vorbei. Mittlerweile ist Linus sicher, die falsche Richtung gewählt zu haben. Er dreht um und will zurück. Macht die ersten Schritte in Richtung der Fahrstühle. Da vibriert zum zweiten Mal an diesem Abend sein Smartphone.

Linker Korridor. Sechstes Büro auf rechter Seite. Unfall IV.

Mehr nicht. Keine Informationen darüber, welchem Zweck die Empfehlung des *Ting* dient. Kein Hinweis, was es mit dem Büro auf sich hat. Das muss ein Bug sein. Er glaubt nicht, dass Enni mit den Bewerbern noch immer auf dieser Etage ist. Und sie zu finden, ist seine Priorität.

Linker Korridor. Sechstes Büro auf rechter Seite. Unfall IV.

Das *Ting* insistiert. Linus fühlt sich an die Empfehlung erinnert, die ihm riet, seine Promotion abzubrechen, auch da ließ die App nicht locker. Bis heute hat er ein schlechtes Gewissen, Kira seine wahren Beweggründe verschwiegen zu haben. Verschwiegen zu haben, dass er sein gewohntes Leben änderte, weil ihm ein unfertiges und fehlerhaftes Tool dazu riet. Kira hätte nicht verstanden, worauf er von Anfang an hoffte: Dass das *Ting* ihm half, den richtigen Weg für sich zu finden. Noch mal möchte er seine Freundin jedenfalls nicht anlügen.

Nach einigen Schritten in Richtung der Fahrstühle spürt er erneut die Vibration. Er sollte sein Smartphone abschalten. Das *Ting* zum Schweigen bringen und es morgen im Labor deinstallieren. Der fehlerhafte Prototyp schadet mehr, als er ihm nützt. Vibration. Linus zögert. Vibration.

Der linke Korridor ist lang, die Abstände zwischen den Büros groß. Das sechste Büro auf der rechten Seite trägt den Namen *Unfall* IV. Hinter der Glastür brennt Licht, obwohl sich niemand im Raum aufhält. Trotzdem klopft er. Keine Antwort. Vorsichtig öffnet er die Tür. Überall liegt Papier, vom Schreibtisch über den Boden bis zur Tür ohne erkennbare Ordnung verteilt. Neben seinen Füßen ein Stapel Bücher, zuoberst eine Biografie über Elon Musk. Linus' Schritte rascheln, als er das Büro durchquert und an die Glasfront tritt.

Efeuranken ziehen sich an der Außenseite des Glases empor, aber es ist möglich, zwischen ihnen hindurchzuschauen. Erhellt von Scheinwerfern liegt unten im Erdgeschoss der Garten.

Riesig, ein Dschungel, ein eigenes Land. Eschen, Birken und Buchen, die Kronen akkurat beschnitten. Selbst eine Kiefer, deren Spitze fast an Linus' Etage heranreicht. Schattengewächse, Rhododendren und Büsche, an denen rote Beeren baumeln, werden von Schotterwegen gerahmt. Ein kleiner Bach schlängelt sich von einem Ende des Gartens zum anderen. Es ist nicht nur Efeu, der an der Innenseite des Gebäudes wuchert, auch anderes Gestrüpp. Zwischen erhellten Büros auf der gegenüberliegenden Seite sprießen blaue Blumen aus der Glasfront. Der Bewuchs reicht bis zum höchsten Punkt des Gebäudes und setzt sich auf dem Dach fort. Die Öffnung im Zentrum gibt die Sicht auf den Sternenhimmel frei.

»Strzela?«

Ein Mann steht in der geöffneten Bürotür und mustert Linus misstrauisch.

»Oh weh, bitte entschuldigen Sie die Verwechslung. Für einen kurzen Augenblick habe ich Sie für Adam Strzela gehalten. Nun, immerhin stehen Sie in seinem Büro.«

Der Mann trägt einen altmodischen, sandsteinfarbenen Anzug, dazu eine rote Fliege. Sein braunes, lockiges Haar ist zerzaust. Ein Casino in Monaco oder ein britischer Adelssitz: in solche Umgebungen würde seine Erscheinung wohl eher passen. Er macht einige Schritte auf Linus zu, achtet sorgfältig darauf, nicht auf Papier zu treten.

»Mein Name ist Linus Landmann. Ich bin ein Bewerber aus dem Assessment-Center. Ich … ich habe mich verlaufen. Und hier war Licht.«

»Natürlich, natürlich. Und da dachten Sie, Sie gehen hinein und schauen sich das Gemälde an.«

Er deutet auf die Wand neben ihnen. Das Bild fällt Linus zum ersten Mal auf. Öl auf Leinwand, das Motiv realistisch umgesetzt. Ein kleines Mädchen, vielleicht sechs Jahre alt, fährt auf einem Kinderrad. Blonde Haare gucken unter einem Helm hervor, sie trägt Ellbogen- und Knieschoner. Das Mädchen ist konzentriert, aber fröhlich.

»Was halten Sie von dem Bild?«

Linus schaut zur Tür. Die Übelkeit rutscht ihm aus dem Magen in die Beine. Er muss sich beeilen, muss Enni und die Gruppe finden. Immerhin steht eine Stelle bei einer der renommiertesten deutschen Unternehmensberatungen auf dem Spiel. Wäre dieser exzentrische Mann unter den Personalern gewesen, er hätte ihn bestimmt im Gedächtnis behalten.

»Ich weiß nicht«, antwortet Linus ungeduldig. »Es ist nett, niedlich. – Entschuldigung, wie war noch mal Ihr Name?«

»Kasper. – Sieh dir das Bild doch noch mal etwas genauer an. Was empfindest du dabei?«

Der Mann gähnt beherzt und lächelt. Er kann ein Personaler sein, auch wenn er während der Vorstellungsrunde nicht am Tisch saß, ausschließen lässt es sich nicht. Also muss er die Frage zufriedenstellend beantworten.

Linus betrachtet das Gemälde erneut. Ein kleines Mädchen, das Fahrradfahren lernt. Die Vorlage wahrscheinlich ein Foto, das der stolze Vater gemacht hat. Irgendetwas stimmt nicht, aber es ist schwer festzumachen. Eine Bedrohung steckt im Bild, nicht offensichtlich, aber spürbar. Dann fällt ihm der Name des Büros wieder ein.

»Ich schätze, die Szene auf dem Bild wird nicht gut ausgehen. Ich kann nicht sagen, was es ist. Nicht ihr Lächeln, nicht der Blick, auch nicht das Fahrrad. Aber irgendetwas Schlimmes wird passieren.«

Kasper schaut Linus lange an. Dann nickt er.

»Vollkommen richtig. Der Künstler hat verschiedene Fotos gesammelt, die den Augenblick kurz vor einem Unfall oder einer Katastrophe zeigen. Indem er den Moment nachmalte, wollte er herausfinden, ob das Unheil schon in ihm steckt. Die Wall Street vor dem Platzen der Dotcom-Blase. Das World Trade Center, Sekunden bevor das erste Flugzeug einschlägt. Und eben dieses Mädchen. Einen Moment später wird es hinfallen und sich das Handgelenk brechen.«

Kasper tritt an das Gemälde heran, stellt sich auf die Zehenspitzen und kneift die Augen zusammen. Sein Gesicht ist nur wenige Zentimeter von dem des Kindes entfernt. Er seufzt theatralisch.

»Was man im Blick der Kleinen erkennt, ist die naive Euphorie, die jedem ersten großen Scheitern vorangeht. Ungetrübt von jeder Angst. Der Unfall wird ihr das für immer nehmen. Eine Erfahrung, die alle Menschen auf die eine oder andere Weise machen.«

Hinter ihnen wird die Tür zum Büro geöffnet, es ist Enni. Sie ist außer Atem und schaut Linus verärgert an. Als sie den Mann neben ihm bemerkt, lächelt sie spöttisch.

»Oh. Hallo, Kasper. Ich unterbreche eure Unterhaltung nur ungern. Es ist nur so: Linus muss zum Intelligenztest.«

»Muss er das, ja? Wenn das so ist, gehört er ganz dir. Viel Erfolg, Linus.«

Der elektronische Wissens- und Intelligenztest findet in einem unpersönlichen Großraumbüro mit dem Namen *Die drei Grazien* statt. Eine Bewerberin sitzt bereits an ihrem Platz und starrt in einen dunklen Bildschirm. Die anderen unterhalten sich mit den Personalern. Der Mann mit den Dreadlocks hält einen Becher in der Hand und redet auf Götz ein. Außer mit Enni hat Linus mit keinem Personaler persönlich gesprochen. Das wird er bald nachholen müssen, beschließt er. Er nimmt sich eine Tasse und sucht nach einem Gesprächspartner, doch er erwischt niemanden allein. Da fällt ihm auf, dass die Gruppe der

Bewerber geschrumpft ist. Es fehlt die Frau, die in der Selbstpräsentation Nervosität gezeigt hat.

Für den Intelligenztest ist eine Stunde Zeit angesetzt: Wissensfragen über die Geschichte der Bundesrepublik, die soziale Marktwirtschaft und Personen aus Politik und Wirtschaft. Logikrätsel mit rosafarbenen Frettchen und Flugzeugträgern im Mittelpunkt. Analogien, Mustergruppen und Matheaufgaben. Buchstaben ordnen und Sprachspiele. Linus hat in den vergangenen Monaten an vier Assessment-Centern teilgenommen. Dabei hat es immer eine Prüfung dieser Art gegeben. Er ist nach 50 Minuten fertig, als Erster. Er ist sich sicher, eine gute Punktzahl erreicht zu haben.

Im folgenden Rollenspiel sind sie nur noch zu acht. Die Bewerber sollen zusammen eine Tagung organisieren. Jedoch stehen nicht genug finanzielle Mittel zur Verfügung und zwei berühmte Hauptredner sind abgesprungen. Jeder bekommt Charaktereigenschaften und ein geheimes Ziel vorgegeben. Linus' Aufgabe ist, die Tagung in eine Party umzugestalten. Er soll ambitioniert und zielstrebig agieren, unbeeindruckt von den Wünschen der anderen.

Um eine Empfehlung des *Ting* nicht zu verpassen, kontrolliert er mehrmals sein Smartphone. Auch wenn eine Nachricht des »Navigationssystems« ausbleibt, verleiht ihm das Tool ein Mindestmaß an Sicherheit. Damit ist er gegenüber einigen Bewerbern im Vorteil, die eingeschüchtert wirken und sich zurückhalten. Aus diesem kleinen Vorteil schöpft Linus Selbstvertrauen. Dennoch verhaspelt er sich und gestikuliert unnötig viel bei seinen Wortbeiträgen. Seine besten Ideen sind ein Fernsehkomiker als Moderator und Mallorca-DJs im Spätprogramm. Als Dreadlock zurückhaltend vorschlägt, man solle die Not zur Tugend machen und die Tagung auf unbekannte, aber aufstrebende Branchenmitglieder beschränken, unterbricht Linus und widerspricht ihm. Argumente kann er auf Nachfrage jedoch keine nennen. Götz macht sich eine Notiz. Gut abschneiden wird er bei dieser Prüfung bestimmt nicht, denkt Linus. Aber die Selbstsicherheit, die die Anwesenheit des *Ting* ihm verleiht, bewahrt ihn vor einem Totalausfall.

Nach dem Rollenspiel pocht die Müdigkeit hinter Lidern und Schläfen. Er lehnt an einer Wand neben dem Computerraum *Die drei Grazien* und wartet auf die Ergebnisse. Als Götz und Enni endlich wiederkommen, zeigen sie nicht auf ihn, sondern auf zwei andere Bewerber, die bei der Diskussion sehr zurückhaltend waren. Die beiden Bewerber gehen, ohne sich zu verabschieden, nur ein leises Schluchzen ist kurz zu vernehmen.

Ohne Unterbrechung geht es weiter. Simulation von Unternehmungsführung am Computer, Dauer anderthalb Stunden. Linus muss seine mediokren Ergebnisse aus der letzten Runde wiedergutmachen. Er braucht dringend eine hohe Punktzahl. Noch eine schlechte Runde wird er nicht überstehen.

Die Simulation ist komplex. Ein großes IT-Unternehmen soll durch eine Wirtschaftskrise geführt werden. Linus löst die Verträge von Angestellten auf und begeht mehrere rechtliche Fehler. Klagen und hohe Abfindungen folgen. Er beschwichtigt den Aufsichtsrat, ohne dessen Funktion zu kennen. Das Forschungsbudget hält er stabil und setzt auf die Entwicklung innovativer Projekte.

Nach einer halben Stunde kommen die ersten Quartalszahlen. Sie sind vernichtend. Der Umsatz bricht ein, kurz darauf der Aktienkurs. Linus knetet seinen linken Daumen und schwitzt trotz der klimatisierten Luft. Das *Ting* hilft nicht. Niemand ist hier, der ihm sagen kann, was zu tun ist. Die anderen Bewerber sind auf ihre Monitore konzentriert, einige klicken hysterisch.

Dreadlock sitzt neben ihm, erwidert seinen Blick mit hochgezogenen Augenbrauen. Linus drückt die *Escape*-Taste. Es hat keinen Sinn, er kann genauso gut abbrechen. An Adam kann er sich dieses Mal nicht orientieren, denkt er. Denn im Gegensatz zu Linus hat Adam Ahnung von Betriebswirtschaft und Management. Für ihn muss diese Simulation ein Kinderspiel gewesen sein. Das war's also, Linus wird hier untergehen. Eigentlich hat er schon im Vorhinein gewusst, dass das Assessment-Center auf diese Weise enden würde. Die Demütigung hätte er sich ersparen können. Hätte vermeiden können, Kira und seine Eltern erneut zu enttäuschen.

Er lehnt sich zurück und betrachtet das Gemälde mit den drei Grazien, die blassen Schöße und Hintern. Statt Äpfel haben die Frauen Smartphones in den Händen und machen Selfies. Hing dieses Bild schon hier, als Adam vor Jahren den Test absolvierte? Sein ehemaliger Freund würde in einer ausweglosen Situation wie dieser jedenfalls nicht aufgeben. Er würde eine Hintertür finden, durch die er schlüpfen kann. Wenn Linus diese Runde überleben möchte, wenn er Junior Consultant bei *Strindholm* werden möchte, dann darf er nicht denken und handeln wie Linus Landmann. Sondern muss sein wie Adam Strzela.

Er richtet seine Aufmerksamkeit wieder auf den Bildschirm. In der rechten unteren Ecke des Menüs blinkt ein kleines Symbol, ein Zahnrad. Klick. Ein Eingabefeld taucht auf. Er erkennt das Control-Panel. Die Simulation scheint in einer Umgebung programmiert worden zu sein, die er selbst schon einmal benutzt hat. Auf gut Glück beginnt er, Befehle einzugeben. Nach fünf Minuten sieht er ein, dass er nicht fähig ist, den Verlauf seines Spiels über das Panel zu beeinflussen. Aber vielleicht muss er das gar nicht. Alle Computer sind mit dem Intranet verbunden. Wieder gibt er einen Befehl ein. Auf seinem Bildschirm erscheint die Simulation von Dreadlock. Wie es scheint, macht dieser ein hervorragendes Spiel. Linus springt zwischen Dreadlocks Simulation und seiner eigenen, imitiert dessen Einstellungen und Schritte. Der Umsatz seines Unternehmens steigt, der Marktanteil auch. Die kommenden Quartalszahlen fallen zufriedenstellend aus. Er wird diese Prüfung bestehen.

Einige Minuten später verlässt er zusammen mit den anderen Bewerbern den Raum. Um alleine zu sein, flüchtet er unauffällig in eine Toilette. Er reibt sich das schweißnasse Haar mit Papiertüchern trocken und lockert seine Krawatte. Erst als er sein Gesicht im Spiegel betrachtet, wird ihm bewusst, dass er soeben geschummelt hat. Nein, betrogen. Der Täuschungsversuch ist leicht aufzudecken. Die Personaler müssen sich nur die Zeit nehmen, seinen Spielverlauf nachzuvollziehen. Warum hat er sich zu so einer Dummheit verleiten lassen? Das wird sein Ende bedeuten.

Die folgende Pause verbringt er in der Kaffeeküche und schaut durch die Glaswand hinaus in die Nacht. Die Müdigkeit hat seine Angst verdrängt. Der Himmel hat eine stahlgraue Farbe angenommen. Die Autos auf den Straßen sind zum großen Teil Taxis, über die Bürgersteige taumeln Betrunkene zur Haltestelle gegenüber und warten auf einen Nachtbus. Niemand schaut hoch zum *Strindholm*-Tower. Niemand bemerkt ihn im Licht der Leuchtstoffröhren.

Wenn Linus in den vergangenen Jahren abends in Berlin unterwegs war und gesehen hat, dass in einem Bürogebäude noch vereinzelt Lichter brennen, ist er oft stehen geblieben. Dann hat er sich vorgestellt, wie die Person im Büro konzentriert und zielstrebig an einem wichtigen Projekt arbeitet. So wichtig, dass es sich lohnt, die Nacht am Arbeitsplatz zu verbringen. Hat sich vorgestellt, wie eine heilige Ruhe die Korridore und die dunklen Räume des Gebäudes füllt, nur kurz unterbrochen vom Geräusch der Kaffeemaschine. Hat sich vorgestellt, dass für die Person im Büro nichts weiter zählt als der Erfolg ihres Auftrags, das Lob ihres Vorgesetzten, die Bewunderung der Kollegen. Wie groß war in diesen Augenblicken seine Sehnsucht, wie sehr wünschte er sich in dieses Büro, in diese Einfachheit. Keine Ängste, keine Zweifel mehr, sondern klare Strukturen, festgeschriebene Ziele und Wege.

Der Morgen ist fast schon angebrochen. Übrig sind noch vier Bewerber und er ist einer von ihnen. Die nächste Prüfung wird wieder ein Rollenspiel sein, mehr weiß er nicht. In keinem anderen Bewerbungsverfahren ist er so weit gekommen. Niemals hätte er vorher erwartet, dass er bei *Strindholm* so lange überlebt. Mit einem Mal wird ihm klar: Falls sein Betrug nicht auffliegt – und bisher sieht es nicht danach aus –, hat er eine realistische Chance, den Job zu bekommen. Eine realistische Chance, am kommenden Abend die Person im erhellten Büro zu sein.

Enni und Dreadlock sitzen an einem Tisch hinter ihm und unterhalten sich über europäische Städte. Dreadlock erzählt von London, Enni lacht und berührt seinen Arm. Seit der Simulation hat sie nicht mit Linus gesprochen, ihn kaum beachtet. Nur ab und zu schnellt ihr Blick zu ihm, als würde sie ihn im Auge behalten wollen. Er entschuldigt sich unter dem Vorwand, zur Toilette zu müssen.

»Verlauf dich aber diesmal nicht«, sagt Enni.

Im Korridor lehnt er sich gegen die Wand, rutscht langsam daran herunter. Als er das Gesicht zwischen seinen Knien vergraben will, rutscht das Smartphone aus seiner Hosentasche, scheppert auf dem Marmorboden. Das Display ist leer. Um nicht einzuschlafen, öffnet er den Chat mit Kira und beginnt zu tippen.

Schläfst du schon?

Oder schaust du dir wieder Vlogs von YouTubern an, weil du nicht schlafen kannst? Und schüttelst den Kopf, weil du die Teenies nicht mehr verstehst?

Oder bist du gerade aus einem Albtraum hochgeschreckt und hast Hunger bekommen? Und stehst jetzt halb nackt in der Küche, tust ein tiefgefrorenes Rindersteak in die Pfanne, füllst die Wohnung mit Bratgeruch? Liegt es vielleicht schon auf deinem Teller, groß, gut durch, ohne Beilagen?

Oder sitzt du im Dunkeln auf der Toilette, beim Pinkeln eingeschlafen, der Kopf auf dem Spülkasten, wie vor einigen Wochen?

Ich bin noch drin. Es sieht gut aus. Wirklich gut. Zwei Prüfungen noch.

Adam habe ich nicht getroffen. Aber ich war in seinem Büro.

Ich bin müde, aber ich halte durch. Nur mein Daumen macht mir mal wieder Sorgen.

Schlaf gut, liebste Kira.

Die Gedanken an Kira schenken ihm Kraft. Er dunkelt das Display ab und umschließt das Telefon fest mit beiden Händen, um eine Vibration nicht zu verpassen. Der linke Daumen liegt obenauf, unscheinbar. Doch er fühlt sich nicht an wie sein eigener Daumen. Er gehört nicht zu ihm. Ein fremdes Stück Fleisch. Zumindest stellt sich dieses Gefühl gelegentlich ein, seit einiger Zeit. Linus steckt sein Smartphone weg und knetet den Finger. Wieder spielen sich Szenen aus der Dokumentation vor seinem inneren Auge ab, die er vor einigen Monaten zufällig nachts gesehen hat. Menschen aus den USA, die überzeugt sind, dass ein Körperteil, das Ohr, die Hand, im schlimmsten Fall beide Beine, nicht Teil ihres Körpers sind. Sondern immer schon fremde Gliedmaßen. Für die Betroffenen ist es eine Qual, mit dem Körperteil leben zu müssen. Sie wollen es loswerden. Natürlich erhalten sie jahrelange, psychotherapeutische Betreuung. Einige lassen sich von dem Gedanken abbringen. Doch den anderen wird letztendlich gestattet, sich das Körperteil amputieren zu lassen. Nie wird Linus den glücklichen Gesichtsausdruck des Mannes im Rollstuhl vergessen, dem gerade beide Beine abgenommen wurden.

Er drückt mit einem Fingernagel fest in den Daumen hinein. Doch, das tut weh, denkt er. Trotzdem beschleicht ihn seit der Doku immer öfter das Gefühl, dass damit was nicht stimmt, dass dieser Daumen nicht Teil seines Körpers ist.

Aus der offenen Tür zur Kaffeeküche dringt Ennis Stimme und ihre Worte ziehen ihn aus seinen Wachträumen.

»Ich würde dir gerne ein Geheimnis anvertrauen. Aber nicht lachen, okay? Mein Job bei *Strindholm* ist alles andere als sicher.

Und das obwohl ich zur Familie gehöre. Das ist mein erstes Assessment-Center als Mitarbeiterin. Ich bin noch in der Probezeit. Bisher ist ja alles gut gelaufen. Aber ich bin furchtbar aufgeregt bei jeder Runde.«

Im Raum ist es still. Dreadlock antwortet nicht.

»Ich rede zu viel, sorry. Verdammt, ist das peinlich. Kannst du nicht die Situation auflockern und etwas Unangenehmes von dir erzählen?«, sagt Enni.

Wieder ist es lange still. Dann die Antwort.

»Nein. Nein, ich glaube nicht.«

Die nächsten Worte kommen nicht aus der Kaffeeküche, sondern aus dem Korridor.

»Herr Landmann«, sagt Götz. »Es ist Zeit für die nächste Runde.«

Die Prüfung findet im namenlosen Büro statt. Dem Büro, in das Linus vielleicht in einigen Stunden einziehen wird. Er nimmt einer Anweisung folgend am Schreibtisch Platz, Enni und Götz setzen sich hinter ihn.

»Stellen Sie sich vor, Sie sind Senior Manager bei *Strindholm Consulting.* Sie betreuen mehrere Projekte gleichzeitig und tragen die Verantwortung für die Arbeit der ausführenden Analysten. Zu Ihren Aufgaben gehört es auch, schwierige Personalentscheidungen zu treffen«, sagt eine der Personalerinnen.

»In wenigen Augenblicken wird ein Analyst dieses Büro betreten. Er hat bei der Betreuung eines Klienten einen schweren Fehler begangen. Sie werden seine Akte aus der rechten Schublade Ihres Schreibtisches ziehen und werden anhand der dort vermerkten Informationen entscheiden, wie mit ihm zu verfahren ist. Sie haben volle Entscheidungsgewalt«, sagt die andere.

Linus spürt die Blicke der verstummten Personalerinnen im

Rücken. Draußen über den Einkaufspassagen malt der Morgen rot-gelbe Bahnen in den bewölkten Himmel. Ein Schwarm schwarzer Schemen erhebt sich vom Dach, dreht zwei Runden über dem Gebäude und fliegt davon. Vor seinem Schreibtisch steht ein Stuhl, ohne Armlehnen, ohne Polster. Nur nacktes Holz. Es ist der erste Stuhl dieser Art, den er im Tower sieht. Mit einem Mal trifft ihn eine überwältigende Erschöpfung. Bestimmt wurde Dreadlock angestiftet, den Analysten zu spielen. So können sie zwei Bewerber gleichzeitig beobachten. Er weiß nicht, was in der Akte steht, aber wahrscheinlich wird er ihn entlassen müssen. Dreadlock mag unsympathisch sein. Aber Linus kann sich keine Kombination an Worten vorstellen, die dieser Situation angemessen ist. Er kennt nicht einmal seinen richtigen Namen.

Jemand klopft. Er bringt keine Antwort heraus. Die Tür öffnet sich trotzdem. Dreadlock ist es nicht. Linus erlaubt sich, für einen kurzen Moment die Augen zu schließen.

Adam lässt die Tür hinter sich zufallen und durchquert den Raum. Er hat es eilig oder spielt es zumindest. Das Büro schrumpft mit seinem Erscheinen, als sei es für ihn maßgeschneidert. Vor dem Schreibtisch bleibt er stehen und mustert Linus, ein schelmisches Lächeln im Gesicht. Keine Geste des Erkennens, kein Hinweis darauf, ob sie sich vor den Personalerinnen als Unbekannte ausgeben oder zerstrittene Freunde sind. Adam zwinkert Enni zu und lässt sich auf den leeren Holzstuhl fallen. Er wirkt älter, als Linus ihn in Erinnerung hat. Sein Haaransatz ist ein wenig zurückgegangen, Krähenfüße zieren seine Augen, und die dunklen Ringe darunter sehen aus, als seien sie in die Haut tätowiert. Es scheint, als habe er sich willentlich für diese Merkmale entschieden.

Götz räuspert sich. In der Schreibtischschublade findet Linus die Personalakte. Ein altes Foto von Adam, das viel eher Linus' Erinnerung entspricht. Darunter ein Lebenslauf und eine Auflistung seiner Projekte bei *Strindholm*. Wenn die Tabelle den Tatsachen entspricht, hat Adam in den vergangenen zwei Jahren bei der Betreuung mehrerer mittelständischer IT-Unternehmen mitgewirkt und bei einer die Leitung übernommen. Am Ende der Akte klebt eine handschriftliche Notiz.

> *Der Analyst hat sich unerlaubten Zugriff auf die Daten seiner Konkurrenten verschafft, seine Ergebnisse verfälscht und die Marktsituation auf illegalem Weg beeinflusst.*

Linus dreht sich zu den Personalerinnen. Sie sitzen zwei Meter hinter ihm und schauen ihn an. Auf Götz' Schoß liegt ein Klemmbrett, aber sie hat keinen Stift in der Hand. Ennis Augen sind geschlossen, ihre Mundwinkel hochgezogen. Ihm wird klar, dass die Anklage in der Akte nicht Adam gilt, sondern ihm selbst. Dass sein Betrug während der Computer-Simulation aufgeflogen sein muss. Er ist als überführter Betrüger, als Verlierer in diese Runde gegangen.

Nur mit Mühe schafft er es, wieder Adam anzuschauen. Als er seine heisere und brüchige Stimme hört, erkennt er sie kaum wieder.

»Was würdest du an meiner Stelle tun?«

Adam beugt sich nach vorne und betrachtet Linus neugierig. Es scheint, als ginge er alle möglichen Kontexte für die Frage durch. Dann lehnt er sich zurück und streckt die Beine aus.

»Wie immer: Ich würde das Beste aus der Situation machen.«

Linus kann sich ein Lachen nicht verkneifen. Bald wird die Gewissheit einsinken, wieder gescheitert und weiterhin arbeitslos zu sein. Vielleicht liegt es an der Erschöpfung, vielleicht an der Enttäuschung – doch in diesem Augenblick spürt er nichts als die Freude, seinen besten Freund wiederzusehen.

»Okay, ich versuch's. Wie wäre es, wenn du dich zuallererst bei mir entschuldigst. Für die Masterarbeit, meine ich.«

Adam wirkt, als hätte er nach dem Auspacken eines Geschenks feststellen müssen, dass er es bereits besitzt.

»Es gibt nichts, wofür ich mich entschuldigen müsste. Ich hatte ein Ziel und das *Ting* war eine gute Abkürzung. Das ›Navigationssystem‹ war meine Idee. Du hast sie lediglich aufgeschrieben. Also habe ich benutzt, was mir gehörte. Es war nichts Persönliches. Jedes Ziel hat seinen Preis, und man muss diesen Preis bezahlen, wenn der Profit hoch genug ist. Das ist ein Naturgesetz.«

Sein Gegenüber reibt sich die Augen. Linus erinnert sich, dass Adam schon früher Probleme mit der Sehkraft hatte, aber nie zum Augenarzt ging. Weder wollte er eine Schwäche für alle sichtbar auf der Nase tragen noch sich morgens diese als Linse vor die Augen schieben, wie er ihm damals erklärte.

Hinter Linus rutscht Enni – oder ist es Götz – nervös auf ihrem Stuhl hin und her.

»Deine Abkürzung hat mich sechs Monate gekostet. Weißt du, wie blöd das aussieht im Lebenslauf? Und ich musste einen ganz neuen Ansatz für meine Arbeit finden. Hab mein Stipendium verloren.«

Adam zuckt mit den Achseln. »Das hatte bestimmt auch irgendwelche Vorteile für dich. Bill Gates, Peter Handke, Günther Jauch – die haben alle ihr Studium abgebrochen und aus denen ist trotzdem was geworden. Und du beschwerst dich über ein Semester mehr. Bist du hier, um mir dieselben Vorwürfe wie damals noch einmal zu machen? Warst du deshalb in meinem Büro?«

Hinter seinem Rücken spürt Linus eine Bewegung, jemand

ist aufgestanden. Er darf sich jetzt nicht ablenken lassen. Wenn er schon den Job nicht bekommt, dann will er sich wenigstens wieder mit Adam versöhnen. Und ihm vom *Ting* erzählen.

»Ich habe mich bei *Strindholm* beworben, weil das *Ting* es so wollte. Dass du hier arbeitest, hab ich erst später rausgefunden. Das *Ting* hat mich außerdem in dein Büro geführt.«

Götz kommt um den Schreibtisch herum und baut sich vor ihnen auf, doch Adam ignoriert sie. Er rutscht von seinem Stuhl, geht in die Hocke und legt seine Arme auf dem Schreibtisch ab. Eine Bewegung, als wolle er Augenhöhe mit Linus herstellen, obwohl er nun zu ihm aufschaut.

»Das *Ting* hat dich zu mir geführt? Du hast es tatsächlich entwickelt. Ist es fertig? Wie funktioniert es?«

Bevor Linus antworten kann, klopft es. Aus der geöffneten Tür lächelt Kasper, der seine rote Fliege gegen eine braune getauscht hat.

»Tut mir wirklich schrecklich leid, eure kleine Szene unterbrechen zu müssen. Adam, ich suche schon die ganze Nacht nach dir. Warum ist dein Handy aus? Der Alte will dich dringend sprechen.«

Adam hat Mühe, seinen Blick von Linus zu lösen. Sein Gesicht, das gerade noch voller Neugier war, nimmt einen besorgten Ausdruck an.

»Jetzt?«

»Jetzt.«

Nachdem Kasper und Adam das Büro verlassen haben, nutzt Götz die Gelegenheit, um die Situation wieder unter Kontrolle zu bringen. Sie schmettert ihre Worte über den Tisch, als sei Linus ein fast besiegter Gegner in einem Tennisspiel, das sie endlich beenden möchte.

»Sie und Herr Strzela sind also Bekannte. Wundert mich

nicht. Wie auch immer. Betrüger können wir bei *Strindholm* nicht gebrauchen. Ich wünsche Ihnen einen guten Heimweg.«

Ohne ein weiteres Wort tritt sie ab. Eine längere Pause entsteht. Dann beginnt in seinem Rücken Enni zu sprechen.

»Alle waren von den Ergebnissen deiner Simulation angetan. Du hast gute Chancen auf die Stelle gehabt. Aber ich habe dein Geständnis von vorhin nicht vergessen: Betriebswirtschaftliches Denken war nie deine Stärke, hast du gesagt. Also hab ich mir deinen Spielverlauf genauer angesehen. Sorry, Linus.«

Sie versucht, den autoritären Tonfall von Götz' Stimme nachzuahmen, aber Linus spürt vor allem die abgrundtiefe Müdigkeit darin, die viel weiter zurückreicht als nur in diese durchwachte Nacht. Er erhebt sich, ohne zu antworten. Verlässt das Büro, in das er nie wieder zurückkehren wird.

Als sich die Fahrstuhltür hinter ihm schließt und er allein ist mit seinem Spiegelbild, sinkt er zu Boden. Müdigkeit und plötzliche Kälte lassen ihn zittern. Wieder ist er an einem Bewerbungsverfahren gescheitert. Insgeheim hatte er geglaubt, dass es bei *Strindholm* anders laufen würde. Vor allem weil er sich nicht aus eigenen Stücken bei der Unternehmensberatung beworben hat, sondern weil das *Ting* es so wollte. Er hatte sich so sehr gewünscht, dass seine Vision von einem »Navigationssystem fürs Leben« wahr wurde, dass er dem *Ting* trotz dessen Fehleranfälligkeit vertraute. Und doch hat er wieder versagt.

In einer Stunde wird er Kira wecken und wird ihr von der Nacht berichten. Sie wird Fragen stellen, halbherzig über die Personaler lästern und ihn aufmuntern. Aber an einer kleinen Nuance im Tonfall, an einer kleinen Bewegung ihrer Mundwinkel wird er erkennen, wie enttäuscht sie von ihm ist. Und sie wird nicht die Einzige sein. Später am Tag wird er seine Eltern anrufen müssen. Sie werden sein erneutes Scheitern mit Schweigen quittieren. Stattdessen werden sie von allen Familienmitgliedern in seinem Alter berichten, die erfolgreicher sind als er: Wie gut seine kleine Schwester mit ihrer Promotion vorankommt, wie überlaufen die Arztpraxis seines Cousins doch ist.

Linus' Gesicht in der Reflektion der Spiegelwand ist fahl, die Frisur durcheinander. Auf seinem Hemd sind Flecken, ohne dass er weiß, woher sie stammen. Noch immer ist ihm speiübel. Nicht mehr vor Aufregung, sondern vor Müdigkeit und Resignation. Hinter seinen Augen pocht es. Er neigt seinen Kopf, bis seine Stirn ihre Spiegelung berührt. Es ist angenehm kühl. Um sich zu beruhigen, stellt er sich Kira in ihrem gemeinsamen Bett vor. Sie liegt auf dem Bauch, ist nicht zugedeckt. Auf der rechten Bettseite. Sie schläft nie an der Wand, sondern immer außen. Sie sagt: um ihn im Notfall zu beschützen.

Er schreckt aus dem Schlaf hoch und braucht einige Momente, um sich zu orientieren. Der Fahrstuhl hat sich in Bewegung gesetzt, es geht aufwärts. Linus steht auf, reibt sich das Gesicht mit den Handflächen, strafft sein zerknittertes Jackett. Er will nicht, dass man ihm seine Verfassung ansieht.

Die Türen öffnen sich. Für einige Momente stehen sie einander gegenüber. Adam mustert ihn aus seinen tiefen Augenhöhlen heraus. Linus fühlt sich, wie er sich immer in seiner Gegenwart fühlt: vollkommen durchschaubar.

»Hast du den Job?«, fragt Adam.

»Natürlich nicht. Oder sah das für dich danach aus?«

»Sorry. Ich wünschte, ich könnte ein gutes Wort für dich einlegen. Aber wie sich gerade herausgestellt hat, bin ich dafür zurzeit nicht mal im Ansatz der Richtige. Hab gerade einen richtigen Einlauf verpasst bekommen. Eine absolut beschissene Nacht für uns beide.«

Adam betritt die Kabine und zieht einen Schlüssel aus einer Hosentasche, steckt ihn in die Armatur des Fahrstuhls.

»Komm. Ich zeig dir was. Das wird dir gefallen. Da geh ich immer hin, wenn ich 'ne Auszeit brauche.«

Sie fahren nur ein oder zwei Stockwerke nach oben. Als sie aus dem Fahrstuhl treten, sticht die Morgensonne in ihre Augen. Die Wolken haben sich verzogen, über ihnen der unendlich grelle Himmel. Sie stehen auf dem Dach des *Strindholm*-Towers, umgeben von Sträuchern und kleinen Bäumen. Die Luft ist feucht und Insekten schwirren um sie her. Während sie zum Gebäuderand laufen, wird das Summen leiser. Am Rand des Dachs hören sie nur noch die Geräusche der Stadt, wach und geschäftig. Lange stehen sie da, ohne zu sprechen.

»Das *Ting*. Funktioniert es?«, fragt Adam.

Linus bringt es nicht fertig, ihm in die Augen zu schauen.

»Ich habe Jahre damit zugebracht, ein Tool zu entwickeln, das mir hilft, Entscheidungen zu treffen. Das mich effizienter, disziplinierter und gesünder macht. Und jetzt stehe ich hier, ohne Doktortitel, ohne Job und kurz davor, zusammenzubrechen. Also nein, ich glaube, das Projekt ist für'n Arsch.«

»Aber es hat dich hierhergeführt. Zu mir.«

»Kann man so sagen.«

Adams Tonfall wird eindringlicher und zwingt Linus, sich ihm zuzuwenden.

»Wie ist der Entwicklungsstand? Arbeitest du allein daran?«

»Das ist das Problem. Mal so gesagt: Die Hardware und die Sensoren, die ganze Technik, sind auf einem sehr hohen Niveau. Ich habe ein paar Ideen und Konzepte für die weitere Entwicklung, die sind herkömmlichen Technologien um einiges voraus. Projektförderung vorausgesetzt, die ich nicht mehr kriege.«

Ein Schmetterling setzt sich auf den Mauervorsprung vor ihm, schlägt dreimal mit den Flügeln und verschwindet im Abgrund.

»Die Algorithmen auf der anderen Seite. Da stagniert's seit Monaten. Nicht mein Spezialgebiet. Manchmal gibt mir das *Ting* so dämliche Empfehlungen, dass ich meinen amateurhaften Code deutlich spüren kann. Andere Anweisungen sind sehr nützlich, manche wirken sogar visionär. Aber du weißt halt nie, ob eine Empfehlung genial oder absoluter Quatsch ist. Keine gute Eigenschaft für ein ›Navigationssystem fürs Leben‹.«

Adam fixiert eine Stelle hinter ihnen, wo der Fahrstuhl im starken Bewuchs kaum noch auszumachen ist.

»Verstehe. Hättest du etwas dagegen, wenn ich es ausprobiere?«

»Nein. Warum auch? Das Projekt ist für mich gelaufen. Ich hab jetzt andere Sorgen.«

Am weit entfernten Himmel steigt ein Flugzeug langsam höher und fliegt ins Unbekannte. Auf der Straße zu ihren Füßen schreit das Martinshorn eines vorbeifahrenden Notwagens. Die Konturen der Stadt liegen klar und greifbar in der Sonne. Linus denkt an Kira. Er denkt an die kommenden Wochen.

ADAM

»Nie chcesz kiełbasy?«

Tomek setzt sich an den kleinen Küchentisch und zündet sich eine Zigarette an. Adam mag den Klang der polnischen Sprache nicht. In seinen Ohren hat er etwas Dreckiges, jedes Wort erinnert an eine Beleidigung. Wann hat sich das eingeschlichen, dass sein bester Freund Polnisch mit ihm spricht und er auf Deutsch antwortet?

»Du weißt doch, dass ich Vegetarier bin.«

Ein Grinsen, das ihn nicht für voll nimmt. Ein Grinsen, das ihn an seinen Vater erinnert.

»Co słychać nowego w pracy?«

Tomeks Tochter Agnieszka kommt in die Küche gerannt und klettert auf Adams Schoß. Er ist stolz, dass seine Patentochter für ihre acht Jahre schon so groß ist. Sie nimmt das Buch in die Hand, das vor ihm auf dem Küchentisch liegt. Betrachtet den Umschlag der Biografie, reibt mit dem Daumen über die Glatze von *Amazon*-Gründer Jeff Bezos, als wolle sie etwas Verstecktes zutage treten lassen. Dann wendet sie sich Adams Smartphone zu, tippt die PIN ein und öffnet ein Spiel, das er nur für sie installiert hat.

»Bei *Strindholm* ist alles wie immer. Stress. Zwei neue Projekte allein in der letzten Woche. Und der alte Strindholm hat eine Beförderung in Aussicht gestellt«, sagt Adam.

Tomek schüttelt den Kopf, lehnt sich im Klappstuhl zurück. Niemand durchschaut Adams Lügen so schnell. Er wischt etwas Zigarettenasche von der kleinen Tischplatte, auf der die Morgensonne träge Schattenspiele mit den letzten Blättern eines Baumes treibt, und wechselt ins Deutsche.

»Keine Ahnung, was ihr im Glaskasten treibt. Aber wenn du Probleme hast, bin ich da. Du kannst mit allem kommen.«

Tomek meint es gut, das weiß Adam. Aber der starke slawische Akzent gibt seinem Angebot einen unseriösen Anstrich. Lange vorbei sind die Zeiten, in denen er Adams Probleme wie ein großer Bruder gelöst hat. In denen er ihn vor den arabischen Jungs in der Siedlung beschützte. In denen er den Wodka besorgte, weil er zwei Jahre älter war. Die Zeiten, in denen er mehr von der Welt verstand als Adam.

»Danke. Aber wie gesagt: alles bestens.«

Kasia betritt verschlafen die Küche. Zwar hat sie noch ihren Schlafanzug an, aber ihre Haare sind bereits gemacht. Sie setzt sich zu ihnen an den Tisch und beginnt, Brote für ihren Mann und ihre Tochter zu schmieren.

»Wie ist es bei euch? Habt ihr alles im Griff?«, fragt Adam sie.

»Haben wir, Wujek!«, ruft seine Patentochter.

Aga spielt irgendeinen Shooter und lehnt sich dabei müde gegen seine Schulter. Adam gibt ihr einen Kuss auf den Kopf und öffnet das Fenster. Er hasst es, wenn Tomek in ihrer Gegenwart raucht.

»Wszystko w porządku«, sagt Kasia.

Als Tomek den Blickkontakt zwischen ihnen bemerkt, atmet er tief durch und streckt sich.

»Ich mach mich fertig. Soll ich dich gleich im Auto mitnehmen?«

Adam überlegt, auf welche Baustelle die Zeitarbeitsfirma Tomek zurzeit scheucht. Er will nicht nachfragen. Tomek soll nicht denken, er würde ihn nicht ernst nehmen. Letzte Woche erst hat er ihm von seinem neuen Job erzählt, dem dritten in diesem Jahr. Genauso schlecht bezahlt wie alle zuvor.

»Nee, falsche Richtung. Ich nehm ’n Taxi«, antwortet Adam.

Während Tomek schulterzuckend ins Bad verschwindet, öffnet Adam den Kühlschrank, an dem kleine Kärtchen mit Magneten festgemacht sind. Bilder von Päpsten, Johannes Paul II. goldumrahmt. Er nimmt eine Packung Scheiblettenkäse heraus, legt eine Scheibe auf sein Brot. Hungrig ist er nicht, aber er möchte nicht unhöflich sein. Kasia nicht den Eindruck vermitteln, er hielte sich für etwas Besseres. Das Smartphone in Agnieszkas Händen vibriert. Das muss die Firma sein, hofft er. Endlich eine positive Nachricht von Gustaf oder Kasper.

Leichter Eisenmangel festgestellt. Empfehlung: Fleischkonsum steigern.

Nicht zum ersten Mal ist Adam von der sensorischen Leistung des *Ting* beeindruckt. Während der vergangenen Wochen hat das Gerät eine Handvoll körperlicher Mängel aufgedeckt. Oder ihn an wichtige Termine erinnert, wie beispielsweise an den Augenarzttermin am heutigen Nachmittag, den Adam vor einer Ewigkeit wegen einer langsamen, aber konstanten Verschlechterung seiner Sehkraft ausgemacht und seitdem unzählige Male verschoben hat. Wenn er sich um seine körperliche Verfassung scheren würde, hätte das »Navigationssystem« ihm einige nützliche Lösungsansätze angeboten. Auf der anderen Seite müsste es erkennen, dass Adam überhaupt gar kein Fleisch zu sich nimmt und folglich Vegetarier ist. Er öffnet seine Notiz-App und ergänzt sein Feedback für Linus um diesen Punkt. Währenddessen folgt auf die erste Empfehlung die nächste.

Sackgasse voraus. Empfehlung: Alternativkurs einschlagen.

Diese Nachricht schickt ihm das *Ting* regelmäßig, seit Linus es Adam vor drei Wochen geliehen hat. Sie macht genauso wenig Sinn wie beim ersten Mal. Vielleicht sollte er Linus bitten, das *Ting* zu deinstallieren. Die Empfehlungen helfen Adam nicht, seine akuten Probleme bei *Strindholm* zu lösen, sondern lenken ihn nur vom Wesentlichen ab.

»Aga, zieh dich an«, sagt Kasia. »Du musst in die Schule. Wujek kann dir helfen, deinen Rucksack zu packen.«

Adams Patentochter springt von seinem Schoß und rennt aus der Küche. Jetzt ist er mit Kasia allein. Er steckt sein Smartphone wieder weg und beißt in sein Käsebrot. Dann öffnet er die Biografie über Bezos, blättert, bis er die richtige Stelle findet. Mehrere grüne Geldscheine stecken zwischen zwei Seiten. Die 500 Euro, die er auf den Plastiktisch neben den vollen Aschenbecher legt, wirken völlig deplatziert. Kasia hält inne und starrt auf das Geld, schüttelt den Kopf. Er würde ihr gerne mehr geben, aber er hat im vergangenen Quartal keine Prämie bekommen. Dabei erhalten selbst Praktikanten bei *Strindholm* eine Prämie. Es ist eine Geste der Wertschätzung, hat ihm der alte Gustaf Strindholm anfangs erklärt. Seine Uhr zeigt halb acht. Nach dem heutigen Jour fixe wird er den Alten abfangen und zur Rede stellen. Gustaf kann nicht ewig wütend sein.

»Das brauchst du nicht –«

»Steck das Scheißgeld ein, bevor Tomek es sieht.«

Sie deponiert die Scheine in einer Schublade unter dem Besteckkasten, genau wie in den Monaten zuvor.

»Weißt du, Tomek gibt sich Mühe. Letzte Woche ist er nachts

aus dem Bett und raus. Er dachte, ich schlafe. Nach einer halben Stunde kam er zurück, ich habe auf die Uhr geschaut. Muss es sich wohl unterwegs anders überlegt haben. – Wir haben angefangen, Lotto zu spielen. Das hilft ihm.«

Kasia beginnt, das Geschirr abzuspülen. Die Situation ist ihr peinlich. Doch daran trägt nicht er die Schuld, sondern Tomek. Anstatt mit dem wenigen Geld, das er und Kasia verdienen, eine größere Wohnung in einer besseren Gegend zu mieten, vielleicht den Kredit für ein kleines Haus abzubezahlen, hängt er abends vor Spielautomaten und am Wochenende in Wettlokalen ab. Adam ist nicht sicher, ob sie ohne sein Geld überhaupt etwas zu essen hätten.

»Wujek!«, ruft Aga aus ihrem Zimmer.

»Ich schau mal, was da los ist.«

Agnieszka hat sich angezogen und packt ihren Rucksack. Das Kind inspiziert die Vorder- und Rückseite jedes seiner mit Aufklebern verzierten Ordner eingehend, dann trifft es eine Entscheidung. Die Szene rührt etwas in Adam, Zuneigung und Stolz, und er verspürt den diffusen Wunsch, das Mädchen zu beschützen.

»Was hast du heute als Erstes?«

»Deutsch.«

Tomek und Kasia sprechen Polnisch mit ihrer Tochter. Sie soll beide Sprachen beherrschen. Einen ganzen Abend lang hat Adam im Internet recherchiert, ob es ihrem Deutsch schaden könnte, wenn sie zweisprachig aufwächst. Am Ende musste er einsehen, dass es keine Belege für seine Befürchtung gibt. Er setzt sich aufs Bett und legt seinen Arm um sie. Steckt ihr einen 5-Euro-Schein zu.

»Aber erzähl's deinen Eltern nicht.«

Aga lacht und schüttelt schnell den Kopf. Sie springt vom Bett und steckt das Geld in ein Sparschwein. Dann zieht ein Buch Agas Aufmerksamkeit auf sich. Als habe sie alles andere um sich herum vergessen, schlägt sie es auf und beginnt zu lesen. Adam genießt die Stille, die Anwesenheit seiner Patentochter. Für sie ist er der Größte, ohne etwas dafür leisten zu müssen. Durch das Fenster kann er den Hof der Sozialsiedlung sehen. Er fragt sich, warum Aga im gleichen Drecksloch aufwachsen muss wie er. Warum kann Tomek sich nicht zusammenreißen und woanders eine Wohnung suchen? Alles ist besser als das hier. Adam wiegt die Bezos-Biografie in seiner Hand. Es gibt viele Beispiele großer Menschen, die in Armut aufgewachsen sind und es zu Geld und Anerkennung gebracht haben. Die Chance auf Erfolg steigt mit guter Ausbildung, Vorbildern und einem motivierenden Umfeld. Wie viel leichter hätte er es gehabt, wenn seine Mutter nicht kurz nach ihrer Ausreise gestorben wäre. Wenn sein Vater ihm bei den Hausaufgaben geholfen hätte. Sich überhaupt darum geschert hätte, wie Adam in der Schule abschneidet. Oder wenn seine Schulfreunde keine Kleinkriminellen gewesen wären, sondern später einmal zu hilfreichen Kontakten herangewachsen wären. Er wird dafür sorgen, dass Agnieszka es leichter hat als er.

»Aga! Chodź, jedziemy!«, ruft Tomek. Er wartet, bis seine Tochter das Buch weglegt und ihren Ranzen schultert. Dann wendet er sich an Adam: »Sicher, dass ich dich nicht bringen soll? Kommst du nächste Woche wieder zum Frühstück vorbei?«

Adam verabschiedet sich von Agnieszka, Tomek und Kasia, und verlässt als Erster die Wohnung. So sehr, wie er sich freut, die drei zu sehen – so sehr freut er sich auch, die Siedlung wieder hinter sich zu lassen.

Sein Smartphone benachrichtigt ihn, dass das bestellte Taxi bereits an der Straße wartet. Aus dem Küchenfenster im ersten Stock schaut Agnieszka ihm nach. Mit den Händen formt Adam ein Herz, knüllt es zu einem imaginären Ball und wirft es zu ihr hoch. Während er seiner lachenden Patentochter winkt, prallt er beinahe mit zwei alten Frauen zusammen, die volle Plastiktüten tragen. Auf seine Entschuldigung bekommt er keine Antwort. Im Hof spielen einige Jungs im Schatten der hohen Wohnhäuser Fußball. Sie haben Schulranzen auf dem Rücken, rufen durcheinander und lachen. Früher war er einer von ihnen. Nicht viel hat sich seitdem hier verändert: Die Fassaden sind grauer, die Graffitis zahlreicher, die Menschen noch schlechter gelaunt.

Am Aufgang mit der Nummer 172 bleibt er stehen und betrachtet das vertraute Bild. Den Türrahmen, in dem er jeden Fleck und Kratzer kennt. Auch hier hat sich kaum etwas verändert, abgesehen von dem Namensschild ganz oben rechts. Wo statt *Strzela* jetzt *Cem* steht. Auch deshalb versucht er, diesen Ort zu meiden. Weil bei dem Anblick die Erinnerungen kommen. Keine ganzen Szenen, eher einzelne Bilder und Emotionen: die Aufregung, als er als fünfjähriger Junge mit seinen Eltern von Polen nach Deutschland kam, aus einem kleinen Dorf in Oberschlesien mitten rein in die Metropole Berlin. Ihre Sachen hatten in den Kombi seines Onkels gepasst, alles andere ließen sie in Polen zurück. Wie bunt, wie laut, wie überfordernd Berlin für ihn als Kind anfangs war. Dann die alles verschlingende Trauer, als drei Jahre später seine Mutter starb. Wie verlassen und einsam er sich fühlte, wie sehr er sie vermisste. Niemand tröstete ihn mehr, wenn die deutschen Kinder ihn wegen seiner falschen Grammatik ärgerten. Niemand machte ihm mehr Schulbrote und bereitete abends etwas Warmes zu. Niemand hielt ihn nachts mehr so lange im Arm, bis er trotz seiner Furcht vor dem nächsten Schultag einschlief. Also schlief er nicht. Die Trauer und die Scham waren so heftig, dass sie drohten, ihn zu zerreißen. Mit zehn Jahren fasste er den Entschluss, nie wieder in seinem Leben so stark fühlen zu müssen. Stattdessen setzte er sich zum Ziel, erfolgreich und berühmt zu werden, sodass ihm kein Verlust, keine Verletzung und keine Angst jemals wieder etwas anhaben konnten.

Der Trauer um seine Mutter folgte die Wut auf seinen Vater. Der sich morgens ans Fließband stellte und abends an einen Spielautomaten. Der nur aus Pflichtgefühl seiner verstorbenen Frau gegenüber seinen Sohn miternährte. Der keine Fragen beantwortete und nie welche stellte. Adam fragt sich, ob sein Vater seinen Namen manchmal in eine Suchmaschine tippt. Um herausfinden, was aus seinem Sohn geworden ist, herauszufinden, ob er einen Grund hat, stolz auf ihn zu sein. Die wenigen Male, als Adam nach seinem Vater suchte, fand er nicht mal einen Wohnort. In welcher Stadt oder welchem Land sein Vater sich aufhält, weiß Adam nicht. Weiß nicht, wie es ihm geht oder ob er überhaupt noch am Leben ist.

Die Stimmen mehrerer junger Männer ziehen ihn aus seinen Gedanken. Verschlafen kommen sie ihm entgegen, rauchen, tippen auf ihren Telefonen. Adam mustert die Gesichter, aber erkennt zum Glück niemanden wieder. Im Vorbeigehen bleiben ihre feindseligen Blicke an seinem Anzug und den Lackschuhen hängen. Der Letzte von ihnen spuckt vor Adam auf den Boden und dreht sich einige Schritte später noch einmal zu ihm um. Adam wird ihm nicht den Gefallen tun. Bei dem Gedanken muss er fast lachen: Für sie ist er der Außenseiter.

Als die Tür des Taxis hinter ihm zufällt, ist er erleichtert. Genau wegen diesen Leuten haben Einwanderer einen schlechten Ruf, denkt er. Anstatt alles dafür zu geben, besser und erfolgreicher zu werden, bestätigen sie Vorurteile. Aus Faulheit und Angst und nichts weiter.

»A dokąd prosze?«

Der Taxifahrer dreht sich zu ihm um, lächelt verschwörerisch. Adam will antworten, als ihm auffällt, dass der Mann die Frage auf Polnisch gestellt hat.

»Sprechen Sie gefälligst Deutsch mit mir.«

Das Lächeln des Mannes fällt in sich zusammen. Es ist nicht das erste Mal, dass ihn Fremde einfach auf Polnisch oder Russisch ansprechen. Man muss ihm seine Herkunft am Gesicht ansehen. Eine Begegnung mit Enni Strindholm fällt ihm ein. Sie haben sich ein paarmal getroffen und miteinander geschlafen. Adam mochte sie und erhoffte sich exklusive Gerüchte aus der Führungsetage. Einmal beugte sich Enni nach dem Sex über ihn und strich mit der Hand über sein Gesicht. Dass sie die schön fände, sagte sie, seine slawischen Gesichtszüge. Es war das letzte Mal, dass sie sich privat trafen.

Der Taxifahrer beginnt, sich auf Deutsch zu entschuldigen. Adam atmet tief durch und winkt ab.

»Nein, nein, mir tut es leid. Ich hab Stress, das ist alles. Fahren Sie einfach los.«

Im stockenden Verkehr verlassen sie den Berliner Süden Richtung Mitte. Der Innenraum des in die Jahre gekommenen Mercedes riecht nach altem Mann. Wahrscheinlich schwitzt der Fahrer schon seit Jahrzehnten in den Wagen. Adam blättert in der Biografie über Bezos, doch er findet sein Lesezeichen nicht. Er muss den 10-Euro-Schein zusammen mit dem restlichen Geld Kasia gegeben haben.

Mit seinem Smartphone öffnet er die Seite von Tech-Blogger Dave Jackson, der von einem Start-up-Kongress in San Francisco berichtet. Die englischen Begriffe ermüden ihn schnell und er schließt die Augen. Gleitet allmählich in einen Halbschlaf. Und schreckt auf, als es kurze Zeit später in seiner Hand vibriert.

Schlafmangel festgestellt. Geistige Leistungsfähigkeit beeinträchtigt. Empfehlung: Nachtruhe von vier auf acht Stunden ausdehnen.

Wahrscheinlich hat das *Ting* recht. Acht Stunden Schlaf hat Adam seit seiner Schulzeit nicht mehr gehabt. Doch selbst wenn er der Empfehlung nachkommen wollte, er wüsste nicht, wie. Wie soll er vor drei Uhr nachts einschlafen, wenn ihn die Gedanken an *Strindholm Consulting* wach halten? Wenn er jede Nacht von Neuem daran denken muss, wie er in den vergangenen drei Wochen aus allen Projekten abgezogen wurde. Dass man ihn ohne Angabe von Gründen von der Berater-Tagung auslud, für die er einen halbstündigen Vortrag über die Seed-Phase von Start-ups vorbereitet hatte. Dass seine Kollegen sich schlechte Ausreden einfallen ließen, wenn er sie zum Mittagessen einlud.

Beinahe lässt er sein Telefon fallen, als es erneut vibriert.

Sackgasse voraus. Empfehlung: Alternativkurs einschlagen.

Adam beugt sich zum Fahrer. Das Taxi hält an einer Ampel, keine Sackgasse in Sicht. Diese unnützen Empfehlungen müssen aufhören und zwar schnell, denkt er. Er tippt eine kurze Nachricht an Linus.

Wir müssen uns treffen. So bald wie möglich.

Adam zieht den Reißverschluss seiner Jacke hoch und lässt sich tief ins Leder sinken, schließt die Augen. Ein wenig ärgert es ihn, dass Linus das *Ting* in den Sand gesetzt hat. Denn wenn man es genau nimmt, ist das »Navigationssystem« Adams Idee. Im vorletzten Semester seines Studiums setzte er sich mit dem Geschäftsmodell von *Google* auseinander. Die Suchmaschine wollte die Fragen von Usern beantworten, bevor sie gestellt werden. Adam gefiel dieser Ansatz nicht. Ein Unternehmen sollte nicht das Ziel haben, die Zukunft vorherzusagen, sondern sie zu formen. Erstrebenswert wäre ein Programm, das Usern Entscheidungen abnahm, die sie aus Dummheit oder Angst nicht treffen konnten. Er erzählte seinem Mitbewohner von der Idee. Linus war begeistert und schrieb einen ersten Programmentwurf. Adam studierte den Markt und verfasste einen Businessplan. Nachts tranken sie billigen Weißwein und malten sich aus, ein Start-up zu gründen und bedeutend wie Steve Jobs und Steve Wozniak zu werden. Eine Mischung aus Träumerei und Übung, mehr nicht. Als *McKinsey* in London ihm kurzfristig eine Trainee-Stelle anbot, für die er einen Masterabschluss brauchte, schusterte Adam den Businessplan mit dem Programmentwurf von Linus zu einer Abschlussarbeit zusammen. In London vergaß er das alles schnell.

Erst als der Motor verstummt, erwacht Adam aus leichtem Schlaf. Er gibt dem Fahrer großzügig Trinkgeld und verlässt den Wagen. Der gläserne Turm von *Strindholm Consulting* nimmt in der Herbstsonne die Farbe von Metall an. Adam liebt die Architektur seiner Zeit. Oberflächen, glatt und kühl, die Transparenz behaupten und umso mehr verschleiern. Einfachheit, die das Hochkomplexe, das Verworrene verbirgt. Er fühlt sich verwandt mit dem Gebäude, wesensähnlich, als sei es ein architektonisches Spin-off seiner selbst.

Wieder vibriert sein Telefon, diesmal insistierend. Er erwartet einen Anruf von Linus. Die Frage, was los sei, einen Vorschlag, wann sie sich treffen können, um das *Ting* zu deinstallieren. Deshalb ist er überrascht, Nius Namen auf dem Display zu sehen. Kurz bevor sein Daumen den grünen Button berührt, hält er inne. Nein, eigentlich möchte er mit der Hackerin nicht sprechen, die mitverantwortlich ist für seine beschissene Lage bei *Strindholm*. Weil Niu bei ihrer Arbeit einen Fehler gemacht hat, wurde Adam in der Nacht von Linus' Assessment aus dem Rollenspiel geholt und von Gustaf in der obersten Etage zusammengestaucht. Der Anfang allen Übels. Er wartet, bis die Vibration verstummt, anschließend löscht er Nius Nummer aus den Kontakten. Sie mag talentiert sein, aber sie ist nicht geschaffen für diese Art von Aufgaben.

Wäre es nur genauso einfach, sein Standing in der Firma wiederherzustellen, wie Niu aus seinem Leben zu löschen, denkt er. Nach dem wöchentlichen Montags-Jour fixe aller Berater und der Geschäftsführung wird er mit Gustaf reden. Dieses Mal muss der Alte ihm zuhören, muss ihm endlich verzeihen. Muss einsehen, dass die Firma Adam genauso braucht wie er die Firma.

In der Lobby ist die Luft trocken und steril. Hinter der gläsernen Rückwand erstrahlt der Garten in den typischen Herbstfarben. Als er noch in Gustafs Gunst stand, sind sie gelegentlich über die Schotterwege flaniert. Der Fürst und einer seiner Protegés. Mit einer lässigen Armbewegung deutete der Alte auf die Pflanzen: Kontrollierte, aber unaufhaltsame Wucherung. Das Ideal unserer Zeit.

Am Empfang sitzt Wilpe. Die Schultern des Empfangsassistenten scheinen übers Wochenende ein wenig breiter geworden zu sein. Der Mann wirkt bedrohlich, wie ein Türsteher oder Rausschmeißer. Adam geht am Tresen vorbei und klopft zweimal.

»Herr Strzela. Einen kleinen Moment.«

Wilpe überspielt seine Unsicherheit mit aggressiven Gesten. Er schaut auf seinen Bildschirm, hackt sinnlos auf seiner Tastatur herum.

»Sie werden in Ihrem Büro erwartet.«

»Von wem?«

»Keine Ahnung. Ich soll ausrichten, dass Sie nach Ihrer Ankunft unverzüglich Ihr Büro aufsuchen sollen. Das ist alles.«

Adam hat an diesem Morgen kein Meeting. Genau genommen hat er die ganze Woche über keinen Termin. Abgesehen vom wöchentlichen Jour fixe und seinem Augenarzttermin am heutigen Nachmittag.

»Der Jour fixe findet gleich statt. Mein Gast wird sich etwas gedulden müssen.«

»Das heutige Treffen wurde abgesagt.«

»Warum? Warum hat man mich nicht unterrichtet?«

Der Empfangsassistent zuckt mit den Schultern, senkt den Blick auf seinen Bildschirm. Der Sound schwungvoll klackender Absätze füllt das Foyer.

»Guten Morgen, Wilpe.«

Enni Strindholm geht an ihnen vorbei in Richtung der Fahrstühle. Adam folgt ihr. Während sie warten, betrachtet Gustafs Tochter schweigend ihre Schuhe, erwidert Adams Blick nicht. Nach dem heiteren *Pling* betreten sie zusammen die Kabine. Enni lehnt sich an die hintere Wand, Adam stellt sich vor sie. Frontal und nah, achtet aber darauf, sie nicht zu berühren.

»Hallo, Enni.«

Ihr Gesicht ist ausdruckslos, sie antwortet nicht. Blickt durch ihn hindurch, als sei er nicht da. Ihr Parfum steigt ihm in die Nase, herb und klar. Seit ihrer Affäre hat sie es nicht gewechselt.

»Ich habe nachgedacht. Ich möchte mit dir reden«, sagt er.

Enni schaut in seine Augen, zum ersten Mal seit langer Zeit. Bemüht uninteressiert, aber ihre Neugier kann sie nicht verbergen. Mit einem Mal würde Adam sich gern bei ihr entschuldigen. Entschuldigen dafür, ihren Dates ohne Erklärung ein Ende gesetzt zu haben. Seitdem kein einziges privates Wort mehr mit ihr gewechselt zu haben. Vor allem dafür, Ennis Gefühle verletzt zu haben. Wenn er ehrlich zu sich ist, gab es nur einen einzigen Grund für sein Verhalten: Er begann, mehr für sie zu empfinden. Romantische Gefühle oder gar Liebe können einem am Arbeitsplatz zum Verhängnis werden, das hatte Adam schon öfter mit angesehen. Also beendete er die Sache wieder. Vielleicht ist jetzt der Zeitpunkt gekommen, sich zu entschuldigen und ihr alles zu erklären.

Stattdessen sagt Adam: »Die Prüfung von Linus Landmann vor drei Wochen, erinnerst du dich? Ich verstehe jetzt, warum du unbedingt mich als Statisten wolltest.«

Ennis Schultern spannen sich, aber sie hält seinem Blick stand. Ihr Gesicht hat an Farbe verloren in den vergangenen Monaten und ist ein wenig aufgedunsen. Wahrscheinlich gehört sie nicht zu den wenigen Frauen, die anständig altern, denkt Adam.

»Die kleine Enni hört von Papa, dass ein gewisser Adam Strzela Mist gebaut hat und vielleicht seinen Job verliert. Da sie Adam nicht leiden kann, seit er nicht mehr mit ihr ins Bett steigt, nutzt sie die Gelegenheit. Sie zitiert ihn in ein Rollenspiel des Assessment-Centers, um die Kündigung vorwegzunehmen. Nicht real, nur im Spiel. Aber genug, um ihr eine sadistische Befriedigung zu verschaffen.«

Enni versucht, ihn beiseitezudrücken, er hält dagegen.

»Es ist anders gekommen, nicht wahr. Ich bin noch hier. Keine Kündigung, nur eine Verwarnung. Ist das nicht enttäuschend?«

Hinter ihm öffnet sich die Fahrstuhltür. Enni schubst ihn leicht und Adam tritt beiseite, die Hände erhoben. Draußen dreht sie sich noch einmal um.

»Tut mir leid, aber ich habe keine Ahnung, wovon Sie reden. Arbeiten Sie hier?«

Die Tür schließt und der Lift setzt seine Fahrt fort.

Die Kollegen auf der Gegenwart-Etage grüßen ihn nicht. Hier und da hebt sich eine Augenbraue, wenn er einen guten Morgen wünscht. Was diese Arschlöcher in der Mittagspause am liebsten machen: über Kollegen lästern und so ihr verkümmertes Selbstwertgefühl aufblähen. Die Gerüchte über sein Gespräch mit Gustaf haben schnell die Runde gemacht. Adam ist machtlos. Nur ein Vertrauensbeweis aus der Führungsetage kann sein Ansehen wiederherstellen.

Vor seiner Bürotür hält er inne. Etwas stimmt nicht. Es dauert einige Sekunden, bis er das Wort auf seinem Türschild zusammensetzt. *Ferbenlaare.* Er versteht nicht und tritt ein. Schreibtisch und Stühle scheinen dieselben zu sein wie am Freitag, als er das Büro abends verlassen hat. Hässlicher Efeu wuchert wie gewohnt an der Außenseite der Glaswand. Aber nichts liegt auf dem Boden herum. Keine Businesspläne, keine Kopien der Buchhaltung von Start-ups, keine aus dem Internet ausgedruckten Artikel. Ein aufgeräumtes und ordentliches Büro. Ein Zeichen von Tatenlosigkeit. Seine Aktenordner fehlen im Regal, sein Computer ist durch einen anderen ersetzt worden. Wo zuvor das Bild des Mädchens auf dem Fahrrad hing, das ihn immer an seine Patentochter erinnerte, ist jetzt eine Leinwand, gefüllt mit kleinen bunten Quadraten. Darunter, an Adams Schreibtisch, sitzt der Mitarbeiter mit den Dreadlocks, der vor drei Wochen eingestellt worden ist.

»Man klopft an, bevor man fremde Büros betritt«, sagt der Mann.

»Was meinst du damit? Das ist mein Büro.«

Sein Gegenüber lehnt sich verwundert im Stuhl zurück.

»Nun, nein, wie du siehst. Ich bin vor einer Stunde hier eingezogen.«

Adam geht zur hinteren Wand und öffnet den Schrank. Seine Bücher und Unterlagen fehlen, er ist leer.

»Wo sind meine Sachen? Wo ist mein Scheißrechner?«

Der Mann zieht sein Haargummi straff, erhebt sich vom Stuhl und baut sich vor Adam auf.

»Ich habe keine Ahnung, wo deine Sachen sind. Wilpe hat mir heute Morgen gesagt, dass mir ein größeres Büro zugeteilt wird. Als ich ankam, wartete mein Kram hier schon auf mich.«

Die beiden Männer stehen sich einige Momente gegenüber, ohne dass etwas geschieht. Stummes, bewegungsloses Duellieren. Dann nickt Adam. Geht zur Tür und hinaus auf den Korridor.

Er kommt nur einige Schritte weit, als jemand seinen Namen ruft. Ein junger Mann, das Gesicht rot und voller Aknenarben. Das Jackett viel zu weit für seine schmalen Schultern. Adam hat ihn noch nie bei *Strindholm* gesehen.

»Adam Strzela?«

Der Junge versucht, seiner Stimme Autorität zu verleihen, aber er ist ungeübt. Vielleicht kann er erklären, in welchem Raum Adams Sachen sind. Vielleicht überbringt er eine Nachricht von Gustaf.

»Ich soll Ihnen das hier geben.«

Der Junge hält ihm ein Buch hin. Adam nimmt es und liest mehrmals verständnislos den Titel. *Strafgesetzbuch, 56. Auflage.*

»Was soll ich damit?«

Der Junge blinzelt irritiert und lächelt, als habe Adam etwas Wesentliches nicht verstanden.

»Na, kopieren. Was denn sonst?«

Eine lange Pause folgt.

»Entschuldige bitte meine Unkenntnis. Aber wer zum Teufel bist du, verdammt?«

Adams Stimme ist laut, ohne dass er es beabsichtigt hat. Am Ende des Korridors schauen zwei Kollegen zu ihnen herüber.

»Der neue Praktikant. Ich wurde losgeschickt, um Adam Strzela dieses Buch zu bringen. Zum Kopieren.«

Adam antwortet nicht. Steht starr vor dem Jungen. Dieser nickt, als sei die Angelegenheit damit geklärt. Und wendet sich von ihm ab.

Der Korridor der Gegenwart-Etage. Hinter einer Glastür ertönt das gedämpfte Gelächter mehrerer Leute. Adam schleudert das Strafgesetzbuch gegen die Tür, die Biografie über Bezos hinterher. Ein Kollege schaut heraus, schüttelt den Kopf und verschwindet, als er Adam erkennt. Man hat ihm sein Büro genommen. Kollegen schicken Praktikanten, um ihm Aufträge zu erteilen und ihn so zu verhöhnen. Was ihm widerfährt, ist mehr als eine Verwarnung von Gustaf Strindholm. Es ist eine Demütigung. Selbst wenn der Alte beschließen würde, ihn zu rehabilitieren, sein Renommee ist irreparabel beschädigt. Nie wieder wird man ihn bei *Strindholm,* vielleicht sogar in der ganzen Branche ernst nehmen.

Adam versucht, gegen die ansteigende Panik anzuarbeiten. Weder Jeff Bezos, Bill Gates noch ein Steve Jobs würden sich von solchen Episoden aus der Ruhe bringen lassen. Sie würden einen Schlachtplan entwickeln, die Situation zu ihren Gunsten wenden und gestärkt aus ihr hervorgehen. Adam holt das Smartphone aus seiner Hosentasche. Der junge Bill Gates hatte sich einst in einer vergleichbaren Situation befunden und sein Ansehen wiedergewonnen, indem er jeden Kollegen im Umkreis in Grund und Boden schrie. Die Passage aus der Biografie hat Adam einst in seine Notiz-App kopiert. Als er sein Telefon aus dem Ruhemodus weckt, erscheinen zwei Empfehlungen des *Ting.*

Ehöhte Transpiration festgestellt. Empfehlung: Duschen.

Sackgasse voraus. Empfehlung: Alternativkurs einschlagen.

Wut und Panik verdrängen alle anderen Gedanken. Vorbei an Büros, Kaffeeküchen und Kollegen wandelt er durch die Korridore. Er braucht einen Raum, in dem er nachdenken kann. Aber wo ist das, wo ist sein neues Büro? Er entscheidet sich für eine Toilette.

Ein leerer, neutraler Raum. Künstlicher Citrusgeruch liegt in der Luft. Irgendwo tropft etwas. Adam stürzt in eine Kabine und schließt hinter sich ab. Als Kind hat er sich oft ins Badezimmer geflüchtet, wenn sein Vater seine Fragen nur mit einem desinteressierten »Nie« oder »Tak« beantwortete, ohne den Blick vom Fernseher zu wenden. Die Knie an den Körper gezogen, lag er stundenlang auf der flauschigen Badematte, die seine Mutter vor ihrem Tod gekauft hatte, und weinte. Das Badezimmer war der einzige abschließbare Raum der kleinen 2-Zimmer-Wohnung. Der einzige Raum, wo die alles schwarz färbende Aura des Vaters nicht hinreichte.

Das Telefon in seiner Hand vibriert. Unbekannte Nummer. In Ermangelung an Alternativen nimmt er den Call entgegen.

»Ja?«

Seine Stimme verflüchtigt sich zwischen Plastikwänden und Fliesen.

»Hier ist Niu.«

Noch ein Fauxpas. Zwar hat er Nius Nummer aus seinen Kontakten gelöscht, sie aber nicht blockiert.

»Unsere letzte Zusammenarbeit ist aufgeflogen, oder?«, fragt die junge Frau mit schroffer Stimme.

»Woher weißt du das?«

»Ich habe mir einige Mails der *Strindholm*-Geschäftsführung angeschaut. Wollte nur sichergehen, dass wir safe sind.«

Ihre Stimme gerät ins Straucheln. Sie macht eine Pause.

»In einer drei Wochen alten Mail steht, dass du wegen Industriespionage fristlos entlassen bist. Warum hast du mir nichts davon erzählt?«

Sackgasse voraus. Adam ist zu keiner Antwort fähig. Nach einer langen Pause spricht Niu weiter.

»Was auch immer schiefgelaufen ist, war nicht mein Fehler. Du musst Mist gebaut haben. Ich habe deinen Auftrag ausgeführt, ohne Spuren zu hinterlassen. Also versuch nicht, mich da hineinzuziehen. Es wäre reine Zeitverschwendung, glaub mir. Du wirst keinen Beweis für meine Beteiligung finden. Am besten, wir haben nie wieder Kontakt.«

Dann ist alles still.

Die Kollegen in den Fluren mustern Adam abschätzig, als er in Richtung der Fahrstühle läuft, beinahe rennt. Ihre Blicke erinnern an die der jungen Männer aus der Sozialsiedlung: Für sie ist er der Außenseiter. Der Fahrstuhl hält in der Realismus-Etage. Ohne anzuklopfen, betritt Adam das Büro von Gustaf Strindholm. Ein weiter Raum ohne Stühle, nur Arbeitsplatten und Stehpulte, darauf sind Papiere, Aktenordner, Zeitungen verteilt. Die gesenkten Außenjalousien fächern das Sonnenlicht in dünne Streifen, durch die man den Staub rieseln sieht. Gustaf steht an der Glasfront, blickt zwischen zwei Lamellen hinaus in die Stadt. Die Hände in den Taschen seiner Anzughose, das Gesicht abgewandt. Sein Sohn in einem babyblauen Anzug ist über einen offenen Aktenordner und einen Laptop gebeugt. Als er Adam bemerkt, verzieht Kasper das Gesicht.

»Guten Morgen. Was machst du hier oben? Solltest du nicht dein Büro ausräumen?«

Adam hasst es, sich von dem Versager verhöhnen zu lassen. Kasper hat das Glück, den richtigen Nachnamen zu besitzen, das ist alles. Nichts hat er aus seiner privilegierten Stellung gemacht, keinen Zentimeter hat er sich bewegt. Er ist genau dort, wo seine Mutter ihn vor über 30 Jahren hingeboren hat: am Hosenaufschlag seines Vaters.

»Ich hab Mist gebaut, das weiß ich. Aber war das alles wirklich nötig?«, sagt Adam in Gustafs Richtung. Der Alte lässt sich

Zeit mit seinen Worten, seine raue Stimme schleift jedes von ihnen rund.

»Seit diese Firma 1952 mitten im Wirtschaftswunder von meinem Vater Emil gegründet wurde, hat sich jedes einzelne Mitglied der Familie Strindholm für ihren Erfolg und guten Ruf aufgeopfert.«

In den Hosentaschen des Alten ballen sich Hände zu Fäusten.

»In den vergangenen Jahrzehnten habe ich viele Angestellte gesehen. Irgendwann gleicht einer, der kommt, einem, der schon mal hier war. Im Stillen fängt man an, ihre Namen und Gesichter zu verwechseln. Unterscheidet nur noch Typen. – Und wie ich das sehe, gibt es drei Arten von Angestellten. Die Feiglinge. Die loyal und gewissenhaft ihrer Arbeit nachgehen, weil sie dankbar sind. Man kann von ihnen keine großen Würfe erwarten. Sie sind zu feige, um Innovationen einzubringen. Jede Form von Risiko könnte ihre Anstellung gefährden, also gehen sie altvertraute Wege.«

Sein Blick zuckt bei diesen Worten kurz zu seinem Sohn und rastet anschließend wieder zwischen den Lamellen ein.

»Wenn sie ihre Arbeit gut machen, ist das zu verkraften. Dann gibt es die Eifrigen. Die jeden Tag auf einem Sprungbrett stehen und versuchen, in einem Büro auf dieser Etage zu landen. Oder in einer besseren Position bei einer anderen Firma. Um das zu erreichen, erfinden sie sich und das Unternehmen immer wieder neu. Man muss sie zügeln, steuern und zur richtigen Zeit mit Beförderungen und Prämien füttern.«

Gustaf Strindholm wendet sich Adam zu. Das Gesicht zerfurcht von Falten, die Brauen buschig und grau, das rechte Lid halb über dem Auge hängend. Adam würde gerne eine zynische Bemerkung machen, würde dem Alten gern sagen, dass er endlich zum Punkt kommen soll. Aber er hat keine Worte, keine lässige Geste, überhaupt gar kein Verhaltensrepertoire für diese

Art von Situation. Er spürt, dass Gustaf Strindholm in genau diesem Moment seine Karriere zerstört. Weit mehr als das: jede Selbstsicherheit, die er sich aufgebaut hat in den vergangenen Jahren, vielleicht sogar seit dem Tod seiner Mutter.

»Zu guter Letzt gibt es die Arschlöcher. Arschlöcher tarnen sich als Feiglinge oder Eifrige, aber halten sich für was Besseres. Für missverstandene Genies, zu Unrecht kleingehalten. Jede Abkürzung ist ihnen recht, um sich an den Platz zu kämpfen, den das Schicksal für sie vorgesehen hat. Du, Adam, bist ein riesengroßes Arschloch.«

An der hinteren Wand hängt das Gemälde, das dem Büro seinen Namen gibt: *Le Désespéré.* Ein junger Mann, der sich seine langen Haare mit beiden Händen aus dem Gesicht hält, den Mund leicht geöffnet, die dunklen Augen weit aufgerissen.

»Ich habe vor drei Wochen schon erklärt, ich wollte nur dem Kunden helfen.« Adam hat die flehende Färbung in seiner eigenen Stimme seit der Kindheit nicht mehr gehört. Als würde er mit seinem Vater sprechen. »Ich habe nur einen kleinen Blick in die Datenbanken der Konkurrenz geworfen, mehr nicht. Selbst schuld, wenn die ihre Server so schlecht schützen. Der Marktanteil unseres Kunden ist innerhalb weniger Monate um 10 Prozentpunkte gestiegen.«

Gustaf entfernt sich langsam von der Glaswand. Das Sonnenlicht verschiebt sich streifenweise auf seinem Körper. Unter einer Arbeitsplatte zieht er einen Schemel hervor und stellt einen Fuß darauf ab.

»Mir ist völlig egal, welche Methoden Angestellte von *Strindholm Consulting* anwenden, um Kunden glücklich zu machen. Aber wenn eine dieser Methoden an die Öffentlichkeit kommt und dort ›Industriespionage‹ daraus wird, dann ist unser Ruf, das Vermächtnis meiner Familie in Gefahr. Verstehst du, was das bedeutet, Strzela?«

Adam öffnet den Mund, um etwas zu sagen. Doch er weiß, dass es zu spät ist. Er steht in einem Trümmerhaufen, der seine Karriere ist. Nichts kann den Einsturz rückgängig machen. Gustaf wischt sich über die narbigen Wülste seines Gesichts.

»Ich konnte die betreffenden Parteien überreden, keine Anzeige zu erstatten. Das hätte nicht nur *Strindholm* ruiniert, sondern auch Fragen zu deren Sicherheitsvorkehrungen aufgeworfen. Eine außergerichtliche Einigung wird die Angelegenheit aus der Welt schaffen. Aber du ziehst deinen aufgeblasenen Kopf nicht so einfach aus der Schlinge. Beinahe hättest du die Arbeit von mehreren Generationen zunichte gemacht.«

Wie auf ein Stichwort geht Kasper um einen Tisch herum und reicht Adam einen Umschlag. Anders als erwartet, wirkt er nicht schadenfroh. Nicht zufrieden, einen Mitarbeiter loszuwerden, mit dem er sich nie gut verstanden hat. Vielmehr scheint er Mitleid mit Adam zu haben und genervt zu sein. Als würde er die ganze Szene für Zeitverschwendung halten.

»Also, das hier ist die offizielle Kündigung. Inoffiziell arbeitest du seit drei Wochen nicht mehr hier. Niemand weiß, was du getan hast. Aber deine Kollegen haben so ihre Theorien, eine abenteuerlicher als die andere. Sie werden der Spekulationen nicht müde. Du bist nicht der Erste, der auf diese Art und Weise entlassen wurde. Aber keiner tappte so lange im Dunkeln.«

Adam hat das Gefühl, in einem fremden Land zu sein, dessen Grenze er unbemerkt passierte, ohne Sprache und Verbündete. Im Hintergrund steht der Alte im schummrigen Licht und betrachtet seine von Altersflecken übersäten Hände. Er hebt ein letztes Mal seine Stimme.

»Ich nehme an, du verzichtest auf ein Arbeitszeugnis. Ich habe dir trotzdem eines ausgestellt. Kein schriftliches. Ein inoffizielles. Seit drei Wochen macht es die Runde. Du wirst es schwer haben da draußen.«

Die Glastüren rechts und links des Korridors scheinen bei jedem seiner Schritte zu vibrieren. Sie drohen in tausend kleine Splitter zu zerbersten. Der Boden schwankt gefährlich, wie das Deck eines Schiffes im Sturm. Er geht in die Knie und kotzt auf den weißen Marmor, mitten in den Gang. Als er wieder stehen kann, zieht er sein Jackett aus und überdeckt das Erbrochene. Ein Hund, der seine Exkremente verscharren will, denkt er. Zerrt sich seine Krawatte vom Hals, um sich den Mund abzuwischen, und legt sie oben drauf. Am Fahrstuhl angekommen, weiß er nicht weiter. Nach oben kann er nicht mehr. Die Nähe zum Dach ist immer mit einem Gefühl von Freiheit verbunden gewesen. Jetzt ist sie eine Bedrohung. Er wird nicht hinauffahren und sich an den Rand des Towers stellen. Auf Berlin hinunterblicken, wie er es sonst tut, wenn er eine Auszeit braucht, von Hunderten Erwartungen, die alle gleichzeitig auf ihn eindreschen, vom Taktieren, Adam gegen die Kunden, Adam gegen die Kollegen, Adam gegen Kasper und Gustaf. Vorbei das. Man hat ihn rausgeschmissen. Genau wie Steve Jobs bei *Apple* damals, 1985.

Im Fahrstuhl haut er auf den Knopf mit dem Aufdruck *Gegenwart.* Gegenwart, Gegenwart, immer wieder. Er widersteht dem Bedürfnis, sein altes Büro zu betreten und mitten im Raum stehen zu bleiben. Sich nicht zu rühren und nicht zu sprechen, ein stiller Protest. Bis der Sicherheitsdienst kommt und ihn rausschleift an Händen und Füßen vor den belustigten Blicken der Kollegen. Etwas Jämmerlicheres hätte der *Strindholm*-Tower noch nie gesehen. Wenn man schon eine beschissene Rolle hat, dann sollte man sie so gut wie möglich spielen.

Wieder auf den öden Korridoren, links und rechts Büros. Produktivitätstanks, mit Gehirnen darin. Ein großes Aquarium voller Gehirne ist das, die in Nährflüssigkeit treiben und Probleme lösen. Irgendwo müssen seine Arbeitsunterlagen sein. Er muss sie sortieren und an jemanden übergeben. Das würde seinem Abgang ein Minimum an Würde verleihen. Eine Wertschätzung seiner Arbeit. Der Alte wird seine Entscheidung bereuen. Einen besseren Analysten als Adam wird er nicht finden. Niemand gewinnt mehr Neukunden als er. Niemand bekommt bessere Bewertungen beim Feedback. Niemand vertritt *Strindholm* besser auf Konferenzen und Tagungen, erst recht nicht sein unfähiger Sohn.

Warum ist er in die Gegenwart-Etage gefahren? Er öffnet eine metallene Tür. Muffig und warm ist es im Treppenhaus, keine Fenster, kein Belüftungssystem. Seine Augen muss er zukneifen, denn das Licht ist grell. Der Höhenabstand zwischen den Stufen kommt ihm uneinheitlich vor und er überspringt das letzte Drittel jeder neuen Treppe, um nicht zu fallen. Seine Knöchel schmerzen bei jedem Aufprall mehr. Als er doch fällt, sich aufrappelt und den Riss am Knie seiner Anzughose untersucht, verspürt er das Bedürfnis, Enni aufzusuchen. Sie um Verzeihung zu bitten. Sich von ihr zu verabschieden. Ihr Parfum zu inhalieren. Von ihr in den Arm genommen und getröstet zu werden.

Es geht jetzt schneller mit den Treppen. Er hat sich an den Abstand gewöhnt. Erdgeschoss. Die Lobby ist leer, wie immer nur Durchgangsstation, der Empfangsassistent zählt nicht. Doch dieses Mal ist selbst der nicht da. Hinter der gläsernen Rückwand liegt der Garten. Während einer Dürre wird ein Vollidiot mal seine Kippe fallen lassen und das akkurat beschnittene Gestrüpp wird in Flammen stehen. Waldbrand im *Strindholm*-Tower. Das Aquarium mit all den Gehirnen darin wird köcheln. Wird langsam von innen schmelzen. Zurückbleiben wird nur ein schwelender, dreckiger Kristallklumpen in Berlin Mitte.

Die Herbstsonne schafft es nicht, seinen schweißnassen Körper aufzuwärmen. Ohne zurückzublicken, steht er am Straßenrand und winkt, bis ein Taxi hält. Er steigt vorne ein, das erste Mal in seinem Leben. Wundert sich kaum, als er den Fahrer erkennt. Derselbe, der ihn herbrachte.

»Niech pan rusza! Wszystko jedno dokąd«, hört Adam sich sagen.

Der Mann mustert ihn. Das verschwitzte Gesicht. Das aufgeknöpfte Hemd. Die dreckige, zerrissene Hose.

»Tut mir leid. Aber ich verstehe Sie nicht«, antwortet der Fahrer.

Adam könnte schwören, im selben Auto wie heute Morgen zu sitzen.

»Egal, fahren Sie los. Egal wohin. Bitte.«

Es ist einer der letzten warmen Herbsttage. Die goldenen und roten Blätter auf den Wegen und Straßen sind mehr Schmutz als Schmuck. Bald wird die Stadt ihr anderes Gesicht zeigen, das raue, wahre. Die Menschen kommen Adam vor wie zusammengesetzt aus zielgerichteten Bewegungen und selbstsicheren Gesten. Doch das ist nur oberflächliches Gehabe. Sie sind bloß Fleischsäcke voller Angst und Scheiße, denkt er. Er würde gerne aussteigen und das jeder einzelnen Person ins Gesicht schreien, sie schütteln, bis sie es endlich kapieren.

In Wirklichkeit ist er aber nur wütend auf Gustaf Strindholm und sich selbst. Sein Blick schwankt und am liebsten würde er das Fenster herablassen und sich bei voller Fahrt nochmals übergeben. Und doch kann er zum ersten Mal seit Wochen klar sehen. Als hätten sich die Realität und das, was er für Realität hielt, endlich synchronisiert. Und die Realität ist, dass er am Tiefpunkt angelangt ist. Völlig allein, unbedeutend und ausgeliefert. Nur einmal in seinem Leben hat Adam sich so macht- und schutzlos gefühlt – kurz nach dem Tod seiner Mutter.

Zweimal fährt das Taxi rechts ran. Der Fahrer macht den Motor aus und nennt einen Geldbetrag. Er will ihm die Möglichkeit geben auszusteigen, doch Adam reagiert nicht. Also fahren sie weiter. Bis sein Telefon vibriert. Die alte Routine des Angestellten, der immer mit dem Call eines Kunden oder Vorgesetzten rechnet, lässt ihn nachschauen. Das Smartphone zeigt zwei verpasste Anrufe von Linus Landmann. Und eine Nachricht des *Ting*.

Rapider Anstieg an Adrenalin. Empfehlung: Laden an der nächsten Ecke aufsuchen.

Ihm fällt kein Grund ein, nicht Folge zu leisten.

»Hier.«

Adam gibt dem Taxifahrer seine EC-Karte. Nachdem der Betrag abgebucht wurde, steigt er aus. Eine Kreuzung, wie es sie Hunderte in Berlin gibt. Die Straßennamen sagen ihm nichts. Unmöglich den Bezirk zu erkennen, nicht mal West oder Ost.

Der Laden an der Ecke entpuppt sich als Wettlokal. An den kleinen, runden Tischen sitzen Männer, denen man die Migrationsgeschichte ansehen kann. Ein Boxkampf zwischen zwei tätowierten Schlägern wird auf Dutzenden Bildschirmen ausgestrahlt. An Spielautomaten drücken Typen bunt blinkende Knöpfe, schauen gelangweilt zu den Bildschirmen oder auf ihre Telefone.

Adam bestellt eine Flasche Mineralwasser am Tresen, wo die Wettscheine abgegeben werden. Sein Vater könnte unter diesen Männern sein. Oder Tomek. Erst nachdem er jedes einzelne Gesicht geprüft hat, setzt er sich an einen Tisch.

Die Männer nippen an Getränken, begutachten bekritzelte Papiere, Smartphones, Wände. Die meisten sind allein, aber sie teilen ein Schicksal. An den Anforderungen der Gesellschaft gescheitert, mit der verzweifelten Hoffnung, durch Glücksspiel aus ihrer beschissenen Situation herauszukommen. Nach Hause will niemand, denkt Adam. In viel zu kleine, schäbig eingerichtete Wohnungen, wo die Blicke von Frauen und Kindern warten. Blicke, die wie Spiegel sind. Nur hier können diese Typen Wissen, Expertise und Kontrolle heucheln. Nur in diesem Game haben sie eine vermeintliche Chance auf Erfolg.

Das ist jetzt also auch Adams Game. Gustaf Strindholm wird verhindern, dass er eine neue Anstellung findet, das hat er deutlich gemacht. Die Welt ist vielleicht global und bis ins Unüberblickbare verzweigt, aber Branchen und Betriebe sind gut vernetzt, denkt er. Selbst wenn er in einem kleinen Kaff eine schlecht bezahlte Anstellung ohne Karriereaussicht findet. Der Alte wird davon Wind bekommen und dafür sorgen, dass er keine Probezeit übersteht.

Erneut kommt die Panik. Er schließt die Augen und malt sich den realistischen Fortgang seiner Biografie aus. Er wird sich auf 40 Stellen im Consulting-Umfeld bewerben, wird aber zu keinem Gespräch eingeladen. Seine Verzweiflung wächst mit jeder Absage, sein Selbstbewusstsein schrumpft. Natürlich wird er alkoholabhängig, um sein zerstörtes Selbstwertgefühl zu ertragen. Oder spielsüchtig, wie Tomek, wie sein Vater. Nach einigen Monaten sind seine Ersparnisse aufgebraucht. Er zieht in eine kleinere Wohnung und versucht es mit Jobs, für die er hoffnungslos überqualifiziert ist. Kellner oder Taxifahrer. Aber er langweilt sich, schämt sich und schmeißt es wieder hin. Dann Jobcenter und Hartz IV. In der ersten Zeit werden Tomek, Kasia und Aga für ihn da sein, ihn trösten. Doch nach einer Weile wird er eine zu große Belastung für die Familie. Die kommenden Jahre bestehen aus Hart-Alk, Spielautomaten und Verfall. Bis etwas Entscheidendes passiert. Er lernt eine Frau kennen. Oder sein Vater taucht sterbenskrank wieder auf. Die große Erkenntnis: Adam schmeißt sein Leben weg. Er muss etwas ändern. Also wird er alles daransetzen, das Ruder herumzureißen. Vielleicht wird er trocken, bekommt einen mittelmäßigen Angestelltenjob in einem kleinen Büro, gründet eine Ein-Kind-Familie mit einer langweiligen Frau, kauft eine Doppelhaushälfte im Speckgürtel Berlins und redet sich Nacht für Nacht ein, was für ein Glück er doch hat. Vielleicht wird sie aber tragisch und realistisch enden und er scheitert erneut. Einsam säuft er die nächsten 20 Jahre vor sich hin und stirbt mit vollgeschissener Hose im Warteraum des Jobcenters.

Die Atmosphäre des Wettlokals schwappt in Schüben gegen sein Bewusstsein und Adam öffnet die Augen. Nein, denkt er, seine Biografie wird nicht aussehen wie ein Gescheiterten-Klischee. Ebenso wenig wird er sich Zeit geben für Schock, Trauer, Verarbeitung und zu guter Letzt allmähliche Rekonvaleszens. Adam Strzela wird aufstehen, bevor er überhaupt gestürzt ist. Seine Biografie wird verlaufen wie die von Steve Jobs. Der in *Pixar* investierte, als *Apple* ihn rausschmiss, und sich an der Produktion von *Toystory* beteiligte. Nachdem der Film ein riesiger Erfolg wurde, und nach dem Börsengang von *Pixar,* kam Steve Jobs als Milliardär zu *Apple* zurück. Adam wird nicht scheitern, sondern wird direkt einen neuen, erfolgreichen Weg einschlagen. Wie die Opernsängerin Judith Williams. Die nach einer Tumorbehandlung zwischenzeitlich ihre Stimme verlor, ihr Verkäufertalent entdeckte und bei einem Verkaufssender anheuerte. Heute hat sie 100 Angestellte und hat es in einer Nachtsendung sogar geschafft, dass Adam sich eine Gesichtscreme aus Goji-Beeren bestellte.

Mehrere Stimmen, die ihm vorher nicht aufgefallen sind. Die Männer reden über einen epischen Boxkampf aus den 90er-Jahren, Tyson gegen Holyfield. Sie müssen unterschiedliche Muttersprachen haben, denn sie sprechen verschieden akzentuiertes Deutsch, manche gebrochen, andere fließend. Sie beleidigen sich im Spaß und lachen miteinander. Einer beginnt von seinen Kindern zu erzählen, die er gleich von der Schule abholen müsse.

Gustaf Strindholm hat ihm einen Gefallen getan, denkt Adam. Der heutige Tag wird ein Wendepunkt in seiner Biografie. Er wird der Welt beweisen, dass er zu Größerem berufen ist, als seine Tage als Angestellter einer Unternehmensberatung zu fristen. Als Consultant hat es noch kein Mensch zu beachtlicher Größe geschafft. Der Rauswurf bei *Strindholm* ist eine Chance, die er nur nutzen muss.

Das Display des Smartphones erwacht aus dem Ruhemodus, zeigt zwei weitere Empfehlungen des *Ting*.

Erhöhte Transpiration festgestellt. Empfehlung: Duschen.

Er will das Telefon ausschalten, um sich auf seine Gedanken zu konzentrieren, als ihn die zweite Nachricht innehalten lässt.

Empfehlung: Für Alternativkurs alten Freund kontaktieren.

Eine leichte Erregung drückt in seiner Bauchgegend. Die Erregung einer neuen Idee. Er scrollt durch die Empfehlungen des *Ting* aus den vergangenen Wochen. Liest jede Nachricht mehrmals. Es dauert einige Zeit, bis er erkennt, wie sehr er sich im *Ting* getäuscht hat. »Sackgasse voraus, Alternativkurs einschlagen.« Hat das *Ting* die ganze Zeit über die Zeichen richtig gedeutet und versucht, ihn zu warnen? So lassen sich die kryptischen Empfehlungen zumindest deuten. Er hätte ihre Bedeutung verstehen können, sogar müssen. Doch er hat nicht verstehen wollen, hat alle Zeichen ignoriert.

Der Boxkampf geht zu Ende. Ein Fußballspiel aus der türkischen Liga wird als Nächstes übertragen. Auch das zieht an ihm vorbei, ein britisches folgt. Als der Nachmittag anbricht, hat er einen Entschluss gefasst. Einen Plan geschmiedet, der riskant ist. Aber der beste und vielleicht einzige Ausweg aus seiner Lage. Was folgen muss, wird nicht leicht werden. Er muss an den richtigen Stellen behutsam und an anderen wiederum rabiat sein. Er wählt Linus' Nummer.

»Landmann hier.«

»Linus – gut, deine Stimme zu hören.«

»Du hast geschrieben, dass du mich treffen möchtest. Worum geht's?«, fragt Linus. Adam hat die Nachricht bereits vergessen, die er Linus heute Morgen geschickt hat. Aber so meldet er sich wenigstens nicht unangekündigt.

»Das erkläre ich dir am besten persönlich. Hast du Zeit?«

»Jetzt?«

»Ja.«

Eine kleine Pause entsteht.

»Ich arbeite noch den ganzen Tag. Und abends packe ich mit Kira. Wir ziehen in zwei Wochen um. Wahrscheinlich habe ich erst nach dem Umzug wieder Zeit für ein Treffen«, sagt Linus.

»Du hast so schnell einen Job gefunden?«

»Mhh … ja, ist erst mein dritter Tag. Nichts Besonderes. Aber es macht Spaß.«

Adam atmet tief aus, pustet das Telefon dabei hörbar an.

»Ist alles in Ordnung bei dir, Adam?«

»Nein, leider nicht. Deshalb rufe ich an. Ich brauche deine Hilfe.«

Im Hintergrund sind die gedämpften Stimmen anderer zu hören. Linus scheint darüber nachzudenken. Das ist gut, vielleicht hat Adam eine Chance.

»Wie gesagt, ich habe wirklich viel zu tun. Ich melde mich bei dir, wenn sich ein freier Abend ergibt.«

»Verstehe, kein Problem. Du, ich muss Schluss machen.«

Adam beendet das Gespräch. Nach kurzem Zögern öffnet er den Browser mit seinem Telefon und googelt Linus Landmann. Mitarbeiter beim IT-Support eines großen Logistikunternehmens. Ein Klempner für Computer. Darunter Linus' Vorgesetzter, Name, Telefonnummer, Foto: ein hagerer Mann Mitte vierzig mit Pferdeschwanz.

Niemand im Lokal beachtet Adam. Was er als Nächstes tun muss, ist nicht nur eine Straftat, sondern auch eine riesige Schweinerei, denkt er. Aber er hat keine Wahl, er braucht Linus für seinen Plan. Und zwei Wochen kann er unmöglich warten.

»Berger, IT-Support.«

Adam versucht, seine Stimme gehetzt und ungeduldig klingen zu lassen, gleichzeitig die Vokale zu dehnen.

»Guten Tag, Herr Berger. Mein Name ist Dr. Adam Strzela. Ich bin der Psychotherapeut von einem Ihrer Angestellten. Linus Landmann.«

»Äh, okay. Und was wollen Sie von mir?«

»Tja, die Sache ist ein bisschen delikat. Ich stehe unter Schweigepflicht, also kann ich mit Ihnen leider nicht über den gesundheitlichen und psychischen Zustand meines Patienten sprechen. Ich möchte nur sicherstellen, dass Herr Landmann die Krankschreibung ernst nimmt und die kommenden Tage zu Hause bleibt. Bis das Schlimmste überstanden ist.«

»Davon weiß ich nichts. Landmann ist heute pünktlich zur Arbeit erschienen. Er überprüft einen Rechner im Fünften.«

»Das ist nicht gut. Suchen Sie ihn, am besten sofort. Sagen Sie ihm, dass ich angerufen habe, Dr. Adam Strzela. Und schicken Sie ihn nach Hause. Wir wollen ja nicht, dass sich die Vorfälle wiederholen. Ich werde das Attest umgehend an Ihre Personalabteilung faxen lassen.«

»Na ja. – Okay. Danke für den Anruf.«

Das schlechte Gewissen stellt sich sofort ein. Durch diesen Anruf wird Linus seine Probezeit nicht überstehen, denkt er. Vielleicht wird man ihn sogar sofort entlassen. In Wirklichkeit tut Adam ihm aber einen Gefallen. Linus war schon im Studium ein außergewöhnlicher Ingenieur. Das E-Mail-Fach gelangweilter Büroangestellter einzurichten, ist eine ungeheure Verschwendung seines Potenzials. Das Problem ist: Linus ist sozial zu kompetent, um für einen Geek oder ein Genie gehalten zu werden. Gleichzeitig fehlt es ihm an Selbstbewusstsein, Willen und Entschlussfreude, sodass seine Fähigkeiten von anderen oft übersehen werden. Genau deshalb braucht er Adam. Adam wird seinem Freund helfen, die Anerkennung zu erhalten, die er verdient.

Einige Jugendliche haben das Wettlokal betreten und unterhalten sich lautstark über Fußball. Sie sprechen nicht wirklich miteinander, sondern in den Raum hinein. Niemand soll das gefakte Fachwissen überhören. Ihr Deutsch ist ungenau, verklumpt mit kehligen Lauten. Es sind die Jugendlichen aus der Sozialsiedlung von heute Morgen, da ist sich Adam sicher. Aber vielleicht sehen sich alle Menschen aus der Distanz betrachtet ähnlich, vor allem wenn sie demselben soziokulturellen Milieu angehören. Man muss genauer hinschauen, um Unterschiede auszumachen, das Individuelle zu erkennen. Die vier Jungs erinnern Adam an seine eigene Jugend. Als er mit Tomek durch die Straßen zog, immer in dessen Windschatten. Bis er erkannte, dass er dort nicht weit kommen würde. Dass er dort nur ein »Polacke« war. Dass er Furcht mit Respekt verwechselte. Also ging er seinen eigenen Weg.

Die Vibration des Smartphones auf der Tischplatte reißt ihn aus seinen Gedanken. Ein Mann am Nachbartisch wirft ihm einen genervten Blick zu. Als er Linus' Namen auf dem Display sieht, spürt er wieder das schlechte Gewissen.

»Hier Adam.«

»Scheiße! Mein Chef hat mich nach Hause geschickt. Er meinte, mein Therapeut Dr. Adam Strzela hätte angerufen. Hast du den Arsch offen?«

Linus' Wut klingt unecht, als würde er sie spielen. Wahrscheinlich ist er Adam insgeheim dankbar.

»Fuck, das tut mir wirklich leid. Ich weiß, das war 'ne miese Nummer. Ich muss unbedingt mit dir reden, das ist alles. Ich schick dir meinen Standort. Komm her und ich erkläre dir alles.«

Linus sagt etwas, aber Adam würgt ihn ab. Er schaltet das GPS an und schickt Linus den Standort. Riskant, denkt er. Aber in der jetzigen Situation muss er schnell handeln. Von einigen wenigen Ausbrüchen abgesehen, geht Linus keine Risiken ein. Wenn er sich erst an den neuen Job gewöhnt, Sicherheit und Bestätigung findet, wird Adam ihn nicht mehr loseisen können.

Die Bildschirme des Wettlokals erlöschen. Einige Männer gehen, andere bleiben einfach sitzen oder schlurfen zu den Spielautomaten. Auch die Jugendlichen ziehen weiter. Um Adam herum wird es ruhig. Draußen hat sich der Himmel dunkel gefärbt. Er reibt sich die Augen und kneift sie leicht zu, um seine Umgebung scharf zu stellen. Denn vor allem mit der Dämmerung verschwimmt sein Blick. Schon seit seiner Studentenzeit verschlechtert sich seine Sehkraft, mit den Jahren immer ein wenig mehr. Anfangs war er zu eitel, um das Problem durch eine Brille oder Kontaktlinsen zu lösen. Mittlerweile wäre ihm das Eingeständnis dieses Makels gleichgültig, allerdings findet er nicht die Zeit, sich darum angemessen zu kümmern. Auch heute wird er es wieder nicht zu dem Termin beim Augenarzt schaffen. Sollte das Gespräch mit Linus erfolgreich verlaufen, kann er in naher Zukunft noch viel weniger Zeit für so was freimachen.

Er öffnet seinen Cloud-Speicher und geht die alten Dateien durch. Im Ordner *Ancient Times* findet er, was er sucht: seine Masterarbeit. Während er auf dem Smartphone liest, kopiert und notiert, verliert er das Gefühl für Zeit und Umgebung. Die Welt besteht aus Zahlen und Fakten. Ausgangssituation, Ressourcen, Markt, Konkurrenz, Ziele, Strategien. Was man nicht messen kann, ist nicht existent.

Irgendwann schaut er von seinem Smartphone auf. Vor seinem Tisch steht Linus und beobachtet ihn, sagt nichts. Steht einfach nur da.

»Du bist hier! Tut mir leid für die abgefuckte Tour mit dem Therapeuten. Ich mach's wieder gut. Setz dich. Ich würd gern was mit dir besprechen.«

Linus schüttelt nur den Kopf. Adam steht auf und umarmt ihn. Kurz und fest. Die körperliche Nähe scheint Linus aus der Starre zu holen und er nimmt Platz.

»Wegen dir werde ich meinen Job verlieren. Ich bin in der Probezeit, und nach deinem Anruf glauben die, ich hätte denen beim Vorstellungsgespräch irgendwas verschwiegen.«

Linus spricht laut. Die wenigen Männer, die vereinzelt an den Tischen sitzen, schauen neugierig herüber.

»Wie gesagt, es tut mir leid. Aber sei doch mal ehrlich. Wenn die dich rauswerfen, dann habe ich dir einen Gefallen getan. Willst du die produktivste Zeit deines Lebens damit zubringen, Computer einzurichten? Hast du die letzten zehn Jahre auf dieses Ziel hingearbeitet? Scheiße, dafür bist du viel zu talentiert.«

Ein alter Mann, dessen Mund weit offen steht und der gerade Münzen in einen Schlitz geworfen hat, dreht sich zu ihnen um. Starrt sie ungeniert an, als seien sie ein Unterhaltungsprogramm.

»Der Job ist für den Übergang. Was willst du eigentlich von mir? Wieso bist du nicht bei *Strindholm* und verdienst deine 7000 Euro im Monat?«

»Ich habe gekündigt.«

Zum ersten Mal schaut Linus ihm in die Augen. Als suche er dort eine Bestätigung für Adams Worte. Dann schüttelt er den Kopf und verschränkt die Arme. Adam spürt, dass sein Freund ihm nicht viel Zeit geben wird.

»Hör zu. In den drei Wochen, in denen ich das *Ting* benutze, schickt mir das Teil Empfehlungen. Einige irrsinnige, aber hauptsächlich nützliche. Schlaf mehr, iss gesünder, rasier dir die Eier und so weiter. Also befolge ich die ein oder andere Empfehlung und siehe da: Mir geht es besser!«

Linus beugt sich leicht nach vorne. Jetzt hat er ihn sicher an der Angel.

»Plötzlich fängt das *Ting* an, mir immer wieder dieselbe Empfehlung zu schicken. Dein Job ist eine Sackgasse, schlag einen anderen Weg ein. Ich denk erst: Schwachsinn, ich bin doch glücklich. Doch mir geht die Sache nicht aus dem Kopf. Ich fange an, *Strindholm* und meine Berufswahl zu hinterfragen. Und merke: Ja, verdammt. Was für eine große Scheiße! Etliche nutzlose Produkte und Unternehmen habe ich gepusht. Immer habe ich die Drecksarbeit gemacht und nie Lob dafür bekommen. Die Früchte meiner Arbeit haben immer andere geerntet. Also habe ich gekündigt.«

Eine Lüge, die notwendig ist, denkt Adam. Nur wenn er Linus eine starke intrinsische Motivation glaubhaft macht, hat er eine Chance, ihn zu überzeugen. Würde er ihm beichten, dass er soeben von Strindholm entlassen wurde, sein Freund wäre auf und davon.

Mehrere Männer betreten das Lokal, holen sich Wettscheine am Tresen und diskutieren über einen Absteiger. Linus fixiert die Tischplatte und verarbeitet das gerade Gehörte.

»Das kaufe ich dir nicht ab. Das passt nicht zu dem Adam, den ich von früher kenne. Was ist mit deiner Karriere? Was ist mit deinen großen Zielen?«

Adam streckt seine Arme aus.

»Mein großes Ziel ist es sicherlich nicht, in der Führungsetage einer Unternehmensberatung zu enden. Also überspringe ich ein paar Sprossen auf der Karriereleiter und werde jemand Bedeutendes: Mitgründer und Geschäftsführer eines Start-ups. Und das Produkt ist das *Ting*.«

Als Adam seinen Plan laut ausspricht, ist er überrascht, wie viel Wahrheit in den Worten steckt. Tatsächlich wollte er nie Karriere als Consultant machen. Seit Kindertagen ist es sein Traum, ein Unternehmen zu gründen und es zu einem Weltmarktführer heranreifen zu lassen – genau wie Bill Gates und Steve Jobs es getan haben. Allerdings ist Adam nie ein guter Entwickler gewesen, Geschäftsführung und Marketing, das sind seine Stärken. Und ohne Produkt kann man kein Start-up gründen. Als Linus am Ende ihres Studiums das Grundgerüst des *Ting* entwickelte und Adam einen Businessplan dafür schrieb, hielt er das für eine Trockenübung, in der Realisierung völlig unmöglich. Vielleicht hätte er Linus nicht unterschätzen sollen, denkt Adam jetzt. Dieses Mal wird er seine Chance nutzen. Nicht weil man ihn bei *Strindholm* vor die Tür gesetzt hat. Sondern weil das *Ting* ein desruptives Produkt und Linus ein genialer Entwickler ist. Dass Linus sich zudem leicht von ihm beeinflussen lässt, kann dabei nicht schaden.

»Das ist ein schlechter Scherz«, sagt dieser mit einem bitteren Lachen.

»Das ist mein Ernst. Glaubst du, ich würde meinen Job für eine Schnapsidee aufgeben? Warte – klar würde ich das. Jedes Start-up ist anfangs eine Schnapsidee. Das ist das Schöne daran. Aber wir werden erfolgreich werden. So groß wie *Google* und *Facebook,* wenn nicht größer. Oder wir lassen uns für ein paar Hundert Millionen Euro aufkaufen. Wär doch auch nicht schlecht.«

»Wir?«

»Natürlich. Ich brauche dich. Du bist ein Genie. Du hast das *Ting* entwickelt. Du hast es Realität werden lassen, weil du daran geglaubt hast. Ohne dein Commitment werden das *Ting* und ich nicht weit kommen.«

Linus' Gesicht bekommt einen leicht rötlichen Ton. Erst nimmt Adam an, dass er sich geschmeichelt fühlt. Doch dann baut er sich auf und fängt an, Sätze zwischen den Lippen hindurchzupressen.

»Ich habe mehrere Tausend Euro Schulden wegen dem Teil. Ich habe einen neuen Job, mit dem ich diese Schulden abbezahlen kann. Ich ziehe mit meiner Freundin in eine größere Wohnung. Und du denkst, ich schmeiß alles hin, weil du mir ein verrücktes Angebot machst?«

Linus wirkt zuerst, als würde er Adam eine reinhauen wollen. Aber dann sackt er in sich zusammen.

»Als Mitgründer des Start-ups wirst du deine Schulden abbezahlen und darüber hinaus ’ne Menge Geld machen«, sagt Adam. »Die Produktidee ist super. Die Umsetzung sogar in ihrer fehlerhaften Alpha-Version revolutionär. Die Investoren und Kunden werden uns die Tür einrennen. Niemand wird sich uns in den Weg stellen können.«

Auch Gustaf Strindholm nicht, ergänzt Adam in Gedanken. Die Welt ist voller Menschen, die sich verändern, verbessern möchten. Die sich Ziele setzen, aber daran scheitern, ihre Vorsätze in Gewohnheiten zu überführen. Ihre Gehirne, die sechs Wochen brauchen, um Veränderungen nicht mehr als Ausnahmezustand wahrzunehmen, hindern sie daran. Das *Ting* wird diesen Menschen helfen, das zu werden, was sie zu werden wünschen. Und deshalb werden sie es kaufen. Nur die wenigsten werden Angst haben, ihre Souveränität zu verlieren. In einer Zeit, in der sich jede kleine App unzählige Daten seiner User einverleibt, in der Fitnesstracker das Sportpensum diktieren und in der das Smartphone Menschen mit einer kleinen Vibration in pawlowsche Hunde verwandelt, hat das Konzept der Souveränität kaum mehr Bedeutung.

Adam lehnt sich nach vorne und stützt sich mit beiden Händen auf dem Tisch ab.

»Mit dem *Ting* können wir die Welt verändern. Wir können das Leben vieler Menschen verbessern und vielleicht sogar retten. Wir werden eines der größten Unternehmen dieses Jahrhunderts werden. Erinnerst du dich, wie wir davon geträumt haben, so bedeutend wie Jobs und Wozniak zu werden? Das *Ting* ist unsere Chance, die beiden in den Schatten zu stellen.«

Eine Kunstpause, um seine Worte wirken zu lassen. Er holt tief Luft für das nächste Argument, doch Linus unterbricht ihn.

Er wirkt ruhig und gefasst, als hätte er eine Entscheidung getroffen. Und als würde sie ihm selbst nicht gefallen.

»Hör auf, abgegriffene Klischees aneinanderzureihen. Wir sind nicht in Hollywood oder im Silicon Valley. Die Welt verändern. Ernsthaft? Ganz nebenbei: Ich kann mich sehr gut an unsere Studententräume erinnern – aber weißt du, woran ich mich am besten erinnere? Dass du mich am Ende dieser Zeit verarscht hast. Warum sollte ich dir also vertrauen?«

Sie sitzen sich gegenüber und schweigen sich an. Adam fällt nichts Überzeugendes ein, was er auf diese Frage antworten könnte.

»Immerhin«, sagt er, »bist du hergekommen. Du musst einen Grund haben.«

Das Lokal hat sich langsam wieder gefüllt, fast alle Tische sind besetzt. Aufregung und Geschäftigkeit liegen in der Luft. Linus schiebt seinen Stuhl zurück, steht langsam auf und streckt ihm die Hand zum Abschied hin. Einem endgültigen Abschied. Adam sucht nach einem neuen Ansatzpunkt, einer neuen Taktik, um Linus doch noch zu überzeugen. Er öffnet den Mund, doch es gibt nichts mehr zu sagen. Jetzt wo er keinen Plan mehr hat, an dem er sich festhalten kann, schwillt die Panik wieder an. Ein Handschlag noch, dann ist er verloren.

Doch zum Handschlag kommt es nicht. Auf dem Display seines Smartphones erscheint eine Nachricht des *Ting*.

Existenz gefährdet. Empfehlung: Linus Landmann mit dieser Empfehlung überzeugen.

Adam spürt die Erregung im Unterleib, muss die Nachricht aber mehrmals lesen, um ihre Tragweite zu erfassen. Er fragt sich, ob das *Ting* seine oder Linus' Existenz meint. Oder vielleicht sogar seine eigene. Linus steht noch immer mit ausgestreckter Hand vor ihm. Adam drückt das Telefon hinein.

»Schau dir das an.«

Linus liest die Nachricht des *Ting*. Schaut zu Adam, ungläubig. Liest erneut, vier- oder fünfmal. Auch ihn scheint die Genialität der Empfehlung zu überraschen: Das *Ting* hat mit seinen Audiosensoren das Gespräch und den zentralen Streitpunkt erfasst. An Adams körperlicher Reaktion hat es das bevorstehende Scheitern abgelesen. Um dieses abzuwenden, hat es seine Kenntnisse über Linus genutzt. Und eine Empfehlung ausgespielt, die diesen ganzen Prozess offenbart, sein eigenes Potenzial beweist und Linus möglicherweise umstimmt.

Die Bildschirme an den Wänden des Wettlokals füllen sich gleichzeitig mit Leben. Ein Fußballspiel der 2. Bundesliga wird bald beginnen. Linus legt das Telefon auf die weiße Tischplatte. Eine Weile steht er unentschlossen da und blinzelt, scheint über das Abstraktionsniveau der Nachricht nachzudenken. Dann nimmt er wieder Platz. Adam und Linus sitzen sich gegenüber und beginnen zu lachen, gemeinsam. Über einen genialen Witz, den nur sie verstehen. Vielleicht, denkt Adam, interpretieren sie auch zu viel in diese letzte Empfehlung des *Ting* hinein. Fürs Erste soll's ihm egal sein, solange sie Linus dazu bringt, sich umzuentscheiden.

Als der Moment vergangen ist, herrscht Schweigen, das der Kommentator des Fußballspiels übertönt. Linus ist an der Reihe, die Initiative zu ergreifen. Adam kann ihm ansehen, dass er Vor- und Nachteile mental durchgeht. Chancen und Risiken abschätzt. Vielleicht aber auch nur an Kira denkt.

Mit dem Anpfiff blickt Linus Adam in die Augen und nickt.

»Ich habe keine Ahnung, wie das geht. Ein Start-up gründen und führen«, sagt er.

»Kein Problem, dafür hast du ja mich. Du bist für die Entwicklung verantwortlich. Und ich übernehme Geschäftsführung und Vermarktung.«

Linus zögert, fasst sich an den Bauch.

»Ich hab's schon mal erwähnt, aber ich sag's lieber noch mal. Ich habe viele abgefahrene Ideen, was die technische Umsetzung der Hardware und der Sensoren anbetrifft. Diese Smartphone-Nachrichten zum Beispiel, die gehen gar nicht. Das kann ich mit dem richtigen Labor und genügend Mitteln eleganter lösen. Aber der zugrunde liegende Programmcode, die Algorithmen – da brauche ich Hilfe. Sonst werden wir nicht weit kommen.«

Adam tut verständnisvoll, doch er ärgert sich. Typisch Linus, sofort das Negative zu fokussieren, denkt er.

»Verstehe. Wir brauchen also Verstärkung, ein größeres Team. Jemanden, der von Software Engineering mehr versteht als wir. Ich kenne da ein paar Leute.«

»Ich werde die Verantwortung für die Entwicklung nicht alleine tragen?«

»Außer du willst –«

»Ich will die Richtung angeben. Das *Ting* ist meine Idee. Ich will bestimmen, wie es sich weiterentwickelt.«

Adam ist kurz davor, ihm zu widersprechen, reißt sich aber zusammen.

»Natürlich, kein Problem. Also, abgemacht? Wir gründen ein Unternehmen?«

Ein Telefon klingelt. Linus fischt es aus seiner Tasche, schaut auf das Display und geht nach kurzem Zögern ran.

»Hallo, Kira. – Nein, da bin ich nicht mehr. Ich sitze mit Adam zusammen in einem Wettbüro. – Ja, genau. – Erzähl ich dir später. – Nein, nein. Aber ich würde das wirklich gerne später … – Ja, okay. Weil ich kündigen werde. – Wie gesagt … – Die Kurzfassung ist: Adam und ich gründen ein Start-up.«

Adam klatscht in die Hände und steht ruckartig vom Tisch auf. Er will Linus Raum für das Gespräch geben. Erregt taumelt er durch das Lokal. An Männern vorbei, die nichts sagen, wenn er ihren Blickkontakt zum Bildschirm unterbricht. Sie sitzen da, gebannt vom Spiel, und hoffen auf ihr Glück. Mehr haben sie nicht zu tun. Ganz anders als er. Die kommende Zeit wird aus Arbeit und Anstrengung bestehen. Er braucht ein neues Büro, denkt er. Vielleicht baut er in seiner Wohnung endlich den Schreibtisch zusammen. Er holt sein Smartphone hervor. Gerne würde er wen anrufen, seine Freude mit jemandem teilen. Erst steuert er Tomek in den Favoriten an, lässt es aber bleiben. Er bezweifelt, dass sein bester Freund die Raffinesse seiner Entscheidung verstehen wird. Er will sich die Freude nicht durch einen blöden Kommentar verderben lassen. Darüber hinaus wird Adam seine Ersparnisse in das Unternehmen stecken und Kasia eine Zeit lang kein Geld mehr geben. Es eilt nicht, sie das wissen zu lassen.

Vor einem Spielautomaten kommt Adam zur Ruhe. Er betrachtet die bunt blinkenden Ziffern und Bilder. Er schiebt ein 2-Euro-Stück in den Münzschlitz. Der Automat gibt eine aufgekratzte Melodie von sich, die Ziffern auf dem Display rotieren. Adam betätigt den leuchtenden Knopf und wendet sich ab. Geht zurück zu seinem Platz, wo Linus bereits auf ihn wartet.

NIU

Draußen vor dem Eingang: Niu nimmt den letzten Einkaufswagen. Eine junge Mutter hinter ihr, den Säugling vor die Brust geschnallt, stöhnt auf. Die Frau sagt nichts, tritt aber auch nicht beiseite. Niu fühlt, wie die Frau sich fühlt: Gereizt vom Tag und müde von der Nacht. Niu schaut weg. Vergrößert die Distanz. Will den Emotionen, dem Leben dieser Fremden nicht ausgesetzt sein. Und rettet sich hinein.

Mit dem Gemüse fängt die Liste an. Weiter geht es mit dem Müsli. Die Dinge sind dort, wo sie immer sind, sie muss nicht hinschauen. Verändert hat sich lange nichts. Mühelos und schnell könnte es gehen, wenn all die Menschen nicht wären. Nur das Vollkornbrot ist nicht mehr da, zum ersten Mal um diese Zeit. Sie sucht Alternativen. Von hinten fährt ihr jemand in die Beine. Ein Mann im Anzug tut, als wäre nichts gewesen. Flüstert: »Hab nicht den ganzen Tag Zeit.« Sein Ärger springt beinahe auf sie über. Ohne Brot entfernt sie sich.

Vor dem Kühlregal steht eine alte Frau, mehr Mantel als Mensch. Stumm betrachtet sie die Sahne und weint. Tränen, die in faltigen Wangen verschwinden. Niu will nachfragen, will helfen. Doch aus dem geröteten Blick greift die Traurigkeit nach ihr. Sie dreht ab, auf den nächsten Punkt der Liste zu.

Die Einkaufswagen stehen dicht an dicht in den schmalen Gängen zwischen den Regalen. Der Feierabendstress schwelt in den Menschen hinter den Griffen. Niu parkt bei den Nüssen, hier ist sie allein. Sie will die Pistazien greifen, aber ihr Arm weigert sich. Jede Bewegung fällt ihr schwer. Als wolle der Muskel in zwei Richtungen zugleich. Nicht jetzt, denkt sie. Sie darf nicht schwach sein, darf jetzt nicht aussetzen. Sie muss raus und nach Hause. Auch wenn dort der Abschlusstest wartet.

Was ihr hilft, sind die Daten. Ihr Fitnessarmband zeigt: Herzfrequenz bei 89, viel zu hoch für Ruhepuls. Die Schritte sind im Soll. 2256 ist sie heute schon gegangen. Sie konzentriert sich auf die Zahl. Langsam kommt die Kontrolle zurück. 2257. 2258. 2259.

Letztlich an der Kasse: Ein Teenager, vielleicht drei, vier Jahre jünger, einen Kopf kleiner als sie, schaut ihr auf den Hintern, ungeniert. Sie versteht nicht, warum. Die pubertäre Begierde ekelt sie an. Beim Einpacken taxiert der Kassierer ihre Hände, das Müsli fällt herunter. Ein Aufstöhnen. Sie beeilt sich, tippt aber die PIN falsch ein. Niemand in der Schlange reagiert. Doch alle sind genervt von ihrem Fehler.

Die Fahrgeräusche der Hauptstraße stoßen zum Parkplatz vor. Wenn der Asphalt nass vom Regen ist, tut es in den Ohren weh. Hauptsache den Discounter hinter sich lassen. Heute war es schlimmer als sonst. Sie muss sich entspannen. Wie ein Mantra rekapituliert sie mental den Plan.

9 Uhr: Aufstehen. *Check.*

10 bis 15 Uhr: Programmieren, 1. Schicht. *Check.*

15 bis 16 Uhr: Mittagspause. *Check.*

16 bis 17 Uhr: Einkaufen. *Check, zum Glück.*

17 bis 19 Uhr: Programmieren, 2. Schicht. *Steht an.*

20 bis 22 Uhr: *Break Even.*

22 bis 01 Uhr: Lesen, 20 Seiten, und Serie schauen, 2 Folgen.

Die erhoffte Wirkung tritt nicht ein. Sie kann das Gefühl von Unruhe und drohendem Unheil nicht abschütteln. Neben einem Plakat bleibt sie stehen. Der Direktkandidat einer rechten Partei für Marzahn-Hellersdorf lächelt sie an. Die Wahl längst vorbei. Ob er gewonnen hat, weiß Niu nicht. Genau 980 Meter sind es noch bis zu ihrer Eingangstür. Mehrere Plattenbauten türmen sich vor ihr in den fast schon dunklen Himmel. Der vorderste ist das Ziel. Ihr Blick hangelt sich an Stockwerken und erleuchteten Fenstern hinauf, bis er in der vorletzten Etage ankommt. Sie meint, einen rötlichen Schimmer hinter ihrer Balkontür zu erkennen, wo die LED ihres Rechners unnachgiebig in die Dunkelheit ihrer 25-Quadratmeter-Wohnung pocht. Was zwei Jahre Zuflucht war, fühlt sich heute wie ein Abgrund an.

Der Vorhof des Wohnturms ist menschenleer. Sie muss niemanden grüßen und niemandem aus dem Weg gehen. Wie so oft ringen ihr die Klingelschilder ein Lächeln ab. Keine Namen stehen drauf. Nur Nummern. Niu ist Nummer 105 von 136. So schlicht. Vor zwei Jahren, als sie das erste Mal hier gewesen ist mit ihren Eltern, hat sie jedes einzelne lang betrachtet. Basti hat die Kisten hochgetragen und nach dem Ordnungsamt Ausschau gehalten. Der Wagen stand im Parkverbot. Lu warf ihr sorgenvolle Blicke zu und fragte mehrmals, ob Niu ihre Meinung nicht ändern wolle. Doch noch mitkommen wolle. Was sie nicht anbot: In Deutschland zu bleiben. Nicht in das Flugzeug nach China zu steigen.

Der Fahrstuhl bringt sie in den zwölften Stock. Ohne den Lichtschalter zu betätigen, geht sie durch den Flur. In der Luft hängen Gerüche von Gekochtem und Fetzen fremder Sprachen. Sie öffnet die Tür mit der Nummer 105 und legt den Rucksack mit dem Einkauf an der Küchenzeile ab. Auch hier lässt sie es dunkel. Auf ihrem Schreibtisch mit den drei Monitoren leuchtet die rote LED des Rechners. Noch 15 Minuten, bis der letzte Test beginnt. Hinter dem Schreibtisch das Fenster und in der Ferne ein anderes rotes Blinken.

Sie öffnet die Balkontür und geht zwei Schritte in die Kälte hinaus. Um sie herum die anderen Plattenbauten, die bunten und doch so tristen Fassaden kaum auszumachen, mosaikartig erhellte Wohnungsfenster in der Dunkelheit. Ansonsten freier Blick über die Stadt. In ihrer Mitte, einige Stadtteile und Dutzende Straßenzüge entfernt, der Fernsehturm.

Die Kälte schiebt sie wieder ins Innere. Vier Schritte über den grauen Teppichboden, am Ständer mit ihrer Bach-Trompete vorbei, dann an der Küchenzeile, noch drei bis zur Toilette. Überschüssige Kraft pocht in Beinen und Armen, die Muskeln sind angespannt. Gerne würde sie laufen gehen, sich in den Straßen und Gängen zwischen den Bauten verausgaben. Aber Joggen ist heute nicht im Plan. Sie wird sich bis morgen gedulden müssen.

Die Rohre gluckern, als sie die Heizung aufdreht. Sie zieht ihre Hose aus und räumt den Einkauf ein. Noch zehn Minuten. Am Bücherregal nimmt sie wahllos ein Heft aus der Sammlung von Comics und Graphic Novels. *Iron Man.* Schon als Kind hat sie Tony Stark beneidet, der die perfekte Rüstung baut. Dem nichts und niemand etwas anhaben kann. Nicht weil ihm Superkräfte zufallen. Sondern weil er sich selbst welche schafft.

Im Dunkeln kann sie die Bilder kaum erkennen. Mit geschlossenen Augen lauscht sie dem Rauschen der Heizung. Dem Fernseher aus der Wohnung nebenan. Sie kann spüren, wie der Plattenbau schwankt. Sacht, aber doch. In der ersten Nacht hat sie das Gefühl in Panik versetzt und sie hat vor Angst nicht schlafen können. Am folgenden Tag hat sie das Phänomen gegoogelt. Es stimmte, Plattenbauten schwanken leicht. Aber es hieß, Menschen würden es nicht spüren. Mittlerweile hat sie sich daran gewöhnt.

Das Fitnessarmband zeigt einen Puls von 72 und 3438 gelaufene Schritte. Sie hat noch etwas Zeit. Auf ihrem Smartphone öffnet sie den *Selbstcheck*, den sie kurz nach ihrem Einzug in die Wohnung vor zwei Jahren als Nebenprojekt entwickelte. Die Konfrontation mit den Aussagen und ihren Antworten soll ihr helfen, sich nicht in den Stimmungen und Befindlichkeiten anderer Menschen zu verlieren, sondern bei sich und ihren eigenen Gefühlen, ihrem eigenen Leben zu bleiben.

Die unausgefüllte Liste des heutigen Tages erscheint.

Aussage 1: Ich habe gut geschlafen.

Niu prüft die Aufzeichnungen ihrer Schlaf-App, wechselt wieder in den *Selbstcheck*. Antwortet: *Teilweise.*

Aussage 2: Ich kann meine heutige Leistung wertschätzen.

Zu früh, eine endgültige Antwort abzugeben. Aber ein *Eher nicht* ist anzunehmen.

Aussage 3: Ich fühle mich von meiner Umwelt überfordert.

Der Besuch im Supermarkt lässt keinen Zweifel. *Stimmt.*

Aussage 4: Ich fühle mich leer und ausgebrannt.

Seit einigen Tagen bereitet ihr diese Aussage Mühe. Auf eine gewisse Art trifft sie zu. Doch auf einen Teilaspekt ihres Lebens, der sicherlich nicht gemeint ist. Trotzdem: *Teilweise.*

Aussage 5: Sex macht mir noch immer Freude.

Die Aussagen hat sie einem psychologischen Ratgeber mit seriösem Hintergrund entnommen und um eigene ergänzt, als sie damals die App programmiert hat. Vielleicht ist es an der Zeit, sie upzudaten. *Keine Angabe.*

Die restlichen Items bearbeitet Niu, ohne nachzudenken. Sie will den *Selbstcheck* schließen, als ihr die Antwort auf die letzte Aussage auffällt.

Aussage 30: Ich habe Angst vor der Zukunft.

Stimmt.

Nach kurzem Suchen findet sie im Menü die Option, sich die Antworten über einen gewissen Zeitraum als Liniendiagramm anzeigen zu lassen. Diese Antwort hat sie noch nie gegeben.

Nicht mal, als Nius Eltern kurz vor ihrem 18. Geburtstag nach China zogen. Auch nicht, als sie beschloss, nicht mehr zu den Informatik- und Matheseminaren zu gehen. Selbst dann nicht, als sie anfing, sich mit kleinen Hacks Geld dazuzuverdienen. Die Verläufe anderer Items geben ein ähnliches Bild ab. Sie ist unsicher, was sie stärker beunruhigt: Dass sich beinahe alle Ergebnisse in den vergangenen Tagen verschlechtert haben. Oder dass die Linien sämtlicher Items über die zwei Jahre zuvor Horizontalen bilden, von einigen seltenen, zögerlichen Ausschlägen nach oben oder unten einmal abgesehen. Ist ihr Leben in den vergangenen zwei Jahren wirklich so gleichförmig gewesen, jeder Tag ein Copy and Paste des vorangegangenen? Warum ist ihr das nicht schon früher aufgefallen?

Der Wecker ihres Armbands klingelt. Kündigt den nächsten Punkt des Plans an. *17 Uhr: Programmieren, 2. Schicht.*

Durch eine Berührung der Maus erwachen die Bildschirme aus dem Ruhezustand. Kühles Licht fällt auf die Wände der Einzimmerwohnung. Der linke Screen zeigt den Programmcode, der mittlere die Testkonsole, auf dem rechten erscheinen die Logfiles alter Testdurchgänge. Im Logfile des letzten Durchgangs sucht Niu nach fehlerhaften Prozessen, minutenlang. Egal wie gründlich sie einen Bug sucht, sich einen Fehler herbeiwünscht, wenigstens einen kleinen, der die Entwicklung um ein oder zwei Tage in die Länge zieht, eine Neugestaltung ihres Alltags nur ein wenig hinauszögert – abermals findet sie nichts.

Sie zwingt sich, den Satz zu denken, der sie seit Tagen, wenn nicht gar Wochen, in Unruhe und Angst versetzt: *Das Projekt ist abgeschlossen.* Ein letzter Test noch und sie muss sich eingestehen: Es gibt keine Routinen und Prozesse mehr zu optimieren. Keine Lern-Algorithmen am neuronalen Netz zu überarbeiten. Keine Add-ons mehr, die das Programm verbessern könnten.

Ein allerletzter Test noch und Niu ist endgültig fertig mit *I*. Und was dann?

Ziellos scrollt sie im Quelltext herum und wird nostalgisch. Grüne, weiße und graue Schrift auf dunklem Hintergrund. Wenn sie den Code von Weitem betrachtet, ohne einzelne Zeilen zu fokussieren, erkennt sie Programmteile an ihren Konturen, an Absätzen und Einzügen. Der Text ist ihr vertrauter als ihr eigener Körper.

Sie erinnert sich genau, wie sie die ersten Zeilen schrieb. Mehr als eine Dekade ist es her. Wenn Basti damals von der Arbeit kam, setzten sie sich zusammen an den Schreibtisch. Es war ihre Art, etwas gemeinsam zu unternehmen. Sie im Ledersessel, ihr Vater auf einem Hocker daneben, während das Geigenspiel ihrer Mutter aus dem Nebenzimmer durch die Wand drang. So schön, so einnehmend, dass Niu Mühe hatte, sich auf Bastis Lektionen zu konzentrieren. Auf seinem Laptop brachte er ihr Sprachen bei. Damals *Python*, das ihre Lieblingssprache blieb. An ihrem zehnten Geburtstag klappte sie nicht mehr Bastis Laptop auf, sondern ihren eigenen. Lange lag sie wach in dieser Nacht, aufgeregt, und überlegte, was sie als Erstes schreiben sollte. Bis sie sich entschied: Ein Programm, das verstand. In den folgenden Nächten schlief sie kaum, sondern tippte unter der warmen Decke im Schein des Screens. Vom damaligen Code ist heute nichts mehr übrig. Nur die Grundidee, die Vision ist die gleiche geblieben.

Bald braucht sie einen guten Namen für das Programm, das sie gerade zum Abschluss bringt, nicht nur *I*. Sie fragt sich manchmal, wieso auch Christen den Begriff »Künstliche Intelligenz«, also »KI«, benutzen. Wer daran glaubt, dass Tiere und Menschen von einem Gott erschaffen wurden und nicht durch eine Verkettung von Zufällen und Auslesen, die eine Milliarde Jahre gedauert hat, der müsste auch ebenjene Intelligenz als

»künstlich« ansehen. Designt ist designt, egal von wem. Sie selbst bevorzugt, das K aus KI herauszustreichen.

>▬ I, wie geht es dir?

Jedes Mal, wenn sie den ersten Test einleitet, bekommt sie ein wenig Gänsehaut. Zu viel Science-Fiction hat sie gelesen und gesehen, wo »künstliche« Intelligenzen sich gegen ihre Schöpfer auflehnen, sie manipulieren und vernichten wollen. Doch das hier ist keine Science-Fiction, das hier ist Ernst, denkt Niu. Ehe das Testprogramm die Antwort ausspuckt, schaut sie eine Weile dem blinkenden Cursor zu.

>▬ Frage unklar. Subjekt und Kontext nicht definiert.

Test bestanden. Algorithmen haben keine Gefühle, keine Wünsche, keine Meinungen. Kein Bewusstsein. Ob sie nun intelligent sind oder nicht. Niu stellt ein paar weitere Fragen, öffnet das Logfile und stellt enttäuscht fest, dass die Prozesse im Backend fehlerfrei verlaufen. Als Nächstes konfiguriert sie den Referenzrahmen für die zweite Testphase: Ein Korpus aus tausend Büchern, hundert Spielfilmen und einigen Tausend wissenschaftlichen Artikeln, die *I* bereits ausgewertet hat. Ein geringer Umfang, vielleicht sogar zu klein, um das Programm abschließend zu testen. Aber mehr Rechenleistung steht ihr nicht zur Verfügung. Ein Durchlauf dauert jetzt schon mehrere Stunden.

Während *I* den Korpus verarbeitet, überlegt Niu, welche Figur sie heute als Subjekt auswählt. Gestern ist es Emma aus *Madame Bovary* von Flaubert gewesen. Heute entscheidet sie sich für Don Quijote aus dem Roman von Cervantes. In der Zwischenzeit kocht sie einen Ingwertee und blättert im *Iron Man*-Comic. Dann ist alles für die zweite Phase bereit.

>▬ Don Quijote. Was ist dein größter Wunsch?

Die Frage dürfte kein Problem für *I* darstellen. Und tatsächlich erscheint die Antwort schon nach einigen Minuten.

>▬ Meine Ehre zu mehren! Als fahrender Ritter mit Ross und Waffe durch die Welt zu ziehen. Das Abenteuer zu suchen, um ewigen Namen und Ruhm zu gewinnen!

Offensichtlich bedient sich das Programm der Sprache der Übersetzung von 1848. Niu stellt Don Quijote noch ein paar einfache Fragen und dehnt anschließend den Zugriff des Subjekts auf den gesamten Korpus aus. Phase Nummer 3.

>▬ Don Quijote, was empfindest du für Sancho Panza?

Durch die Änderung des Referenzrahmens wird sich Don Quijote eines größeren und moderneren Wortschatzes bedienen. Anzunehmen ist, dass Persönlichkeit und Reflexionstiefe der Figur sich ändern, da sie sich selbst ganz anders kontextualisieren wird. Aber das wird eine Weile dauern, denkt Niu.

Sie lehnt sich im Stuhl zurück und legt die Beine auf den Schreibtisch. Schwarze Härchen bedecken ihre Schienbeine und Waden. Vor Kurzem dachte sie darüber nach, im Plan einen Slot für *Rasur* anzulegen. Aber wozu soll das gut sein? Damit Sie anschließend ihren Körper in kurzen Shorts auf *Instagram* präsentieren kann? Nein, ganz sicher möchte sie ihr Selbstwertgefühl nicht von einem beiläufigen Blick und kurzem Fingertippen fremder Menschen abhängig machen.

Auf dem Smartphone öffnet sie die App, mit der sie ihre Ernährung trackt. Heute hat sie etwa 1000 Kilokalorien zu sich genommen. Ein wenig muss sie nachlegen, bevor sie später aufbricht, sonst liegt sie zum dritten Mal hintereinander unter Soll. Fünf Schritte braucht sie bis zur Küchenzeile. Eine kleine Schüssel Müsli mit Joghurt, ein paar Walnüsse und ein halber Apfel. Die App addiert weitere 400 Kilokalorien hinzu. Als sie aufgegessen hat und *I* noch immer nicht mit dem Rechnen fertig ist, checkt sie ihre Mails. Zwischen ungelesenen Newslettern, Nachrichten von lästigen Internetbekanntschaften, Rechnungen von Strom- und Internetanbietern entdeckt sie eine Mail mit dem minimalistischen Betreff *Hallo*.

Meine Niu,
es ist ein Jahr, elf Monate und 14 Tage her, seit wir uns das letzte Mal gesehen haben. Kommst du uns bald besuchen? Du hast es versprochen.
Lu

Bei der Vorstellung, in ein Flugzeug zu steigen und in ein fremdes Land zu reisen, sammelt sich innerhalb von Sekunden Schweiß unter ihren Achseln. Als sie ein Kind war, nahmen Basti und Lu sie nach Italien, Amerika oder Japan mit. Die oft monatelangen Reisen waren eine Tortur. Die neuen Eindrücke, Orte und Menschen überforderten sie so sehr, dass sie stundenlang weinte oder erstarrte. Ihre Eltern glaubten, sie sei bloß schwierig, würde sich anstellen, und ignorierten ihre Bitten, wieder nach Hause zu fliegen. Ihre gesamte Kindheit und Jugend über hielten sie ihre Sensibilität für selbst gewählten Trotz.

Heute ist Niu erwachsen und kann selbst entscheiden, was gut für sie ist. Und eine Reise in ein Land wie China gehört bestimmt nicht dazu. Nicht jetzt, wo ihr großes Projekt kurz vor dem Abschluss steht und ihr gesamtes Leben sich zu ändern droht.

Ein schrilles, kurzes Geräusch reißt sie aus ihren Gedanken. Sie kann es nicht zuordnen. Ihr Blick sucht die Bildschirme, wo *I* noch immer ungestört rechnet. Ohne sich zu rühren, wartet sie. Dann wieder das Geräusch, penetrant und abgehackt. Niu fragt sich, ob das ihre Klingel ist, und wundert sich, dass sie es nicht weiß. Besuch hat sie hier noch nie empfangen. Mit einer Tastenkombination versetzt sie alle Monitore gleichzeitig in den Ruhemodus. Durch die Wand tönt das Fernsehprogramm eines Nachbarn und der Schleudergang einer Waschmaschine. Ansonsten ist es völlig still, bis es zum dritten Mal klingelt.

Der Schreibtischstuhl knarzt, als sie aufsteht. Rechts das Fenster mit dem entfernten Berliner Abendpanorama. Vier, fünf Schritte bis zur Tür. Der Spion zeigt einen Mann mit rundlichem Gesicht. Sie erkennt ihn nicht. Nach kurzem Zögern öffnet sie die Tür.

Ihr Gegenüber schaut zu ihr auf und blinzelt. Niu kennt die Verwunderung in seinem Blick, spürt ihr ungewöhnliches Äußeres darin gespiegelt. Als 20-jährige Frau mit einer Körpergröße von 1,87, breiten Schultern und asiatischen Gesichtszügen ist sie nicht gerade unauffällig.

»Bist du Niu? Ich hab mich hoffnungslos verlaufen. An den Türen stehen keine Namen. Ich kenne Plattenbauten nur von Bildern.«

Der Mann scheint außer Atem und nervös, mit der rechten Hand knetet er den Daumen der linken. Aufgrund seiner harmlosen Erscheinung ist Niu sicher, dass von ihm keine Gefahr ausgeht. Sie muss darauf achten, sich von seiner Aufregung und Nervosität nicht anstecken zu lassen.

»Wer bist du? Und woher hast du meine Adresse?«

»Entschuldige, wenn ich ungelegen komme.«

Er deutet auf ihre Beine. Sie hat vergessen, eine Hose anzuziehen, und nur einen Slip an, aber sie möchte vor dem Fremden keine Verlegenheit zeigen. Das scheint ihr Gegenüber zu verunsichern.

»Ähm – ich bin Linus Landmann. Hast du kurz Zeit? Ich würde dir gern was zeigen.«

Das Licht im Flur erlischt. Als es wieder hell wird, steht Linus am Lichtschalter.

»Es ist wichtig. Kann ich reinkommen?«

»Ein Fremder klingelt abends an meiner Wohnungstür, starrt auf meine nackten Beine und will mir was zeigen? Nein, du kannst nicht reinkommen.«

»Entschuldige, wegen den Beinen, mein ich. – Hast du meine Mail nicht bekommen? Ich hab dir gestern geschrieben und wollte für heute Abend einen Termin ausmachen.«

Niu zuckt bei diesen Worten zusammen und schaut auf ihr Armband. Sie muss sich beeilen, sonst wird sie den Bus verpassen und den Plan durcheinanderbringen.

»Ich hab keine Ahnung, woher du meine Adresse hast. Egal was du möchtest, ich bin nicht interessiert.«

Linus nimmt einen Rucksack vom Rücken und holt einen Laptop hervor. Er balanciert ihn auf seinem linken Unterarm, mit der anderen Hand bedient er das Touchpad.

»Ich will dir was zeigen. Schau es dir nur kurz an. Deine Meinung würde mich interessieren. Warte mal – warte. Daran programmiere ich schon seit Jahren.«

Niu lässt die Tür ins Schloss fallen und schaltet das Licht ein. Während sie sich die Hose anzieht, erscheint die Antwort von Don Quijote auf dem Bildschirm.

>_ Sancho ist ein guter Freund. Ich brauche ihn. Er ist meine letzte Verbindung zu einer Welt, in die ich den Glauben verloren habe. Doch genau wie ich ihn brauche, braucht er auch mich. Mein Widerwille, seine Welt zu sehen, lässt ihn erst richtig hinschauen.

Dieser Typ klingelt wieder an ihrer Tür, aber sie ignoriert ihn. Die Antwort von Don Quijote ist besser als erwartet, vielleicht zu gut. Sie überfliegt die Prozesse im Logfile und ist erneut enttäuscht, als sie in der letzten Zeile ankommt: Wieder keine Fehler. Möglicherweise hat sie in der Eile etwas übersehen.

Der Wecker ihres Armbands klingelt und erinnert sie an die baldige Abfahrt des Busses. Da der abschließende Test länger als zwei Stunden dauern wird, muss sie ihn initiieren, bevor sie losgeht. Willkürlich wählt sie einen anderen Roman aus dem Korpus und versucht, sich an Hauptfigur und Inhalt zu erinnern.

>_ Don Quijote, stell dir vor, du würdest in Ilja Iljitsch Oblomows Haut stecken. Was würdest du an seiner Stelle tun, um dich aus der Lethargie zu befreien?

Sie startet die letzte Phase und versetzt die Bildschirme wieder in den Ruhemodus. Vorsichtig hebt sie ihre Trompete aus dem Ständer und verstaut sie im Gigbag. Der Türspion zeigt eine nackte Wand. Langsam öffnet sie die Tür und tritt hinaus.

Der Korridor ist leer, ihr unangekündigter Besuch scheint aufgegeben zu haben. Sie hastet nach links Richtung Treppe. Der Umweg wird sie zwar Minuten kosten, aber falls er an den Fahrstühlen auf sie wartet, kann sie so ein weiteres Gespräch vermeiden, das Konto des Schrittzählers auffüllen und ein paar zusätzliche Kalorien verbrennen. Noch zehn Minuten, bis der Bus abfährt.

Ihre schnellen Schritte hallen durch den Aufgang. Die Instrumententasche zieht schwer an ihrer Hand. Ihre eigene Spiegelung in der Fensterfront verwehrt ihr den ungetrübten Blick auf den Nachthimmel. Zwei Stockwerke geschafft, zehn liegen noch vor ihr. Abrupt bremst sie ab. Am nächsten Treppenabsatz steht der Typ von eben. Mit verzweifeltem Gesichtsausdruck hält er sich ein Smartphone ans Ohr.

»Kein Empfang«, sagt er, als er sie bemerkt.

Niu läuft an ihm vorbei, er schließt schnell zu ihr auf. Ein paar Treppenstufen lang herrscht Schweigen.

»Können wir vielleicht einen anderen Termin vereinbaren? Es dauert bestimmt nicht lange«, sagt er.

Sie hält inne und schaut ihm in die Augen. Die Dringlichkeit seines Anliegens ist ihm anzusehen.

»Ich habe keine Zeit. Ich arbeite an einem wichtigen Projekt. Ich kann mir Ablenkungen nicht erlauben.«

Einige Stockwerke über ihr, in ihrer dunklen Wohnung, geht gerade ein Lebensabschnitt zu Ende. Die Hand um den Griff des Gigbags verkrampft bei diesem Gedanken.

»Alles in Ordnung?«, fragt er besorgt. »Du siehst nicht gut aus.«

Mit einem Ruck wendet Niu sich ab und nimmt die nächste Stufe. Um sich zu beruhigen, checkt sie das Armband: Noch acht Minuten, bis der Bus abfährt, 3698, 3699, 3700 Schritte ist sie gegangen. Herzfrequenz liegt bei 82. Der Mann bleibt neben ihr, noch immer Besorgnis im Gesicht. Dass er empathisch genug ist, um ihre emotionale Verfassung wahrzunehmen, beeindruckt sie gegen ihren Willen. Wahrscheinlich hat er nur geraten. Als er nun ihr Armband bemerkt, lächelt er.

»Das habe ich früher auch gemacht. Ist schon ’ne Weile her.

Schritte, Puls, Kalorien, REM-Phasen und so weiter. Ich wette, ich war einer der Ersten in Deutschland, die mit einem Schrittzähler unterwegs waren. Meine Freundin hielt mich für neurotisch.«

Er schüttelt den Kopf, als habe er gerade einen völlig verrückten Witz gehört.

»Eines Tages wird mir klar: Ich kann mit den Zahlen nichts anfangen. Am Montag bin ich 5000 Schritte gegangen. Am Dienstag 2000. Am Mittwoch 12 000. Aber verdammt, was bedeuten diese Zahlen? Welche Konsequenzen soll ich aus ihnen ziehen? Und ist es nicht schon zu spät? Die betreffenden Tage sind ja schon vorüber, eine Analyse wird kaum noch was bringen. Der Schrittzähler hätte mir am Dienstag sagen müssen: *Beweg dich, jetzt!*«

Stufe für Stufe lockert sich die Verkrampfung ihrer Muskeln ein wenig mehr. Die fortwährende Bewegung ist eine Befreiung. Noch vier Stockwerke, noch sechs Minuten, bis der Bus kommt.

»Einige Tage später hab ich mir beim Joggen einen Muskel im Oberschenkel gezerrt. Das Laufen war schmerzhaft, ich musste mich schonen. Trotzdem hat mein Schrittzähler auf dem Tagesziel bestanden und mir jeden Tag Feedback gegeben: *Du hast dich zu wenig bewegt, schäm dich!* Das Gerät hat nicht verstanden, dass in manchen Situationen weniger Bewegung die gesündere Entscheidung ist.«

Im Erdgeschoss angekommen, treten sie ins Freie. Ihr Atem mischt sich als Dampf in die kühle Abendluft. Die Rümpfe der Plattenbauten im Mattgelb der Straßenlaternen. Der Bus kommt in zwei Minuten.

Nasses Laub bedeckt die Risse im Gehweg. Neben Müllcontainern hängen vergilbte, an den Ecken eingerissene Plakate: Ankündigungen für einen Zirkus, der im Sommer auf einem kahlen Feld in der Nähe seine Zelte aufgeschlagen hatte. Der Mann läuft noch immer neben ihr und tut ihr jede Richtungsänderung gleich, Unsicherheit in seinen Bewegungen.

»Deine Anekdote war sehr erhellend. Aber ich möchte jetzt allein sein. Oder bist du einer dieser Typen, die ein Nein nicht verstehen?«

Er bleibt verdutzt zurück. Nach einer kurzen Weile holt er sie wieder ein.

»Hör dir wenigstens an, was ich möchte. Bitte. Wenn du mich dann abweist, lass ich dich in Ruhe.«

Sie erreichen die Haltestelle auf der Hauptstraße zeitgleich mit dem Bus und steigen ein. Die meisten Sitzreihen sind leer, aber das wird sich später ändern. Die Strecke verläuft vom Osten durch die Mitte und endet im Westen der Stadt. Niu setzt sich in die letzte Reihe und klemmt die Instrumententasche zwischen ihre Beine. Der Mann folgt ihr zögernd, lässt aber den Platz zwischen ihnen frei. Die Türen schließen. Der Bus fährt an, stoppt aber wieder mit einem Ruck. Jemand rennt auf die Haltestelle zu und wedelt mit den Armen. Die vorderen Türen öffnen sich. Adam Strzela zieht ein Portemonnaie aus der Innentasche seines Jacketts und löst beim Fahrer ein Ticket.

Adam schlängelt sich durch die Sitzreihen. Kurz bevor er bei Niu angekommen ist, stolpert er über einen Rucksack und fällt auf den freien Sitz neben ihr.

»Sorry, meine Augen sind nicht mehr das, was sie früher mal waren, vor allem abends. – Hallo, Niu! Hallo, Linus! Ich dachte, ich klinke mich mal ins Gespräch ein. Hat Linus dir alles erklärt? Was hältst du von unserem Deal? Bist du dabei?«

Niu ist perplex, sie hat nicht erwartet, Adam jemals wiederzusehen, nachdem sie vor ein paar Wochen den Kontakt wegen des aufgeflogenen Hacks abgebrochen hat.

»Darum geht es also«, sagt sie. »Ich habe keine Lust mehr auf illegale Aktionen. Das ist mir zu riskant, ich mach so was nicht mehr.«

Adam lächelt und blinzelt schnell. Hinter ihm beugt Linus seinen Oberkörper vor.

»Was für illegale Aktionen?«

»Die Daten, die ich für eines von Adams Projekten besorgt hab. Der Grund, warum er bei *Strindholm* –«

»Das ist doch längst Geschichte«, unterbricht Adam sie. »Wir haben Wichtigeres zu besprechen als alte Dummheiten.«

Er schaut sie mit einem bittenden Gesichtsausdruck an und Niu versteht. Sie nickt. Adam ist kein schlechter Mensch, auch wenn sein Ehrgeiz und seine Egozentrik manchmal überwältigend sind. Zumindest kam es ihr während ihrer bisherigen Treffen so vor, bei denen Niu einfache Aufträge von ihm entgegennahm. Was er brauchte, waren Informationen – Geschäftszahlen, Firmenziele, Kundenlisten –, die auf dem schlecht geschützten Server eines kleinen Logistikunternehmens lagen. Zwei Stunden Arbeit. Von der Bezahlung konnte sie mehrere Monate leben.

»Linus und ich möchten wegen einer ganz anderen Sache mit dir sprechen. – Hat sie es schon gesehen?«

Linus schüttelt den Kopf. Es kostet Niu Kraft, sich gegen die Bedürfnisse der beiden zu wehren. Die Energie wird sie noch brauchen, wenn sie später die Testergebnisse auswertet, denkt sie. Wahrscheinlich ist es effizienter, Adam und Linus reden zu lassen. Die Zeit im Bus ist im Plan ohnehin nicht definiert.

»In circa 41 Minuten steige ich wieder aus. Eigentlich hatte ich vor, diese Zeit Tony Stark und Iron Man zu schenken. Heute gehört sie euch.«

Der Bus hält und einige Leute steigen ein. Sie unterhalten sich laut und nehmen vorne Platz. Linus zieht den Laptop aus dem Rucksack.

»Was ist das?«

»Eine Idee von Linus und mir«, sagt Adam.

»Meine Unzufriedenheit mit dem Schrittzähler, weißt du noch?«, ergänzt Linus. »Ich wollte es besser machen. Der Schrittzähler war ein Uhrwerk. Eine Maschine, die behauptet, es würde uns besser gehen, wenn wir uns an sie anpassen. Doch das Gegenteil ist der Fall. Der Schrittzähler muss sich an uns anpassen, um zu verstehen, was gut für uns ist. Dazu fehlen ihm natürlich die technischen Mittel. Also habe ich die vergangenen Jahre damit verbracht, diese zu entwickeln.«

Ein unbekannter Quelltext, fremde Zeilen, unbekannte Konturen. Niu liest ein paar Zeilen, und sobald sie die Funktion eines Algorithmus versteht, scrollt sie zum nächsten. Man kann ein Programm schnell schreiben, wenn man möchte. Einen Programmcode zu lesen und nachzuvollziehen, dauert jedoch seine Zeit. Es hängt davon ab, wie elegant oder umständlich er geschrieben ist. Linus nimmt immer den sichersten Weg, um ein Ziel zu erreichen. Viele seiner Problemlösungen sind clever, aber sie könnten um einiges eleganter sein. Jedoch sind geschickte Abkürzungen fehleranfällig. Und er versucht, Fehler unter allen Umständen zu vermeiden. Sein Stil ist einfach und transparent, ohne Kunstgriffe. Etwas lernen kann sie von Linus bestimmt nicht. Er ist ein Handwerker und kein Künstler.

Nach einigen Minuten fängt der Code an, Niu zu langweilen. Draußen ziehen die glatten, kahlen Fassaden vom Potsdamer Platz vorbei. Der Bus hat sich gefüllt. Menschen drängen sich im Mittelgang und unterhalten sich in unterschiedlichen Sprachen. Adam reibt sich die Augen und beobachtet einen Jungen, der sich an der Hand seiner Mutter festhält. Linus tippt auf seinem Smartphone. Niu kann die Anspannung in ihren Gesichtern sehen, das Programm ist ihnen wichtig. Sie überprüft die Zeit, gähnt und liest weiter.

Mittlerweile kommt sie gut mit dem Code zurecht und versteht, was die große Idee hinter dem Programm ist. Es verwendet Algorithmen, um die Informationen einer Datenbank aufzuarbeiten und Ergebnisse zu produzieren. So weit normal. Ungewöhnlich sind die Art und der Umfang der in der Datenbank abgelegten Informationen. Das Gros bilden unzählige Daten, die aus dem Körper des Users gewonnen werden, die Herzfrequenz oder die Konzentration von Hormonen wie Adrenalin, Testosteron oder Melatonin. Diese Werte werden algorithmisch ausgewertet, um bestimmte Feststellungen treffen zu können. Steigen beispielsweise die Konzentrationen von Serotonin, Dopamin und Noradrenalin im Körper, weiß das Programm, dass der User verliebt ist. Gleichzeitig kann es Umgebungsdaten verarbeiten, also Räume, Personen und teilweise sogar Gespräche erkennen. Ist die Konzentration jener Glückshormone im Beisein eines ganz bestimmten Menschen besonders erhöht, stellt das Programm folglich fest, in wen der User verliebt ist. Da es außerdem Live-Zugriff auf verschiedene Online-Datenbanken hat, findet es heraus, dass der oder die Angebetete ein *Tinder*-Profil hat, Single ist und besonders romantische Komödien mag. Das Ergebnis der Berechnungen ist eine Empfehlung, die angehimmelte Person zu einem Date ins Kino einzuladen, um gemeinsam den neusten Romcom-Blockbuster zu schauen.

»Wie fütterst du die Datenbanken für die Körper- und Umgebungsdaten? Wo kommen die Werte her?«, fragt Niu.

»Die Hardware unseres Tools kann bis zu 150 Sensoren verschiedenster Art aufnehmen«, antwortet Linus. »Zusätzlich eine Standleitung ins Netz. Das *Ting* – so nennen wir das Projekt – sammelt rund um die Uhr Daten und speist damit die Datenbanken. Bisher habe ich 64 Sensoren verbaut. Die Leerstellen werde ich füllen, sobald uns die finanziellen Mittel zur Verfügung stehen.«

»Was meinst du damit: Du hast ›Sensoren verbaut‹? Ist das Projekt fertig?«

Nius Staunen scheint ihn zu freuen.

»Nee, noch lange nicht. Unausgereift und fehlerhaft trifft es am besten. Das liegt vor allem am Code, ist einfach nicht mein Spezialgebiet. Aber einen Prototypen gibt es, ja.«

»Es gibt also einen physischen Träger für die Sensoren und ein Medium, das die Empfehlungen ausspuckt?«

»Die Empfehlungen werden in einer App auf dem Smartphone angezeigt«, sagt Linus aufgeregt. »Das wird sich aber bald ändern. Ich habe ein paar sehr gute Ideen für diesen Part, das wirst du bestimmt mögen.«

»Okay, aber wo befinden sich die Sensoren für die Körper- und die Umgebungsdaten? Hast du dir was implantiert?«

Wie schon im Treppenhaus knetet Linus aus Nervosität seinen Daumen und überlegt lange, bevor er antwortet.

»Das ist ziemlich schwierig zu erklären und ein wenig abgefahren. Geschäftsgeheimnis sozusagen. Ich würde nur ungern darüber reden, solange du nicht –«

Linus' Telefon klingelt. Zwar dreht er sich weg und flüstert, aber Niu kann das Gespräch dennoch verstehen.

»Hallo, Kira. – Wir arbeiten noch, es wird eher spät. – Wir sind gerade in einem Meeting. Ich ruf dich später zurück, okay? – Kein Problem, mache ich.«

Sie möchte nicht in die Privatsphäre dieses fremden Menschen eindringen und schaut wieder zum Laptop. Der Quelltext ist eine ewige Aneinanderreihung von Algorithmen, es sind Tausende. Inzwischen scrollt sie schnell durch die Zeilen und ahnt, warum Linus den Code simpel und geradlinig hält. Er hat Angst, die Übersicht und Kontrolle zu verlieren. Die Komplexität des Programms, die Zielsetzung, erinnern sie an ihr eigenes Projekt.

»In diesem Ding steckt doch sicher eine ganze Menge an teurer Technologie. Wo hast du das ganze Equipment her?«

»Nicht Ding, sondern *Ting*«, unterbricht Adam. »Vom germanischen Wort Þing. Damit war die Versammlungsstätte gemeint, wo Anführer und Älteste Rechtsbeschlüsse und Entscheidungen trafen.«

»Gefördertes Doktoranden-Programm«, sagt Linus.

»Du bist Doktor?«

Linus verzieht das Gesicht, als hätte sie ihn geohrfeigt.

»Nein.«

Niu hakt nicht weiter nach. Im letzten Teil des Quelltextes werden die Algorithmen fehlerhaft. Auch wenn sie nichts vom Hormonhaushalt oder der Zusammensetzung des Magensaftes versteht, sieht sie auf den ersten Blick, dass die zugehörigen Berechnungsmodelle Fehler aufweisen. Es folgen etliche Kommentare zu nicht implementierten Lösungsansätzen und Algorithmen, dann bricht der Code ab.

Fast alle Sitzplätze im Bus sind belegt, aber niemand steht und niemand spricht. Sie hat ihr Ziel fast erreicht. Niu klappt den Laptop zu und gibt ihn zurück, ohne etwas zu sagen. Unter den irritierten Blicken von Adam und Linus drückt sie den Halte-Knopf. Steht auf. Schultert ihre Instrumententasche und geht zur Tür des Busses.

Der Eingang zum *Break Even* liegt in einer ruhigen Seitenstraße nicht weit von der Haltestelle entfernt. Drum herum Altbauten, überwiegend Wohnhäuser. Es beruhigt sie, nur ihre eigenen Schritte zu hören. Sie möchte Adam und Linus kein Feedback geben, möchte sich nicht mit der Enttäuschung dieser Fremden auseinandersetzen. Die kommenden Stunden gehören nicht ihnen, sondern dem nächsten Programmpunkt im Plan.

An der Treppe zur Bar zeigt der Schrittzähler die Zahl 4000.

Hinter einer schweren Tür empfängt sie ein Zwischenraum, die niedrigen Wände vollgeklebt mit Postern von vergangenen und kommenden Veranstaltungen. Am anderen Ende der Eingang zum *Break Even*. Schlagzeug und Bass dringen dumpf durchs Holz.

Niu betritt die Bar und die Enttäuschung kommt schnell. Wie immer, denkt sie. An den dunklen Holztischen sitzen nur wenige Gäste. Nippen an Getränken und schauen zur Bühne. Die meisten haben Instrumente dabei und warten auf eine Gelegenheit, die Spielenden abzulösen. Kaum jemand unterhält sich. Die leidenschaftlichste Bewegung ist das Wippen des Kopfes im Rhythmus der Musik. An den Wänden klebt der Geruch vom Zigarettenrauch aus mehreren Jahrzehnten. Doch in der Luft fehlt er. Sie ist steril und ohne Geheimnis.

Als Niu sich an den Tresen setzt, nickt die Barfrau ihr zu, obwohl sie noch nie ein persönliches Wort gewechselt haben. Niu hält es hier mit allen so: Sie will keine Freundschaften schließen, sondern Trompete spielen. Ohne dass sie etwas sagen muss, stellt die Barfrau ein Glas mit Cola auf den Tresen. Niu fühlt sich geborgen in der Musik, beschützt von den Klängen des Klaviers, des Kontrabasses. Sie genießt das Gefühl, solange es anhält. In ein, zwei Stunden wird es in Überforderung umschlagen.

Das Glas riecht leicht nach Spülmittel. Die Limonade ist kühl und sprudelt in ihrem Mund. Sie muss lächeln über die Erinnerung. Die Erinnerung, die nicht zum ersten Mal an diesem Ort wieder lebendig wird.

Niu war sechs Jahre alt und mit ihren Eltern für längere Zeit verreist. Ihre Mutter kannte viele Musiker in den USA und sie fuhren von Stadt zu Stadt, besuchten einige von ihnen. Tagsüber waren sie Touristen, abends spielte Lu als Gastmusikerin in Orchestern. Einen Tag und eine Nacht verbrachten sie in New

Orleans. Basti traf einen alten Freund, der für *Microsoft* arbeitete, und Lu nahm ihre Tochter mit zum Auftritt. Niu wunderte sich, dass ihre Mutter anders angezogen war als sonst an diesen Abenden. Nicht mit langem, schwarzem Kleid, sondern mit Jeans und rotem Pullover. Das Taxi hielt vor einer Bar, auch das war ungewöhnlich. Sie stiegen eine Treppe ins Kellergeschoss hinunter. Dicht drängten sich die Menschen. Niu sah nichts als Beine. Laute Musik, Stimmen, Rauch und Schweiß wirbelten durcheinander. Verschiedene Frauen und Männer lächelten Niu zu und umarmten ihre Mutter zur Begrüßung. Lu setzte Niu auf einen Barhocker am Tresen, sie sollte sich gut festhalten. Sie sprach einige Sätze mit dem bulligen Barkeeper. Dann öffnete sie ihren Koffer und hob zärtlich die Violine, bahnte sich einen Weg zur Bühne. Der Barmann beugte sich an Nius Ohr.

»What do you want, little Miss?«

»Mhh – Coke!«

Der Barkeeper lachte und stellte eine Cola auf den Tresen. Das Glas roch leicht nach Spülmittel und das kühle Getränk kribbelte an ihrem Zahnfleisch. Sie trank schnell, das erste Glas in einem Zug. Und war ein bisschen froh, dass Papa nicht da war, denn er hätte es nicht erlaubt. Ohne dass Niu etwas sagte, füllte der Barkeeper das leere Glas nach. Wieder trank sie schnell. Der Mann tat so, als bemerke er es nicht. Immer wieder stand neue Cola vor ihr.

Die Gespräche in der Bar wurden leiser, viele Köpfe drehten sich zur kleinen Bühne, als Lu mit ihrer Violine in die Musik einstimmte. Einige Leute an den Tischen klatschten mittendrin, andere riefen »yeah!«, und dann wieder »yeah!«. Niu hatte ihre Mutter schon viele Male spielen gehört, in der Wohnung oder bei Konzerten. Aber nie auf diese Art. Es gelang ihr nicht, die Rhythmen einzuordnen. Selbst die Töne, die Lu aus der Violine holte, waren ihr fremd. Es war, als wäre ihre Mutter ihr Leben lang strengen und immer gleichen Mustern gefolgt, hätte aber an diesem Abend entschieden, allen zu zeigen, dass sie ein anderer Mensch sein konnte, als sie tagtäglich war.

»Ist alles in Ordnung mit dir?«

Linus' Gesicht zeigt die gleiche Sorge wie vor einer Stunde im Treppenhaus. Obwohl ihr flau und schwindlig ist, nickt sie.

Adam legt einen Arm um Niu, den anderen um Linus.

»Ihr habt euch schon richtig lieb gewonnen, was? Das ist gut. Aber wir sollten endlich übers Geschäft reden.«

Die Musik verklingt, vereinzeltes Klatschen folgt. Die Musiker steigen von der Bühne, während andere sie betreten. Nius Einsatz ist gekommen.

»Ich hab euch 41 Minuten versprochen, die habt ihr bekommen. Ich schulde euch nichts. Auch kein Feedback.«

Bevor sie an Adam und Linus vorbei zur Empore geht, befreit sie die Trompete aus dem Gigbag. Energie und Anspannung sind aus ihren Beinen verschwunden. Die anderen Musiker, die ihre Instrumente auf das Spielen vorbereiten, lächeln Niu zu, als würden sie sie erkennen. Wahrscheinlich tun sie das auch. Immerhin war sie in den vergangenen zwei Jahren jeden Mittwoch hier. Sie selbst erkennt niemanden. Blickkontakte oder gar Gespräche hat sie vermieden. Das Spielen der Trompete tut ihr gut, alles andere nicht.

Klavier und Bass spielen gleichzeitig auf. Ein Standard, den Niu schon unzählige Male gehört hat. Das Mundstück ihres Instruments ist kalt an den Lippen. Ihre Finger bewegen sich über die Ventile, schwerfällig. Erst mal einspielen, ein Gefühl für den Ton bekommen. Die Geborgenheit, die ihr die Musik vor einigen Minuten noch gab, ist verpufft, viel zu schnell. Ansonsten ist alles wie immer. Derselbe Raum, derselbe Geruch, dieselben mediokren Musiker. Unwillkürlich taucht eine Grafik vor ihrem inneren Auge auf, das horizontale Liniendiagramm ihres *Selbstcheck*. Ihr jahrelanges Stillstehen in einer emotionalen Waagerechten.

Es braucht lange, bis sie den fragenden Blick des Schlagzeugers bemerkt. Erst jetzt fällt ihr auf, dass sie immer die gleichen Töne wiederholt, seit Minuten schon. Drei Töne, ohne Variation in Melodie und Rhythmus. Gern würde sie etwas ändern oder hinzufügen, aber sie weiß einfach nicht, wie.

Beim Spielen ist sie noch nie erstarrt. Das ist neu, ist nicht wie immer. Ebenso nicht, dass *I* genau in diesem Moment Don Quijote dazu verhilft, sich in Oblomow hineinzuversetzen. Und das Projekt, das seit Jahren ihrem Leben und Alltag eine klare, kontrollierbare Struktur gibt, seinen endgültigen Abschluss findet.

Sie sollte sich freuen, denkt Niu. Die Horizontale ihres Diagramms ausschütteln wie eine Bettdecke, bis sie Kurven schlägt. In eine bessere Gegend ziehen, das Studium wieder aufnehmen, sich einen Job suchen. Für *I* eine Verwendung suchen, es an ein Unternehmen verkaufen oder sich selbstständig machen. Eigentlich egal, Hauptsache, irgendetwas ändern.

Doch in ihrem Innern findet sie nur Angst vor dem Neuen und der Überforderung, die sich ausbreitet und sie einschnürt. Das Bedürfnis, der Angst nachzugeben, ist stärker als alles andere. Sich auf den Boden legen und sich krümmen. Sich einrollen wie ein Ungeborenes im Mutterleib. Wenn sie sich bloß bewegen könnte.

»Ey! Hört auf zu spielen!«

Sofort wird es still und alle starren erschrocken zu Adam, der mit Linus auf die Bühne kommt.

»Mir geht's gut. Kreislauf«, hört sie sich sagen.

Linus schüttelt ungläubig den Kopf.

»Du stehst zwei Minuten lang auf der Bühne und starrst vor dich hin, ohne dich zu bewegen oder zu reagieren.«

»Ist okay. Ich will nach Hause jetzt. Den nächsten Bus nehmen.«

Die anderen Musiker scheinen sich einig, dass Niu nichts fehlt, werden unruhig. Es fällt ihr schwer, aber sie lässt sich langsam von Linus und Adam zum Tisch führen.

»Wir rufen dir ein Taxi.«

»Kann ich mir nicht leisten.«

»Ich zahl das«, sagt Adam.

Ohne auf ihren Widerspruch zu achten, zückt er sein Smartphone und wendet sich ab. Niu meidet Linus' Blick, schaut erst zur Bühne, dann auf die Anzeige ihres Armbands. Als das Taxi ankommt, geht es ihr ein wenig besser. Sie bezahlen die Rechnung und verlassen das *Break Even.* Die Tür zum Vorraum fällt ins Schloss, die Musik verstummt. Niu ist unsicher, was sie sagen soll. Ob sie abweisend oder dankbar sein soll.

»Mh – vielen Dank für das Taxi.«

Sie winkt den beiden und überquert die Straße, verstaut die Instrumententasche im Kofferraum. Als sie die hintere Wagentür hinter sich schließen will, kommt Adams Hintern auf sie zu. Niu hat keine andere Wahl, als schnell auf den mittleren Platz zu rutschen. Auf der anderen Seite steigt Linus ein.

»Besser, wir bringen dich bis zur Tür.«

Die Häuserfassaden von sanierten Altbauten ziehen an ihnen vorbei. Adam und Linus schauen hinaus und schweigen. Niu spürt die Berührung der beiden Körper an ihren Schultern, es ist unangenehm eng auf der Rückbank. Mehr aber nicht. Normalerweise würde sie durchdrehen, so zwischen zwei fremden

Körpern auf engstem Raum eingezwängt. Überraschenderweise hilft es aber sogar, als würde die Berührung sie stützen. Langsam lockern sich ihre Beine, sie kann ihre Muskeln wieder entspannen, bis das Gefühl der Starrheit völlig verschwindet.

»Meinetwegen«, sagt sie leise. »Wieso habt ihr mir den Programmcode gezeigt? Was wollt ihr von mir?«

Adam klatscht in die Hände, seine grauen Augen schmal und müde, ein schiefes Lächeln auf den Lippen.

»Linus und ich gründen ein Unternehmen. Was du da gesehen hast, ist unser Produkt.«

»Eine Alpha-Version des Produkts«, ergänzt Linus.

»Wir suchen zurzeit nach einem Business Angel für die Anschubfinanzierung. Stellt sich leider als schwieriger heraus als erwartet. Letztendlich ist es aber nur eine Frage der Zeit. Sobald das Kapital am Start ist, können wir das *Ting* serienreif machen. Problem ist: Uns fehlt ein Software Engineer, der die entsprechenden Skills besitzt.«

»Also lauft ihr durch die Gegend und stellt ein Team zusammen. Die tapferen *Avengers* rekrutieren mich, um ihr Produkt zu retten?«, fragt Niu.

Im Rückspiegel sieht sie den Taxifahrer nicken, als wolle er zeigen, dass er die Situation ähnlich einschätzt.

»Um ehrlich zu sein, suchen wir schon seit einigen Wochen. Du bist nicht die Erste, die wir fragen. Die anderen Entwickler haben uns abgesagt. Was das ›Team‹ betrifft: Mehr als einen Programmierer können wir uns eh nicht leisten.«

»Programmiererin.«

»Von mir aus. Die Bezahlung ist am Anfang nicht so prall wie bei *Apple* oder *Microsoft*. Und die Arbeitstage sind bei uns länger. Aber du hättest eine Menge Verantwortung und Mitspracherecht. Wir würden zusammen was Großes aufbauen.«

Niu sagt eine Weile lang nichts, sondern versucht, sich ein

Büro auszumalen, in dem Adam, Linus und sie still vor sich hin arbeiten. Eine Vorstellung, die sofort Beklemmung hervorruft, immerhin hat sie die letzten Jahre allein und unbehelligt in ihrer Wohnung in Marzahn an *I* programmiert. Andererseits hat sie gelegentlich mit dem Gedanken gespielt, ein Start-up zu gründen oder zumindest für eines zu arbeiten, seit fast alle Jungen in der Oberstufe ihres Gymnasiums diesen Berufswunsch äußerten. Nicht Künstler, nicht Pilot, nicht Aktien-Broker. Die Heldenfigur der Gegenwart ist Start-up-Gründer. Oder Start-up-Gründerin.

»Selbst wenn man euer Tool tatsächlich realisieren könnte, glaubt ihr wirklich, es gäbe einen Markt dafür?«

Adam zieht beide Augenbrauen nach oben.

»Kennst du das Start-up-Klischee: *Wir wollen mit unserem Produkt die Welt verändern?* Kaum jemand schafft das. Die Chancen, so erfolgreich wie *Google* oder *Facebook* zu werden, sind viel kleiner als die Chancen auf einen Sechser im Lotto. Andererseits: Ein Unternehmen zu gründen, ist kein Glücksspiel. Schau dir mal all diese Menschen an.«

Adam macht eine Handbewegung zum Fenster. Die Gehwege sind bevölkert: betrunkene Touristen, Anzugträger auf dem Weg in den Feierabend, Studierende.

»All diese Leute haben Ziele im Leben. Sich welche zu suchen, ist die erste Hürde. Doch dann die richtigen Entscheidungen treffen, um diese Ziele so schnell und effizient wie möglich zu erreichen – das überfordert die meisten Menschen. Ein Mensch muss in jedem Augenblick Hunderte Optionen gegeneinander abwägen.«

Linus beugt sich vor, stützt seinen Kopf gegen die Vorderlehne und dreht ihn zu Niu.

»Das menschliche Denken ist eine Ansammlung von Fehlschlüssen. Wir merken es nicht einmal. Ich gebe dir ein sehr banales Beispiel aus dem Alltag: Stell dir vor, du gehst ins Theater, um ein bestimmtes Stück zu sehen. In deiner Hosentasche hast du das Ticket. Es hat 20 Euro im Vorverkauf gekostet. Außerdem nimmst du noch einen 20-Euro-Schein mit. Du kommst beim Theater an und bemerkst, dass du unterwegs dein Ticket verloren hast. Das ärgert dich, du hast aber noch den 20-Euro-Schein. Kaufst du dir ein neues Ticket an der Abendkasse?«

Niu denkt über die Situation nach. »Kommt drauf an, wie dringend ich dieses Stück sehen möchte. Aber generell: nein. Für ein Theaterstück 40 Euro auszugeben, das ist mir zu viel.«

»Gut«, fährt Linus fort. »Stell dir eine neue, aber ähnliche Situation vor. Du kaufst nicht im Vorverkauf, sondern willst das Ticket an der Abendkasse besorgen. Du nimmst also zwei 20-Euro-Scheine mit. An der Kasse merkst du, dass du einen der beiden Scheine unterwegs verloren hast. Kaufst du dir trotzdem eine Karte fürs Theater?«

Niu nickt, denn sie ahnt, worauf Linus hinausmöchte.

»Klar, das würde ich machen. Denn das verlorene Geld hat ja nichts mit meinem Entschluss zu tun, das Stück zu sehen.«

»Die meisten Menschen würden sich in den beiden Situationen genauso verhalten. Vollkommen widersprüchlich. Wenn man eine Bilanz zieht, ist der Verlust in beiden Situationen der gleiche. Unser Gehirn interpretiert sie aber unterschiedlich.«

Rechts von ihr windet sich Adam in seinem Sitz, als würde der Platz für seinen Pitch nicht reichen.

»Irrationale Entscheidungen sind eines der Probleme, die wir lösen wollen. Aber es gibt noch andere. Stress zum Beispiel. Je mehr Entscheidungsmöglichkeiten es gibt, desto schwieriger ist es, eine Entscheidung zu treffen. Und in unserer Welt gibt es unendlich viele Möglichkeiten. Wer das *Ting* nutzt, muss sich um kleine und große Abzweigungen keine Gedanken mehr machen. Das *Ting* wird den bestmöglichen Weg wählen.«

Bevor Adam weiterspricht, atmet er tief durch und sammelt sich, wie um seine folgenden Worte mit Energie aufzuladen.

»Stell dir eine Welt vor, in der jeder Mensch unser ›Navigationssystem‹ fürs Leben nutzt. Die Leute wären gesünder, weil das *Ting* ihnen sagen würde, wann sie wie viel Sport zu treiben haben und was sie essen sollen. Sie wären erfolgreicher, weil das *Ting* ihnen helfen würde, nicht den Job zu bekommen, den sie unbedingt möchten, sondern denjenigen, der tatsächlich auch zu ihren Fähigkeiten passt. Sie wären so viel glücklicher, weil das *Ting* ihnen zeigen würde, welche Freunde und Beziehungen ihr Leben zerstören. Sie wären entspannter, ausgeglichener, ohne jede Angst. Verdammt, die Menschen wären tatsächlich so, wie sie sein wollen. Besser in allem. – Nicht wir werden die Welt verändern, das *Ting* wird es.«

Der Wagen hält an einer roten Ampel in Mitte. Wieder fließt ein Strom von Menschen am Wagen vorbei. Wie viele von ihnen würden ein Produkt wie das *Ting* tatsächlich benutzen?, fragt sie sich. Würde sie selbst es verwenden? Ein Programm, das ihr sagt, wann sie genug geschlafen hat. Welche Nährstoffe ihrem Körper fehlen. Was sie essen muss, um den Mangel auszugleichen. Natürlich würde sie. Das *Ting* würde ihr helfen, den Alltag zu optimieren und ihren Plan einzuhalten. Vor allem würde es ihr aber helfen, auf ihre Sensibilität zu achten und sich vor Überforderung zu schützen. Es würde nicht zulassen, dass sie sich in Situationen begibt, in denen sie vor lauter Eindrücken und Emotionen erstarrt.

Jedoch spielt es keine Rolle, wie vielversprechend die Idee ist. Das *Ting* ist noch Monate, wenn nicht Jahre davon entfernt, ein Tool zu sein, das irgendwem helfen kann. Sie hat ein eigenes Projekt, auch wenn es kurz vor dem Abschluss steht. In ihrem Leben ist kein Platz für ein zweites, redet Niu sich ein. Vor allem aber will sie das Risiko nicht eingehen. Das Risiko, an der neuen

Situation, an dem Umgang mit diesen beiden fremden Menschen, an einem völlig neuen Alltag zu scheitern. Jetzt geht es ihr gut. Zumindest viel besser, als es ihr gehen könnte. Das will sie für nichts auf der Welt aufs Spiel setzten.

Linus unterbricht ihre Gedanken.

»Du hast noch nichts zu meinem Code gesagt. Was hältst du davon? Könntest du damit arbeiten?«

Niu zögert. Beschließt dann, ehrlich zu sein.

»Ich mag die Idee und ich mag auch einige Ansätze. Ich habe nur begrenztes Wissen über Prozesse des menschlichen Körpers, Hormonhaushalt, Stoffwechsel und so weiter, aber die Modelle scheinen stimmig zu sein.«

Linus lächelt zufrieden.

»Gleichzeitig sind die Modelle das größte Problem. Sie lernen nicht mit, sie sind starr. Wie der Schrittzähler in deiner Anekdote. Das mag ausreichend sein, wenn es beispielsweise um den Wasserbedarf eines Menschen geht. Um komplexe Situationen auszuwerten, brauchst du aber ein Programm, das sich *wirklich* an Situation und User anpasst. Selbstlernende Algorithmen.«

Das Lächeln und die Farbe weichen aus Linus' Gesicht. Seine Enttäuschung droht auf sie überzuspringen, sie zu überfordern. Durch die Frontscheibe kann sie die Fassaden der Plattenbauten erkennen. Lange hält sie es nicht mehr im Wagen aus.

»Ich bin nun mal Ingenieur«, sagt Linus leise. »Ich kann dir Ideen zeigen, wie ich die Übermittlung der Empfehlungen in Zukunft gestalten will. Das ist ziemlich abgefahren, das könnte dir gefallen.«

»Sorry, das wird nicht reichen. Du hast einen guten Job gemacht, was die Körpersensoren angeht. Aber dein *Ting* sammelt viel zu wenige Umgebungsdaten. Es schaut nach innen, aber nach außen ist es so gut wie blind.«

Das Taxi fährt an den Bürgersteig, der Fahrer schaltet den Motor aus. Linus starrt gegen die Vorderlehne. Adam hält sich den Kopf und wartet darauf, dass Niu weiterspricht. Sie zuckt mit den Schultern.

»Das größte Problem bleibt der Code. Überarbeiten reicht nicht. Man müsste euer *Ting* von Grund auf neu entwickeln. Dafür hab ich keine Zeit. Ich habe meine eigenen Projekte. Das war's, oder? Bedankt habe ich mich ja schon.«

Niu öffnet die Tür auf Adams Seite. Ohne ein weiteres Wort lässt er sie aussteigen. Ehe sie die Trompete aus dem Kofferraum holt, atmet sie tief durch. Die frostige Luft schneidet angenehm in ihre Lunge. Die triste Fassade des Plattenbaus ist von erleuchteten Fenstern durchzogen. Weit oben ihre Wohnung, wo Don Quijote mit seiner Antwort auf sie wartet. An der Eingangstür dreht sie sich noch einmal um. Das Taxi fährt wieder los, auf der Rückbank zwei regungslose Gestalten.

Eine Mischung aus abgestandenem Zigarettenrauch und dem Geruch fremder Wohnungen begleitet sie durch den Flur. Zu Hause angekommen, stellt sie die Trompete ab und setzt sich ohne Umschweife an den Schreibtisch. Die Monitore leuchten auf und mit ihnen die Antwort Don Quijotes.

>▬ Nichts ändert sich von selbst. Manchmal
muss man jemand sein, der man nicht ist. Man muss
die Welt herausfordern und verwerfen und umformen
zu einer neuen. Wenn man dabei alles verliert, und
sei es das eigene Leben, hat man zumindest etwas
verändert.

Pathetisch, aber angemessen, denkt Niu. Die Logfiles beinhalten einige Hundert Prozesse, die das Programm durchlaufen hat. Niu muss sich zügeln, die Protokolle nicht nur schnell zu überfliegen, und zwingt sich zur Gründlichkeit. Als sie nach anderthalb Stunden die Hälfte überprüft und keinen einzigen Bug entdeckt hat, schwitzt sie am ganzen Körper. Erst jetzt bemerkt sie, dass sie noch immer Winterjacke und Straßenschuhe trägt. Niu entledigt sich der Sachen, trinkt ein Glas Wasser und verbucht die 250 Milliliter in der entsprechenden App. Weitere zwei Stunden später ist sie am Ende angelangt. Keine Bugs. Keine Fehler. Keine Unstimmigkeiten.

»Ich bin fertig«, flüstert sie. Das Programm, an dem sie gecodet hat, seit sie zehn Jahre alt war, ist abgeschlossen. Unter der Bettdecke in ihrem Kinderzimmer fing sie an. Wenn die anderen Kinder aus ihrer Klasse nach der Schule auf den Spielplatz oder zur Eisdiele gingen, klappte sie ihren Laptop auf. Wenn ihre Eltern sie nach Chile, Uganda, Japan schleppten, wob sie einen Kokon aus Code um sich, in den sie sich verkroch, sobald die Eindrücke der Fremde sie zu erdrücken drohten. Wenn die anderen Teenager auf Partys tranken, rauchten, küssten, entwickelte sie ein künstliches neuronales Netz. Als ihre Eltern nach China zogen, kam Niu nicht mit, sondern ordnete ihr Leben einem Plan unter, der sie vor Überforderung schützen, sie gesund halten und sie zu ihrem Ziel führen sollte: ihr Programm abzuschließen, ein Programm, das versteht.

Jetzt, mit dem letzten erfolgreichen Test, ist *I* fertig.

Seit Wochen ist die Furcht vor diesem Augenblick gewachsen. Niu hat lange versucht, nicht darüber nachzudenken, denn sie konnte – kann – sich eine Zeit nach *I* nicht vorstellen. Was soll sie mit ihrem Leben anfangen? Wie soll ihr Alltag aussehen? Nun muss sie darüber nachdenken, muss sich der Veränderung stellen. Wenn sie ehrlich ist, möchte sie nichts ändern, sie möchte sich nicht weiterentwickeln. Ihr Leben ist gut, wie es ist. Die Strukturen und Abläufe, die sie geschaffen hat, um sich vor der Überforderung durch Menschen und Welt zu schützen, funktionieren. Ein bewährtes System sollte man nicht leichtfertig aufs Spiel setzen.

Vor einiger Zeit tauchte eine Lösung am Rande ihres Bewusstseins auf, die sie jedoch für abwegig hielt. Jetzt steht Niu vor dem Nichts und die Option fühlt sich mit einem Mal angemessen und richtig an: den Code ihres Programms und die Back-ups löschen. Und wieder von vorne beginnen. Alles neu entwerfen und schreiben und testen und optimieren. Die kommenden zehn Jahre, vielleicht ihr ganzes Leben in dieser Wohnung verbringen, bis sie die Stimmen ihrer Nachbarn durch die vergilbten Wände alt und brüchig werden hört, bis sich einzelne Bahnen der Tapete von den Wänden lösen und schlaff gewellt zu Boden hängen, bis die Plattenbauten um sie herum fallen und Niu den Wänden zuruft, dass sie noch nicht so weit ist, nicht fertig werden möchte.

Zum dritten Mal an diesem Tag drängt die Lähmung aus dem Bauch in ihre Glieder, verbannt alle Gedanken. Wankend richtet sie sich auf und konsultiert ihr Armband. Es verkündet die Zahl 4189. Sie steigt um genau 1, als Niu einen Schritt macht. Und einen weiteren. Einen weiteren. Schreibtisch, Matratze, Küchenzeile. Schreibtisch, Matratze, Küchenzeile. Immer im Kreis.

Nach 150 Schritten manifestiert sich erneut das Bild des Liniendiagramms vor ihrem inneren Auge. Und die Angst erreicht eine neue Dimension. Nein. Sie kann so nicht weitermachen. Auch wenn sie gern würde. Sie darf nicht zulassen, dass die kommenden Jahre eine Wiederholung der vergangenen werden.

Zurück am Schreibtisch: Code, Testprogramm und Logfiles

verschwinden. Die Bildschirme zeigen Nius selbst gewählten Hintergrund: die bunte Skyline Shanghais vor einem lilafarbenen Himmel. Sie bewegt die Maus ziellos hin und her und klickt einige Minuten lang beleuchtete Fenster in einem Wolkenkratzer an.

Ihre Eltern kann sie nicht anrufen. Kann nicht um Rat fragen und sich trösten lassen. Die beiden würden sie nicht verstehen. Verkauf deinen Quelltext, würden sie vorschlagen. Such dir einen Job bei *Google* oder *Microsoft*, alles steht dir offen. Nimm dein Studium wieder auf. Lu und Basti sind in ihren Ratschlägen und Hilfestellungen schon immer nur von sich ausgegangen. Nie haben sie es geschafft, sich in Niu hineinzuversetzen und ihre Persönlichkeit und Probleme ernst zu nehmen. Wenn es für Empathie eine Skala gäbe, würden Niu und ihre Eltern an entgegengesetzten Enden stehen. Im Mittelpunkt des Telefonats stünde bloß der Vorwurf ihrer Eltern, dass ihre Tochter sie zwei Jahre lang nicht in China besucht hat.

Niu öffnet den Browser, sucht *YouTube* in den Lesezeichen. Ins Suchfeld tippt sie den Namen ihrer Mutter. Lässt sich die neuesten Ergebnisse oben listen, öffnet den ersten Link. Das Video trägt den Titel *Epic Violin Solo* und hat 403 Views. In der Videobeschreibung steht, dass es vor sechs Tagen in einem Konzerthaus in Peking aufgenommen wurde. Lu betritt allein die riesige Bühne, stellt sich neben ein unbesetztes Klavier. Applaus brandet auf, mehrere Hundert Menschen müssen im Publikum sein. Sie trägt ein langes, schwarzes Kleid, verbeugt sich und lächelt ins Publikum. Die Qualität ist nicht gut, die Aufnahme muss von einem Smartphone stammen. Ihre Mutter setzt den Bogen an die Violine und mit den ersten Tönen erkennt Niu die Fuge. Es ist Bachs *Sonate Nr. 1 in g-Moll.* Der Blick ihrer Mutter ist starr auf die Saiten der Violine und die Finger ihrer linken Hand gerichtet. Sie blinzelt nicht, während sie spielt, egal wie lange ein Stück dauert. Sie lächelt nie, selbst wenn sie etwas Heiteres spielt. Zwischen ihren Augenbrauen liegt eine tiefe Falte, als bringe sie die Musik ins Grübeln. Die rechte Hand führt den Violinenbogen auf und ab, nie ausladend, immer zurückhaltend, zärtlich. Und doch nimmt Lu gelegentlich den starren Oberkörper mit in die Bewegung. Niu erinnert einen Gedanken von früher: Ihre Mutter spielt nicht die Violine, sie tanzt sie. Die Kamera zoomt nah an Lus Gesicht. Ihre langen, schwarzen Haare werden mit Spangen aus ihrem Gesicht gehalten. Niu meint, erste graue Strähnen im Schopf zu erkennen. Vor einiger Zeit hatte sie Geburtstag. Niu war es erst Tage zu spät aufgefallen. Wie alt ist sie geworden? 39? 40? Für einen kurzen Augenblick blickt ihre Mutter von der Violine auf, schaut ins Publikum, in die Kamera, direkt in Nius Augen. Niu drückt eine Tastenkombination und das Video verschwindet, die Musik verstummt und hinterlässt einen leeren, stillen Raum.

Niu wischt sich Tränen aus dem Gesicht. Seit sie ein Kind war, wollte sie sein wie ihre Mutter. Wollte sich öffnen können wie sie, nicht so stark fühlen wie sie, sich vom Leben überraschen lassen können wie sie. Kein einziges Mal hat sie es in den vergangenen zwei Jahren geschafft, über ihren Schatten zu springen. Hat nichts riskiert, nichts aufs Spiel gesetzt, hat kein einziges Mal unvernünftig gehandelt. Plötzlich macht sie das alles nur noch wütend. Wütend auf ihre Mutter, wütend auf sich selbst.

Bevor sie es sich anders überlegen kann, öffnet Niu das Mailprogramm und findet die gelesene Nachricht ihrer Mutter. Sie ignoriert die Mail und steuert die Nachricht darunter an. Sie scrollt durch den langen Text und ganz am Ende, in der Signatur, findet sie Linus' Nummer. Es klingelt nur kurz.

»Hier ist Niu. Schläfst du schon?«

»Nein, eigentlich nicht.«

In seiner Stimme liegt Kränkung. Sie hat ihn im Taxi mit ihrer Ehrlichkeit vor den Kopf gestoßen.

»Was machst du dann?«

Schnelle Anschläge auf einer Tastatur.

»Coden. Wie du schon festgestellt hast, gibt es viel zu tun.«

Sie weiß, dass eine Entschuldigung angebracht ist, aber nicht, wie man eine artikuliert. Formulierungen ihrer Eltern fallen ihr ein, die sie früher nach einem Streit benutzten.

»Es tut mir leid. Das war unfair von mir. Ich hätte all diese Dinge nicht sagen sollen. Das *Ting* ist ein sehr ehrgeiziges Projekt. Du hast sehr gute Arbeit geleistet, wenn man bedenkt, dass du alleine warst.«

Ohne etwas zu erwidern, tippt Linus weiter. Dann hört sie ihn tief ausatmen.

»Na gut. Entschuldigung akzeptiert. Und danke für das Lob. Rufst du deswegen an?«

»Ja. Und da ist noch etwas anderes. Ich will mitmachen.«

Das Tippen am anderen Ende der Leitung bricht ab.

»Du nimmst den Job an?«

»Auf keinen Fall. Ich will mitgründen. Ich programmiere das *Ting,* wenn ich genauso viele Anteile daran erhalte wie ihr.«

»Meinetwegen gern. Je mehr Verantwortung du hast, desto besser. Aber wir sollten das mit Adam abklären.«

»Ja, klar. Und noch eine Bedingung, Linus. Du trägst die Verantwortung für die Physis des *Ting,* für Technik und Sensoren. Aber die Entwicklung des Quellcodes, das ist mein Territorium.«

»Ganz ohne mich wird es nicht gehen. Aber mit einigen Einschränkungen können wir das so machen.«

Niu blickt auf die Wolkenkratzer der Skyline Shanghais. Auf dunkle und erhellte Fenster. Sie wird einen neuen Plan entwerfen müssen.

»Linus? Hast du es gerade bei dir? Das *Ting?*«

»Ja, ich hab's hier.«

»Würdest – würdest du es mir bringen? Jetzt noch? Ich möchte gern sofort beginnen.«

KASPER

In den engen Wolkenkratzerschluchten Tokios steigen Tausende Luftballons in den Nachthimmel. Die Glocken der Tempel läuten das neue Jahr ein. Dicht gedrängt warten Menschen vor den Shinto-Schreinen, um für Glück und Reichtum zu beten. Kasper hingegen starrt auf das synchrone Ticken der Analoguhren. Als Jugendlicher hat er sie an der Wand gegenüber seines Bettes angebracht: Tokio, New York und Berlin. In Berlin läuft der Countdown noch. Knappe acht Stunden bis Neujahr. Und damit seinem 35. Geburtstag. Wäre er jetzt zufällig in Japan – auf einer Geschäftsreise oder wegen eines spontanen Kurzurlaubs –, sein neues Lebensjahr hätte bereits begonnen.

»Bin ich aber nicht.«

Stattdessen liegt er auf dem Bett seines alten Kinderzimmers in der Villa seiner Eltern. In marineblauem Einknopfsakko, passender Hose und Lackschuhen. Und wartet auf das Voranschreiten der Uhrzeiger. Wie jedes Jahr zu Silvester, denkt er. Normalerweise genießt Kasper die Gleichförmigkeit, die seine Eltern, seine Schwester und ihn zur Abwechslung mal nicht im *Strindholm*-Tower, sondern im privaten Raum aneinanderbindet. Dieser Tag ist ein akkurat gepflegtes Familienritual. Kasper und Enni treffen am Vormittag ein. Nach der Begrüßung beginnen Mutter und Tochter mit der Zubereitung des Essens. Kasper zieht sich zum Langweilen in sein Kinderzimmer zurück, Gustaf in sein Arbeitszimmer. Was er dort macht, weiß Kasper nicht. Obwohl er als persönlicher Assistent des leitenden Geschäftsführers von *Strindholm Consulting* dessen anstehende Aufgaben eigentlich kennen sollte.

Gern würde er ein Nickerchen machen, die Zeit bis zum Familienessen verschlafen. Doch in seinem Kinderzimmer findet er heute keine Ruhe. Seine Mutter hat es nach seinem Auszug vor 17 Jahren in eine Zeitkapsel, eine Art Museum umgewandelt. Abgesehen von der Glasvitrine, die in der hinteren Ecke steht und die er zu ignorieren versucht, hat sie alles beim Alten belassen. Seine Spuren konserviert. Die Holzplatte auf zwei Böcken, die er als Schreibtisch nutzte. Das Filmposter von *Eiskalte Engel* über dem Bett. Die harte, unbequeme Matratze. Früher ließ seine Mutter jedes Jahr eine neue liefern, auch wenn die alte noch in Ordnung war. Wegen der Milben, erklärte sie. Er weiß nicht, ob sie dieser Tradition treu geblieben ist, jetzt wo er im Jahr nur noch eine Nacht hier verbringt. Die Bettwäsche zumindest ist nicht nur frisch gewaschen, sondern auch neu. Das kann er riechen. Und doch trägt sie das gleiche Motiv wie damals: die Skyline New Yorks aus den 90ern.

An der hinteren Wand hängen einige seiner selbst gemalten Bilder. Eine abstrakte Kohlezeichnung vom Turm zu Babel. Die Sphinx, die entgegen der Sage Ödipus in Stücke reißt, Öl auf Leinwand. Die verzerrten Gesichter von Pornodarstellern während des Aktes, eine Collage aus Hochglanzmagazinen. Kasper kennt sich ein wenig mit Kunst aus. Über die Jahre hat er einen Geschmack entwickelt und kann präzise artikulieren, was er gelungen und was er stümperhaft findet. Aber beurteilen, ob er als Jugendlicher Talent besaß, kann er nicht.

In den vergangenen Jahren störte ihn seine haltbar gemachte Teenager-Zeit nicht, er nahm die Erinnerungsstücke kaum wahr. Doch dieses Jahr stößt ihn sein Kinderzimmer geradezu ab. Sich darin aufzuhalten, ist, als würde er nach einem Bad ein bereits getragenes, vollgeschwitztes Hemd aufs Neue anziehen.

Ennis Lachen dringt aus der Küche die Treppe hinauf ins obere Stockwerk. Immerhin amüsiert sich seine Schwester. Wahrscheinlich wird sie von alten und neuen Liebhabern erzählen. Seine Mutter hingegen wird Entwicklungen im erweiterten Familien- und Bekanntenkreis erläutern. Wie jedes Jahr wird es Schmorbraten geben, was vor zwei Dekaden sein Lieblingsessen gewesen ist.

Kasper gähnt ausgiebig und wünscht sich zum wiederholten Mal an einen anderen Ort. Sofort straft ihn sein Gewissen. Traditionen und Rituale muss man pflegen, vor allem wenn es um die Familie geht. Silvester und Neujahr gehören zu den wenigen Gelegenheiten im Jahr, wo er Eltern und Schwester nicht im Tower, sondern zu Hause erlebt. Und doch, denkt er, würde ein neuer Anstrich dem Ritual vielleicht guttun. Die Routine schnürt ihm die Luft ab, wie eine zu fest geknotete Krawatte.

Knappe zweieinhalb Stunden muss er noch durchhalten bis zum Essen. Dann das Prozedere: Sie werden sich zu viert im Esszimmer versammeln, an der langen Tafel sitzen, alles wird bereitstehen. Seine Mutter wird Komplimente für ihre Kochkünste erwarten und sie erhalten. Anschließend wird sie jeden einzeln auffordern und Zusammenfassungen sammeln: Was hat sich verändert, seit sie das letzte Mal gemeinsam an diesem Tisch saßen? Für Gustaf, Enni, Kasper und *Strindholm Consulting?* Sie werden Erfolge zusammentragen, aber auch die Niederlagen. Gustaf wird sich kurzfassen, Kasper und Enni sind zur Ausführlichkeit verpflichtet. Wie auch zu Berichten aus ihrem Privatleben. Ihre Mutter wird die Erfolge loben und die Niederlagen mit einem Lächeln quittieren.

Nach dem Essen werden sie im Kaminzimmer vor dem Feuer auf das neue Jahr warten. Sie werden auf Kaspers Geburtstag anstoßen, aber auch auf Ennis. Dass seine Schwester fünf Jahre jünger, aber am gleichen Tag wie er zur Welt gekommen ist, schreibt Kasper der peniblen Präzision seiner Mutter zu. Sobald die Gratulationen abgehandelt sind, wird seine Mutter beginnen, Ziele und Hürden für das neue Jahr abzufragen. Bevor sich die Versammlung auflöst, wird Gustaf einen nach morschem Holz schmeckenden Scotch aus seinem Arbeitszimmer tragen und beim Einschenken erwähnen, dass er sich diesen Tropfen für ganz besondere Momente aufspart. Kasper wird schlecht bei dem Gedanken. Er hasst Whiskey.

Eine Vibration auf dem Nachttisch erlöst ihn von der tristen Vorschau. Eine Nachricht von Arman.

Können wir skypen? Ich würde gerne deine Stimme hören. Oder wirst du vom Alten geknechtet? Vielleicht in einer halben Stunde?

Kasper tippt eine kurze Antwort und ist ein wenig aufgemuntert. Wenigstens hat er etwas, worauf er sich freuen kann. Träge drückt er sich aus dem Bett und tritt hinaus auf den Flur. Lauscht, kann aber die Stimmen von Enni und seiner Mutter nicht hören. Nur das Knarzen der glatt polierten Dielen. Ein vorsichtiges Rascheln in der Wand, vielleicht von einem Tier. Die dumpfe Explosion eines Feuerwerkskörpers in unmittelbarer Nähe des Anwesens.

Die schwere Holztür zum Arbeitszimmer seines Vaters flößt ihm Respekt ein, auch noch nach all den Jahren. Wie üblich ist sie geschlossen. Gustaf lässt nicht einmal die Reinigungskraft hinein, sondern putzt selbst. Nur ein einziges Mal hat Kasper erlebt, dass sie offen stand. Er war ein kleiner Junge, sechs Jahre alt vielleicht. Enni hatte den ganzen Tag geweint und ihre Eltern waren mit ihr zum Kinderarzt gefahren. Kasper blieb allein zurück. Er erinnert nicht, ob sie ihm damals bereits das Alleinsein zutrauten oder ihn vergaßen. Doch er weiß noch genau, wie er das Kinderzimmer verließ, um sich eine Schüssel Schoko-Müsli aus der Küche zu holen.

Die Tür zum Arbeitszimmer stand einen Spaltbreit offen. Die Schwelle hatte er nie überqueren dürfen, Gustaf hatte es ihm streng verboten. Lange stand er im Flur, bis seine Neugier die Angst besiegte. Mit beiden Händen musste er die massive Tür aufdrücken. Das Zimmer war groß, viel größer als sein Kinderzimmer. Die Luft roch wie sonst nirgendwo im Haus. Erdig, streng und nach abgestandenem Zigarrenrauch. Regale, die ihn um ein Vielfaches überragten und ihn hätten zerquetschen können wie einen Käfer, waren mit Büchern und Aktenordnern vollgestopft. Dazwischen hingen Bilder, die ihm Angst machten, obwohl die Gesichter darauf lächelten.

Kasper ging der hinteren Zimmerwand entgegen, die mit kaffeebraunem Holz ausgekleidet war. Bis ihm klar wurde, dass es gar nicht die Zimmerwand war, sondern die Front des Schreibtisches, der fast die gesamte Breite des Raumes durchmaß. Als er dicht herangetreten war, erkannte er Szenen und Figuren, die in das Holz geschnitzt waren. Wälder, archaische Krieger und grausame Schlachten. Das Holz war uneben und warm, als Kasper die Hand darauf legte. Es drückte gegen seine Haut, als würde es atmen. Erschrocken zuckte er zurück und ging an den Schnitzereien entlang. Vielleicht würde er auf der anderen Seite einen Stuhl finden, um hinaufzuklettern. Der Koloss trug immerhin die Geheimnisse seines Vaters. Und er würde ihn erklimmen.

Das Dekor von Kriegern, Kämpfen und Zusammenkünften endete abrupt, als er die Rückseite erreichte. Das Licht, das aus dem Flur durch die geöffnete Tür in das Zimmer fiel, reichte kaum bis hierher. Im Schatten der Tischplatte konnte er neben sich die Schemen eines massiven Stuhls erkennen. Kasper war sich sicher, dass Tisch und Stuhl aus demselben, riesigen Baum geschält sein mussten. Er tastete eine Weile nach dem Sitz und irgendwo im Leder bekamen seine Hände Halt. Mit den Beinen stieß er sich ab und zog sich hinauf. Die Aufregung verlieh ihm Kraft. Gleich würden sich ihm die Geheimnisse seines Vaters offenbaren. Immer höher zog er sich, viel höher, als nötig gewesen wäre. Er flog. Spürte große Hände unter seinen Achseln. Kasper wurde gepackt, gehoben, umgedreht. Und baumelte vor dem schauerlichen Gesicht seines Vaters. Verärgert betrachtete Gustaf seinen Sohn. Schimpfte aber nicht, blinzelte nicht einmal. Auch Kasper war erstarrt. Bewegungslos verharrten beide, als wären auch sie aus Holz geschnitzt. Dann schüttelte Gustaf den Kopf und trug seinen Sohn aus dem Zimmer. Ohne dass dieser sich traute, einen Blick auf den Schreibtisch zu werfen.

Die Stimme seiner Mutter bahnt sich einen Weg durch die Dielen ins obere Stockwerk und weckt Kasper aus der Erinnerung. Eine Klage über die mangelnde Qualität des Fleisches. Kasper hebt seine Hand, um an die elende Tür zu klopfen. Es ist an der Zeit, das Arbeitszimmer nach all den Jahren endlich wieder zu betreten, sich wie selbstverständlich umzusehen, Gustaf dabei in ein belangloses Gespräch über einen neuen Klienten zu verwickeln. Doch er bringt es nicht fertig, sich über den uralten Bann hinwegzusetzen, also dreht er ab und kehrt zurück ins Kinderzimmer.

Die von Lust und Leid verzerrten Gesichter der Pornodarsteller heißen ihn von Neuem willkommen, als er sich in den Sessel fläzt und die Beine auf dem Schreibtisch übereinanderschlägt. Eine Enttäuschung nagt an ihm, wieder nicht in das Reich seines Vaters vorgedrungen zu sein, die Enttäuschung über seine eigene Mutlosigkeit. Während das Uralt-Windows hochfährt, fällt sein Blick auf die hüfthohe Glasvitrine, die die halbe hintere Wand okkupiert. Die Installation, die seine Mutter vor einigen Jahren anbringen ließ, ist an Absurdität kaum zu überbieten und wahrscheinlich der Hauptgrund, weshalb er es kaum in seinem Zimmer aushält. Die aufgereihten Exponate darin dokumentieren Kaspers Leben in Form von Schriftstücken, Fotos und Zeitungsausschnitten, beginnend bei seinem Auszug.

Das älteste Exponat ist ein Foto, das ihn als 17-Jährigen hinter dem Steuer eines Cadillacs zeigt. Lachend in vollgeschwitzten Outdoorklamotten. Auf dem Beifahrersitz ein Junge in Kaspers Alter, den er am Tag zuvor kennengelernt hatte. Dunkelhaarig, muskulös, die Arme verschränkt. Armans ernster Blick ist nicht auf die Kamera gerichtet, sondern auf einen Punkt außerhalb des Bildes. Im Hintergrund verwittern graue und sandsteinfarbene Gebäude in der Sonne. Havanna. Arman und er verbrachten die kommenden zwei Wochen gemeinsam auf Kuba. Sie wanderten über die Insel, betranken sich mit Rum und träumten von der Zukunft.

Neben dem Foto liegt eine Immatrikulationsbescheinigung für Internationale Betriebswirtschaft. Er wollte nicht studieren. Aber Gustaf bestand darauf. Also immatrikulierte Kasper sich nach langem Streit. Es folgen weitere Fotos aus dem Ausland: USA, Südafrika, China. Mal ist Kasper allein zu sehen, mal zusammen mit Arman.

Die nächsten Exponate bestehen aus kurzen und langen Zeitungsartikeln aus dem *Handelsblatt* und erzählen die Geschichte seiner Anfangzwanziger. Dabei lassen sie verschiedene Emotionen in ihm aufflackern. Abenteuerlust. Wie Arman und er gemeinsam ein Start-up gründeten, obwohl Gustaf der Meinung war, sie kämen mit ihrer Idee einige Jahre zu früh. Stolz. Wie sie in Kooperation mit afrikanischen Bauern ökologischen und fair vergüteten Kaffee herstellten und im Internet vertrieben. Wie sie über 20 Mitarbeiter beschäftigten und eine hohe Investition an Land zogen, obwohl das in den Jahren nach dem Platzen der Dotcom-Blase als unmöglich galt. Und Scham. Wie der Umsatz ihres Social Business in den folgenden Monaten immer weiter sank, sich die Schulden häuften und sie am Ende Insolvenz anmelden mussten. Wie Kasper irrtümlich Bilanzfälschung vorgeworfen wurde und er so pleite war, dass Gustaf ihm die Anwälte von *Strindholm Consulting* zur Seite stellen musste. Das irritiert ihn an der skrupellosen Sammlung am meisten: Schlechte Wendungen stehen gleichberechtigt neben den Erfolgen. Seine Mutter macht keinen Unterschied.

Neben den Zeitungsausschnitten liegt ein Stapel Hausarbeiten samt Masterarbeit, die er im Studium anfertigte. Wieder ein paar Fotos. Kasper als Sprecher des Studierendenrates. Kasper und Enni, Arm in Arm und doch distanziert. Gustaf und Kasper in dessen Büro im *Strindholm*-Tower, zusammen über Papiere gebeugt. Dann die Kopie seines Arbeitsvertrages mit *Strindholm Consulting*. Und dann ... Ende. Als sei Kaspers Leben nichts mehr hinzuzufügen. Am liebsten würde er dieses eingeweckte Curriculum Vitae wegschaffen lassen. Doch seine Mutter würde ihn nicht verstehen, ihm nicht verzeihen. Er wird trotzdem nach dem Essen mit ihr darüber verhandeln.

Als die Melodie erklingt, die einen Video-Call ankündigt, kehrt Kasper zum Schreibtisch zurück. Armans Gesicht erscheint auf dem Bildschirm des Laptops. Erst verklumpt, dann hoch aufgelöst. Ohne etwas zu sagen, schauen sie sich eine Weile lang an. Arman trägt einen schwarzen Anzug, seine dunklen Haare sind nach hinten gegelt. Wie immer sind seine Augen ein wenig feucht, als würde er gleich ein paar Tränen vergießen. Doch das täuscht, Kasper hat seinen Freund noch nie weinen sehen. Ihn nervt, dass über Internet-Telefonie kein Blickkontakt möglich ist. Will man dem Gesprächspartner einen direkten Blick schicken, muss man in die Linse der Kamera schauen. Und fokussiert den anderen nicht mehr. Es bräuchte eine Kamera, die unsichtbar im Zentrum des Bildschirms angebracht ist.

»Wie geht's dir? Wie ist es in Berlin-Grunewald?«, beginnt Arman das Gespräch.

»Hallo, mein Lieber. Schwer auszuhalten. Ich bin Gefangener meiner Vergangenheit. Und das noch für die nächsten 18 Stunden. Meine Mutter würde mir nie verzeihen, wenn ich vor dem Frühstück gehe. Aber erzähl lieber von dir. Du siehst gut aus.«

Arman zeigt ein seltenes Lächeln. Dabei zieht er den rechten Mundwinkel höher als den linken. Kasper mag das Schiefe.

»Danke. Das liegt wahrscheinlich daran, dass ich vor einer Stunde befördert wurde.«

»Was? Tatsächlich?«

»Du sprichst mit dem neuen Assistenten von Bernd Molau, Geschäftsführer von *Nutshell Ventures.* Ende Januar werde ich meine Projekte übergeben und ziehe zurück nach Berlin.«

Kasper braucht einen Moment, um sich die Konsequenz dieser Wendung bewusst zu machen.

»Berlin«, sagt er schließlich. »Das ist die beste Nachricht seit Langem! Endlich können wir uns öfter sehen. Ich hasse Heathrow.«

Eine längere Pause entsteht, in der Kasper mehrmals ansetzt, abbricht. Nach weiteren Worten sucht, aber keine findet. Hinter Arman werden die dunklen Umrisse eines leeren Konferenzraumes gelegentlich von explodierenden Feuerwerkskörpern am Londoner Himmel in bunten Farben erleuchtet.

»Stimmt was nicht?«, fragt Arman. »Inoffiziell weiß ich es schon seit ein paar Tagen, hab aber extra bis heute gewartet. Um ehrlich zu sein: Ich dachte, du würdest dich mehr freuen.«

Kasper nimmt eine lockige Strähne, die ihm ins Gesicht hängt, zwischen Daumen und Zeigefinger und glättet sie. Lässt sie zurückschnappen.

»Ich freue mich, wirklich. Du hast hart dafür gearbeitet und dir die Beförderung mehr als verdient. Aber – und ich weiß, das ist albern und egoistisch – ich bin neidisch.«

»Wie bitte?«

»Ich bin seit Jahren auf meiner Position gestrandet. Mein Vater trifft Entscheidungen und ich erledige für ihn die Drecksarbeit. Mir fehlt das Gefühl, etwas zu bewegen. Oder ein Erfolgserlebnis – wie eine Beförderung zum Beispiel.«

Arman lehnt sich zurück und verschränkt die Arme.

»Für dich gibt es nur noch eine Beförderung. Sobald der Alte in den Ruhestand geht, wirst du Geschäftsführer von *Strindholm Consulting.* Das ist dein Erbe. Dann kannst du bewegen, wen und was du willst.«

»Da kennst du meinen Vater schlecht. Wer ewig lebt, braucht keinen Erben.«

Da ist es wieder, das schiefe Lächeln.

»Wie du weißt, kenne ich Gustaf sehr gut. Keine Angst, du wirst bekommen, was dir zusteht.«

Arman dreht sich um, Geräusche ertönen aus der Tiefe des Konferenzraums. Ein junger, gut aussehender Mann tritt ins Bild. Er scheint angetrunken. Kasper hört nicht alles, nur »… lobby … celebrate … champagne«. Arman winkt ab, erwidert etwas auf Englisch. Der andere verlässt den Raum.

»Sorry, ich hab leider nicht viel Zeit. Die anderen wollen mit mir auf die Beförderung anstoßen. Ich wollte dir noch etwas anderes erzählen. Das wird dich vielleicht aufheitern.«

»Da bin ich gespannt.«

Arman holt sein Smartphone aus der Tasche, tippt. Dann schaut er wieder hoch.

»Du interessierst dich doch für diesen ehemaligen Mitarbeiter von euch, Adam Strzela?«

»Nicht besonders. Allerdings scheint Gustaf ihn regelrecht zu verachten. Mir tut der Bursche eher leid, auch wenn er nicht ganz unschuldig ist an seiner Lage. Wieso fragst du?«

»Wie es aussieht, hat euer Freund ein Start-up gegründet.«

Kasper beugt sich nach vorne. Interessant, denkt er. Eine Anekdote, die seinen Vater bestimmt nicht kaltlassen wird. Vielleicht wird es vor dem Kamin doch noch anderes zu besprechen geben als die Geschäftszahlen neuer Klienten.

»Was du nicht sagst. Hast du mehr?«

»Strzela hat versucht, mit seinem Start-up in unseren Inkubator in Berlin reinzukommen. Hat mir ein Kollege vorhin erzählt. Es gibt das Gerücht, dass er bei jedem anklopft, der in Berlin Geld lockermachen könnte. Bei jedem Investor, Business Angel und Accelerator. Aber niemand will investieren. Alle halten ihn für einen Betrüger. Keiner weiß Genaues, aber das macht es nur noch schlimmer. Dein Vater hat mit seinem Rufmord wirklich gute Arbeit geleistet.«

Wie wenig er für Adam Strzela auch übrig hat, Kasper spürt einen Anflug von Mitleid.

»Und was für ein Projekt setzt er in den Sand? Den tausendsten Messenger? Noch ein Bio-Müsli zum Selbstmischen?«

Arman schüttelt den Kopf. »Eine Art Algorithmus für effektive Entscheidungsfindung. Der Businessplan ist größenwahnsinnig. Mein Berliner Kollege wollte einen Auszug aus dem Quelltext sehen, aber Strzela hat sich geweigert.«

»Grund zur Paranoia hat er allemal, findest du nicht auch? Schade ist es trotzdem, ich würde gern mehr wissen. Wer in seinem Team ist zum Beispiel.«

»Das hab ich mir gedacht. Deshalb habe ich dir gerade den Businessplan weitergeleitet«, sagt Arman.

»Fantastisch. Vielleicht wird das doch noch ein amüsanter Abend.«

Sein Freund streicht über seinen Dreitagebart und wirft einen Blick über die Schulter.

»Ich muss jetzt runter, die anderen warten auf mich. Halt gut durch, Kasper. Ich ruf dich morgen noch mal an. Dann reden wir über meine Versetzung und Berlin. Und du erzählst mir, wie langweilig dein Silvester war. Okay?«

»Das machen wir, mein Lieber. Feiere schön. Und, Arman: Herzlichen Glückwunsch.«

Arman beendet das Gespräch und mit ihm verschwinden auch die Explosionen und Farben der Feuerwerkskörper. Kasper freut sich für ihn. Auch wenn sich das unpassende Gefühl einstellt, übergangen worden zu sein.

Das Echo von Armans Stimme klingt noch eine Weile in seinen Gedanken nach. Zu allem anderen fühlt er sich nun auch noch verlassen. Wenn er sich wenigstens gerade auf eine Party bei Freunden vorbereiten würde. Oder auf eine langweilige Silvesterfeier mit Kollegen und Geschäftspartnern, bei der er sich abschießen könnte.

Kasper öffnet sein Postfach, wo Armans Mail schon zwei Plätze abgerutscht ist, und druckt den Businessplan aus. Gelangweilt fängt er an, die Seiten zu überfliegen.

Das Produkt, das Strzela mit seinem kleinen Team entwickelt, ist tatsächlich größenwahnsinnig. Offensichtlich lässt es sich in Hardware und eine kontextsensitive Anwendung unterteilen.

Die Hardware besteht aus über 70 Mikrosensoren, die Hunderte Vitalwerte aus dem Körper der User messen und Informationen aus deren Umgebung aufnehmen. Die Algorithmen werten die Daten aus und bringen sie mit den Zielvorgaben und Prioritäten der Anwender in Verbindung. Das Ergebnis sind optimierte Handlungsempfehlungen. Kein Vitamin C im Körper – Iss einen Apfel! Der Geräuschpegel deiner Wohnung an der Hauptstraße erhöht deinen Stress – Zieh um! Dein Chef macht dich krank – Kündige!

Soweit Kasper weiß, entwickeln mehrere Tech-Riesen seit Jahren Teilaspekte eines solchen Projekts, mitunter im Auftrag des Militärs. Niemandem ist bisher der Durchbruch gelungen. Zum einen ist es technisch sehr anspruchsvoll, große Mengen verschiedener Daten gleichzeitig zu messen und in Verbindung zu bringen. Zum anderen taugt die Auswertung solcher Daten nichts, wenn man nicht mit Deep-Learning-Algorithmen operiert. Und egal, was hysterische Medienberichte immer wieder behaupten: Künstliche Intelligenz steckt noch immer in den Kinderschuhen.

Ein komplexes Projekt wie dieses *Ting*, das eine umfassende Datenerfassung und intelligente Auswertung zusammenbringt, kann nur mit Spezialisten oder Genies entwickelt werden. Ein paar durchschnittliche Ingenieure und Code Monkeys würden im Ansatz scheitern. Kasper blättert zu den Viten.

Linus Landmann. Der Bewerber, den er während des letzten Assessment-Centers in Adams Büro aufgegabelt hat. Anscheinend ist Linus Ingenieur für Elektro- und Medizintechnik und beschäftigt sich schon seit Jahren mit dem Produkt. Immerhin hat er die richtige Ausbildung für das Projekt. Darüber hinaus hat er kaum was vorzuweisen. Gute Noten an der Uni, aber keine Auszeichnungen, keine einschlägige Berufserfahrung. Aus Investoren-Perspektive ein mediokres Leben.

Die dritte Gründerin ist gerade mal 20 Jahre alt und im Start-up für die Software-Entwicklung verantwortlich. Abgesehen von einem abgebrochenen Studium in Informatik ist ihre Vita völlig blank. Nicht besonders vertrauenerweckend.

Kasper versetzt sich in die Investoren-Rolle: Würde er das Start-up finanzieren? Doch, ja. Einmal angenommen, das Produkt hält, was es verspricht. Es wäre in der Lage, viele Leben positiv zu beeinflussen. Das Tool könnte Menschen beispielsweise dabei helfen, mit dem Rauchen oder Trinken aufzuhören. Könnte sie dabei unterstützen, ihren ökologischen Fußabdruck zu verkleinern. Könnte sie motivieren, nicht nur sich selbst, sondern auch die Welt um sie herum ein Stück besser zu machen.

Das Vorhaben ist ehrgeizig und riskant. Aus Investorenperspektive wäre das Risiko vertretbar, denn der mögliche Gewinn ist überproportional hoch. Als erstes Produkt dieser Art auf dem Markt könnte das *Ting* mehrere Generationen von Konsumenten prägen. Vorausgesetzt natürlich, es erreicht jemals Marktreife. Und genau daran hegt Kasper großen Zweifel, wenn er das Team bedenkt. Ein halb krimineller Geschäftsführer mit aufgeblasenem Ego, ein unambitionierter Ingenieur und eine postpubertäre Studienabbrecherin werden keine Probleme lösen, die Silicon Valley nicht lösen kann.

Ein wenig bedenklich ist außerdem die Werteverschiebung, für die das Produkt steht, denkt Kasper. Immer mehr Menschen sind bereit, die Verantwortung für persönliche oder politische Entscheidungen in die Hände anderer zu legen. Bei seinem letzten Kurztrip in die USA benutzten New Yorker Freunde eine App, mit der sie für alltägliche Aufgaben eine Hilfe riefen: Kochen, Bett machen, Bild im Wohnzimmer aufhängen. Innerhalb einer halben Stunde stand ein lächelnder Student vor der Tür, um die Arbeiten gegen Bezahlung zu übernehmen.

Ein ganz anderes Beispiel für das Wegschieben von Verantwortung sind die sich neuerdings in seinem Bekanntenkreis häufenden Parteieintritte bei den Grünen. Anfangs bewunderte Kasper so viel politisches Engagement, bis ihm aufging, dass es in Wirklichkeit um das Gegenteil ging. Früher sind Menschen einer Partei beigetreten, um politische Verhältnisse eigenständig zu verändern. Heutzutage wollen sie bloß eine Institution stärken, die die Probleme angeht, für deren Lösung sie selbst keine Zeit und Energie aufbringen möchten.

Optimierungsapplikationen wie das *Ting* sind ein weiteres Indiz für die freiwillige Verlagerung von Verantwortung. Aus Gründer- und Investorenperspektive ist es natürlich ein moralisch diffiziles Unterfangen, Menschen die Kontrolle über ihre Entscheidungen aus der Hand zu nehmen und die Verantwortung einem Algorithmus zu überlassen. Genau wie die Orientierung mithilfe von Navigationssystemen dazu verleitet, der Umgebung weniger Beachtung zu schenken, kann das *Ting* dazu führen, dass sich Anwender weniger mit sich selbst und ihrem Leben auseinandersetzen. Eine weitere Herausforderung ist die Erfassung und Speicherung der vielen sensiblen Daten. Ganz zu schweigen von der Macht, die der Algorithmus – und damit am Ende Adam Strzela – über Nutzerinnen und Nutzer hat.

Kasper atmet tief durch und wendet sich mental wieder seinen eigenen Ideen und Problemen zu. In der Innentasche des Jacketts steckt ein kleines Notizbuch. Das braune Leder ist abgewetzt, obwohl er es schon zweimal hat neu binden lassen. Material ermüdet eben, wenn man es seit 18 Jahren täglich durch die Gegend trägt. Das Notizbuch ist zu zwei Dritteln mit Einträgen gefüllt, vor allem Ideen. Produktverbesserungen und Innovationen. Neue Dienstleistungszweige. Konzepte für Unternehmensgründungen. Beim Blättern fallen ihm die vielen bereits durchgestrichenen Ideen auf. Einerseits ärgert es ihn, dass nicht er es war, der sie umgesetzt hat. Andererseits freut es ihn. Viele Einfälle, die er im Laufe seines Lebens hatte, hatten auch andere. Für ihn ist das Notizbuch der Beweis, dass Ideen nicht dem Genie eines Individuums entspringen, sondern sich zwingend aus dem gesellschaftlichen Diskurs entwickeln. Sobald man einen Einfall hat, kann man davon ausgehen, dass ein anderer irgendwo einen ähnlichen hat. Vielleicht weil ein gesellschaftliches oder individuelles Problem so dringlich wird, dass die Lösung auf der Hand liegt. Auf der letzten beschriebenen Seite angekommen, macht er einen neuen Eintrag: *Kamera unsichtbar und zentral im Screen anbringen.* Daneben schreibt er das heutige Datum und verstaut das Notizbuch mit etwas besserer Laune wieder in der Innentasche seines Jacketts.

In der mitteleuropäischen Zeitzone ist es kurz nach sechs Uhr abends. Den zusammengerollten Businessplan in der Hand, tritt Kasper wieder auf den Flur. Es ist völlig still. Nicht mal die Dielen ächzen unter seinem Gewicht, als er dem Arbeitszimmer seines Vaters entgegentritt. Die hölzerne Tür ist so massiv, dass sein Klopfen kaum zu hören ist. Viele Herzschläge in wenigen Sekunden, doch keine Antwort von der anderen Seite. Kasper klopft noch einmal, dieses Mal fester. Zu fest vielleicht, zu verlangend. Momente verstreichen, noch immer keine Antwort. Die Türklinke fühlt sich kalt an, als er sie langsam nach unten drückt. Es ist dunkel, und obwohl er innehält, wollen sich seine Augen nicht daran gewöhnen.

»Gustaf?«

Die Luft riecht nicht erdig und streng wie in seiner Erinnerung, sondern parfümiert und nach Kunststoff. Er tastet die Wand neben sich ab und findet den Lichtschalter. Der kolossale Schreibtisch. Die übervollen Regale mit Aktenordnern und Büchern. Die Porträts an den Wänden. All das ist verschwunden. Nichts ist so wie in Kaspers Erinnerung. In der Mitte des Zimmers steht ein Billardtisch, überzogen mit einer Plastikplane. Im hinteren Teil des Zimmers eine Bar mit unangetasteten Whiskeyflaschen, sauberen Aschenbechern und gestapelten Zigarrenkartons. Die Holzvertäfelung im Hintergrund ist glatt poliert und erinnert an den Umschlag von Hochglanzmagazinen.

»Lust auf ein Spielchen?«

Enni steht hinter ihm im Türrahmen. Sie greift nach einem Queue an der Wand und hält ihn Kasper hin.

»Nein, danke. Ich spiele nur, wenn der Sieg sicher ist.«

Er lässt den Satz wie einen Scherz klingen. In Wahrheit will er das Arbeitszimmer so schnell wie möglich wieder verlassen.

»Das sieht dir ähnlich«, antwortet seine Schwester und setzt sich auf einen Barhocker. Sie öffnet einen kleinen Karton und fischt eine Zigarre heraus. Leicht zitternd hält Enni die Zigarre vor ihre Augen und betrachtet sie gespielt neugierig. Kasper widersteht dem Drang, aus dem geplünderten Raum zu fliehen, und setzt sich auf einen Hocker neben sie.

»Wie geht es dir eigentlich?«, fragt er. »Wir kommen im Tower nie dazu, mal ein vernünftiges Gespräch zu führen.«

Enni schiebt den Zigarrenkopf in den Cutter und drückt so fest zu, als würde sie jemanden enthaupten wollen.

»Gut. Ein Analyst ist im Dezember abgesprungen, war ihm anscheinend zu stressig bei uns. Wir werden die Stelle im Januar neu besetzen. Darüber hinaus suchen wir einen Spezialisten für Usability Engineering und einen Database Engineer. Aber über all das können wir später noch sprechen.«

»Gerne. Aber das meinte ich eigentlich nicht.«

»Was? – Ach so. Seit wann interessiert dich mein Wohlbefinden, Bruderherz?«

Kasper erinnert sich, wie Enni ihn einmal mitten in der Nacht anrief. Das muss mittlerweile 15 Jahre her sein. Seine Teenager-Schwester weinte und beklagte sich über ihre Eltern, brauchte Trost. Aber Kasper war mitten in der Gründungsphase seines Start-ups und würgte sie einfach ab. Er wollte die Rolle des großen Bruders nicht spielen, sie passte ihm nicht und war neben all den anderen eine zu viel. Nach einigen weiteren gescheiterten Versuchen brach Enni ihre Annäherungsbemühungen ab. Die Frau, die nun das Ende der Zigarre mit einem Streichholz anzündet und hohlwangige schnelle Züge macht, ist ihm völlig fremd. Fremder noch als sein Vater oder seine Mutter. Ihr Kontakt beruht auf professionellen Oberflächlichkeiten, die sie im *Strindholm*-Tower austauschen. Gerne würde er ihre Beziehung verbessern, seine Kollegin wieder zu seiner Schwester machen, aber er weiß einfach nicht, wie.

»Du wirkst erschöpft, das ist alles.«

Wenn er Enni dabei beobachtet, wie sie schmatzend an der Zigarre saugt, den Rauch langsam aushaucht, als würde sie es tatsächlich genießen, bereut er, sich nicht besser um sie gekümmert zu haben. Ihr Gesicht ist blass und leicht aufgedunsen, erste Falten zeichnen sich darauf ab. Früher hat er seine Schwester als schön empfunden, heute würde er das nicht mehr sagen.

»Mir geht's gut. Ich arbeite viel. Mehr gibt's nicht zu sagen.«

Es wäre seine Aufgabe gewesen, Enni vor den überzogenen Ansprüchen ihrer Eltern zu schützen. Sie zumindest zu warnen und zu beraten. Vielleicht ist es noch nicht zu spät, denkt er, auch wenn Enni ihn mehr und mehr an ihren Vater erinnert.

»Wo ist eigentlich Gustaf?«, fragt er.

Enni reicht ihm die Zigarre. Um sie nicht zu enttäuschen, zieht er daran. Dabei wird ihm klar, dass die kalte Feuchtigkeit am Mundende der Speichel seiner Schwester ist. Hustend legt er die Zigarre im Kristallaschenbecher ab.

»Vater ist zum Tower gefahren. Du bist ja ein toller Assistent. Solltest du nicht wissen, was vor sich geht?«

Er fragt sich, ob es Konkurrenz ist, was Ennis Groll gegen ihn schürt. Während er als Assistent des Geschäftsführers auf die Nachfolge Gustafs vorbereitet wird, durchläuft sie alle Arbeitsbereiche von *Strindholm Consulting,* wie es für Mitglieder der Familie üblich ist. In ein paar Jahren wird sie die Personalabteilung leiten oder Kaspers Assistentin werden, wenn er das Unternehmen führt. Kasper selbst hat seine Schwester nie als Konkurrentin betrachtet. Ebenso wenig brauchte er sie als Verbündete. Das Privileg eines großen Bruders.

»Ein Jammer, dass Gustaf sein Arbeitszimmer für einen Billardtisch aufgegeben hat.«

»Das ist doch Jahre her. Aber stimmt, das Zimmer hatte was.«

Auf dem Schotterweg vor dem Haus sind Reifen zu hören. Mit einem kräftigen Stoß erstickt Enni die Zigarre im Aschenbecher und steigt vom Hocker.

»Das wird er sein. Lass uns gehen.«

Als Kasper die Tür zum Arbeitszimmer hinter sich zuzieht, beschließt er, diesen Raum nie wieder zu betreten.

»Was hast du da eigentlich in der Hand?«

Enni deutet auf den eingerollten Businessplan von Adam Strzela. Den hat Kasper völlig vergessen. Er schiebt die Seiten in die Innentasche seines Jacketts. Nach dem Essen wird er mit Gustaf darüber lachen.

»Ach nichts, unwichtig.«

Enni zuckt beleidigt mit den Achseln und dreht sich weg. Wie ein Kind, das nicht in ein Geheimnis eingeweiht wird.

»Warte«, sagt Kasper versöhnlich, »ich wollte dich noch etwas fragen. – Hat Mutter in deinem alten Zimmer auch so eine Retro-Vitrine aufgestellt?«

Die Hoffnung, sich mit ihr gegen diese Albernheit zu verbünden, stirbt sofort.

»Natürlich. Denkst du, du bist der Einzige, für den sie sich interessiert?«

Bevor er seine Schwester wegen ihrer Feindseligkeit konfrontieren kann, erreichen sie das Foyer, wo Gustaf sich den Mantel aufknöpft.

»Da seid ihr ja. Es gibt gute Neuigkeiten.«

Enni klatscht in die Hände, tut plötzlich fröhlich. Fällt Gustaf auf die Art um den Hals, wie es nur Töchter bei ihren Vätern tun. Kasper hat keine Ahnung, welche Neuigkeiten das sein können. *Strindholm* hat sich in den letzten Monaten um einen großen Klienten aus der Automobilbranche bemüht, vielleicht geht es darum. Gustaf gibt seinem Sohn zur Begrüßung die Hand, wie er es seit Jahren macht. Im Büro, aber auch hier. Während er Lederschuhe gegen Pantoffeln tauscht, hält er sich an der Garderobe fest. Als er sich aufrichtet und dabei das Gesicht verzieht, wirken seine Gesichtszüge noch wulstiger und faltiger als sonst. Als Kind hat Kasper dieses Gesicht oft Angst gemacht. Auf die Angestellten im Büro hat es einen ähnlichen Effekt. Vor allem aber lässt es den Alten zäh und unverwüstlich wirken. Ein steinerner Gargoyle, gezeichnet von krisengeschüttelten Jahren. Einst strahlte sein Vater ebendies auch zu Hause aus, heute wirkt er verändert. Nicht wie der autoritäre Geschäftsführer, sondern mehr wie ein Rentner, verknöchert und abgezehrt. Gustaf bemerkt Kaspers Blick und hat Schwierigkeiten, ihn zu erwidern.

»Komm. Es gibt etwas zu besprechen.«

Die Tafel im Esszimmer ist mit Porzellanplatten und Tellern in verschiedenen Größen gedeckt. Der Geruch von Schmorbraten köchelt in der Luft, auf den Platten sind Beilagen verteilt, genau an denselben Stellen wie im vorigen Jahr. Wie immer hat seine Mutter zu viel zubereitet. Gustaf schenkt Rotwein in vier Kristallgläser, während seine Mutter den Braten mit einem großen Messer tranchiert. Das Porzellangeschirr mit dem goldenen Blumendekor hat es immer schon gegeben. Genauso das große impressionistische Bild von einem Fischerboot, das einsam in einem kleinen See dümpelt. Direkt unter dem Gemälde sitzt Enni. Seit sie Kinder waren, kennt Kasper diesen Anblick. Er gibt seiner Mutter einen kurzen Kuss auf die Wange.

»Das Essen duftet, wie es aussieht: köstlich. Danke für deine Mühe.«

Seine Mutter lächelt. Sie wirkt um einige Jahre jünger als Gustaf, obwohl sie es nicht ist. Vielleicht weil sie schon vor zehn Jahren bei *Strindholm Consulting* ausgeschieden ist und die Leitung der Personalabteilung an Götz übergeben hat. Seitdem hat sie nur noch eine beratende Funktion inne. Ihrem Interesse am Wohlergehen des Familienunternehmens tut der Rückzug dennoch keinen Abbruch.

Der Schmorbraten ist zart. Beinahe zu zart. Früher mochte er das Essen nach Familienrezept, heute fällt es ihm schwer, sich auf den Geschmack zu konzentrieren. Besteck kratzt auf Porzellan, gelegentlich unterbrochen von einem Husten. Niemand bemüht sich um ein Gespräch. Seine Mutter hat noch keine einzige Frage gestellt – das ist ungewöhnlich. An dieser Stelle gibt es traditionell den Rückblick aller Familienmitglieder auf das vergangene Jahr. Enni, die ihm an der langen Seite gegenübersitzt, schneidet ihr Fleisch in kleine Stücke, ohne es zu essen. Als sie Kaspers Blick bemerkt, schaut sie kurz zu ihrem Vater, dann wieder auf den Teller. Rechts sitzt Gustaf, auf dessen Teller eine einzelne Kartoffel vor sich hin dampft. Die Hände seines Vaters liegen auf der Tischplatte, der Blick hängt abwesend an der Kartoffel, die Stirn ist gerunzelt. Kasper räuspert sich.

»Vater, was möchtest du besprechen? Es scheint wichtig zu sein.«

Gustaf tupft sich die Mundwinkel mit einer Serviette ab, obwohl er noch nichts gegessen hat. Die beiden Frauen schauen von ihren Tellern auf.

»Heute Morgen hat eine außerplanmäßige Versammlung des Aufsichtsrats von *Strindholm Consulting* stattgefunden. Ich habe meinen Rückzug als Geschäftsführer bekannt gegeben.«

Mit einem Mal ist Kasper hellwach. Gustafs Stimme klingt geschäftsmäßig, als würde er nicht zu Frau und Kindern sprechen, sondern zu Angestellten oder Journalisten.

»Der Aufsichtsrat hat mir seinen Segen gegeben. Anschließend habe ich empfohlen, Enni als neue Geschäftsführerin von *Strindholm Consulting* einzusetzen. Auch diese Entscheidung wurde einstimmig vom Aufsichtsrat unterstützt. Natürlich nur, wenn Enni das möchte.«

Kaspers Schwester grinst wie ein gieriges Kind, das ein besonders großes Geschenk unterm Weihnachtsbaum findet. Sie scheint es zu merken und reißt sich zusammen.

»Natürlich nehme ich das Angebot an. Es ist mir eine Ehre. Ich werde dich und den Rest der Familie nicht enttäuschen.«

Gustaf nickt wie ein König, der den Treueschwur eines Ritters entgegennimmt. Das Drehen des Kopfes in Kaspers Richtung scheint ihm unendlich viel Mühe zu bereiten. Doch sein Blick findet den seines Sohnes nicht.

»Kasper, der Aufsichtsrat und ich sind gemeinsam zum Entschluss gekommen, dass es für *Strindholm Consulting* das Beste ist – wenn du Enni als Assistent zur Seite stehst. Du hast auf dieser Position bisher gute Arbeit geleistet. Ich würde mich freuen, wenn das so bleibt.«

Ihre Mutter erhebt sich und schenkt Enni eine lange Umarmung.

»Ich freue mich sehr für euch beide. Das ist ein großer Tag für unsere Familie.«

Kasper ist nicht imstande, sich zu rühren. Er erinnert sich noch, wie sehr er damit haderte, die Stelle als Assistent der Geschäftsführung bei *Strindholm Consulting* anzunehmen, als sein Start-up Insolvenz anmeldete und die Anwälte seines Vaters ihn vor einer Haftstrafe bewahrten. Am Ende entschied er sich dafür, nicht nur, weil er sich verpflichtet sah, die Schuld bei Gustaf zu begleichen. Sondern auch, weil seine Familie ihm viel bedeutete und er ihr Vermächtnis positiv beeinflussen wollte. Er wollte Zeit mit seinen Eltern und seiner Schwester verbringen und als hochrangiger Mitarbeiter und designierter Geschäftsführer *Strindholm Consulting* zu einer Unternehmensberatung weiterentwickeln, die auch Werte wie Nachhaltigkeit und Sozialverträglichkeit propagiert. Schnell musste er einsehen, dass der Alte für Nachhaltigkeit, Sozialverträglichkeit und andere von Kaspers Werten nur Spott übrighatte. Er nahm es hin und legte sich nicht mit ihm an. Seine eigene Zeit würde kommen, dachte Kasper immer. Wenn er den gegenwärtigen Augenblick vorhergesehen hätte, er hätte vieles anders gemacht.

Seit einer geschlagenen Minute wartet Kasper darauf, dass sein Vater ihn anschaut, sich erklärt und entschuldigt. Dass er zu seinem Sohn spricht und nicht zu einem Angestellten. Aber Gustaf hält den Blick auf seine Hände gesenkt, die müde und voller Altersflecken auf der Tischplatte liegen. Kasper spürt die Umarmung seiner Mutter, er erwidert sie nicht. Sie sagt etwas, das er nicht versteht.

»Warum nicht ich?«

Alle Anwesenden versteinern. Gustaf lässt sich Zeit mit der Antwort, als gäbe es die Chance, dass Kasper die Frage wieder zurücknimmt, wenn er nur lang genug wartet.

»Du bist für die Stelle des Geschäftsführers nicht geeignet. Dir fehlt der Wille, dich dem Wohl des Unternehmens unterzuordnen. Dich selbst und deine Ideale aufzuopfern. Ich muss dich wohl nicht daran erinnern, was damals mit deinem Start-up passiert ist. Wie ich dich vor der Privatinsolvenz und dem Gefängnis retten musste.«

Kasper hat Mühe, die Contenance zu wahren. Unter dem Tisch ballt er die Fäuste. Gustaf und Enni schauen ihn nicht an, seine Schwester hat sogar das Essen wieder aufgenommen. Nur seine Mutter erwidert seinen Blick.

»Das ist über zehn Jahre her. Seitdem habe ich mein ganzes Leben *Strindholm Consulting* gewidmet. Ich habe mehr gearbeitet als alle anderen. Ich habe wichtige Reformen durchgesetzt, ohne die wir gestorben wären. Ich habe die verstaubten Anweisungen eines alten Mannes ausgeführt und auf meine Kappe genommen.«

Gustafs Tonfall ist noch immer neutral, als würden sie im Büro über einen unangenehmen Klienten reden.

»Überhaupt nichts hast du getan in den letzten zehn Jahren, außer mir zuzuschauen. Meinst du, ich habe nicht gemerkt, dass dir mein Stil nicht gefällt? Doch nie hattest du den Mumm, dich mit mir anzulegen. Für deine Meinung zu kämpfen. Und wenn ich dir Freiräume gelassen habe, hast du deine Zeit mit Nichtigkeiten vergeudet.«

»Welche Freiräume? Du hast jeden Schritt von mir überwacht, als wäre ich ein Risiko.«

»Leider bist du das, Kasper. Wie du weißt, teile ich die Angestellten von *Strindholm Consulting* in drei Kategorien ein. Die Eifrigen. Die Arschlöcher. Die Feiglinge. In welche Kategorie würdest du dich selbst einordnen?«, fragt Gustaf.

Seine Mutter sitzt zurückgelehnt in ihrem Stuhl, als hätte Gustaf ihn gerade gefragt, ob er noch ein paar Kartoffeln möchte. Kasper wischt sich die Hände mit der Serviette ab und steht auf. Gerne würde er seinen Vater unter den Achseln packen und aus seinem Stuhl heben. Ihn zwingen, ihm, seinem Sohn, ins Gesicht zu sehen. Aber er tut nichts dergleichen.

»Du hättest mich damals untergehen lassen sollen, statt mir jahrelang etwas vorzugaukeln. Ich werde mein Leben jedenfalls nicht damit zubringen, Ennis Terminkalender zu verwalten. Morgen hast du meine Kündigung auf dem Schreibtisch.«

Endlich schaut Gustaf auf und erwidert Kaspers Blick.

»Du kannst nicht kündigen. Du gehörst zur Familie.«

»Wir sind keine Familie. Wir sind ein Unternehmen.«

Kasper lässt seine Absätze bestimmt und selbstbewusst klingen, als er das Foyer durchschreitet. Aber dann verführt ihn eine uralte Angewohnheit, die Treppe hochzustampfen und seine Tür hinter sich zuzuschmeißen. Kurz erwägt er, sein Gemüt beim Malen eines Bildes abkühlen zu lassen, bis er bereit ist, sich bei seinen Eltern zu entschuldigen, doch ihm ist klar, diese Zeiten sind vorbei. Er nimmt seinen Autoschlüssel aus der Emaille-Schale und tritt hinaus in die Silvesternacht. Der Regen ist so stark, dass Kasper die Tropfen auf das Dach des Hauses prasseln hört. Mantel und Regenschirm hängen noch an der Garderobe, aber zurückkehren kann er nicht. Nachdem er die zehn Meter über den Schotterweg bis zu seinem Cabrio zurückgelegt hat, ist er völlig durchnässt. Das Prasseln des Regens wird dumpf, als er die Fahrertür zuzieht, und vermischt sich mit dem Rauschen der Heizung. Der Wagen rollt in Richtung der Straße. Im Rückspiegel blitzt das Fenster zu seinem Zimmer auf, wo noch immer Licht brennt. Jemand anderes wird es löschen müssen.

Ihm wird erst warm, als er auf den Autobahnzubringer biegt. Der Berliner Abendhimmel ist erleuchtet vom Feuerwerk, trotz des starken Regens. Nur noch wenige Stunden bis zu seinem 35. Geburtstag. Wohin er fahren soll, weiß er nicht. Zu Hause wäre er allein. Arman ist in London. Seine Freunde treiben sich in Restaurants oder Klubs herum. Und das Letzte, worauf er jetzt Lust hat, sind irgendwelche Poser, die mit erfolgreichen Projekten oder geplanten Luxus-Urlauben prahlen. Noch nie in seinem Leben hat er seinen Geburtstag ohne die Familie gefeiert, nie.

Kasper schaltet den Warnblinker an, bremst den Wagen langsam ab und macht auf dem Standstreifen halt. Vorbeifahrende Wagen preschen in stetigem Takt an ihm vorbei und der Fahrtwind eines Fernbusses rüttelt kurz am Cabrio. Seine Eltern und Enni werden das Essen bald beenden und in den Salon umziehen. Auf die neue Geschäftsführerin anstoßen. Gustaf wird seiner Tochter die anstehenden Aufgaben erläutern. Anfangs wird die Stimmung schlecht sein. Kaspers Abgang wird im Raum stehen, also werden sie über ihn sprechen. Er fragt sich, was sie wohl sagen werden. Dass er neidisch und undankbar ist, wahrscheinlich. Dass er mit seinem Verhalten der Familie schadet. Und dass ihm nichts anderes übrig bleibt, als bald wieder zurückzukehren.

Seine Hände umklammern das Lenkrad, obwohl er auf der Stelle steht. Sie sind blutleer und blass vor Anstrengung. Er lockert den Griff, streicht über das Leder. Das Cabrio hat er letztes Jahr von Gustaf als Prämie bekommen. Ein Coupé der oberen Preisklasse. Alles, was er besitzt, hat er seinem Vater zu verdanken. Alles, was er ist, hat sein Vater aus ihm gemacht. Und soeben hat Gustaf gezeigt, wie er sich Kaspers Zukunft vorstellt. Als untergebenen Diener des Unternehmens, der sich im Schatten seiner Schwester mit der Drecksarbeit abmüht.

Gustaf muss diesen Plan schon seit Jahren verfolgen, denkt Kasper. Wahrscheinlich fiel ihm schon früh auf, dass seine Tochter viel mehr seinen Vorstellungen einer würdigen Nachfolge entspricht, viel mehr seine eigenen Werte vertritt. Er installierte seinen Sohn als Assistenten, um ihn an die Position zu gewöhnen. Und ihn gleichzeitig zu kontrollieren. Aus Enni formte er eine Geschäftsführerin nach seinem Geschmack. Natürlich ohne seine Kinder darüber in Kenntnis zu setzen. Und während Kasper sich abstrampelte, um die Fehler aus seiner Vergangenheit wiedergutzumachen, und wartete, bis seine Zeit endlich gekommen ist, konnte Enni sich beweisen.

Die Wut über das unfaire Verhalten seines Vaters treibt ihm die Tränen in die Augen und er drischt mehrmals mit voller Kraft auf das Lenkrad ein, sodass der Wagen mit einem Hupen aufschreit. Sein Hemd ist nass vom Schweiß, die Heizung pustet unablässig warme Luft in den Innenraum. Mit einem Knopfdruck lässt er das Verdeck nach hinten gleiten und legt den Kopf in den Nacken. Kühle, schwere Regentropfen treffen sein Gesicht, die Ledersitze und Armaturen. Auf seinem Konto liegt genug Geld, um einige Monate auf gutem Niveau über die Runden zu kommen. Er kann sich eine neue Anstellung suchen, als Berater oder bei einem Investor. Am besten weit weg von Gustaf, vielleicht sogar im Silicon Valley. Zehn Jahre als Assistent des eigenen Vaters zu arbeiten, ist zwar nicht die beste Referenz. Aber sein Name wird ihm dennoch Türen öffnen. Mit einem Mal muss er an den unglücklichen Adam Strzela denken, der selbst verschuldet den Zorn von Gustaf Strindholm auf sich gezogen hat, mit dem er jetzt aber ein ähnliches Schicksal teilt. Wie ironisch es ist, dass sich ihr Los so sehr ähnelt. Er fragt sich, was Adam wohl getan hat, nachdem Kasper ihm seine Kündigung in die Hand gedrückt hat. Er selbst wird jedenfalls nicht ausgegrenzt und isoliert wie Adam Strzela enden und sich als letzten Ausweg an ein zum Scheitern verurteiltes Projekt klammern.

»Wer weiß, warten wir's ab.«

Mit jedem vorbeifahrenden Wagen zerrt der Wind an seiner Kleidung, seinen Armen, seinem Kopf. Noch immer hat er keine Ahnung, wo er mit seiner Wut und seiner Enttäuschung hin soll. Arman möchte er nicht anrufen und ihm mit seinem Gejammer die Beförderung verderben. Die Vorstellung, sich allein in seiner dunklen Wohnung selbst zu bemitleiden, während Feuerwerk das neue Jahr und seinen 35. Geburtstag einläutet, ist unerträglich. Er wischt sich Regen und Tränen aus dem Gesicht und lässt das Verdeck wieder zugleiten. Der Sportwagen röhrt kurz auf, als er ihn beschleunigt und in der rechten Spur einfädelt. Kasper wird in Berlin umherfahren, nachdenken und es dem Zufall überlassen, wo er landet. Einen besseren Plan hat er nicht.

Anderthalb Stunden Stadtautobahn, Hauptstraßen, Altbaugassen. Charlottenburg, Mitte, Kreuzberg. Während fröhliche Menschengruppen Funken aus Feuerwerkbatterien regnen lassen, stellt Kasper sich vor, wie seine Eltern abfällig über sein Verhalten reden. Während Kinder mit großen Augen Wunderkerzen in die Luft halten, denkt er an Ennis Genugtuung, endlich das zu bekommen, was Kasper immer wollte. Während Jugendliche sich gegenseitig mit Böllern bewerfen, trifft ihn von Neuem die Frage, wie er weitermachen soll. Vielleicht, denkt Kasper letztlich, sollte er wieder zurück nach Grunewald fahren. Sollte sich bei seinen Eltern und seiner Schwester entschuldigen und genügsam die Rolle spielen, die sein Vater ihm zugedacht hat. Nie, nie hätte er es für möglich gehalten, mit seiner Familie zu brechen, auch jetzt bereitet ihm der Gedanke Übelkeit, selbst nach allem, was am heutigen Abend vorgefallen ist. Vielleicht hat Gustaf sogar recht und er wäre ein miserabler Geschäftsführer, der das Wohl des Unternehmens nicht über seine Ideale, nicht über alles andere zu stellen vermag. Vielleicht ist Enni die beste Lösung für *Strindholm Consulting* und Kasper sollte mit seinen 35 Jahren endlich erwachsen werden, aufhören, irgendetwas beweisen zu wollen, und sich mit dem, was er hat, zufriedengeben.

Dann mitten in Kreuzberg: ein Wiedererkennen. Ein Straßenname, den Kasper heute schon einmal gesehen hat, zusammen mit einer Hausnummer. Bloß wo? Die Straße kennt er von früher. Einige Häuser weiter befand sich vor zehn Jahren eine Bar, in der er mit Arman und anderen Freunden einige Nächte durchtrank und über disruptive Geschäftsideen, agiles Projektmanagement und digitales Marketing philosophierte. Doch die Bar hatte eine ganz andere Hausnummer als die Adresse, die ihm heute schon mal untergekommen ist. Warum nicht der Neugier nachgeben und herausfinden, was sich hinter der Adresse in seiner Erinnerung verbirgt, denkt er. Außer vor seiner Familie zu Kreuze zu kriechen, hat er an diesem Abend eh nichts vor. Und das kann er ruhig noch ein wenig hinauszögern.

Der Regen hat nachgelassen und der Geruch von Schwarzpulver verfestigt sich in der Luft. Zwei Gruppen Teenager beschießen sich von gegenüberliegenden Bürgersteigen aus mit Schreckschusspistolen und Böllern, stieben nach allen Seiten, formieren sich neu. Kasper schlägt den Kragen seines Jacketts gegen die Kälte hoch und sucht die sanierten Fassaden nach der Hausnummer ab, die ihm in irgendeinem Zusammenhang begegnet ist. Die Jugendlichen halten inne, als er an ihnen vorbeigeht. Kasper erwidert den aufmüpfigen Blick eines breitschultrigen Jungen und wird in Ruhe gelassen. Am passenden Hauseingang fährt er mit dem Finger die Klingelschilder entlang, keiner der

Namen kommt ihm bekannt vor. Das war's wohl, denkt Kasper, er kann nicht alle Klingeln durchprobieren. Er ist schon dabei, den Gang zurück zu seinem Wagen anzutreten, als ihm ein namenloses, blankes Türschild auffällt. Ohne lange zu überlegen, presst er seinen Daumen darauf.

Erst nach einer ganzen Weile ertönt das Summen und Kasper betritt das Wohnhaus. Ein roter Läufer schluckt die Geräusche seiner Schritte, Stuck ziert Wände und Decken. Fahrräder, Roller und Kinderwagen sind ordentlich im Erdgeschoss geparkt und vor den Wohnungstüren verschieden große Schuhe aufgereiht. Vor Kälte bibbernd stapft er die Treppen hoch und inspiziert die Klingelschilder, die Fußmatten, selbst die Schuhe, und wartet auf ein Zeichen des Erkennens. Durch das weiß lackierte Holz einer Tür ohne Namen im vierten Stock, vor der die Fußmatte fehlt, dringen Stimmen. Eine kleine Silvesterfeier unter Freunden, schätzt er. Kasper will schon klopfen, als ihm bewusst wird, was er im Begriff ist, zu tun: wildfremden Menschen einen Besuch abzustatten. Und warum? Weil er zu feige ist, sich bei seiner Familie zu entschuldigen. Oder viel mehr, weil er zu feige ist, sich bei seiner Familie nicht zu entschuldigen und im Alter von 35 Jahren etwas Neues mit seinem Leben anzufangen.

Im Dämmerlicht setzt er sich auf die erste Stufe der Treppe, die ins nächste Stockwerk führt. Die Stimmen drängen noch immer durch die geschlossene Tür. Was würde er denn mit seinem Leben machen wollen, wenn er tatsächlich selbst entscheiden könnte? Wenn er nicht von Gustaf und dem Familienunternehmen abhängig wäre? Dasselbe wie früher, bevor er bei *Strindholm Consulting* eingestiegen ist, denkt Kasper. Eine Idee verwirklichen, selbstständig, ohne die Hilfe seines Vaters.

Das Notizbuch mit den Ideen in der Innentasche seines Jacketts ist noch trocken. Jahrelang hat er es als Talisman bei sich getragen, als Auffangbecken unverwirklichter Träume. Jetzt sieht er es mit anderen Augen. Seine Hände zittern, vielleicht vor Kälte. Er fragt sich, nach welchen Kriterien er auswählen würde. Eine Möglichkeit wäre, Zeit und Geld einer Idee zu widmen, die sicheren Erfolg verspricht. Eine andere wäre, nicht nachzudenken, sondern aus dem Bauch heraus zu handeln, risikofreudig.

Kasper schließt die Augen und legt den Daumen an die Kante des Buches. Lässt es auf einer zufälligen Seite aufschnappen. Sein Zeigefinger kreist zweimal theatralisch über die Seiten und tippt dann auf einen Eintrag. Er öffnet die Augen. Durchgestrichen. Wie auch der nächste Eintrag. Und der übernächste. Dann muss Kasper lachen. Unterkühlt sitzt er in einem fremden, dunklen Treppenhaus in Kreuzberg und lacht mit Ton. Sein Zeigefinger liegt noch immer auf dem zehn Jahre alten, nicht durchgestrichenen Eintrag seines Notizbuchs: *Körperdaten erheben und Handlungsempfehlungen ableiten.*

Mit einem Mal wird die namenlose Tür direkt vor ihm aufgerissen, grelles Licht aus dem Wohnungsflur blendet ihn. Als seine Augen sich an die Dunkelheit gewöhnen, erkennt Kasper ein bekanntes Gesicht, das ihn verwundert anstarrt.

»Guten Abend, Linus. Ich bin völlig durchnässt und habe meinen Mantel in Grunewald vergessen. Möchtest du mich nicht hineinbitten?«

Kasper verstaut sein Notizbuch wieder in der Jacketttasche und merkt, dass da noch etwas anderes steckt: der zusammengerollte Businessplan von Adam Strzela. Und auf der ersten Seite des Businessplans prangt sie in großen Lettern: die Firmenadresse, diese Adresse. Hier hat Kasper sie also heute gelesen, deshalb kamen ihm Straße und Hausnummer so bekannt vor.

Linus zögert, tritt dann aber beiseite. Vor Kasper erstreckt sich ein langer Flur, an dessen Ende Licht aus einer geöffneten Tür fällt. Er zieht sein klammes Jackett aus und reicht es Linus. Irritiert legt dieser das Kleidungsstück auf einen der verschlossenen Umzugskartons, die im sonst leeren Korridor an der Wand aufgereiht sind. Aus dem hinteren Raum dringt Adam Strzelas Stimme.

»Ist die Pizza noch warm? Hoffentlich hast du kein Trinkgeld gegeben, das können wir uns nicht leisten.«

Kasper versucht, die Kälte zu ignorieren, die sich in seinem feuchten Hemd festgebissen hat, und lockert seine Schultern. Er hat keine Ahnung, warum er eigentlich hier ist. Ein blöder Zufall hat ihn hierhergeführt, er kann genauso gut wieder umdrehen. Doch er geht weiter. Seine Absätze klingen auf den Dielen wie die Stiefel eines Cowboys, der den Saloon betritt. Ein kurzer Blick in die Küche genügt, um das Durcheinander aus verkrustetem Geschirr und prallen Müllbeuteln wahrzunehmen. Im dunklen Schlafzimmer ist die Matratze hochkant an die Wand gelehnt, Apparaturen auf mehreren Werkbänken erinnern an ein Labor.

Die Luft im Wohnzimmer ist kalt und muffig. Adam sitzt neben einer großen, dunkelhaarigen Frau an einem der drei Schreibtische. Die Frau tippt, während er mit dem Finger auf den Bildschirm pocht. Laken und Plaid auf der Eckcouch verraten, dass vor Kurzem jemand darauf geschlafen hat. Texte, Pläne, Skizzen liegen auf dem Boden verstreut zwischen leeren Bio-Mate-Flaschen und Müll. Davon abgesehen ist das Zimmer leer und kahl. Kasper tritt an den Schreibtisch, während Linus unsicher an der Tür zurückbleibt.

»Das ist also dieses Start-up, in das niemand investieren möchte?«

Adam dreht sich um und hüpft von seinem Stuhl, als er realisiert, wer gesprochen hat. Er weicht einige Schritte zurück.

»Strindholm, was willst du hier?«

»Linus war so freundlich, mich hereinzulassen. Bei diesen Temperaturen holt man sich in Treppenhäusern leicht einen Schnupfen.«

Die Frau mit den asiatischen Gesichtszügen betrachtet Kasper teilnahmslos, sie muss die 20-jährige Programmiererin ohne Lebenslauf sein.

»Guten Abend, mein Name ist Kasper Strindholm. Du musst Niu sein. Es ist mir eine Freude, dich kennenzulernen.«

Niu nimmt seine Hand und wendet sich dann wieder dem Bildschirm zu. Nicht unfreundlich, sondern eher, als gehe sie der Besuch nichts an. Adam hat den hasserfüllten Gesichtsausdruck wiedergefunden, mit dem er Kasper bei ihrem letzten Treffen in Gustafs Büro bedacht hat.

»Das ist meine Wohnung. Du bist hier nicht willkommen.«

Kasper fährt sich mit der Hand durch die nassen Locken und stöhnt auf.

»Mein Lieber, wo bleibt deine Höflichkeit? Das ist vielleicht deine Wohnung, aber doch auch das Büro eures Start-ups, oder nicht? Betrachte meinen Besuch als Geschäftstermin, wenn es das für dich erträglicher macht. Im Übrigen kann ich dir eine sehr gute Putzkraft empfehlen, Bedarf hast du ja offensichtlich.«

Auf der Straße hinter dem Fenster knallt es laut und dumpf. Kasper weiß noch immer nicht, was er hier eigentlich macht. Die Wohnung verströmt einen unangenehmen Geruch und macht einen unprofessionellen Eindruck. Aber immer noch besser, als wieder im Wohnzimmer seines Elternhauses zu sein und sich seinem Vater anzudienen.

»Kann ich dir eine Tasse Tee anbieten? Oder etwas anderes?«, fragt Linus unsicher.

»Danke, das ist sehr freundlich. Ein wenig eurer Zeit ist alles, was ich brauche.«

Adam holt Luft, um etwas zu sagen, doch Kasper spricht ungerührt weiter.

»Ich habe von eurem Produkt gehört und mir euren Businessplan angeschaut. Weiterhin habe ich gehört, dass niemand in das Produkt investieren möchte.«

Er setzt für Adam eine bedauernde Miene auf, hält sie für einige Sekunden und fährt fort.

»Wie es der Zufall will, habe ich ein wenig Geld übrig. Einen angemessenen Betrag für die Anschubfinanzierung eines Startups in der Seed-Phase. Seit längerer Zeit spiele ich mit dem Gedanken, mich als Business Angel zu engagieren. Business Angel. Die Bezeichnung kleidet mich ganz passabel, oder.«

Kasper ist über seine eigenen Worte verwundert. Andererseits muss er sein Auftauchen irgendwie erklären.

Adams Gesicht kündet von Skepsis und Misstrauen, Linus' eher von Neugier. Die Programmiererin Niu verlässt den Raum, ohne ein Wort zu sagen. Kasper schlendert zur Couch, zupft das Laken aus einer Ecke und setzt sich.

»Was soll der Scheiß?«, beginnt Adam. »Ist das eine weitere wahnhafte Bestrafung deines Vaters? Hat er dich geschickt, um mich zu demütigen?«

Wut kocht in ihm hoch, als Adam seinen Vater erwähnt. Diese unangenehme Wendung hätte er vorhersehen müssen.

»Ich bin nicht Gustaf. Der Alte hat damit nichts zu tun. Im Gegenteil, er wäre sicher nicht erfreut, wenn er mich hier sähe.«

Adam setzt sich in einen Schreibtischstuhl und rollt nah an Kasper ran.

»Ich glaub dir kein Wort. Wir werden uns vor dir bestimmt nicht zum Affen machen.«

»Wir haben einiges gemein, Strzela, auch wenn mir das nicht leicht über die Lippen geht«, sagt Kasper und merkt, wie ihm die Worte sehr wohl leicht über die Lippen gehen. »Wie du arbeite ich nicht mehr für *Strindholm Consulting.* Wie du bin ich auf Gustaf sehr schlecht zu sprechen. Das Geld, das ich besitze, ist in letzter Konsequenz das Geld des Alten, zumindest war es das früher mal. Was wird er wohl sagen, wenn sein Geld das Start-up von Adam Strzela gegen seinen Willen am Leben hält? Wie wird sich der omnipotente Gustaf Strindholm fühlen, wenn sein eigener Sohn hilft, ebenjenes Start-up zu einem florierenden Unternehmen zu machen?«

Eine Pause entsteht, in der Adam nachdenkt. Kaspers Worte waren überzeugend, so sehr, dass er sie selbst geglaubt hat. Linus steht noch immer unsicher im Türrahmen. Nach kurzer Zeit betritt die große, breitschultrige Programmiererin wieder das Zimmer.

»Du möchtest in das *Ting* investieren?«, fragt sie.

»Ich erwäge es. Überzeugt bin ich natürlich noch nicht, ich kenne ja nur den Businessplan, das Produkt aber noch nicht. Deshalb bin ich hier. Ich biete euch die Möglichkeit für einen Pitch. Nichts Langes, nur eine kleine Vorstellung des *Ting.* Spannend wäre natürlich, einen Blick auf die Technik und den Code zu werfen.«

Adam lacht auf und schüttelt den Kopf.

»Niemals. Wir wollen dich nicht als Business Angel haben. Du –«

»Doch, Adam, wollen wir«, unterbricht ihn Niu. »Denn persönliche Differenzen spielen für uns keine Rolle. Das *Ting* braucht mehr Arbeitsstunden, bessere Technik und geschicktes Marketing. Ohne Finanzierung können wir gleich aufhören.«

Sie nickt Linus zu, der tief durchatmet und sich ans Fenster stellt, wahrscheinlich um sich Adams anklagendem Blick zu entziehen.

»Wir haben das Start-up vor über drei Monaten gegründet und uns noch kein einziges Gehalt ausgezahlt. Ich lebe vom

Geld meiner Freundin, die mich behandelt, als würde ich es verzocken. Ich habe keine Lust mehr, mich wie ein Loser zu fühlen.«

Linus knetet nervös den Daumen seiner linken Hand. Als es ihm auffällt, verfrachtet er die Hände in die Hosentaschen und dreht sich um.

»Wir haben keine andere Wahl, als jedes Angebot anzunehmen. Wie lange können wir ohne Investment noch am Leben bleiben? Einen Monat? Zwei?«

Adam legt das Gesicht in seine Hände und reibt sich die Augen, eine kleine Ewigkeit lang. Als er spricht, wirkt er gefasst und ruhig.

»Dann bin ich wohl überstimmt.«

»Nicht so schnell, meine lieben Freunde. Erst einmal müsst ihr mich von der Güte des Produkts überzeugen«, wendet Kasper ein. Die Differenzen zwischen den dreien ermüden ihn, und er bereut bereits, hier zu sein und dieses kleine Schauspiel aufzuführen.

Niu betrachtet Kasper, wie eine Mutter, die versucht, den neuen Freund ihrer Tochter einzuschätzen. »Okay«, sagt sie. »Linus kann dir drüben die Technik zeigen. Und ich gebe dir einen Einblick in den Quelltext. Wir arbeiten seit Wochen daran, Linus' alte Modelle um meine selbst lernenden Algorithmen zu erweitern. An denen programmiere ich schon mein halbes Leben lang. Verstehst du zufällig was von neuronalen Netzen?«

»Oberflächlich«, antwortet Kasper überrascht.

»Du solltest ein bisschen Zeit mitbringen. Silvester wirst du dieses Jahr nicht feiern. Der Quelltext ist mehrere Hunderttausend Zeilen lang.«

»Tatsächlich? – Nun, das ist gut. Ich würde ungern in ein paar Hundert investieren.«

Nun verlässt Adam den Raum, jedoch nicht ohne die Tür hinter sich laut ins Schloss zu ziehen. Niu schließt die Augen und atmet tief durch, als müsste sie sich erst von dem emotionalen Ausbruch erholen.

»Wo fangen wir bloß an?«, sagt sie dann. Stockend und durcheinander beginnt sie zu berichten, von der Funktionsweise des »Navigationssystems fürs Leben«, dem neuronalen Netz, von den Deep-Learning-Algorithmen. Linus unterbricht sie hin und wieder mit eigenen stotternden Erklärungen, und Kasper hat das Gefühl, zwischen dem Gerede von zwei Nerds eingequetscht zu werden. Doch dann deutet Niu auf ihren Monitor und beginnt das Gesagte mit Codezeilen zu unterlegen. Kasper war nie ein guter Programmierer, doch er erkennt vielversprechenden Code, wenn er ihn sieht. Und zusammen mit den Erklärungen von Niu und Linus wirkt der Code sogar um einiges besser als vielversprechend. Plötzlich erschaudert er. Vergessene Gefühle bahnen sich aus der Vergangenheit ihren Weg in seinen frierenden Körper. Die Erregung, auf eine gute Idee gestoßen zu sein. Die Lust, sich an ihrer Umsetzung zu beteiligen. Die Verheißung, eines Tages die Früchte der eigenen Anstrengungen zu ernten.

»Okay, das reicht«, sagt Adam, der den Raum wieder betreten haben muss, ohne dass Kasper es merkte. »Wir zeigen dir gar nichts mehr, bevor wir nicht geklärt haben, um wie viel Geld es eigentlich geht und wie viele Firmenanteile wir dir dafür geben.«

Kasper klatscht in die Hände.

»Ahh! Schön, dass wir den Spaß an den dreckigen Zahlen nicht den Anwälten und Notaren überlassen. Was ich bisher gesehen habe, hat mich stark beeindruckt, ich muss Niu und Linus zu dieser fantastischen Arbeit gratulieren. Deshalb habe ich gerade spontan meinen Plan geändert.«

Während Kasper spricht, merkt er, dass er den Modus des

Spiels längst verlassen hat. Dass er ernst meint, was er sagt. Dass sich mit dem *Ting* eine Möglichkeit auftut, die er seit Jahren nicht mehr hatte: selbstbestimmt und unabhängig von seiner Familie Verantwortung zu übernehmen.

»Ich investiere 250 Tausend Euro in das Start-up. Ich bekomme 25 Prozent der Unternehmensanteile, werde also gleichberechtigter Partner. Und nicht nur das. Ich helfe euch mit meiner Erfahrung. Was ihr allem Anschein nach dringend benötigt, ist ein fähiger Geschäftsführer.«

»Das geht nicht«, wendet Adam ein. »Der Posten des Geschäftsführers ist vergeben.«

»Wir werden sehen. Du scheinst mir bei Marketing eh besser aufgehoben. – Könntest du mir bitte einen Gefallen tun und mir ein Handtuch bringen?«

Gerade als das Farbenspiel des Feuerwerks am Nachthimmel und das Dröhnen der Böller auf dem Asphalt mit einem Mal anschwellen, als ein neues Jahr und Kaspers 35. Geburtstag anbrechen, nimmt er den Platz neben Niu ein und widmet sich wieder dem Quelltext des *Ting*. Er wird tun, was Gustaf Strindholm am meisten fürchtet: Er wird das Geld und den guten Namen der Familie aufs Spiel setzen. Vielleicht wird er wieder scheitern, dann immerhin selbstbestimmt und ohne Einfluss seines Vaters. Wird das Projekt trotz aller Widerstände ein Erfolg, kann er dem Alten beweisen, dass er weder risikoscheu noch unfähig ist. Und dass er bereit ist, sich selbst und seine Ideale für eine große Idee aufzuopfern.

TEIL

ZWEI

LINUS

Das Lachen des alten Mannes ähnelt dem Lachen Kiras. Die Art wie die Augenbrauen mitgehen. Es gibt Tage, da erinnert alles an Kira. Alles ist eine Ableitung von ihr. Das blasse Licht der Aprilsonne, das in die Schaufenster gerade geöffneter Geschäfte fällt. Das schrille Hupen eines Autos im dichten Verkehr. Die Vibration des Smartphones in seiner Hand. Er wird ihre Nachricht später lesen.

Nicht nur der alte Mann lacht über Linus. Auch alle anderen Passanten sind amüsiert, und das obwohl es Montagmorgen ist. Er muss ein lächerliches Bild abgeben, wie er den Gehweg entlangjoggt, denkt er. Laut schnaufend, mit gegen den Bürgersteig klatschenden Adiletten. Auf seinem weißen Schlafshirt die Tanzszene von Disneys *Die Schöne und das Biest* als Motiv. Immerhin hat er nicht vergessen, eine Jeans anzuziehen, bevor er übermüdet und vom Streit mit Kira gedanklich zerstreut aus der Wohnung gehastet ist.

Kurz nach neun, er kommt zu spät. Ausgerechnet heute. Um acht Uhr ist er mit den anderen verabredet gewesen, um das neue Büro einzuweihen. Auf diesen Tag freut er sich seit Langem. Keine ewigen Arbeitstage in Adams kahler Wohnung mehr. Stattdessen ein richtiges Labor für ihn und sein Equipment. Doch noch mehr sehnt er sich nach dem anderen Ereignis, das für diesen Tag geplant ist: Wenn mit der Lieferung aus China alles nach Plan läuft, wird im Laufe des Tages der neue Prototyp des *Ting* ankommen. Als Kasper vor einer Stunde mehrmals hintereinander anrief, war Linus noch im Konflikt mit Kira verstrickt. In der S-Bahn hat er die anderen über seine Verspätung informiert, bekam aber keine Antwort. Gewartet haben sie bestimmt nicht auf ihn.

Am Tisch vor einem Café liest ein junger Mann Zeitung. Schwarzer Anzug, kantiges Gesicht und zurückgekämmtes Haar. Die Beine übereinandergeschlagen, nimmt er einen Schluck aus einer Espressotasse und blättert um. Als gäbe es keine Verpflichtungen in seinem Leben, keine Menschen mit Erwartungen in seinem Bekanntenkreis. Linus wäre gern, wie dieser Mann sich gibt: voller Selbstsicherheit.

5-Sterne-Hotel, Modeboutiquen, der alles übertönende Verkehr der Innenstadt. Touristen, die ihn anglotzen und unverhohlen auf seine Badelatschen deuten. Linus fragt sich, wie Kasper es geschafft hat, in dieser Gegend ein Büro zu mieten. Das können sie sich unmöglich leisten. Nachdem er in eine kleine Seitenstraße abbiegt, wird die Gegend wohnlicher. Er ist noch nie hier gewesen. Adam und Kasper haben sich um Suche, Renovierung und Einrichtung gekümmert, während Niu und er mit der Entwicklung des neuen Prototyps beschäftigt waren.

Als er an der genannten Adresse ankommt, stützt er sich auf den Knien ab, Schweiß tropft von seiner Stirn auf den Asphalt. Seine Kondition hat im vergangenen Dreivierteljahr gelitten. Seit Niu die Algorithmen durch ein neuronales Netz ersetzte und Linus den alten physischen Träger der Sensoren ausmusterte und neu konzipierte, konnte er das *Ting* nicht mehr nutzen. Seither ist er kein einziges Mal joggen gewesen und sein »*Die Schöne und das Biest*«-Shirt spannt bedenklich an seinem Bauch. Der neue Prototyp wird in vier Exemplaren geliefert, sodass jeder der Gründer das »Navigationssystem fürs Leben« wird testen können, auch er selbst. Über die letzten Monate ist ein ungekanntes Verlangen immer massiver geworden: der

Wunsch, das *Ting* bei sich zu wissen, eine Empfehlung zu befolgen, mit der Gewissheit, das Richtige zu tun. Mit dem neuen Prototyp wird sein Leben wieder eine Wendung zum Positiven nehmen: Er wird Sport treiben, abnehmen, sich gesünder fühlen. Das *Ting* wird ihm bei seinem Zeitmanagement helfen, er wird im Labor effektiver arbeiten und wieder mehr Zeit für Kira haben. Der neue Prototyp wird wissen, wie er seinen Eltern seinen neuen Lebensweg verkaufen muss, um sie stolz zu machen. Und noch vieles mehr: Mit den neuen selbst lernenden Algorithmen, die Niu im Code implementiert hat, und seiner eigenen revolutionären Entwicklung – der Art und Weise, wie Empfehlungen an den User übermittelt werden – sind Leistungsumfang und Einsatzmöglichkeiten des *Ting* noch überhaupt nicht abzusehen.

Als er wieder zu Atem kommt, schaut Linus sich um. Ein Bürogebäude ist nirgends auszumachen. Die Adresse, die Kasper ihm per Mail geschickt hat, gehört zu einer Kirche. Die Grundmauern bestehen aus roten Klinkersteinen, doch Staub und Abgase haben die Fassade gräulich eingefärbt. Die Motive der angelaufenen Buntglasfenster sind kaum mehr zu erkennen. Der kleine Turm mit dem grünen Ziegeldach scheint vom Einsturz bedroht. Je länger er sie anschaut, desto größer und bedrohlicher wird die Kirche. Selbst die Bäume, die um das Gebäude herum gepflanzt wurden, wachsen schräg von ihr weg, als sei ihnen die Nähe nicht geheuer.

Begleitet vom müden Krächzen einiger Krähen schreitet Linus über den Vorhof. Die mit Vogeldreck übersäten Kalksteinkörper zweier Engel zieren einen kleinen Springbrunnen. Würde er funktionieren, die beiden Figuren würden sich das Wasser gegenseitig ins Gesicht spucken. Am hölzernen Eingangsportal funkelt ein Schild golden im Sonnenlicht. Darin eingeprägt ihr Logo: Þ. Hier ist er richtig.

Der Anflug von Stolz wird schnell von Ärger abgelöst. Zwar können sie es sich allem Anschein nach leisten, eine ganze Kirche in dieser Gegend zu mieten, gleichzeitig verzichten sie noch immer auf Gehalt. Linus beginnt, abwechselnd alle Finger seiner linken Hand zu kneten. Das Gefühl, dass der Daumen und die Finger nicht zu seinem Körper gehören, sondern fremde Glieder sind, ist über das vergangene halbe Jahr stärker geworden. Es lenkt ihn ab. Und erinnert ihn an Kira. Er schaut auf das Smartphone und liest endlich ihre Nachricht.

Das muss aufhören. Ich kann so nicht weitermachen.

Linus versucht, die Worte zu fokussieren, sie mit Bedeutung zu füllen. Womit kann Kira nicht weitermachen? Er fragt sich, wie sie in eine Situation geraten sind, die solche dramatischen Wortkombinationen nötig machen. Langsam öffnet sich die schwere Kirchentür. Eine junge Frau taxiert ihn skeptisch und zielt mit einer Pistole auf seine Brust, einer Klebepistole.

»Kann ich dir helfen?«

»Mein Name ist Linus Landmann. Ich arbeite hier. Und wer bist du?«

Die Frau lächelt und nimmt die Pistole herunter. Sie reicht ihm eine klebrige Hand.

»Linus, der große Biohacker! Die anderen haben schon von dir erzählt. Hi, ich bin Sonja. Immer rein in die gute Stube!«

Im Vorraum ist es dunkel, muffig und kühl, als klemme seit Errichtung dieses Bauwerks dieselbe Luft zwischen den Wänden. Wie zum Kontrast sind die Weihwasserbecken links und rechts der Eingangstür mit Bonbons und Bio-Schokoriegeln gefüllt. Als Linus hoch zur Decke schaut, wird ihm schwindlig.

Er hat das Gefühl, den Kontakt zum Boden zu verlieren und nach oben zu fallen. Was muss aufhören? Ihr Streit? Ihre Beziehung?

»Geht's dir irgendwie nicht besonders? Wie läufst du eigentlich rum, in Badelatschen und so? Hältst dich wohl für den jungen Mark Zuckerberg.«

Sonja hat die Pistole wieder auf ihn gerichtet. Ihre prägnanten Gesichtszüge werden durch eine riesige Brille unterstrichen. Aus ihrer festgesteckten Frisur haben sich mehrere Strähnen gelöst. Blazer und Rock wirken zusammengewürfelt. Es ist etwas in ihrer Stimme, die Tonfarbe, die ihn an Kira erinnert.

»Ich soll dir was von Adam ausrichten: Geh unter allen Umständen zuerst in den Keller!«

Sonja wendet sich der zentralen Wand des Vorraums zu. Eine majestätische Flügeltür prangt in ihrer Mitte. Darüber verläuft ein Schriftzug aus goldenen Buchstaben, die erste Zeile minimal von links nach rechts abschüssig.

MENSCH SEIN HEISST ENTSCHEIDUNGEN TREFFEN.
PER

Sonja nimmt einen weiteren Buchstaben vom Boden, steigt auf eine Leiter und befestigt ihn mit der Klebepistole in der zweiten Zeile.

»Ich soll in den Keller?«

»Jap. Die Treppe ist hinten rechts in der Ecke.«

Der Kellergang ist ein niedriges Gewölbe mit dem Charme eines frühmittelalterlichen Klosters. Der Putz bröckelt von den feuchten Wänden, die mit Rissen durchzogen sind. Das funzelige Licht lässt selbst die Luft dreckig wirken. Linus muss sich ducken, um sich nicht den Kopf zu stoßen. Doch er fühlt sich wohl, abgeschottet und sicher. Er wählt Kiras Nummer, während er sich an den Wänden entlangtastet.

»Hallo? Linus? Ich verstehe dich ganz schlecht.«

»Es tut mir leid, Kira. Lass uns über alles reden, ja? Ich werde mir den Abend freinehmen und komme früher nach Hause. Dann sprechen wir.«

»Was?«

Es rauscht in der Leitung. Eine dumme Idee, den Anruf im Keller zu tätigen.

»Heute Abend! Nur wir beide! Reden!«

Die Leitung stirbt. Er wird es später erneut versuchen.

Am Ende des Ganges befindet sich eine Tür aus Metall, offensichtlich frisch eingesetzt. Der Raum dahinter unterscheidet sich nicht in der Höhe, ist jedoch renoviert und durch eine durchsichtige Wand in der Mitte geteilt. Linus schaut sich um. Der vordere Teil dient als eine Art Büro mit Schreibtisch und Rechner, der hintere als Labor mit seinem Equipment. Fenster gibt es nicht, dafür helle Leuchtstoffröhren und trockene, sterile Luft. Kasper hat immerhin an das Lüftungssystem gedacht. Hier wird er also die nächsten Monate, vielleicht Jahre verbringen. Hier wird er den neuen Prototyp des *Ting* testen, der vielleicht schon heute geliefert wird. Die Fehler beheben, die Sensoren justieren. Als sein Telefon vibriert, lässt er sich in den neuen Schreibtischstuhl sinken.

Wir hatten ein ganzes Wochenende, um zu reden.
Dein erstes freies Wochenende seit Monaten.

Eine Wiederholung des Vorwurfs, mit dem ihr Streit gestern Nacht begann. Kira missfiel, dass er das Wochenende am Laptop verbrachte und versuchte, die letzten Änderungen am Quelltext nachzuvollziehen. Seit Niu die Entwicklung übernommen und einen Großteil des Codes neu geschrieben hat, kennt er sein eigenes Produkt nicht mehr. Niu erläutert Programmteile, die relevant für die technische Seite der Entwicklung sind, doch den Rest muss er in seiner Freizeit nacharbeiten. Und Niu programmiert schnell. Jeden Tag entsteht mehr Code, als er in einer Woche schreiben könnte. Um selbst kurze Funktionseinheiten nachzuvollziehen, benötigt er Stunden. Manchmal fühlt er sich wie ein Grundschüler, der für eine Abiturprüfung lernt. Trotzdem, er wird nicht aufgeben. Das *Ting* ist seine Erfindung, und so soll es auch bleiben.

Das alles erklärte er Kira, als sie ihn gestern Nacht fragte, warum er in seiner Freizeit arbeitet, anstatt einen Ausflug mit ihr zu unternehmen, ihre Eltern zu besuchen oder mit ihren Freunden in einer Bar Cocktails zu trinken. Kira und er saßen im Bett, hatten das Licht zum Schlafen schon gelöscht. Er sah sie kaum: die Beine an den Körper gezogen, ihr Schlafshirt darübergespannt. Obwohl er es hasst, wenn sie in der Wohnung raucht, zündete sie sich eine Zigarette an. Sie kann ihn nicht mehr unterstützen, sagte sie. Er arbeitet ununterbrochen, ist abends immer müde, spricht kaum noch mit ihr. Und das alles, ohne etwas zu verdienen. Er opfert ihre Beziehung. Für eine Sache, die scheitern wird. Sie wird ihm kein Geld mehr leihen. Nicht für diese Art von Leben.

Das wird sich alles bald ändern. Es ist nur eine Phase.

Er ist nicht sicher, wie positiv diese Veränderung sein wird. Auch wenn die Entwicklung des *Ting* seit der Gründung ihres Start-ups Sprünge gemacht hat, die er nie für möglich gehalten hätte. Noch immer haben sie keinen Investor gefunden, obwohl Kasper als neuer Geschäftsführer die Angelegenheit übernommen hat. Gestern erst hat Linus gelesen, dass 70 Prozent aller deutschen Start-ups nicht älter als drei Jahre und 88 Prozent nicht älter als fünf Jahre werden. Dass die Chance, erfolgreich wie *Google* oder *Facebook* zu werden, viel geringer ist als die auf einen Sechser im Lotto. Wenn das Projekt scheitert, wird er Kira verlieren. Und darüber hinaus seine letzte Chance auf beruflichen Erfolg. Fast 30, Promotion abgebrochen, Start-up gegen die Wand gefahren, keine ernst zu nehmende Berufserfahrung.

Linus sagt sich, dass es niemals so weit kommen wird. Er wird sein Tool immer weiter optimieren, bis es nicht nur sein eigenes, sondern auch das Leben vieler anderer Menschen verbessert. Wenn er alles gibt, sich aufopfert, dann wird der Erfolg kommen. Darüber hinaus ist er nicht allein: Adam, Niu und Kasper sind an seiner Seite. Doch die Angst vor dem Versagen kanalisiert sich in den Fingern seiner linken Hand. Die verblassten Markierungen vom letzten Freitag sind noch vage zu erkennen. In einem Umzugskarton findet er seinen Edding. Er zeichnet dort einen Strich, wo seine Finger gefühlt aufhören und die fremden Gliedmaßen gefühlt beginnen. Die Grenze hat sich übers Wochenende um einen halben Zentimeter verschoben. Um dieses Thema wird er sich kümmern müssen. Erst einmal muss er seine Beziehung retten. Muss Adam und die anderen finden.

Im Vorraum wirft ihm Sonja von der Leiter einen beiläufigen Blick zu, der an seinem T-Shirt-Motiv hängen bleibt.

»Wie gefällt dir dein Labor, du Biest? Oder bist du die Schöne?«

Sie kommt die Sprossen herab und wühlt zwischen den goldenen Buchstaben auf dem Boden herum.

»Was machst du da eigentlich?«, fragt Linus.

»Adam hat mich gebeten, unser Mission Statement anzubringen.«

Der leicht schiefe Schriftzug über der Flügeltür ist in seiner Abwesenheit gewachsen.

MENSCH SEIN HEISST ENTSCHEIDUNGEN TREFFEN.
PERFEKTE ENTSCHEIDUNGEN TREFFEN HEISST,
EIN PERFEKTER MENSCH ZU SEIN.
D

»Ein bisschen großspurig, oder? Wer hat das verfasst?«

»Adam. Ich finde es visionär.«

Sonja lässt herausfordernd die Klebepistole um den Zeigefinger kreisen.

»Verzeih mir, Sonja. Aber wer bist du eigentlich?«

Die dicken Brillengläser verstärken Sonjas Augenrollen.

»Eure neue Praktikantin. Um genauer zu sein: Adams neue Praktikantin.«

»Seit wann haben wir Praktikanten?«

Er bereut die Frage sofort. Vergesslich zu tun, wäre souveräner als unwissend.

»Mein Bewerbungsgespräch war vor anderthalb Stunden. Du hast es verpasst. Aber gerade wird ein weiterer Bewerber interviewt.«

Sie zeigt mit der Pistole auf die große Flügeltür. Dann hebt sie einen goldenes A vom Boden und erklimmt von Neuem die Leiter.

»Gut, sehr gut«, sagt Linus, bemüht, ein Minimum an Autorität auszustrahlen. »Dann mal wieder rasch an die Arbeit.«

Die Praktikantin ignoriert ihn. Er atmet tief durch und öffnet die Flügeltür zu ihrem Start-up-Büro.

Er braucht einen Moment, um die Wirkung des weitläufigen Kirchenraums zu erfassen. Trotz der Büroeinrichtung dominiert die sakrale Herkunft des Raumes noch spürbar die Atmosphäre. Im Mittelschiff sind zwei Dutzend orangefarbener Schreibtische zu Vierergruppen zusammengeschoben, auf einigen wenigen sind Rechner installiert. Die meisten Stühle sind in Folie gewickelt, viele Gassen zwischen den Schreibtischen werden von unausgepackten Kartons blockiert. Links und rechts trennen Säulen den hohen Hauptraum von zwei Seitenschiffen. Im linken warten Küche und alle nötigen Utensilien auf ihren Einsatz, davor ein langer Esstisch und Sitzbänke. Das rechte Seitenschiff dient als Chillout Lounge mit Sesseln, Kanapees, dämmrigem Licht und einem Kickertisch. Es gibt keine Innenwände, von jeder Stelle im Raum lässt sich alles andere überblicken, keine Verstecke. Eine kleine Treppe führt zum ehemaligen Altarbereich mit Konferenztisch und vier Stühlen, der von einem großen Buntglasfenster mit dem Konterfei Jesu erhellt wird. Auch die anderen Buntglasfenster zeigen christliche Motive, spenden allerdings weniger Licht, weshalb sie von Leuchtstoffröhren und Schreibtischlampen unterstützt werden. Über allem liegt der Geruch von Kunststoffverpackungen und Lösungsmitteln.

Laute Tastenschläge lenken Linus' Aufmerksamkeit auf einen Schreibtisch zu seiner Rechten. Ein junger, glatzköpfiger Mann drischt im schnellen Rhythmus auf eine Tastatur ein, während Kasper und Niu über seine Schulter blicken. Adam empfängt Linus grinsend und mit ausgebreiteten Armen, als handle es sich um die Einweihungsfeier seiner neuen Wohnung.

»Wie findest du's, sag schon?«

Adam umarmt ihn, mustert ihn dann besorgt.

»Kommst du von 'ner Bad-Taste-Party? Reib dir mal den Schlaf aus den Augen.«

Linus sucht nach Worten, um seine Gefühle auszudrücken.

»Ich weiß nicht. Ich hab mir das alles anders vorgestellt.«

Sein Freund schneidet eine Grimasse, legt einen Arm um Linus' Schulter und zieht ihn mit.

»Mehr fällt dir nicht dazu ein? Warst du schon unten im Labor? Wir haben die Räume renovieren lassen. Haben das neuste Lüftungssystem eingebaut und Tausende in dein neues Equipment gesteckt.«

»Das Labor ist super. Aber die ganzen Investitionen waren gar nicht nötig. Ich meine, muss es eine ganze Kirche sein? In dieser Gegend? Können wir uns das überhaupt leisten? Bescheidener fände ich besser.«

»Bescheidener als das hier?«

Adam schaut ihn aus seinen tiefen Augenhöhlen ungläubig an, etwas Schelmisches funkelt darin. Er sieht jünger aus als der Mann, den Linus vor einem Dreivierteljahr im *Strindholm*-Tower wiedergetroffen hat.

»Kapierst du eigentlich, was das alles ist?«

Adam macht eine ausladende Bewegung mit dem Arm. Sein Ton fällt vom Freundlichen ins Aggressive.

»Weißt du, was das ist?«

Die hinausgeschriene Frage hallt durch den Kirchenraum. Die Tastenschläge verstummen abrupt. Adam kehrt Linus den Rücken zu und schreitet in den Raum hinein. Ein in Folie eingeschlagener Stuhl steht im Weg, er schubst ihn beiseite. Versetzt dem oberen von zwei aufeinandergestapelten Kartons einen Tritt. Die Kiste fliegt zwei Meter durch die Luft und stößt bei ihrer Landung eine Lampe um. Er steigt auf den übrig gebliebenen Karton, hüpft zweimal auf und ab, springt dann auf einen Schreibtisch.

»Scheiße, Linus! Kapierst du, was das alles ist!«

Adam springt von einem Tisch zum nächsten, hebt zwischendurch eine weitere Kiste über den Kopf und stößt sie mit aller Wucht von sich. Auf einem Schreibtisch in der Saalmitte dreht er sich um die eigene Achse, reißt seine Arme empor, als hätte er einen Boxkampf gewonnen.

»Das ist alles deins! Dieser ganze Scheiß gehört dir! Dir! Und mir. Und denen da gehört es auch.«

Er deutet auf ihre beiden Partner. Kasper fängt an zu klatschen.

»Bravo, bravo! An Theatralik kaum zu überbieten! Aber könntest du bitte aufhören, unsere Einrichtung zu demolieren?«

Adam lächelt, verbeugt sich dreimal und hüpft dann vom Tisch.

Linus nimmt an einem Schreibtisch Platz, unter ihm knistert die Folie. Die orangefarbene Tischplatte ist glatt und von einer dünnen Schicht Staub überzogen. Mit seiner Handfläche fegt er ihn streifenweise herunter. Adam hat recht, denkt er. Das alles gehört ihm. Rechtlich vielleicht nur zu einem Viertel. Aber faktisch sind sie alle nur hier, weil Linus eine gute Idee hatte. Weil er das *Ting* entwickelt hat. Er ist der Ausgangspunkt. Der Beginn der Kausalkette.

Eine Vibration des Smartphones verscheucht sein Wohlgefühl und lässt die Sorge wieder erstarken. Doch es ist keine Nachricht von Kira, sondern der Familien-Chat. Ein Selfie seiner lächelnden Schwester in einem Ärztekittel und die Erklärung:

Erster Tag im Krankenhaus!

Darunter eine sehr lange Nachricht von ihrem Vater, die mit »Endlich« beginnt, mit Floskeln wie »großer Tag« oder »vielversprechende Zukunft« weitergeht und mit dem Wort »stolz« endet. Linus belässt es beim Daumen-hoch-Emoji. Als er seinen Eltern von der Start-up-Gründung erzählte, waren sie weit weniger begeistert. Sie verstanden das *Ting* nicht, obwohl sie Ärzte waren. Sahen nicht die Chancen, die eine Unternehmensgründung mit sich brachte, obwohl sie eine Praxis führten. Das Wort »stolz« ist bei ihrer Unterhaltung gewiss nicht gefallen.

Adam setzt sich Linus gegenüber. Seine Stimme ist beschwichtigend, als spreche er zu einem waidwunden Tier.

»Nein, wir können uns dieses Büro nicht leisten. Aber wir werden es uns leisten können. Wenn wir einen Investor gefunden haben. – Komm, ich führ dich herum.«

Linus wischt sich den Staub von den Händen und folgt seinem Partner in den vorderen Teil des Mittelschiffs. Von dort schauen sie zur Empore über dem Eingangsportal zurück. Kahle, röhrenartige Flecken an der Wand erinnern an eine fehlende Orgel.

»Da oben: Kaspers Schreibtisch, Nius Schreibtisch, mein Schreibtisch. Ein bisschen kahl, aber wir füllen die Leere nach und nach mit Arbeit. Kasper wollte Kunstkacke an die Wände hängen wie in den Büros von *Strindholm*. Das konnte ich ihm ausreden.«

Bei einem hohen Turm von Kisten biegen sie zum rechten Seitenschiff ab. Das rhythmische Tippen setzt wieder ein.

»Was passiert da hinten eigentlich?«

»Ahh, das ist Toni bei seinem Einstellungstest. Niu braucht einen Praktikanten, der einfache Zuarbeiten erledigt. Toni soll ein kleines Programm schreiben, das diese Lampe da oben …« Adam deutet auf eine große Signalleuchte, die über der Küche angebracht ist. »... in verschiedenen Grün- und Rottönen zum Leuchten bringt, je nachdem wie voll unsere Kaffeekanne ist. Die Aufgabe ist nicht schwierig, wird aber unlösbar, weil Niu zwei Meter Abstand hält und ruppige Kommentare von sich gibt, wenn ihr etwas an seinem Code nicht gefällt.«

Adam dreht ein paarmal an den Griffen des Kickertisches, als spiele er gegen jemanden.

»Der Kickertisch muss wieder raus. Das Ding verträgt sich nicht mit der Akustik. Außerdem ist es ein Klischee aus den 90ern. Keine Ahnung, was Kasper sich dabei gedacht hat.«

»Was soll eigentlich dieses Gebäude?«

Mit einem lauten Knall versenkt Adam die Kugel im Tor und führt Linus zum Altarbereich.

»Ich wollte eigentlich etwas Modernes mit Stil und Erhabenheit. Einen Raum, der zeigt, wo wir hinwollen. Kasper bestand aber auf dieser Ruine. Die Miete ist günstig, zumindest für die Gegend. Ich war überzeugt, nachdem wir das Ding besichtigt hatten. Früher war das eine katholische Kirche, bis sie vor vier Jahrzehnten entweiht wurde. Aus gemeinderechtlichen Gründen oder so. Seitdem wird das Gebäude vermietet. Stell dir vor: Schuld, Absolution, Tränen, Segnungen. Und jetzt wir.«

Sie steigen die Stufen zum Altarbereich hoch. Das Bildnis von Jesus Christus schaut auf sie herab.

»Ganz ehrlich«, sagt Linus, »mir ist das symbolisch viel zu aufgeladen. Ich würde ein langweiliges Labor einem Kirchenkeller vorziehen. Ich meine, in dieser Atmosphäre werden wir jetzt quasi leben.«

»Sieh es mal von der PR-Seite. Für Journalisten, Fernsehteams und Influencer ist dieser Raum ein gefundenes Fressen. Die werden in Scharen anrücken, um über uns zu berichten und hier Selfies zu machen. Mit Gottes Hilfe gibt uns diese Kirche einen schönen Aufmerksamkeits-Push.«

Adam setzt sich auf die Kante des Konferenztisches und lässt seine Beine baumeln.

»Und der Vorraum?«, insistiert Linus. »*Perfekte Entscheidungen treffen heißt, ein perfekter Mensch zu sein?* Hast du das aus einem dystopischen Science-Fiction-Roman?«

»Ein Mission Statement muss hoch greifen. Besser over the top als lame. Und die Reaktionen auf Social Media sind überwiegend positiv. Mach dir keine Gedanken und überlass unsere Öffentlichkeitsarbeit mir. Das ist jetzt mein Aufgabenbereich.«

Linus möchte widersprechen. Seiner Meinung nach sollten sie alle gemeinsam das Mission Statement formulieren. Doch in Adams abschließender Feststellung liegt genug Bitterkeit, dass er das Thema lieber ruhen lässt.

»Was ist mit Sonja und Toni?«, fragt er stattdessen. »Keiner hat mir gesagt, dass wir Praktikanten einstellen.«

Adam hebt die Augenbrauen. »Darüber haben wir vor vier Wochen gesprochen. In meiner Wohnung, weißt du nicht mehr? Du hast gerade den neuen Adrenalin-Sensor getestet. Ich habe dich gefragt, ob du Mitarbeiter brauchst. Du hast verneint.«

Linus kann sich nicht erinnern. Wahrscheinlich ist er in die Arbeit vertieft gewesen, denkt er. Dabei braucht er einen Praktikanten, der ihm die technische Recherche abnimmt. Auf lange Sicht aber braucht er qualifizierte, spezialisierte Mitarbeiter. Er kann unmöglich alle Korrekturen und Justierungen an den Modulen des Prototyps allein vornehmen und nebenher die Weiterentwicklung vorantreiben.

»Wenn wir einen Investor finden, können wir uns weitere Mitarbeiter leisten. Dann stellen wir auch für dich jemanden ein.«

»Die werden bezahlt?«

»Natürlich. Es gibt einen Mindestlohn in diesem Land.«

Folglich verdienen die Praktikanten mehr als die Unternehmensgründer, denkt Linus. Er fragt sich, ob Kira zufrieden wäre, wenn er den Mindestlohn bekommen würde. Adam zieht unterm Tisch ein verschlossenes Päckchen hervor.

»Ich habe eine Überraschung für dich.«

Mehrere Zettel mit chinesischen Schriftzeichen kleben darauf.

»Ist das der Prototyp? Er ist schon angekommen?«

Sein Freund legt das Paket in seine Hände. Es fühlt sich leicht an, fast schwerelos. Linus muss lachen. Die Freude erinnert ihn an Kira. Vielleicht haben sich die Arbeit, die langen Nächte, der Streit mit ihr letztlich gelohnt.

Adam nimmt ihm das Paket wieder ab, betrachtet es.

»Vertraust du mir?«, flüstert er.

»Du hältst mich wohl für naiv.«

Adam lacht nicht über den Scherz, sondern legt das Päckchen in die Mitte des Tisches. Im hinteren Teil des Saals ertönt ein zögerlicher Freudenschrei. Toni hebt eine Faust. Kasper klopft ihm auf die Schulter. Die große Signalleuchte in der Küche strahlt dunkelrot.

»Linus, ich meine es ernst.«

»Was? – Nun ja, ich glaube schon. Ich meine, ich erzähle dir von meinen Sorgen, von Kira, meinen Eltern und sonst allem Möglichen. Wir sind Freunde. Zwischendurch war das mal anders. Aber mittlerweile vertraue ich dir wieder.«

Adam nickt erleichtert, während sein Blick auf Kasper und Niu fällt, die jetzt in ihre Richtung kommen.

»Das bedeutet mir wirklich viel«, flüstert er. »Hör zu. Ich werde bei der Zusammenkunft einen Vorschlag machen, der sich ein wenig merkwürdig anhört. Aber ich gebe dir mein Wort, dass er gut durchdacht ist. Dass er deinem Wohl – und vor allem dem Wohl des *Ting* – dient.«

»Was für ein Vorschlag?«

Adam lässt sich von der Tischkante gleiten und packt Linus an den Schultern.

»Wenn wir Freunde sind, dann musst du mir vertrauen. Ich brauche deine Unterstützung«, raunt er.

Dann lässt er wieder los und dreht sich zu Kasper und Niu, die die Treppenstufen zum Altarbereich erklimmen.

»Toni hat's gepackt?«, fragt er.

Kasper schaut skeptisch zwischen ihnen hin und her, fixiert dann Adam.

»Ein talentierter Junge. Als er fertig war, bat ich ihn, die Lampe auf Grün zu stellen, ohne sein Programm zu bemühen. Du hättest sein Gesicht sehen sollen, als ihm aufging, was ich meine.«

Als sie um den Konferenztisch Platz nehmen, fällt Sonne auf das Buntglasfenster und lässt das Päckchen in ihrer Mitte im diffusen Licht flimmern. Adam legt lässig die Hände in den Nacken, lächelt zufrieden in die Runde. Kasper glättet sein Cord-Sakko, sein Gesichtsausdruck ist konzentriert. Nius Augen sind geschlossen, sie hat an, was sie immer anhat: blaue Jeans, grauer Pullover. Wenn sie programmiert, zieht sie meist die Kapuze über den Kopf. Eine Warnung an die Umwelt, sie nicht zu stören. Niemand spricht, also riskiert Linus einen Blick aufs Smartphone, wo eine neue Nachricht von Kira erscheint.

> Wann haben wir eigentlich das letzte Mal miteinander geschlafen? Ich erinnere mich nicht mehr daran.

Er liest die Nachricht mehrmals. Mit jedem Mal wird ihm flauer im Magen.

Was Besseres fällt ihm nicht ein. Er sollte sich den Tag freinehmen und Kira überreden, das Gleiche zu tun, auch wenn er sich lieber den ganzen Tag und die ganze Nacht mit dem neuen Prototyp beschäftigen würde. Noch ist es nicht zu spät, um seine Beziehung zu retten. Er kann aufstehen, sich entschuldigen, behaupten, er sei krank.

Adam und Kasper holen gleichzeitig Luft, um etwas zu sagen, und stocken. Es ist nicht das erste Mal, dass sie sich uneinig sind, wer Wortführer ist. Einige Augenblicke später nickt Adam Kasper zu.

»Vielen Dank, mein Lieber. Ich will gar nicht pathetisch werden, sondern in knappen Worten das Besondere dieses Tages unterstreichen. Wir haben ein neues Büro. Endlich. Es ist preiswert und bietet genug Platz für die kommenden Jahre. Wir können also nach Belieben wachsen. Getreu diesem Motto haben wir soeben unsere ersten Mitarbeiter eingestellt. Es mag sich um Praktikanten handeln …«

Im linken Seitenschiff der Kirche versucht Toni verzweifelt, einen Filter in die hochmoderne Kaffeemaschine einzulegen, während Sonja ihm dabei zuschaut. Ihr gehässiges Kichern füllt den gesamten Kirchenraum.

»… aber die ersten Qualifizierten werden folgen, sobald Investorengeld da ist. Bis dahin müssen wir mit unserem eigenen Sachverstand auskommen.«

Adam übernimmt das Wort.

»Der Paketdienst hat den Tag perfekt gemacht und ein Paket voller unleserlicher Zeichen abgegeben. Ihr ahnt sicher, was sich darin verbirgt.«

Er legt ein Cuttermesser auf das Päckchen. Gerade streckt Linus die Hand danach aus, da schiebt sein Freund das Paket zu Niu. Zum Glück scheint niemand Linus' Bewegung bemerkt zu haben. Es kränkt ihn ein wenig, dass seine Partnerin dieses Privileg erhält, als sei ihr und nicht ihm dieser Moment zu verdanken.

Niu schlitzt den Karton langsam und vorsichtig auf, um den Inhalt nicht versehentlich zu beschädigen. Linus meint, das *Ting* dabei riechen und schmecken zu können: erst süß wie warme Milch mit Honig, dann bitter wie Muskatnuss und letztlich metallisch wie aufgebissene Lippen. Niu öffnet die Schutzverpackung, schaut lange hinein, gibt sie dann weiter. Linus braucht nur einen kurzen Blick, um das *Ting* zu identifizieren, mit einem Lächeln reicht er es an Adam. Endlich werden seine Kollegen und er selbst testen können, was er in den vergangenen Monaten vollbracht hat. Und das ist nicht weniger als eine technische Revolution. Während Niu den Quelltext des *Ting* mit selbst lernenden Algorithmen ausstattete, konnte er sich voll auf seine Kernkompetenzen konzentrieren. Zum einen auf die Sensoren, die Körper- und Umgebungsdaten erheben. Zum anderen auf die Interaktion des *Ting* mit dem User. Und hier gelang ihm der Durchbruch: Statt die Empfehlungen über eine App auf dem Smartphone oder eine andere externe Ausgabequelle zu übermitteln, kommuniziert der neue Prototyp nun direkt *mit dem Bewusstsein* der User. Die theoretischen Grundlagen schuf Linus schon während seiner Promotion, doch er ist selbst überrascht, wie schnell er die Technologie mit Fokus, besserer Technik und etwas Hilfe von Niu umsetzen konnte. Er freut sich schon auf die Gesichter seiner Partner, wenn sie ihre erste Empfehlung wie von einer inneren Stimme bekommen.

Das Hochgefühl bezüglich seiner Leistung hat einen bitteren Nachgeschmack. Denn wenn er nicht bald handelt, wird ebendiese Leistung ihn möglicherweise seine Beziehung kosten. Er sollte nicht hier sein, sondern bei Kira. Er tippt eine Antwort, muss ihr einen Kompromiss anbieten. Doch welchen, fragt er sich.

Was kann ich tun?

Linus nimmt an, dass Kira inzwischen in der Agentur angekommen ist und mit dem Routineprogramm begonnen hat, von dem sie ihm früher manchmal Fotos schickte. Auf der Toilette das vom Radfahren durchgeschwitzte T-Shirt gegen eine Bluse tauschen. Wimpern tuschen, Puder auftragen. In der Küche zwei Espressi trinken. Auf der Dachterrasse rauchen. Vielleicht, hofft er, liest sie seine Nachricht in diesem Moment der Ruhe.

»Das ist alles? Erstaunlich«, stellt Kasper fest, während er mit zusammengekniffenen Augen das Paket absucht. »Da wir vier die Beta-Tester des Prototyps sein werden, kann Linus uns vielleicht darüber aufklären, wie es jetzt weitergeht.«

»Was?«, fragt Linus irritiert.

»Wie installieren wir das *Ting*? Wie benutzen wir es?«

»Das – das kann man –«, stottert er. Dann fokussiert er sich auf das Hier und Jetzt und setzt noch mal neu an.

»Wir *benutzen* das *Ting* nicht. Es ist *anwesend*. Seit Niu die Verpackung geöffnet hat. Wie ein … wie eine Umweltbedingung. Ich werde es gleich nach der Zusammenkunft an meinen Rechner für uns vier freischalten. Schwer zu sagen, wie lange es braucht, um sich zu kalibrieren. Sobald es sich auf dich einstellt, wirst du spüren, dass es wirkt.«

An Kaspers Gesichtsausdruck kann er ablesen, wie verwirrend die Antwort gewesen sein muss. Aber er möchte das Thema nicht vertiefen, sondern sich seinem Chat mit Kira widmen.

»Verstehe. Mehr oder minder zumindest«, fährt Kasper fort. »Adam, kannst du bitte versuchen, beizeiten eine bessere Erklärung aus ihm herauszukitzeln. Für Investoren und Consumer werden wir eine präzisere Darstellung brauchen.«

»Ich weiß nicht«, wendet Adam ein. »Ich mag *Umweltbedingung.*«

»Meinetwegen«, stöhnt Kasper. »Was könnt ihr mir sonst noch über diesen Prototyp sagen?«

Als Niu antwortet, hört Linus ihre Stimme zum ersten Mal an diesem Tag. Sie scheint angespannter als in den vergangenen Wochen, als behage ihr die neue Umgebung nicht. Vielleicht hat sie aber auch private Probleme, von denen er nichts weiß, denkt Linus. Er hat in den vergangenen Monaten eng mit ihr zusammengearbeitet. Ist oft in der kleinen Wohnung in Kreuzberg allein mit ihr gewesen. Trotzdem kennt er diesen Menschen nicht. Er weiß nicht, woher sie kommt, was ihre Eltern machen. Was sie vom Leben erwartet oder wovor sie sich fürchtet. Immer wenn er versucht, das Gespräch auf Privates zu lenken, blockt Niu ab und spricht über die Arbeit. Er lud sie einige Male ein, mit ihm und den beiden anderen auszugehen, aber immer lehnte sie ab und verbrachte die Abende am Rechner. Nius rücksichtslose Hingabe an das *Ting* beeindruckt ihn. Die Art, wie sie alles um sich herum vergisst, wenn sie programmiert. Ihre kompromisslose Konsequenz.

»Wie ihr wisst, habe ich Linus' alte Algorithmen und körperbezogenen Modelle in ein intelligentes Programm überführt. Als Grundlage dafür habe ich einen Code genommen, an dem ich seit über zehn Jahren geschrieben habe, ich nenne das Programm *I*. Der neue Prototyp unseres ›Navigationssystems fürs Leben‹ ist jetzt in der Lage, Dirty Data, also unstrukturierte Daten wie Gespräche, Texte oder Filme zu lesen, auszuwerten und dabei zu lernen.«

»Ja, das wissen wir tatsächlich schon«, unterbricht Kasper. Seit das Paket geöffnet auf dem Tisch liegt und beständig den süßlich-bitteren, metallischen Geruch verströmt, scheint er die Gelassenheit verloren zu haben, die ihn sonst auszeichnet. »Aber was heißt das im Klartext? Was wird während des Beta-Tests mit uns passieren?«

»Wie bisher wird das *Ting* Vitalwerte erheben und mit verschiedenen medizinisch gestützten Durchschnittswerten vergleichen. Anfangs kann es zu Fehlinterpretationen kommen, aber das Programm wird sich mit der Zeit an deinen Körper gewöhnen und seine individuellen Eigenheiten kennenlernen. So werden die Empfehlungen immer akkurater.«

Nius Duktus klingt, als würde sie etwas Auswendiggelerntes aufsagen. Linus fällt es schwer, sich auf das Gesprochene zu konzentrieren. Auf dem Display kann er sehen, dass Kira online ist. Sie hat seine Nachricht gelesen, antwortet aber nicht.

»Gleichzeitig werden Umgebungsdaten in einem viel größeren Maße als zuvor erhoben und mit den Vitalwerten verknüpft. Was dann passiert, ist neu und wirklich einzigartig: Die Situation der Userin oder des Users wird analysiert und anschließend mit einem großen Korpus bestehend aus Romanen, Filmen, Biografien und anderem abgeglichen. Auf Basis unserer festgelegten Ziele – beruflicher Erfolg, körperliche Fitness, intaktes Sozialleben – wird mithilfe des Korpus' nach Optimierungsmöglichkeiten gesucht. Diese werden in Form von Empfehlungen an die Nutzerinnen und Nutzer weitergegeben.«

Sonja und Toni haben sich in der Nähe des Altarbereichs niedergelassen. Ihre Blicke sind auf die Displays ihrer Smartphones gesenkt, doch sie scheinen konzentriert zuzuhören.

»Verstehe ich das richtig?«, sagt Kasper. »Unser Tool hört beispielsweise bei einem Gespräch mit meinem Steuerberater mit und gleicht das Gesprochene und die ganze Situation mit Groschenheften, Hollywood-Schmonzetten und der Fachliteratur zur Steuerberatung ab. Und wenn die Vergleiche ergeben, dass der Typ fachlich Mist redet oder nur an meinem Körper interessiert ist, dann rät es mir, den Steuerberater zu wechseln?«

Niu nickt.

»Das ist gleichermaßen faszinierend wie erschreckend. Und wird sich daher grandios an potenzielle Investoren verkaufen lassen.«

»Das Beste kommt noch«, fährt Niu fort. »Je länger das *Ting* genutzt wird, desto besser passt es sich dem Leben der Userinnen und User an. Gesammelte Informationen werden dem Korpus hinzugefügt und dienen in Zukunft als Vergleichsmaterial für die Daten aller anderen Nutzerinnen und Nutzer. Das *Ting* lernt und wird immer schlauer.«

Linus schielt auf sein Smartphone: Kira schreibt eine Nachricht, löscht sie aber vor dem Senden. Er wird sie verlieren, wenn er nicht bald handelt. Sie kennen sich seit ihrer Schulzeit. Sie ist das erste Mädchen gewesen, in das er verliebt war. Die erste Frau, mit der er geschlafen hat. Kira hat ihn immer in allem unterstützt, ihm Sicherheit gegeben. Doch seit dem Abbruch der Promotion verspielt er alle Sicherheiten. Kira ist noch immer online, also wiederholt er seine Frage.

Was kann ich tun?

Er kann nicht anbieten, aus dem Start-up auszusteigen. Auch wenn er sicher ist, dass sie genau das hören möchte. Zu viel hat er bereits in das *Ting* und das Start-up investiert, und auch wenn Kira ihn für naiv hält, Linus glaubt noch immer an den Erfolg.

»Ich habe einen Anschlag auf euch vor und möchte ihn als außerplanmäßigen Punkt auf die Tagesordnung setzen«, sagt Adam und holt eine prall gefüllte Dokumententasche hervor. Ehe er weitersprechen kann, wird er von Kasper unterbrochen.

»Auch ich habe eine unerwartete Ankündigung zu machen. Lasst uns meine Angelegenheit zuerst abhandeln, bevor wir uns im Anschluss weniger dringenden Themen widmen.«

Adam zieht einen Stapel Papier aus seiner Tasche und knallt ihn auf den Tisch.

»Vergiss es, Kasper. Du hast dir mit deinem Geld die Geschäftsführung unter den Nagel gerissen. Aber das heißt nicht, dass du über alle Abläufe bestimmst.«

Linus wundert sich darüber, dass Adam und Kasper in Unternehmensentscheidungen meistens auf einer Seite sind und es gemeinsam fast immer schaffen, die jeweilige Entscheidung durchzusetzen. Nach Feierabend gehen sie gelegentlich mit Linus weg, erzählen Anekdoten und lachen miteinander. Aber dann wieder gibt es Situationen wie diese, wo die Spannungen zwischen ihnen so offen ausgetragen werden, dass man meint, sie würden sich nicht nur nicht mögen, sondern sogar verachten. Adam scheint in diesen Momenten zu wachsen und mit seiner Präsenz den Raum in seine Gewalt zu bringen. Was Kasper allerdings nicht einschüchtert, sondern zu zynischen Kommentaren anstachelt. Manchmal befürchtet Linus, dass eine dieser Konfrontationen eskaliert und das Start-up zerbrechen lässt.

»Wie wäre es mit einer Partie *Schere, Stein, Papier?*«, hört er sich sagen.

Kasper schnaubt und schüttelt verächtlich den Kopf.

»Warum nicht«, sagt Adam. »Schere, Stein, Papier. Kein Brunnen. Eine Runde. Wer gewinnt, erhält den Vortritt.«

Mit einem Ruck drückt er sich aus seinem Stuhl und hüpft

einige Schritte durch den Raum, schüttelt seine Schultern aus wie ein Boxer vor dem Kampf. Auch Kasper steht mit einem Mal, fixiert einen Punkt im Antlitz Jesu und scheint an etwas Fernes zu denken. Die Praktikanten beobachten verstohlen den Zweikampf aus der Distanz. Ein goldener Mittagsschimmer liegt über allem und mischt sich mit dem Geruch, der dem Paket aus Asien entweicht.

Die Kontrahenten mustern einander, versuchen, den Zug des anderen vorherzusehen. Adam krempelt konzentriert die Ärmel seines weißen Hemdes nach oben. Dunkle Schweißflecken unter den Achseln, als wären es Auszeichnungen. Kasper knüpft das braune Cord-Jackett auf und lockert die rote Krawatte, faltenlos und ohne Tadel.

Die beiden Partner bringen ihre Fäuste ins Pendeln, spiegelverkehrt, aber synchron, als spielten sie ein Leben lang miteinander. Langsam schwanken die Hände in ihren Bahnen. Während sie für einen Moment in der zweiten Amplitude verharren, flüstert Kasper einen gut hörbaren Satz.

»Ich nehme Stein.«

Adams Gesichtszüge verhärten sich in Irritation. Die Fäuste pendeln schneller, und Adam blinzelt zerstreut, als sie sich in Ruhelage öffnen: Adam Papier, Kasper Schere.

»Scheiße, das zählt nicht! Du hast geschummelt.«

»Ach wirklich? Dann zeig mir mal die besagte Stelle im Regelkatalog.«

Die beiden schauen zu Niu, die mit den Schultern zuckt.

»Regelkonform.«

Linus senkt den Blick auf sein Smartphone. Ihm ist klar, was zu tun ist. Er muss eine Grenze ziehen. Nicht nur für Kira, sondern auch für sich selbst.

Ich kann nicht aufhören, nicht ohne Weiteres. Nicht nachdem ich so viel investiert habe. Wir haben das Start-up gerade erst gegründet, alles kann sich noch zum Besseren wenden. Aber ich stelle mir selbst ein Ultimatum. Wenn sich die Arbeitszeiten im nächsten halben Jahr nicht normalisieren. Wenn ich bis dahin kein regelmäßiges Gehalt bekomme. Dann steige ich aus. Und suche mir endgültig etwas anderes. Machst du das so lange mit? Bitte.

Kira lässt sich einen Moment Zeit, aber schließlich erscheint die Antwort auf seinem Display.

Einverstanden. Heute Abend hast du gesagt? Nur wir beide? Reden und mehr? Das fände ich schön.

Linus atmet erleichtert auf und versinkt im Stuhl, während Kasper mit seiner Ankündigung beginnt.

»Schön, dass wir auf so professionelle Weise klären, welche Themen Vorrang haben. Dafür kann ich euch mit einer sehr guten Nachricht erfreuen. Mein Freund Arman ist Assistent von Bernd Molau, dem Geschäftsführer von *Nutshell Ventures.* Und er hat bei seinem Vorgesetzten ein gutes Wort für uns eingelegt. Ich habe in den vergangenen Tagen Vorgespräche mit den Verantwortlichen geführt und konnte ihr Interesse an unserem Start-up entfachen. *Nutshell* ist grundsätzlich bereit, zu investieren. Wenn wir unser Produkt und das Team bei einem offiziellen Pitch im deutschen Headquarter vorstellen und ein Komitee von uns überzeugen.«

Adam fasst sich ein Herz und spricht die Frage aus, die auch Linus sich stellt.

»Um wie viel Kohle geht's?«

»Investitionssumme sind anderthalb Millionen Euro. Für 20 Prozent der Unternehmensanteile.«

Adam scheint seine Niederlage bei *Schere, Stein, Papier* vergessen zu haben und jubelt. Die Praktikanten stimmen ein und klatschen, Niu steht auf und umarmt Kasper flüchtig. Linus stößt einen Freudenschrei aus. Damit wäre er seine Sorgen los, geht es ihm durch den Kopf. Wenn sie das Geld bekommen, werden sie sich endlich Gehalt auszahlen. Sie werden die leeren Arbeitsplätze im Büro mit Mitarbeitern besetzen und den Beta-Test vorantreiben. Mit einer großen Marketingkampagne werden sie das *Ting* auf den Markt bringen. Bald wird er folgen, der erste Umsatz. Dann ist es nur noch eine Frage der Zeit, bis alles von allein läuft, das Unternehmen wächst und Gewinn abwirft. Seine Eltern werden seine Erfolge zu würdigen wissen, auch Kira wird zufrieden, wird stolz auf ihn sein. Er entscheidet sich, ihr lieber am Abend persönlich von den Neuigkeiten zu erzählen.

»Ich muss wahrscheinlich nicht gesondert erwähnen, wie wichtig dieser Termin für uns ist«, fährt Kasper fort. »Wir brauchen eine makellose Präsentation und den perfekten Pitch. Außerdem sollten wir uns eine clevere Art überlegen, das *Ting* vorzustellen. Besser als mit Kategorien wie ›Umweltbedingung‹, meine ich. Wir können es ja das Komitee nicht ausprobieren lassen. Vielleicht ist das aber auch nebensächlich. Das Hauptaugenmerk eines Investors liegt immer auf dem Team. Wir müssen kompetent, ehrgeizig und unverzichtbar wirken.«

Bei diesem Satz fixiert Kaspers skeptischer Blick Linus, wahrscheinlich ein Zufall. Doch der Gedanke ans Investorengespräch schürt bei Linus eine vertraute Angst. Er hat bei allen Vorstellungsgesprächen und Assessment-Centern versagt. Hier wird es nicht anders sein, befürchtet er. Aber vielleicht doch. Denn dieses Mal sind Adam und die anderen an seiner Seite. Man wird ihn zur Technik und den Mikrosensoren befragen. Das sind Bereiche, in denen er sich auskennt. Alles andere wird er Adam überlassen.

»Im Vorfeld des Termins sind noch Formalitäten zu klären. Ich kümmere mich selbstverständlich darum und halte euch auf dem Laufenden. In der Zwischenzeit sollten wir der Vorbereitung des Pitches oberste Priorität einräumen.«

Mit einem knappen Nicken erteilt Kasper Adam das Wort.

»Das sind ja wirklich Hammer-Neuigkeiten! Ich muss dir aber widersprechen, unsere oberste Priorität bleibt die Entwicklung und der Beta-Test.«

Adam verteilt einen Papierstapel, auf dessen Deckblatt das Wort *Zusatzvertrag* steht. Linus fällt die Bitte um Unterstützung ein, die sein Freund vor der Zusammenkunft geäußert hat, und ihm wird mulmig.

»Was soll das werden, Strzela?«

Kasper blättert hastig und überfliegt Absätze.

»Wie Niu und ich euch letzte Woche informiert haben, werden wir vier die einzigen Beta-Tester des *Ting* sein. Warum? Weil ich keiner externen Testgruppe das *Ting* anvertrauen möchte. Man kann nie wissen, ob das Produkt nicht bei der Konkurrenz landet. Außerdem möchte ich kein ausgefeiltes Feedbacksystem entwickeln, um die Testergebnisse auszuwerten. Das frisst Zeit und Ressourcen, die wir nicht haben. Tja, und wir müssen noch immer die Haftungsfrage klären. Wir dürfen nicht verantwortlich gemacht werden, wenn ein User auf eine Empfehlung des *Ting* hin ein Gesetz bricht. *Du bist immer müde. Empfehlung:*

Probier's doch mal mit einer Line Koks. In diesem Stadium sollten wir Gerichtsprozessen aus dem Weg gehen. Heißt: Die besten Beta-Tester sind wir selbst. Wir wissen genau, welche Features das Produkt bieten soll, folglich können wir Fehler genau benennen. Keiner von uns wird das Produkt an die Konkurrenz verscherbeln, geschweige denn das Start-up verklagen.«

Linus ist froh, den Test nicht den Praktikanten überlassen zu müssen. Kasper nickt zögernd, während sein unruhiger Blick eine Seite des Vertrags scannt.

»Wir haben lange diskutiert, wie wir den Testvorgang optimieren«, meldet Niu sich zu Wort. »Der Beta-Test ist nur valide, wenn jede Empfehlung des *Ting* umgesetzt wird. Die Betonung liegt auf ›jede‹. Wenn die Testerinnen und Tester aufwendige oder auf den ersten Blick unlogische Anweisungen ignorieren, werden wir mögliche Fehlerquellen nicht ermitteln können. Für die Korrektur und Anpassung der Routinen brauchen wir so viele positive Daten wie möglich. Welche kurz- und mittelfristigen Konsequenzen folgen aus Empfehlungen? Bringen sie die Testerinnen und Tester ihren Zielen näher? Gibt es Vorschläge mit schädlichen Konsequenzen?«

»Sobald Linus den Prototyp für uns freischaltet, gilt eine neue Regel«, übernimmt Adam wieder grinsend. »Die Beta-Tester – also wir vier – sind verpflichtet, jede Empfehlung des *Ting* nach menschlichem Ermessen umzusetzen. Und um sicherzugehen, dass wir uns alle daran halten, habe ich diesen Zusatzvertrag aufsetzen lassen.«

Linus ist nicht sicher, was er von dem Zusatzvertrag halten soll. Der neue Prototyp wird so gut wie alle Lebensbereiche abdecken. Das *Ting* kann ihn nicht nur dazu bringen, wieder Joggen zu gehen, sondern kann ihm auch helfen, seine Beziehungsprobleme zu lösen. Andererseits kennt Linus das »Navigationssystem fürs Leben« seit seiner Entstehung. Die Empfehlungen, die er im Laufe der Zeit bekam, waren nicht immer hilfreich oder logisch. Hätte er damals jede Empfehlung umgesetzt, hätte er mehrmals seiner Gesundheit geschadet, hätte zu Kiras Verärgerung mitten in der Nacht die Wohnung verlassen oder seine Pflichten an der Uni tagelang vernachlässigt.

»Das könnt ihr nicht ernst meinen, das ist Wahnsinn!«, sagt Kasper. »Wir sollen unsere Eigenständigkeit und unseren Willen an ein unausgereiftes, fehlerhaftes Computerprogramm abtreten? Ich habe nicht vor, mein ganzes Leben von einem technischen Gerät abhängig zu machen. Und was ist, wenn man sich nicht an die Empfehlungen hält? Welche Maßnahmen sieht der Vertrag vor?«

Linus teilt zwar Kaspers Bedenken, findet dessen Reaktion aber zu heftig. Ein wenig mehr Vertrauen sollte ein Geschäftsführer in sein Produkt schon haben, denkt er. Auch Kasper scheint seinen Ton sofort zu bereuen und er strafft sich wieder.

»Ich hab mir schon gedacht, dass du nicht begeistert sein wirst«, sagt Adam. »Deshalb habe ich den Vertrag so gebaut, dass auch wirklich was auf dem Spiel steht: Wer sich nicht an die Regel hält, scheidet aus dem Unternehmen aus. Die Anteile werden auf die anderen Gesellschafter aufgesplittet. Das zumindest besagt der Vertrag. Ich bin dafür, dass wir abstimmen, so wie wir es sonst auch machen. Absolute Mehrheit.«

»Reiß mir jetzt nicht den Kopf ab, Adam, aber ich bin auch unsicher«, sagt Linus. »Was machen wir, wenn der Prototyp voller Bugs ist und wir lauter Empfehlungen umsetzen müssen, die uns nicht guttun? Ich will meine Anteile nicht verlieren, bloß weil die Sensoren des *Ting* nicht richtig kalibriert sind oder unser neuronales Netz einen Fehler hat.«

Adam schaut ihn mit demselben freundschaftlich flehenden Blick an, mit dem er Linus vor dem Meeting das Versprechen abgerungen hat, ihn in dieser Sache zu unterstützen.

»Falls der Prototyp tatsächlich voller Bugs ist, dann erfahren wir das nur, wenn wir einen sauberen Test durchführen. Wir sind in einer richtungsweisenden Phase, Linus. Der Beta-Test entscheidet über unseren weiteren Weg, über Erfolg und Misserfolg. Niemand hier will dir deine Anteile wegnehmen. Der Einsatz ist nur so hoch, damit alle den Test ernst nehmen. Wir sind zu viert, wir können uns nicht erlauben, dass zwei von uns testen und die anderen nur ab und an eine Empfehlung umsetzen, wenn's gerade passt. – Das ist unsere letzte Chance! Du möchtest sie doch nutzen, oder?«

»Alles schön und gut«, unterbricht Kasper Adams Kunstpause. »Ich vertraue auf unser Produkt, auch wenn sich das gerade anders angehört haben mag. Ich bin sicher, dass das *Ting* das Leben von vielen Menschen verbessern wird. Auch meines. Dafür muss es erst mal getestet und ausgereift sein. Aber es muss doch für diesen Test eine bessere Methode geben als das hier.«

Kasper deutet auf den aufgeschlagenen Zusatzvertrag.

Niemand sagt etwas. Niu lächelt erst Kasper, dann Linus an. Sie blättert drei verschiedene Seiten in ihrem Vertag auf und setzt ihre Unterschrift darunter. Ihre Zuversicht ist ansteckend.

»Meiner ist schon abgezeichnet«, sagt Adam. »Damit fehlt zur Mehrheit nur noch eine Stimme.«

Er geht um den Tisch herum, gibt Linus einen Stift und legt die Hand auf seine Schulter. Noch als er wieder an seinem Platz ist, fühlt Linus ihre Wärme. Adam hat ihn um seine Unterstützung gebeten und ihm versichert, nur das Beste für das *Ting* im Sinn zu haben. Kasper mustert Linus, als sähe er ihn zum ersten Mal. Eine seiner braunen Locken hüpft, als er leicht den Kopf schüttelt. Nius Augenringe lassen sie müde, aber auch verwegen aussehen. Toni und Sonja glotzen Linus von ihren Plätzen aus an, als sei seine Entscheidung das Finale eines Actionfilms. Er nimmt den Stift und unterschreibt.

»Dann bin ich wohl überstimmt«, sagt Kasper, grinst bitter und unterschreibt. »Ich werde mehrere Anwälte prüfen lassen, ob dieses Schriftstück überhaupt rechtsgültig ist. Wie ihr vielleicht wisst, sind Verträge, die gegen gültiges Recht verstoßen, nichts wert, unterschrieben oder nicht.«

Adam klatscht in die Hände. Die dunklen Stellen an seinen Achseln sind größer geworden, als habe er einen Sprint im Hochsommer hinter sich.

»Niu wird regelmäßig unsere Logdateien checken, um sicherzugehen, dass wir uns an die neue Regel halten. Wir können das natürlich auch gegenseitig tun, gleiches Recht für alle. Ich schlage vor, dass Linus uns jetzt endlich für den Test freischaltet. Und dass wir die anderen Punkte der Tagesordnung heute Abend in der *Grizzly Bar* bei einem Bier besprechen. Lasst uns feiern heute Abend!«

Der Vorschlag erinnert Linus an Kira und er will sofort Einspruch erheben. Doch alle stimmen zu. Selbst Kasper, der nachdenklich und ramponiert wirkt, selbst Niu, die noch nie mit ihnen weg war, selbst die beiden Praktikanten.

»Du hast die richtige Entscheidung getroffen«, sagt Adam im Vorbeigehen. Kasper schlägt den zusammengerollten Zusatzvertrag zweimal in die offene Handfläche, während er den Altarbereich verlässt. Niu allein bleibt sitzen, vom Licht des Buntglasfensters eingehüllt.

Noch immer irritiert vom Meeting, lässt Linus die Flügeltür im Vorraum hinter sich ins Schloss fallen. Die Konsequenzen seiner Unterschrift unter dem Zusatzvertrag lassen sich kaum abschätzen. Doch die Vorfreude auf den neuen Prototyp verscheucht alle Zweifel und Befürchtungen. Die goldenen Buchstaben des Mission Statements sind nun komplett und begradigt.

MENSCH SEIN HEISST ENTSCHEIDUNGEN TREFFEN.
PERFEKTE ENTSCHEIDUNGEN TREFFEN HEISST, EIN PERFEKTER MENSCH ZU SEIN.
DAS TING MACHT DICH ZUM PERFEKTEN MENSCHEN.

Er steigt die engen Treppen hinunter in den Keller und tastet sich durch den maroden Schacht. Diesen Weg wird er also von nun an mehrmals täglich zurücklegen. Neben der Tür zum Labor entdeckt er eine zweite, die neu verbaut zu sein scheint. Kühles Rauschen schlägt ihm entgegen, als er sie vorsichtig öffnet. In mehreren Metallregalen stapeln sich schwarze Boxen, miteinander verkabelt und mit blinkenden LEDs bespickt. Die Kälte und der Glanz des Metalls erinnern ihn an eine Leichenkammer, auch wenn er solche nur aus Filmen kennt. Für den Beta-Test wird der Serverraum vielleicht genügen. Wenn weitere Nutzer hinzukommen, werden sie ihre Daten in eine Farm auslagern müssen.

Zurück in seinem Büro, fährt Linus den Rechner hoch. Alles ist bereits eingerichtet. Das Script zur Aktivierung des *Ting* und der Logdateien, das er letzte Woche zusammen mit Niu geschrieben hat, braucht nur zwei Minuten, um durchzulaufen. Das war's. Linus fragt sich, wie viele Tage das *Ting* brauchen wird, um die erste Empfehlung zu generieren. Und wo es ansetzen wird, um sein Leben vielleicht nicht perfekt, aber besser zu machen.

Er versinkt im bequemen Schreibtischstuhl und ist dankbar, dass Kasper daran nicht gespart hat. Die kahlen, fensterlosen Wände, das leise Rauschen des Lüftungssystems und die Abgeschiedenheit lassen ihn zur Ruhe kommen. Zum ersten Mal an diesem Tag. Bis die ersten Fehler an den Mikrosensoren und dem Code des *Ting* zutage treten, hat er nicht viel zu tun. Die freie Zeit kann er nutzen, um Kira versöhnlich zu stimmen. Er reibt über die schwarzen Markierungen auf den Fingern seiner linken Hand, bis sie kaum noch zu sehen sind und schaut sich anschließend um. Zu seiner großen Freude entdeckt er im Labor einen Kühlschrank, der komplett mit Bio-Limonade gefüllt ist. Vielleicht wird er sich mit dem Büro doch noch anfreunden können, denkt Linus. Trinkend öffnet er sein Postfach und überfliegt die neuen Mails.

Eine Nachricht mit chinesischen Schriftzeichen im Betreff erweckt seine Aufmerksamkeit. Absender ist der Produktionsleiter der Fabrik, die mit der Herstellung der Prototyps beauftragt war. Linus kopiert den Betreff in den Browser und lässt ihn übersetzen.

>▬ Eine Erinnerung des Herzens

Die Mail enthält ein Dutzend Fotos, dazwischen für Linus nicht lesbarer Text. Ein weißer Fabrikklotz, von Nebel umhüllt, ist das erste Motiv.

>▬ Es ist die Fabrik, die stolz ist, Ihre hervorragenden Produkte in ihrem Inneren zu gebären.

Die nächsten Fotos zeigen Produktionsstraßen mit Roboterarmen, Laborräume, die dem von Linus nicht unähnlich sind, und Menschen in hellblauen Einweg-Overalls, Kopfhauben und Mundschutz. Auf dem letzten Foto lächeln ein Mann und eine Frau freundlich in die Kamera und scheinen eine Verbeugung anzudeuten.

>▬ Ich möchte mich und meine Frau vorstellen, die meine Sekretärin ist. Wir drängen Sie aus dem Abgrund unserer Seele, all Ihre Probleme in unsere schlanken Hände zu legen.

Ein Geschmack manifestiert sich in seinem Mund - erst süß, dann bitter, dann metallisch - aus dem Nichts. Es folgt ein unbekanntes Gefühl. Als würde man eine Tür öffnen, ohne den Raum dahinter zu kennen. Einen Menschen ansprechen, dessen Stimme man noch nie gehört hat. Kira anfassen, ohne zu wissen, ob sie Lust hat. Linus erschrickt, als etwas in seiner Tasche vibriert. Eine Nachricht von Kira.

Meine Chefin sagt, ich kann heut früher gehen.
Was hältst du von Off-Kino, dann Cocktails und dann sexy time? ;)

Sein Dilemma hat er völlig vergessen: Wie versprochen den Abend mit Kira zu verbringen oder mit den anderen in der Bar auf Büro, Beta-Test und Investment anzustoßen. Sein kurzer Ausruf der Verzweiflung verklingt schnell zwischen den niedrigen Wänden. Wieso, fragt er sich, können die Dinge nicht mal gut für ihn laufen? Wenn er Kira absagt, gefährdet er den fragilen Waffenstillstand, wahrscheinlich sogar seine Beziehung. Andererseits möchte er den Abend mit den Kollegen nicht verpassen. Selbst Niu wird dort sein. Ein gelöstes Gespräch über den bevorstehenden Investorentermin könnte ihm die Angst davor nehmen.

Mit einem Mal hat Linus das Gefühl, nicht mehr allein im Raum zu sein. Er schaut sich um und lugt sogar hinter einige gestapelte Kartons. Er ist allein hier unten, ganz sicher. Und doch wird er ein ganz bestimmtes Gefühl nicht los: Als würde etwas oder jemand aus dem Dunkeln ins Scheinwerferlicht treten.

Dann mischt sich das Echo einer Stimme in seine Gedanken, die wie seine eigene klingt. Als würde er nicht mehr allein unter seiner Haut stecken. Die Stimme des *Ting*.

Die Zusammenkunft am heutigen Abend ist wichtig für das Teambuilding und für deine Ziele. Alles Übrige ist hintanzustellen.

Das *Ting* zieht sich wieder zurück. Die Empfehlung hat seiner eigenen inneren Stimme, seinen Gedanken vage geähnelt und war trotzdem klar davon zu unterscheiden. Das *Ting* ist weiterhin spürbar, wie ein Rucksack, der leicht an den Schultern zieht. Oder wie ein neues Körperteil, das von einem Augenblick auf den anderen gewachsen ist. Wie in einem Science-Fiction-Film, denkt Linus. Als würde man einem Menschen aus dem 18. Jahrhundert plötzlich ein Smartphone in die Hand drücken.

Zwar hat er diese Technologie selbst entworfen und jahrelang daran gearbeitet, trotzdem hätte er niemals vorhersehen können, wie sie sich in der Realität anfühlt. Schon im Studium interessierte sich Linus dafür, wie der innere Gedankenmonolog bei Menschen entsteht. Die wenigen Forschungsergebnisse zu diesem Thema führten ihn zum Reafferenzprinzip. Während ein bestimmter Teil des Gehirns den Plan macht, um beispielsweise die Hand zu bewegen, vergleicht ein anderer Teil des Gehirns, wie diese Bewegung tatsächlich ausgeführt wird. So kann das Gehirn Körperregungen im Detail nachjustieren, ähnlich einer

Simulation. Diese Vorgänge kann man selbst ausprobieren, wenn man seine Augen schließt und mit der Hand vor seinem Gesicht winkt. Man sieht die Bewegung vor seinem inneren Auge, genauer gesagt: eine Simulation dieser Bewegung. Linus erfuhr, dass ein innerer Gedankenmonolog in denselben Gehirnarealen entsteht. Ein Gedanke ist der Plan des Gehirns, zu sprechen, ohne dass jemals gesprochen wird. Eine kognitive Simulation von Sprache. Es kostete ihn mehrere Jahre, um eine Technologie zu entwickeln, die diesen Prozess beeinflussen kann.

Als der Stolz auf seine revolutionäre Entwicklung langsam abebbt, bleibt Beklommenheit zurück. Das *Ting* möchte also, dass er Kira für heute Abend absagt. Und er hat sich vertraglich verpflichtet, zu gehorchen. Bei Verstoß droht ihm der Verlust seiner Anteile und der Ausschluss aus dem Unternehmen. Er hat keine andere Wahl. Oder doch?

Linus tippt Erklärungen für Kira in sein Smartphone. Löscht sie wieder. Ihm fallen keine Worte ein, die erklären könnten, ohne zu verletzen. Am liebsten würde er zu seiner Freundin fahren und ihr alles erzählen. Sie in den Arm nehmen und sie sagen hören, dass sie ihn unterstützt und alles gut wird. Doch das kann er nicht. Er kann ihr unter keinen Umständen erzählen, dass der neue Prototyp Empfehlungen mithilfe von künstlicher Intelligenz generiert. Kann ihr nicht sagen, dass das *Ting* Linus' eigene gedankliche Stimme nutzt, um ihm die Empfehlungen mitzuteilen. Die neue Version des *Ting* würde Kira Angst machen, genauer gesagt würde sie Angst *um ihn* haben. Egal ob die revolutionäre Entwicklung sein Verdienst ist oder nicht. Sie wird verlangen, dass er den Zusatzvertrag bricht, den Beta-Test aufgibt, vielleicht sogar dem ganzen Projekt den Rücken kehrt.

Erneut wird das Gefühl stärker, nicht mehr allein im Raum zu sein, als würde etwas aus dem Dunkeln ins Scheinwerferlicht treten. Und die fremde, innere Stimme des *Ting* erstickt seine eigenen Gedanken.

Deine Beziehung mit Kira erhöht die Ausschüttung von Stresshormonen und damit die Wahrscheinlichkeit zu erkranken. Sie gefährdet deine Ziele, alles, wofür du gearbeitet hast. Du musst die Beziehung so schnell wie möglich beenden.

ADAM

Die vertraute Stimme des *Ting* fadet in Adams Traum, erst leise, dann mit zunehmender Lautstärke. Als würde ein Tonmeister behutsam den Regler hochschieben, als würde jemand aus dem Dunkeln ins Scheinwerferlicht treten.

Wach auf, es ist Zeit. Du hast einen langen Tag vor dir. Wenn du jetzt aufstehst, kannst du ihn entspannt angehen.

Die Morgensonne fällt auf das neue Rollo und tüncht den Raum in milchiges Licht. Seit dem Beginn des Beta-Tests muss er keinen Wecker mehr stellen, das *Ting* übernimmt diesen Job. Adam taumelt aus dem Schlafzimmer.

Du bist ideal ausgeruht. In sieben Stunden hattest du zwei Stunden REM-Schlaf.

Keine Empfehlung, vielmehr ein Resümee der vergangenen Nacht, dennoch nützlich. Er befeuchtet sein Gesicht mit kaltem Wasser, reibt sich den Schlaf aus den Augen. Ausgeruht fühlt er sich nicht. Eher zerschlagen. Aber das heißt nichts, denkt Adam.

Seiner eigenen Einschätzung wird er nicht mehr trauen. Sie beruht nicht auf unanfechtbaren Messungen und objektiven Rechenvorgängen wie die Empfehlungen des *Ting* und ist somit keine geeignete Grundlage für Konsequenzen. Gefühle sollen nur noch die Ergebnisse von Entscheidungen sein. Nicht die Basis, auf der er welche trifft.

Die Regenwahrscheinlichkeit liegt bei 10 Prozent, die Lufttemperatur bei 19 Grad Celsius. Nach der gestrigen Belastung ist heute ein Dauerlauf von 5 Kilometern bei 80 Prozent des Maximalpulses optimal.

Der Himmel spannt sich über die Häuserdächer Kreuzbergs wie eine monotone blaue Leinwand. Kühler Wind weht in die sachte schwankenden Bäume. Adam bekommt eine Gänsehaut. Jeder seiner Schritte macht sich durch einen leichten Schmerz bemerkbar. Muskelkater vom gestrigen Krafttraining. Seit der Beta-Test des neuen Prototyps vor zwei Monaten begonnen hat, hat das *Ting* die Belastung allmählich angehoben. Mittlerweile macht er jeden Tag Sport. Ausdauerläufe und Krafttraining im Wechsel, donnerstags Badminton. Heute möchte er eine neue Strecke ausprobieren und steuert auf das Kottbusser Tor zu.

Die Feinstaubbelastung dieser Strecke ist im Vergleich zur vorherigen um 45 Prozent höher. Ein Ausweichen auf die alte Strecke wird empfohlen.

Er gehorcht dem *Ting*. Mit den Schritten klart seine Wahrnehmung auf. Die Stadtluft sticht in seine Lunge, während die Beine routiniert die Strecke ablaufen. Obwohl sein Körper erschöpft ist von der täglichen Anstrengung und den langen Arbeitstagen, ist er so fit wie noch nie in seinem Leben. Das Pumpen macht ihn selbstbewusster, das Joggen ausdauernder. Das *Ting* lässt ihn zwar nie mehr als 10 Stunden am Tag arbeiten, aber dank der neuen körperlichen Fitness ist er konzentrierter und kann seine Zeit besser nutzen. Nebenbei hat er fünf Kilo abgenommen und sieht gesünder aus. All das wird er heute in einem Blogeintrag veröffentlichen, in dem er die Ergebnisse und Erfahrungen aus den vergangenen zwei Monaten bündeln möchte. Das Blog, das die Veränderungen seines Alltags im Laufe des Beta-Tests protokolliert, hat mittlerweile über 2500 Unique Visits am Tag. Seine Impressionen werden helfen, die Neugier der Early-Adopters zu wecken und ihnen Ängste zu nehmen. Bisher sind seine Erfahrungen überwiegend positiv. Er muss sie nur selten in ein gutes Licht rücken.

Du bist 1 Stundenkilometer zu schnell. Verringere das Tempo.

Gemächlich läuft er an einigen Schulkindern vorbei. Ein dunkelhaariges Mädchen zielt mit einer Spielzeugpistole auf seine Brust. Er hebt die Hände in die Luft.

»Nicht schießen, ich ergebe mich!«

»Peng!«

Der freche Blick erinnert ihn an seine Patentochter Agnieszka. Er hat das Gefühl, etwas Wichtiges vergessen zu haben. Aber was? Ihr Geburtstag ist im Januar, das kann es nicht sein. Seinen Kalender hat er vor Wochen abgeschafft. Er vertraut darauf, dass das *Ting* ihn an alle wichtigen Termine erinnert. So wie es ihm gestern beispielsweise den heutigen Augenarzt-Termin ins Gedächtnis rief. Noch immer hat er es nicht geschafft, seine Sehschwäche untersuchen und sich Kontaktlinsen verschreiben zu lassen. Wichtige Termine kamen dazwischen. Das *Ting* empfahl ihm eine Augenklinik, die auch samstags geöffnet hat, und so machte er für heute einen Termin.

Bezüglich seiner Patentochter hat das »Navigationssystem« allerdings nichts erwähnt. Wahrscheinlich irrt er und bildet sich das Gefühl, etwas Wichtiges vergessen zu haben, lediglich ein. Um sicherzugehen, wird er Tomek anrufen. Nein, denkt Adam, er wird abends vorbeifahren. Er hat Tomek, Kasia und vor allem Aga viel zu lange nicht mehr gesehen. Sie fehlen ihm.

Es kann sich als nützlich erweisen, diesen Mann zu grüßen.

Ein gut gebauter Mann Mitte 50 biegt um eine Straßenecke und joggt ihm langsam entgegen. Adam hebt die Hand und nickt ihm zu, als seien sie alte Bekannte. Der Mann erwidert den Gruß, wie es unter Läufern üblich ist. Um wen es sich handelt, weiß Adam nicht. Möglicherweise ein Investor oder Geschäftsführer, dem er vielleicht irgendwann bei einem Kamingespräch begegnen wird. Dank des *Ting* hat er dann ein Gesprächsthema, mit dem er unverkrampft eine Unterhaltung beginnen kann: Sind wir uns nicht mal beim Joggen über den Weg gelaufen? Adam muss sich ein Lachen verkneifen. Das ist wirklich verrückt, denkt er. Auf jeden Fall einen Tweet wert.

Eine Banane ist anzuraten. Das enthaltene Magnesium unterstützt die Muskelregeneration.

Adam schneidet das Obst in die Schüssel mit dem Quark und dem Müsli. Das *Ting* muss ihn daran nicht erinnern, er hätte die Banane nicht vergessen. In solchen Fällen kann es nerven, das werden sie verbessern müssen. Er notiert den Bug unter Redundanz in seinem Smartphone.

Essend verlässt er die Küche, vorbei am neuen Tisch, durch den Flur, wo die Umzugskisten Platz gemacht haben für eine Garderobe und eine Serie von Aquarellen einer ihm unbekannten Seenlandschaft. Im Wohnzimmer, das vor zwei Monaten noch ihr kahles Büro war, in dem Niu Tag und Nacht an einem Rechner mit mehreren Monitoren tippte, lockern nun mehrere hüfthohe Zimmerpflanzen die Lücken zwischen der ledernen Sitzgarnitur, dem LCD-Fernseher und dem vollen Bücherregal auf.

An einem offenen Fenster lässt Adam sich mit geschlossenen Augen von der Sonne wärmen. Das Aufräumen, die Anschaffungen, das Einrichten waren Empfehlungen, denkt er und macht sich eine mentale Notiz für seinen Blog-Post. Niemals hätte er aus eigenem Antrieb den Entschluss gefasst, es sich in der Wohnung gemütlich zu machen. Sie ist ihm einfach egal gewesen. Zugegeben, mittlerweile hält er sich gerne hier auf. Und doch ist er unschlüssig, ob sich die Investition gelohnt hat. Über 3000 Euro für leichtes Wohlbefinden. Auf der Couch saß er noch nie länger als wenige Minuten, der Fernseher ist nicht mal angeschlossen. Er kommt nur zum Schlafen her, wie vorher auch. Zu Hause fühlen wird er sich hier nie. Er lebt an seinem Arbeitsplatz.

Adam, wenn du als einer der Ersten da sein möchtest, solltest du bald losfahren.

Am Bücherregal hält er inne und stellt die Müslischüssel neben drei weitere angekrustete. Gestern hat er die Lektüre des *Neuen Testaments* abgeschlossen, also quasi der »Biografie« von Jesus Christus. Aus Marketing-Perspektive konnte Adam dem Lebensweg des Propheten einiges abgewinnen, vor allem was Rhetorik, Selbstinszenierung und Social Engineering angeht. Doch die mühselige Sprache, die langweiligen Anekdoten und faden Weisheiten haben ihm die Lust aufs Lesen verdorben. Ohne inspirierende Lektüre möchte er trotzdem nicht aus dem Haus, also greift er nach der Biografie von Steve Jobs, die er bereits dreimal durchgearbeitet hat und die ihn anregt wie keine andere.

Das neue Aluminium-Rennrad hängt mit zwei Haken befestigt an der Flurwand. Noch eine Empfehlung. Es ärgert Adam, dass das *Ting* ihm das Tragen eines Helms und einer neongelben Signalweste empfohlen hat. Er sieht aus wie ein Arschloch. Bei einem Meeting diskutierten sie lange über den Begriff »Empfehlung«. In ihrem Fall ist er sicherlich ein Euphemismus. Durch den Zusatzvertrag sind die Anweisungen während des Beta-Tests für sie bindend – also Befehle. Ihren Kunden soll jedoch ein zwangloses Bild vom *Ting* präsentiert werden, also entschieden sie sich in der Außendarstellung für die Metapher des »Navigationssystems«. Zwar gibt ein Navigationssystem Anweisungen und keine Empfehlungen. Sie blieben aber trotzdem bei dem Begriff. Die User sollen nicht irrtümlich auf die Idee kommen, einen fremden Willen zu vollstrecken. Sie sollen entscheiden können, ob sie Vorschläge annehmen oder nicht. Sie zu verschmähen ist natürlich unklug, denn die Ratschläge führen in ein besseres Leben. Auf Fahrradhelm und Weste würde Adam dennoch gern verzichten.

Auf der Skalitzer Straße ist heute starker Verkehr. Der Umweg über die Oranienstraße ist weniger beschwerlich.

Zusätzlich zum gestrigen Krafttraining spürt Adam die heutige Laufeinheit in den Beinen. Um vor Kasper und Linus anzukommen, beschleunigt er trotzdem auf eine hohe Geschwindigkeit. Vor Niu im Büro zu sein, ist so gut wie unmöglich.

Der Fahrtwind gleitet an seinem Helm ab und schlägt in seinen Anzug. Der Helm, der Muskelkater, die heimelige Wohnung – all das fühlt sich noch nicht richtig an. Sondern wie das Leben eines anderen Menschen, in das er für eine abgesteckte Zeit schlüpft. Das wird er nicht im Blog erwähnen, denkt Adam. Denn das Gefühl wird nicht lang Bestand haben. Bald wird das sein gewohntes Leben sein, als hätte es nie ein anderes gegeben. Stattdessen soll der Blog-Artikel den aktuellen Zustand mit den ersten Tagen des Beta-Tests kontrastieren.

Vor allem waren diese Anfangstage irritierend gewesen. Mit der Verwendung der Beta-Version heftete sich ein Fremdkörper an ihn. Als ob der eigene Schatten sich verändert hätte, zu einem Ding mit Sinnen, das ihn unablässig beobachtet. Mehrmals hatte er sich vergewissern müssen, alleine im Raum zu sein. Die mentale Stimme, die die Empfehlungen des »Navigationssystems« verkündete, war ein Zerrbild seiner eigenen. Adam konnte es anfangs nicht fassen, was Niu und Linus da gezaubert hatten. Das Wort »Zauberei« kam ihm oft in den Sinn, wenn er an das *Ting* dachte, auch wenn er die technischen Grundlagen ihres »Navigationssystems« ansatzweise verstand.

Dass das *Ting* seinen Körper, seine Umwelt und sein Leben versteht – nein, *miterlebt.* Dass es ihm sinnvolle Empfehlungen gibt, die ihm tatsächlich helfen. Dass die Empfehlungen sich wie seine eigenen Gedanken als mentale Stimme in seinem Kopf manifestieren. Zauberei. Als er den Begriff mal in Nius Anwesenheit benutzte, zitierte seine Kollegin den Autor Arthur C. Clarke: *Any sufficiently advanced technology is indistinguishable from magic.*

Die ersten Anweisungen des *Ting* waren ganz und gar nicht magisch, sondern einfach nur absurd. In der ersten Nacht wollte das *Ting* ihn strategisch bilden und empfahl ihm die Lektüre eines Buches, das Adam bereits sehr gut kannte: den chinesischen Klassiker von Sunzi, *Die Kunst des Krieges.* Anscheinend bemerkte das *Ting* schnell, dass Adam die ersten Sätze beinahe auswendig aufsagte, und wies ihn an, das Buch von hinten rückwärts zu lesen. Es war eine grausame Nacht. Und am nächsten Morgen begrüßte er seine Kollegen mit *negroM netug.* Bis heute fallen ihm einige seiner Lieblingszitate aus dem Buch nur noch verkehrt herum ein: *nethcrüf uz thcin nethcalhcS trednuh nov gnagsuA ned ud tshcuarb ›tsnnek tsbles hcid dnieF‹ ned ud nneW.*

Ein anderes Mal befahl ihm das *Ting,* einen alten Köter auf der Straße zu küssen, um sein Sozialleben aufzuwerten. Adam kann von Glück sagen, dass Hund und Herrchen von seinem Annäherungsversuch so irritiert waren, dass er nach getaner Arbeit unverletzt entkommen konnte.

Seinen Partnern sagte er nichts von seinen Erfahrungen, denn offensichtlich litten sie selbst unter dem *Ting,* ohne sich zu beschweren. Er blieb cool und arbeitete lächelnd weiter. Insgeheim war er in diesen Tagen überzeugt, dass ihr Produkt, und damit das Start-up, und damit seine Zukunft, zum Scheitern verurteilt waren. Mit dieser User Experience würde sich ihr »Navigationssystem fürs Leben« niemals auf dem Markt durchsetzen.

In der zweiten Woche war er kurz davor, eine Empfehlung des *Ting* absichtlich zu ignorieren und sich von Niu überführen zu lassen. Damit hätte er gegen seinen eigenen Zusatzvertrag verstoßen, seine Anteile verloren und das Unternehmen verlassen müssen. Dabei hatte er den Vertrag ursprünglich aufgesetzt, um sich ein Druckmittel gegen seine Partner zu verschaffen und sie potenziell um ihre Anteile am Unternehmen zu erleichtern.

Bevor er jedoch sein eigenes Instrument gegen sich wandte, um das *Ting* loszuwerden und selbst aus dem Unternehmen auszuscheiden, stellten sich erste Veränderungen ein. Die Anweisungen wurden nachvollziehbar und integrierten sich in seinen Alltag. Das »Navigationssystem« wies ihn etwa an, seine Mitarbeiterin Sonja nach ihren Eltern zu fragen. Einen ganzen Nachmittag und Abend lang nahm Adam an ihren Problemen Anteil und gab Ratschläge. Was er erst für absolute Zeitverschwendung hielt, entpuppte sich als Glücksgriff. Beinahe umgehend verbesserte sich Sonjas Performance im Büro. Sie wurde gründlicher, blieb länger und übernahm freiwillig Aufgaben, die ihm die Arbeit erleichterten. So als seien sie Freunde und nicht Kollegen.

Da ahnte er, dass das *Ting* funktioniert. Mit den Wochen trat es immer mehr in den Hintergrund. Die Anwesenheit war deutlich zu spüren, störte aber nicht mehr. Die Aufdringlichkeit der inneren Stimme verschwand und glich sich immer mehr der eigenen an. Eine Entwicklung, die die Leser seines Blogs sicherlich faszinieren wird.

Adam sieht nur noch verschwommen, hat Mühe, seinen Blick

scharf zu stellen, das passiert mittlerweile selbst bei Tageslicht immer öfter. Heute muss er wirklich den Termin beim Augenarzt wahrnehmen, ermahnt er sich, schließt die Augen und reibt mit Daumen und Zeigefinger mehrmals darüber.

Eine Vollbremsung wird empfohlen.

Die mentale Stimme des *Ting* ist mit einem Hauch Unruhe versetzt.

Als er die Augen wieder öffnet, erkennt er die offene Fahrertür eines parkenden Wagens einige Meter vor ihm. Unwillkürlich muss Adam an das Bild des mexikanischen Künstlers denken, das jahrelang in seinem Büro bei *Strindholm Consulting* hing. Das kleine Mädchen auf dem Fahrrad, kurz bevor es stürzt. Er fragt sich, was damit passiert ist. Hat Gustaf es verkaufen oder gar zerstören lassen? Mit voller Kraft greift er in die Bremsen. Kein Quietschen ist zu hören, nur das lang gezogene Schlittern der arretierten Reifen auf dem Asphalt. Während diese Fragen durch Adams Kopf schießen, kommt sein Vorderrad einige Zentimeter vor der offenen Autotür zum Halten, nicht ohne das Hosenbein des Fahrers zu streifen.

»Passen Sie doch auf!«, pflaumt der Mittvierziger ihn an und klopft seine schwarze Nadelstreifenhose ab.

»Du hättest mich mit deinem Scheiß-BMW beinahe umgebracht, du Arschloch. Also hör auf, dich zu beschweren.«

Als Adam das Fahrrad über den Schotterweg zur Kirche schiebt, geht sein Atem noch immer schnell.

Die Ausschüttung an Adrenalin ist ungewöhnlich hoch, dein Puls liegt bei 122. Nimm dir einen Moment der Ruhe.

Es ist kühl im Vorraum, wo er sein Rennrad anschließt. Die massiven Türen schirmen ihn von allen Geräuschen ab. *Stell dich in die Mitte des Raumes und schließe deine Augen.* Bevor er tut, wie ihm geheißen, fokussiert er den letzten Satz des Mission Statements über der Flügeltür.

DAS TING MACHT DICH ZUM PERFEKTEN MENSCHEN.

Vielleicht, denkt er, wird sich dieses melodramatische Versprechen tatsächlich bewahrheiten.

Langsam einatmen.

Perfekt fühlt er sich nicht, nicht mal annähernd. Aber er ist ein neuer, besserer Mensch.

Und ausatmen.

Ausgeglichener und effizienter als er ohne das *Ting* jemals hätte werden können. Zum ersten Mal hat er das Gefühl, sein Leben vollständig unter Kontrolle zu haben.

Einatmen.

Das *Ting* wird vielen Menschen aus der Mittelmäßigkeit helfen. Keine Revolution einleiten, sondern den nächsten Schritt der Evolution. Und in etlichen Biografien wird stehen, dass er der Ausgangspunkt dieser Entwicklung war. Es gibt nur eines, das bewundernswerter ist als der perfekte Mensch. Derjenige, der ihn erschaffen hat.

Und Ausatmen.

Der Beinahe-Unfall ist nur noch ein vergangenes Ärgernis. Adam erklimmt die Treppe, die zur Empore des Kirchensaals führt. Wo früher Bänke und Orgel installiert waren, stehen jetzt vier große Schreibtische. Er legt Helm und Weste auf den vordersten und zieht sein Sakko aus. Sein Hemd ist feucht vom Schweiß. Deo benutzt er nicht, dafür riecht er sich selbst zu gerne. Niu sitzt nicht an ihrem Rechner, wie üblich. Sie bevorzugt einen kleinen Tisch unten im Hauptsaal. Ihr stetes Tastaturgeklapper hallt an den hohen Wänden der Kirche wider.

»Guten Morgen!«

Kopfhörer und Kapuze bedecken den Kopf seiner Kollegin. Was sie hört, weiß Adam nicht, wie er auch sonst kaum etwas über Nius Leben weiß. Gelegentlich macht ihn diese Tatsache nervös. Er bevorzugt es, Informationen und valide Einschätzungen über Kollegen und Mitmenschen zur Hand zu haben. Zwar vertraut er darauf, dass das *Ting* ihm in einer etwaigen Konfrontation mit seinen Partnern zur Seite steht. Doch nutzen diese das »Navigationssystem« ebenfalls.

»Einen wunderschönen guten Morgen!«

Kasper und Linus betreten zusammen die Empore. Adam fragt sich, ob sich die beiden nur zufällig getroffen haben. Oder etwa verabredet waren, um sich ohne sein Beisein zu besprechen.

Negative Gedanken können dein Wohlbefinden nachhaltig trüben.

Kasper legt eine Hand auf Adams Schulter. Zusammen schauen sie in den Kirchenraum, ihnen gegenüber das Buntglasfenster, das große Bild des Messias, selbstzufrieden lächelnd. Die Sonne scheint durch das Bildnis und taucht die Schreibtische im Hauptsaal in schummriges Licht.

»Ich liebe diese Symbolik!«, verkündet Kasper. »Wenn wir schon die menschliche Seele verkabeln und mit maschineller Effizienz kontaminieren, dann in diesem Raum.«

»Die einzigen Kabel hier hängen an Rechnern, Lampen und Kaffeemaschine, alter Mann. Lass uns anfangen.«

Als Adam mit Kasper die Wendeltreppe hinabsteigen will, bittet Linus ihn um ein Gespräch unter vier Augen. Er ist blass und blinzelt ständig, was ein Netz aus geplatzten Äderchen auf seinen Lidern offenbart. Sein Erscheinungsbild ist weit davon entfernt, was sich Adam unter einem perfekten Menschen vorstellt. »Was gibt's?«, fragt er ihn.

Linus wartet, bis Kasper außer Hörweite ist, und flüstert: »Was Privates. Es ist mir ein bisschen unangenehm. Du kannst auch Nein sagen.«

»Mach's nicht so spannend.«

Für einige Augenblicke schließt Linus die Augen und atmet hörbar tief, sodass Adam schon befürchtet, er sei eingeschlafen.

»Okay«, sagt er dann jedoch. »Ich habe Kira gefragt, ob sie meine Frau werden will.«

»Fuck, wie gut! Was hat sie geantwortet?«

»Was?«, fragt Linus irritiert. »Ja. Ihre Antwort war Ja.«

Du solltest deinen Freund umarmen.

»Fantastisch, Linus! Herzlichen Glückwunsch.«

»Danke. Der Termin steht noch nicht fest. Wahrscheinlich wird's erst im nächsten Jahr konkreter.«

»Das kommt echt überraschend. Hätte ich nicht erwartet.«

Röte schießt in Linus' Gesicht und übertüncht die Blässe, als hätte Adam ihn bei etwas ertappt. Für mehrere Sekunden hält er inne und scheint darauf zu warten, dass Adam weiterspricht.

»Es läuft wieder besser zwischen uns«, antwortet er dann fahrig. »Das *Ting* macht es mir mit seinen Empfehlungen nicht leicht. Also – ich meine – weil es mich ewig im Büro hocken lässt und mir sinnlose Aufgaben aufhalst. Aber ich versuche, jede freie Minute mit Kira zu verbringen.«

»Cool.«

Adam versteht die Intention hinter Linus' Gestammel nicht. Sein Freund und Kollege scheint überarbeitet zu sein. Als er sich umdreht, um zu gehen, setzt Linus noch mal an.

»Auch wenn's noch ewig hin ist. Ich will dich trotzdem schon mal fragen – ob du mein Trauzeuge werden möchtest. Wie gesagt, kannst auch Nein sagen.«

Adam zögert kurz, um dem *Ting* Zeit für eine Reaktion zu geben.

»Klar, mach ich gern! Das wird geil!«

Die Stufen der hölzernen Wendeltreppe, die von der Empore in den Hauptraum führen, ächzen bei jedem Schritt, aber Niu bemerkt ihre Partner erst, als sie vor ihr stehen. In der Küchenzeile im linken Schiff der Kirche schenken sie sich gemeinsam Filterkaffee ein. Ein Ritual, das sie mittlerweile vor jeder Zusammenkunft pflegen. Mit den Tassen in der Hand schlendern sie in Richtung des Konferenztisches im Altarbereich.

Je öfter du ein Meeting mit einem Wortbeitrag einleitest, desto eher wird man dich als Anführer wahrnehmen.

»Niu, ich habe heute eine abgefahrene Empfehlung bekommen. Ich sollte einen Unbekannten auf der Straße grüßen. Ich glaube, der Typ ist wichtig.«

Der neugierige Blick seiner Kollegin folgt ihm, während sie Platz nehmen. Es ist Kasper, der antwortet.

»Wie überaus nützlich. Einen fremden Mann auf der Straße zu grüßen ... Gut zu hören, dass unser ›Navigationssystem‹ zu mehr taugt, als mich morgens mit 50 Liegestützen und ungesüßtem Müsli zu tyrannisieren, um Fettleibigkeit vorzubeugen.«

Keine Arbeitswoche vergeht, ohne dass Kasper seinen Unmut über die Ausrichtung ihres Produkts zum Besten gibt.

»Ich verstehe dein Problem nicht«, erwidert Adam.

»Nun, zugegeben, das Problem liegt nicht in unserem Produkt, sondern in der Ideologie, dessen Kind es ist. Eine Ideologie, die schleichend die ganze Gesellschaft, aber vielleicht am stärksten die Start-up-Szene infiziert hat. Ihre Maxime lautet: Jeder ist seines Glückes Schmied.«

»Das ist keine Ideologie, das ist die Wahrheit. Und ich verstehe das Problem noch immer nicht.«

»Wahrheit ist die Sichtweise, die sich durchsetzt«, sagt Kasper, ohne sich Mühe zu geben, nicht altklug zu klingen. »Aber gut, ich werde das Problem genauer skizzieren. Wenn der Einzelne für Glück und Erfolg selbst Verantwortung trägt, dann trägt er auch für Unglück und Scheitern selbst Verantwortung. Du wirst entlassen? Selbst schuld, hättest du mal besser performt! Du wirst krank? Selbst schuld, hättest du dich mal gesünder ernährt! Du kriegst Depressionen? Selbst schuld, hättest du deine Gedanken positiver ausgerichtet! Die Auffassung, dass das Glück des Menschen von gesellschaftlichen Strukturen abhängig ist, ist aus der Mode gekommen. Ich klinge pathetisch, aber letztlich bedeutet diese Ideologie die Entmündigung des politischen Subjekts und damit den Tod der Politik. Wieso für gesellschaftliche Veränderungen kämpfen, wenn man selbst der einzige Feind ist, den es mit positivem Denken, Achtsamkeitsübungen und kohlenhydratarmer Diät zu besiegen gilt?«

Die Ansichten des Geschäftsführers ihres Start-ups überraschen Adam. Doch da Kasper unablässig schelmisch lächelt, macht er vielleicht bloß einen Scherz.

»Du hast recht«, sagt Adam, was Kasper kurz aus dem Konzept bringt. »Aber ich finde, dass du unserem Produkt unrecht tust. Seit ich das *Ting* benutze, fühle ich mich mündiger als je zuvor. Wir haben nicht die Macht, diese sogenannte Ideologie zu verändern. Was wir aber tun können, ist, den Menschen mit dem *Ting* ein Werkzeug zur Hand zu geben, um das Beste aus ihr zu machen.«

Kasper mustert Adam und setzt ein mitleidiges Lächeln auf.

»Weißt du, auch wenn ich mir einen gelegentlichen Kommentar nicht verkneifen kann, eigentlich beobachte ich die Situation mit Gleichmut. Mit meiner Herkunft muss ich für keine Veränderungen kämpfen. Die Gesellschaft begünstigt mich und wird es auch weiterhin tun. Aber jemand wie du, ein Einwanderer, aufgewachsen unter widrigen Umständen. Gerade du solltest dich doch für faire gesellschaftliche Strukturen engagieren, statt dich um deinen Kalorienhaushalt zu sorgen.«

Die Ausschüttung an Testosteron ist ungewöhnlich hoch. Es wäre besser, nicht auf die Provokation einzugehen.

»Ich bin das beste Beispiel dafür, dass jeder seines Glückes Schmied ist.«

Ein Lachen entfährt Kasper, und Adam muss seinen Blick abwenden, um der Empfehlung des *Ting* Folge zu leisten. Am großen Tisch in der Küche haben sich mittlerweile Mitarbeiter und Praktikanten versammelt. Die Stimmung ist gut, es wird gelacht, gefeixt und Anekdoten ausgetauscht. Die Angestellten bedienen sich am veganen Frühstücksbuffet, das Kasper täglich von einem Caterer liefern lässt. Die große Flügeltür am anderen Ende des Hauptraumes wird geöffnet. Sonja wundert sich nicht über die Besprechung, sondern ruft ihnen ein paar gut gelaunte Grußworte zu, knipst die Schreibtischlampe an ihrem Platz an und gesellt sich zu den anderen in die Küche. Obwohl die Verhandlungen mit *Nutshell Ventures* noch nicht abgeschlossen sind und ihr Präsentationstermin erst in vier Wochen angesetzt ist, haben sie einige Praktikanten als feste Mitarbeiter eingestellt. Sonja ist die Erste gewesen und hat mittlerweile die Stelle als seine Assistentin inne. Adam hat sie mehrmals nachts um zwei angerufen, um eine anstehende Social-Media-Kampagne zu besprechen. Es entwickelte sich nicht nur ein konstruktives Gespräch, sie bot sogar an, sich sofort mit ihm im Büro zu treffen. Das Einzige, was ihn an Sonja stört, ist ihre Attraktivität. Es fällt ihm schwer, ihre kleinen Zeichen zu ignorieren: ab und an ein unnötiges Lächeln, eine beiläufige Berührung seiner Hand, Messenger-Nachrichten mit belanglosem Inhalt am Abend. Adam geht nicht darauf ein. Nach der Sache mit Enni Strindholm hat er seine Lektion gelernt: *Don't fuck in the factory.*

»Aus deinem Schweigen schließe ich, dass dir der kleine philosophische Exkurs genügt«, setzt Kasper wieder an. »Du hast recht in dem Punkt, dass das *Ting* das perfekte Tool für unsere Zeit ist. Deshalb stehe ich hinter unserem Produkt und bin von seinem Erfolg überzeugt. Nur die Sache mit der mentalen Stimme. Daran werde ich mich nie gewöhnen können.«

Linus reibt sich die nackten Oberarme. Erst jetzt bemerkt Adam, dass sein T-Shirt ungewaschen und fleckig ist. Seit dem Assessment bei *Strindholm* hat Adam ihn nicht mehr in einem Anzug gesehen. Nius verlottertes Auftreten empfindet er als charmant, Linus sieht einfach nur abgewrackt aus.

»Ja – ich weiß – geht mir ähnlich«, stammelt dieser. »Ich arbeite an einer alternativen Lösung. Niu hilft mir ein wenig. Es wird allerdings noch ein paar Monate dauern, bis die Technik reif ist.«

Zum ersten Mal an diesem Tag fällt das Lächeln aus Kaspers Gesicht.

»Warum hat mich niemand in Kenntnis gesetzt, dass wir an einem großen Update arbeiten? Ich bin der Geschäftsführer und wir stehen mitten in Verhandlungen mit einem Investor.«

Niu meldet sich zu Wort. Sie hat ihre Kapuze aufgezogen, was sie sonst nur beim Coden tut.

»Wir halten dich nicht über unsere Schritte auf dem Laufenden, weil du sie nicht verstehen würdest.«

Keine Beleidigung, eine Feststellung. Wie um sich von etwas zu vergewissern, wirft Niu einen Blick auf ihr Fitnessarmband. Adam versteht nicht, warum sie es noch immer trägt. Sie hat doch das *Ting.*

»Es geht um Biochemie«, ergänzt sie.

»Aha. Wir rückständigen Bauerntölpel bitten natürlich sehnlichst um Vergebung, wenn eure Arbeit für unseren scheelen Blick nur Wunder und Magie ist. Aber ich möchte euch daran erinnern, dass wir umfassende Änderungen an Technik und Quelltext hier im Kreis beschließen müssen. Und ich bin dagegen, egal was du mit ›Biochemie‹ meinen magst. Das *Ting* befindet sich mitten in der Closed-Beta. Der richtige Schritt ist, die Fehler der aktuellen Version zu identifizieren und zu beheben. Dann können wir über größere Veränderungen nachdenken.«

»Ich bin für dieses Update«, fällt Adam ihm ins Wort. »Egal was es ist, ich vertraue den beiden. Jedes Update kann auf Jahre ein Alleinstellungsmerkmal sein und den Unterschied zwischen Marktdominanz und Tod ausmachen. Möchtest du etwa, dass wir krepieren, Kasper? Je früher wir uns von der Konkurrenz abheben, desto besser. *Google, Apple, Facebook* und wer weiß wie viele kleine Start-ups arbeiten genau jetzt an ähnlichen Technologien. Jeder kleine Vorsprung kann uns helfen.«

Kasper schlürft einen Schluck aus seiner Kaffeetasse, schüttelt den Kopf. Adam fragt sich, ob er Zweifel in ihm geschürt hat. Er muss jetzt nachsetzen, doch weiß er nicht, wie. Wie kann er Kasper aus der Fassung bringen?

Um Kasper Strindholm zu irritieren, sollte die Insolvenz seines ersten Unternehmens erwähnt werden. Eine weitere Möglichkeit ist, die Abhängigkeit von seinem Vater ins Spiel zu bringen.

Adam beugt sich nach vorne und betont seine Worte genau, sodass auch die Angestellten am Küchentisch ihn verstehen können.

»Mal abgesehen vom Einstieg in unser Unternehmen. Wann

hast du zuletzt eine Entscheidung getroffen, bei der Papi nicht hinter dir stand und aufgepasst hat? Risiko ist dir so fremd geworden, dass du dir in die Hosen scheißt, wenn du eines eingehen musst. Mit deiner Einstellung wirst du dieses Unternehmen gegen die Wand fahren, genau wie du dein erstes gegen die Wand gefahren hast.«

Niu, Linus, Sonja, Toni, Amir, Mike, Raúl, Fabian, Selina, Helene und Sören. Alle sind nach seinen Worten erstarrt und scheinen auf eine Antwort zu warten. Zum ersten Mal fällt ihm das Motiv des kleinen Buntglasfensters im rechten Seitenschiff auf: Zwei Männer schlendern durch einen Garten und unterhalten sich. Es erinnert ihn an die Gespräche mit Gustaf im Garten des *Strindholm*-Towers. Die Aufregung, wenn der Blick des Alten auf Adam verweilte, ihn herausforderte. Der Stolz, wenn sich das unsymmetrische Gesicht zu einem anerkennenden Schmunzeln verzog und Gustaf Adams Worte aufwertete, einfach nur indem er sie ernst nahm und antwortete.

»In Ordnung«, reißt Kasper Strindholm ihn aus seinen Gedanken. »Verbessert meinetwegen die Empfehlungen, aber bitte haltet mich in Zukunft über alle geplanten Veränderungen auf dem Laufenden.«

Adam wundert sich, dass Kasper so einfach nachgibt. Wieso hat das *Ting* ihm keinen guten Konter empfohlen? Möglicherweise hat es eine Empfehlung ausgesprochen, die Adam nicht als solche erkennt: Jetzt einlenken, später zuschlagen. Eine Empfehlung, die Teil einer großen Strategie ist, an deren Ende Adams Ausscheiden aus dem Unternehmen steht.

Die Angestellten beenden das Frühstück und schlendern in Zweier- oder Dreiergruppen zu ihren Schreibtischen. Niu schlägt vor, eine kleine Pause einzulegen und selbst etwas zu essen.

»Vorher möchte ich auch etwas loswerden«, sagt Linus. Es

klingt beinahe verzweifelt, als er tief Luft holt und zu sprechen anfängt.

»Irgendetwas stimmt mit meiner Version des *Ting* nicht. Zuerst dachte ich, es braucht bei mir vielleicht länger, um sich einzustellen. Aber mittlerweile bin ich überzeugt, dass es sich um einen wesentlichen Programmfehler handelt.«

Niu antwortet nicht, sie scheint Linus' Worte abzuwägen, als hielten diese mehrere Interpretationsmöglichkeiten parat. Dann schüttelt sie fast unmerklich den Kopf. Linus versichert sich, dass keine Mitarbeiter in unmittelbarer Nähe sitzen, und senkt seine Stimme zu einem Flüstern.

»Ich krieg dauernd Empfehlungen, die mir nicht guttun. Das *Ting* analysiert meine Situation meistens richtig. Aber die Handlungsanweisungen führen fast immer zu einer Verschlechterung. Es fällt mir nicht leicht, das auszusprechen: Aber das *Ting* tut mir nicht gut. Ganz im Gegenteil, es macht mein Leben kaputt.«

Adam rutscht unruhig auf seinem Stuhl hin und her, die Mitarbeiter sollen nicht durch noch mehr Melodramatik in Aufregung versetzt werden. Kasper, der seine übliche Gelassenheit wiedergefunden hat, scheint es ähnlich zu gehen.

»Mein Lieber, das Produkt hat an mir auch noch keine Wunder vollbracht. Aber findest du deine dramatischen Worte nicht ein bisschen übertrieben?«

Adam hat erwartet, dass Linus' Kritik Niu verärgern würde. Aber ihre Partnerin lächelt Linus aufmunternd an, als würde sie sein Leid teilen. Ein Lächeln, das sie für Adam und Kasper noch nie übrig hatte.

»Okay. Ich werde gleich überprüfen, ob es sich um einen Bug handelt. Aber wie du genau weißt, sind alle gleich vor den Algorithmen. Ein so großer Bug müsste uns auch aufgefallen sein.«

Linus reibt sich das Gesicht mit den Händen. Die Köpfe vieler Anwesender drehen sich zum Konferenztisch, als er laut wird.

»Willst du damit sagen, dass ich schuld bin? Ich habe seit zwei Monaten keinen einzigen freien Abend gehabt. Möglicherweise stört dich das nicht, weil du kein Leben hast. Und Kasper auch nicht, weil er im Büro nur ab und zu vorbeischaut. Und Adam nicht, weil das *Ting* ihn jeden Tag joggen schickt. Aber ich sitze bis um Mitternacht in einem Kirchenkeller. Die letzte Nacht habe ich nicht geschlafen, weil das *Ting* mir empfohlen hat, die erweiterten Grundlagen der Genetik zu studieren. Ihr könnt euch vorstellen, was meine Verlobte davon hält, wenn ich die Nächte mit Fortbildung verbringe.«

Bei der Erwähnung Kiras verschränkt Niu die Arme vor dem Bauch. Adam fragt sich, ob zwischen Linus und ihr während der langen Abende im Winter, die sie oft alleine in seiner Wohnung mit der Arbeit am *Ting* verbrachten, etwas gelaufen ist.

»Beherrschst du sie denn?«, fragt Niu.

»Wen?«

»Die erweiterten Grundlagen der Genetik.«

Irritiert wartet Linus auf die Andeutung eines Scherzes, aber Niu scheint die Frage ernst zu meinen. Sein Stuhl fällt nach hinten um, als er aufsteht.

»Heute habe ich noch keine einzige Empfehlung bekommen. Ich werde nach Hause fahren und mich ausschlafen. Ich kann nicht mehr. Tut mir leid.«

Linus stolpert die kleine Treppe vom Altarbereich herab, verabschiedet sich vereinzelt von Mitarbeitern und verschwindet durch die Flügeltür. Etwas stimmt an dem Bild nicht. Etwas ist nicht an seinem Platz, hat hier nichts zu suchen. Adam schließt die Augen. Öffnet sie wieder, misst den Raum mit seinem Blick ab. Zwischen zwei leeren Schreibtischen steht Tomek. Schon eine ganze Weile scheint er auf Adams Aufmerksamkeit zu warten, an der Hand seine Tochter Agnieszka.

»Wujek! Wujek!«

Der Handgriff, mit dem er seine Patentochter auf seinen Schoss hievt, ist mittlerweile so eingeübt, dass Adam ihn selbst unter größter Überraschung reflexartig beherrscht.

»Hallo. Ich bin Aga«, sagt sie zu Niu. »Wieso hast du dich nicht schick gemacht, wie Wujek und der andere?«

Niu öffnet den Mund und wirft einen unsicheren Blick zu Adam.

»Linus hat recht«, sagt er. »Lasst uns Schluss machen für heute.«

Kasper sieht aus, als wolle er Adam mit seiner eigenen Krawatte strangulieren. Adam hat nicht nur die Zusammenkunft eröffnet, sondern nun auch das letzte Wort gehabt und damit seine Autorität als Geschäftsführer untergraben. Vielmehr ist es aber der Kommentar über seinen Vater und das gescheiterte Start-up, den Kasper ihm übel nimmt. Adam hatte keine Wahl. Er hat die Empfehlung des *Ting* befolgt.

»Komm, Mäuschen.«

Tomeks herausfordernde Körpersprache deutet an, wie unbehaglich er sich fühlt. Er scheint zu spüren, wie viel ihn von den Menschen im Start-up-Büro trennt, wie sehr sich ihr Alltag, ihr gesamtes Leben unterscheidet. Einige Monate schon hat Adam seinen Freund nicht mehr gesehen, sich nicht bei ihm gemeldet. Zwischen der Arbeit und den Empfehlungen des *Ting* ist kaum Zeit dafür gewesen. Tomek zeigt mit dem Daumen zur großen Flügeltür, durch die Linus soeben getürmt ist.

»Hast du mit dem nicht gewohnt? Sah schon besser aus. Czy on jest w porządku?«

Die Mischung aus gebrochenem Deutsch und sauberem Polnisch breitet sich im Kirchenraum aus und verklingt in einem Echo. Die Kollegen schauen Adam an und warten auf eine Reaktion, wollen ihn fremde Worte sprechen hören. Die Blöße wird er sich nicht geben. Er setzt Aga wieder ab, dreht sich weg und steuert auf das rechte Kirchenschiff zu. Versucht zu verstehen, warum Tomeks Anwesenheit ihn so wütend macht. Wie in jedem anderen Start-up auch, wird bei ihnen viel Englisch gesprochen, weil einige Mitarbeiter und Praktikanten nicht aus Deutschland, sondern Ländern wie USA, Spanien oder dem Nahen Osten kommen. Internationalität ist nicht ungewöhnlich. Und doch gibt es einen Unterschied zwischen ihm und Raúl aus Spanien, der in Barcelona aufgewachsen ist und vielleicht irgendwann wieder zurückgehen wird. Einen Unterschied zwischen ihm und Niu, der man ihre asiatischen Wurzeln zwar ansieht, an deren Deutschsein aber nie gezweifelt wird. Adam hat viele Biografien von Menschen mit Migrationsgeschichte gelesen und ist stolz darauf, was einmal in seiner stehen wird. Dass er etwas Großes geleistet hat, trotz, obwohl, ungeachtet dessen. Aber er möchte selbst bestimmen, welche Färbung seine Herkunft hier und jetzt bekommt. Tomek hat nicht das Recht, im Büro aufzutauchen, mit seinen *Primark*-Jeans, seinem akzentverschmutzten Deutsch, seinem polnischen Gesicht, und den internationalen Start-up-Gründer, der es trotz aller Widrigkeiten so weit gebracht hat, wie den armen Einwanderer aus der Sozialsiedlung aussehen zu lassen.

Im rechten Kirchenschiff belegen sie zwei gegenüberliegende Sessel und schweigen so lange, bis niemand mehr auf sie achtet.

»Was machst du hier? Wurdest du gefeuert? Warum ist Aga nicht in der Schule?«

Tomek wirkt erst irritiert, dann wütend.

»Es ist Samstag. Und nein, ich hab meinen Scheißjob nicht verloren.«

Sofort bereut Adam seine Fragen. Das wird Tomek ihm so schnell nicht verzeihen, denkt er. Er hasst es, wenn Adam sich wie sein älterer Bruder aufführt.

»Tut mir leid. Das hab ich verplant.«

Sie schweigen und beobachten Agnieszka, die durch den Raum geht, sich auf Stühle setzt und Mitarbeiter nach ihrem Namen und ihrer Funktion fragt.

»Was macht ihr eigentlich für Scheiße? Was soll das, in einer Kirche ein Büro haben?«

»Reg dich nicht auf, die wurde offiziell entweiht. Das Gebäude sieht noch aus wie eine Kirche, aber ein Haus Gottes ist es nicht mehr.«

Aga spricht Kasper an und fragt nach seinem hellblauen Anzug. Ob er auch einen rosanen hat. Einige Mitarbeiter lachen. Adams Wut flaut langsam ab.

»Entschuldige meine beschissene Reaktion eben. Wir waren in einer stressigen Besprechung. Ich war überrascht, euch zu sehen.«

»Ist okay«, sagt Tomek. »Hast du viel zu arbeiten? Wir haben dich seit zwei Monaten nicht gesehen. Aga fragt nach dir.«

»Ich wollte heute Abend vorbeikommen.«

»Heute? Morgen musst du kommen.«

»Was ist morgen?«

Tomek steht von seinem Sessel auf und baut sich vor Adam auf. Seine Körperhaltung erinnert ihn an ihre gemeinsame Jugend. Meistens zeigte sie an, dass gleich jemand was auf die Fresse bekommt.

»Morgen Vormittag ist Agas Kommunion. Der Termin steht seit Monaten. Wir haben dir eine verdammte Karte geschickt. Und du bist ihr beschissener Pate, kurwa.«

Kasper kommt mit Agnieszka an der Hand zu ihnen herüber. Tomek senkt seine Stimme.

»Du kommst. Keine Ausreden. Und abends betrinken wir uns, es gibt Neuigkeiten.«

Tomek nimmt Agnieszka und stellt sich Kasper vor, sein osteuropäischer Akzent ist deutlich zu hören. Agnieszka pikst mit dem Finger mehrmals in Adams Knie.

»Wujek, was schenkst du mir zur Kommunion? Ich wünsch mir dieses Ding, das ihr hier baut! Kasper will es mir nicht zeigen.«

Er wechselt einen Blick mit Kasper, vielleicht denken sie das Gleiche. Die Möglichkeit, ihr Produkt für Kinder zu vermarkten, haben sie noch nicht in Betracht gezogen. Natürlich wären die meisten Eltern anfangs skeptisch. Effizienz und Kontrolle sind Bedürfnisse von Erwachsenen. Das Idealbild der Kindheit ist ein Klischee, an dem festgehalten wird. Unbeschwertheit, Leichtigkeit, Spieltrieb.

»Nein, Prinzessin. Das ist nichts für dich. Aber du bekommst ein anderes Riesengeschenk, versprochen.«

In Wirklichkeit herrschen dieselben Werte wie in der Erwachsenenwelt, verpackt in einem unschuldigen Begriff: Förderung. Allen Eltern ist die Leistung ihrer Kinder in der Schule wichtig. Die Kleinen sollen sich kulturell bilden, viel lesen, ein Musikinstrument erlernen. Gesund und aktiv sollen sie sein, also gibt's ausgewogene Ernährung und die Mitgliedschaft in zwei Sportvereinen. Ganz zu schweigen von den Eltern, die ihre Kinder zum Yoga schicken und von Geburt an zweisprachig erziehen. Wie sie ihre eigenen Körper, Zeitpläne und Karrieren perfektionieren, wollen sie auch ihre Kinder optimieren. Das *Ting* ist das perfekte Hilfsmittel, man muss es nur anpassen und richtig verkaufen. Adam fragt sich, ob er Aga das »Navigationssystem« benutzen lassen würde.

»Ich will euer Tête-à-Tête ja nicht unterbrechen«, unterbricht Kasper seine Gedanken. »Aber ich muss dringend mit dir reden.«

Adam verabschiedet sich von Tomek, dessen Umarmung eine Spur zu fest ausfällt, und verspricht Aga, tags darauf zu ihrer Kommunion zu kommen. Als sie die Kirche verlassen, atmet er tief durch. Der Morgen ist kraftraubend gewesen. Und es scheint nicht gemütlicher zu werden. Kasper wartet in einem Sessel auf ihn und spielt mit einer seiner Locken. Zieht sie lang und lässt sie zurückschnappen.

»Nett die beiden. Es überrascht mich, dass du so sympathische Freunde hast. Na ja, dass du überhaupt Freunde hast, ist ein Wunder.«

»Was willst du?«

Adams Partner richtet seine Fliege und spricht sehr leise.

»Erinnerst du dich noch an deinen kleinen Ausrutscher bei *Strindholm,* von dem nur Gustaf, du und ich wissen? Was war das noch mal? – Ah, ja. Industriespionage. Es wäre eine Schande, wenn diese Sache an die Öffentlichkeit gelangt und eine Klage und Haftstrafe zur Folge hat. Den Ausschluss aus dem Start-up und den Verlust deiner Stimmrechte könnte man nicht verhindern. Eine Tragödie. Zum Glück bin ich ein verschwiegener Mensch. Solltest du allerdings noch einmal so persönlich werden wie eben, dann sorge ich dafür, dass du für fünf Jahre im Knast verschwindest. Darauf gebe ich dir mein Ehrenwort.«

Kasper erhebt sich und betrachtet ein kleineres Buntglasfenster auf der anderen Seite der Kirche. Das Motiv: drei kniende Menschen vor einem thronenden vierten.

»Dave Jackson, der namhafte Tech-Blogger aus San Francisco, ist ein Bekannter von mir. Er ist für einige Tage in Berlin, um sich die hiesige Start-up-Szene anzuschauen. Er will etwas über unser Produkt bringen, wenn er ein Interview bekommt. Head of Communications bist du, oder?«

»Mh.«

»Heute hat er größere Fische als dich im Kalender. Und morgen Nachmittag geht sein Rückflug. Also morgen Vormittag. Er wartet auf deinen Anruf.«

»Da kann ich nicht.«

»Tatsächlich? Und dabei habe ich eben in einer Mail an alle Mitarbeiter erwähnt, dass wir in einem der bekanntesten Tech-Blogs der Welt vorgestellt werden. Du kannst ja eine Nachricht hinterherschicken und sie alle enttäuschen.«

Adam bleibt noch lange sitzen, nachdem sein Partner sich abwendet und kurz darauf das Büro verlässt. Seit der Gründung des Start-ups hat er nicht mehr an seine kleine Grenzüberschreitung bei *Strindholm* gedacht. Es fühlt sich an, als müsse er für die Fehler eines anderen geradestehen. Soweit er weiß, hat Kasper den Kontakt zu seinen Eltern und *Strindholm Consulting* gänzlich abgebrochen. Sicher ist er jedoch nicht. Kasper hat ihn in der Hand. Das also hat ihm das *Ting* empfohlen, um Adam zu kontrollieren, ihn sich gefügig zu machen.

Wahrscheinlich gibt es nur einen Weg, um das Gleichgewicht wiederherzustellen, überlegt Adam. Er muss etwas ausgraben, um Kasper seinerseits zu erpressen. Keine leichte Aufgabe. Adam weiß viel über seinen Mitgesellschafter und früheren Vorgesetzten. Vor allem, dass er, anders als Gustaf, ein Ethos besitzt. Nichts von dem, was Adam herausfinden würde, hätte annähernd die Tragweite von Industriespionage.

Um Kaspers Drohung auszuhebeln, musst du dich unverzichtbar machen.

Adam fragt sich, wie er diese Empfehlung des *Ting* umsetzen soll. Niu ist unverzichtbar, weil sie als Einzige den Quelltext des *Ting* versteht. Linus ist nicht ersetzbar, solange seine technischen Entwicklungen Fortschritt garantieren. Doch was Adam beisteuert, könnten andere besser.

Missgelaunt und gedankenverloren begibt er sich auf die Empore, um ein paar Mails abzuarbeiten. Auf seiner Signalweste liegt die Biografie von Steve Jobs. Und er erkennt, wie er sich unverzichtbar machen kann. Adam Strzela muss das Gesicht des *Ting* werden. Der Prophet eines technologischen Umbruchs.

Da sich zwei von vier Gesellschaftern vorzeitig ins Wochenende verabschiedet haben, beschließen die Mitarbeiter, es ihnen gleichzutun. Selbst Sonja winkt ihm kurz zum Abschied und fügt an, er könne sich jederzeit melden, wenn was sei.

Langsam füllt sich der Raum mit einer Stille, die mehr ist als die Abwesenheit anderer. Wie architektonisch unterschiedlich Kirchen auch sind, von welcher Konfession sie auch beansprucht werden, diese Stille haben sie alle gemein. Nach dem Tod seiner Mutter hat Adam seine Nachmittage oft in einer Kirche verbracht, sich auf eine Bank gesetzt und gewartet. Gewartet, bis er den Zeitpunkt, seinem Vater gegenüberzutreten, nicht mehr aufschieben konnte. Der leichte Geruch nach Weihrauch und Wachs. Die Ikonografie. Der aufmunternd lächelnde Pfarrer. Es hatte sich angefühlt wie in ihrer Kirche in Polen. Wie zu Hause. Als seine Mutter noch am Leben war und sein Vater ein Mann mit Zielen und der Möglichkeit auf Glück.

Einmal setzte sich der Pfarrer neben ihn und fragte, ob er die Anwesenheit spüre. Diese ganz besondere Anwesenheit. Adam nickte, obwohl er nicht verstand, was der Mann meinte. Niemand war in diesen Augenblicken präsent. Darum ging es doch gerade. Ums Alleinsein, um Verborgenheit.

Das zumindest hat sich geändert. Heute spürt er eine Anwesenheit sehr deutlich. Die Anwesenheit des *Ting.*

»Darf ich dich kurz stören?«

Adam hat Niu nicht auf ihrer Tastatur tippen hören und vergessen, dass sie noch da ist. Sie setzt sich zu ihm, hält aber Abstand und versucht, sich in ihrem grauen Kapuzenpullover klein zu machen, was ihr nicht gelingen mag.

»Ich würde gerne zwei Angelegenheiten mit dir besprechen. Die erste hört sich vermutlich sonderbar an.«

Adam lacht und breitet die Arme aus. Eine Kirche als Unternehmenssitz. Ein Start-up mit 20 Mitarbeitern und Praktikanten. Das bevorstehende Millionen-Investment. Und die gravierendste Entwicklung von allen: das *Ting,* das ihre Handlungen und ihr Schicksal bestimmt. Vor einem Jahr wäre das nicht nur sonderbar, sondern Science-Fiction gewesen. Genau wie das Internet und seine kommunikativen Möglichkeiten vor wenigen Jahrzehnten Fantasy gewesen wären. Das Ankoppeln jedes Menschen an diese digitale Sphäre über Smartphones. Das Erfassen und Auswerten der Welt mittels Daten. Science-Fiction ist eine antiquierte Erzählweise. Jeder vorstellbare technologische Fortschritt ist so nah, dass er als gegenwärtig angesehen werden muss.

Diese Gedanken schießen ihm durch den Kopf, und Niu nickt, als hätte sie sie an seiner Geste abgelesen.

»Es geht um Linus und den Bug, von dem er eben gesprochen hat.«

»Hast du einen Fehler gefunden?«

Niu schweigt einen Moment, als würde sie etwas abwägen.

»Nein, denn ich mache nur in Ausnahmefällen welche. Es geht um die Empfehlung für Linus, seine Kenntnisse in Genetik zu vertiefen. Ich habe eine Vermutung, warum er sie bekommt.«

Niu spricht selten im Büro, doch wenn sie es tut, bemüht sie sich um einen abgeklärten Ton, um geradlinige Formulierungen. Der Versuch, einen gleichgültigen Eindruck zu hinterlassen, den Adam ihr nicht abkauft.

»Klär mich auf.«

»Das *Ting* möchte uns auf ein mögliches Update hinweisen. Stell dir vor, es könnte das genetische Material einer Nutzerin decodieren und auswerten.«

Nach Kaspers Drohung, der Empfehlung des *Ting*, sich unverzichtbar zu machen, und im Angesicht des Dilemmas, das er zu verdrängen versucht, fällt es Adam schwer, sich auf Nius Worte zu konzentrieren. Doch die Entwicklerin hat noch nie ein Gespräch mit ihm angefangen, ohne eine Intention zu verfolgen.

»Und was würde das bringen?«

»Das sollten wir vielleicht einen Spezialisten fragen. Aber ich könnte mir vorstellen, dass das *Ting* Veranlagungen für Krankheiten im Erbgut erkennt. Zum Beispiel für Krebs. Stell dir zum Beispiel vor, es würde eine genetische Anfälligkeit feststellen. Das »Navigationssystem« könnte regelmäßige Vorsorgeuntersuchungen empfehlen und im Blut nach Tumormarkern suchen.«

Niu zuckt zusammen, als ihr Smartphone die Titelmelodie von *Mila Superstar* dudelt. Sie holt das Handy aus dem Ärmel ihres Hoodies hervor und blickt beinahe erschrocken auf das Display.

»Nicht jetzt«, flüstert sie genervt und drückt den Anruf weg. Dann, als seien Adam und sie alte Freunde, die Vergangenheit und Probleme teilen: »Meine Mutter.«

Niu errötet, als sie die unpassende Intimität ihrer Bemerkung registriert.

»Na ja – manchmal sind Eltern zu viel, oder?«, sagt sie ungewohnt unsouverän. »Ein paar Worte können einen ganzen Tag kaputt machen.«

Adam nickt, obwohl ihm nicht danach zumute ist.

»Ich verstehe, worauf du mit der Analyse des Genmaterials hinauswillst«, sagt er nach einer längeren Pause. »Wir können mit dieser Funktion unser Profil als Gesundheits-Tool stärken.«

»Genau. Ich kenne mich auf dem Fachgebiet kaum aus. Und glaube nicht, dass Linus' angeeignetes Wissen uns weiterbringen wird. Wir brauchen jemanden mit passendem Background.«

»Verstehe. Lass uns warten, bis die Investition durch ist. Wenn Kasper das Wort ›Genmaterial‹ hört, macht der vor Schreck den Laden dicht. Am besten, wir erwischen ihn gut gelaunt. Linus wird auch nicht begeistert sein, wenn wir ihm jemanden an die Seite stellen. Wir müssen behutsam vorgehen.«

»Damit wäre ich bei der zweiten Angelegenheit.«

Niu scheint eine Weile mit sich zu ringen, fährt dann aber fort.

»Ich habe mir Linus' Logdatei angeschaut und nach Bugs gesucht. Gefunden habe ich etwas anderes. Kannst du dich an den Tag erinnern, als wir den Beta-Test gestartet haben? Bei euch hat es Stunden gedauert, aber Linus hat seine ersten Empfehlungen nach wenigen Augenblicken erhalten. Das *Ting* will, dass er mit seiner Freundin Schluss macht. Die Empfehlung wurde bisher ganze 14-mal wiederholt. Gestern Abend zuletzt.«

Sein Freund und Partner hat den Zusatzvertrag gebrochen, schießt es Adam durch den Kopf. Anstatt mit Kira Schluss zu machen, wie das *Ting* ihm aufgetragen hat, hat Linus ihr sogar einen Heiratsantrag gemacht. In diesem Fall verliert er seine Anteile am Unternehmen und seine Position.

Ein Ausscheiden von Linus Landmann wäre für dich nicht von Vorteil.

Adam braucht das »Navigationssystem« nicht, um zu dieser Schlussfolgerung zu kommen. Niu wartet auf seine Reaktion, oberflächlich gleichgültig, doch spürbar besorgt. Warum hat sie Linus verraten? Hat das *Ting* ihr empfohlen, Adam einzuweihen?

»Was hältst du davon, wenn wir die Sache erst mal für uns behalten? Eine Beziehung zu beenden, ist eine schwerwiegende Entscheidung. Vielleicht braucht er ein wenig Zeit«, sagt Adam.

Auf ihrem Gesicht zeigt sich ein zartes, erleichtertes Lächeln.

»Ich will meinen besten Freund nicht aus seinem Unternehmen werfen«, fährt Adam fort. »Könntest du die Einträge verstecken, damit Kasper nicht sofort über sie stolpert, wenn er mal die Logdateien öffnet?«

Niu nickt. Genau das wollte sie von ihm hören. Adam ist in ihrer Gunst gestiegen und hat für Notfälle ein Druckmittel gegen Linus in der Hand. Zumindest das ist gut gelaufen. Seinem Dilemma, ob er den morgigen Vormittag Dave Jackson oder seiner Patentochter widmet, wird er sich jetzt trotzdem stellen müssen.

Seit einigen Jahren verfolgt Adam die kritischen, humorvollen und teilweise visionären Blog-Artikel des Tech-Junkies Dave Jackson. Kasper übertreibt nicht, wenn er ihm weltweite Bekanntheit nachsagt. Wahrscheinlich hat das Blog mehr als 100 000 Visits am Tag. Es kommt einer Adelung gleich, in einem Post positiv Erwähnung zu finden. Veröffentlicht er wirklich ein Interview mit Adam, wird sich die Bekanntheit des *Ting* über

Nacht rapide potenzieren. Eine bessere Publicity können sie in dieser Phase ihres Wachstums, kurz vor ihrem Pitch bei *Nutshell Ventures,* überhaupt nicht bekommen.

Adam windet sich in seinem Stuhl und lauscht den monotonen Tastenschlägen Nius, die es sich wieder vor ihrem Schreibtisch bequem gemacht hat. Der einzig mögliche Gesprächstermin mit Jackson ist zeitgleich mit der Kommunion seiner Patentochter. Tomek und seine Frau sind gläubige Katholiken, resümiert er. Jeden Sonntag besuchen sie die Messe der polnischen Kirche in Berlin. Selbst wenn Agnieszka ihm sein Fehlen irgendwann verzeiht, ihre Eltern werden es nicht. Dafür ist er als Taufpate zu wichtig für die Kommunion.

Ihm wird bewusst, dass er nur verlieren kann. Entweder er verliert seinen besten Freund, vielleicht den einzigen echten, den er hat. Oder er verliert die einmalige Möglichkeit, sein Blog, sein Unternehmen und sein Produkt jedem Early-Adopter, nicht nur national, sondern weltweit vorzustellen.

Er schließt die Augen und atmet tief durch, konzentriert sich auf die beiden Optionen. Wartet – nichts. Keine Empfehlung des *Ting*. Nur die kühle, trockene Luft und Nius Tastenschläge. Er öffnet das Blog von Dave Jackson und schreibt eine lange E-Mail, in der er erklärt, dass er sich sehr über die Gelegenheit freut, aber am Vormittag des morgigen Tages keine Zeit hat. Ob es nicht heute Abend oder morgen früh geht. Ob zur Not ein Skype- oder E-Mail-Interview möglich ist. Als er von der Toilette zurückkommt, hat Jackson bereits geantwortet.

Sorry, only face to face. Breakfast, 11am,
St. Oberholz. I won't wait. Dave

Adam fühlt sich nicht imstande, die Entscheidung selbst zu treffen. Die Konsequenzen beider verpassten Wege sind zu gravierend. Er möchte die Verantwortung nicht tragen. Auch in dieser Situation wird das *Ting* ihm helfen, denkt er. Er muss nur ausharren, bis es seine Empfehlung verkündet und ihm die Entscheidung abnimmt.

Der Nachmittag zieht an ihm vorüber, während er kleinere To-Do's abhakt. Zwischendurch liest er Artikel in Jacksons Blog und scrollt durch Hunderte Kommentare darunter. Er will dem *Ting* Futter geben, es zu einer Empfehlung motivieren. Als das keinen Effekt hat, fängt er an, sich die Kommunion vorzustellen. Es wird eine Messe geben, Tomeks Verwandte werden ihm Gespräche auf Polnisch aufzwingen, werden sich über seine lausige Grammatik wundern, den kleinen Wortschatz. Seine wunderschöne Patentochter wird ein weißes Kleid tragen, eine Kerze in der Hand. Ein stolzes, erwachsenes Lächeln im Gesicht. – Nichts. Keine Empfehlung des *Ting*.

Es ist bereits Abend, als ihm einfällt, dass er Aga ein Geschenk versprochen hat. Falls er zur Kommunion geht, darf er nicht ohne auftauchen. Adam verabschiedet sich von Niu, nimmt Helm und Weste und verlässt die Kirche auf seinem Fahrrad. Dichtes Gewölk hat sich vor die Sonne geschoben, die Luft ist aufgeheizt und schwül. Halb acht, die Geschäfte haben noch geöffnet. Er steuert auf eine Straße mit vielen Läden zu und hält vor einem Juwelier. Der Verkäufer räumt seine kostbarsten Stücke bereits in einen Tresor und seine skeptische Miene hellt sich erst auf, als Adam seinen Wunsch erklärt. Der alte Mann zeigt ihm drei goldene Halsketten für Mädchen, passend zum Anlass. Die Ketten sehen sich ähnlich, unterscheiden sich nur in Qualität des Goldes und Preis. Adam weiß nicht, was für eine Kommunion angemessen ist, und bittet den Verkäufer, eine auszusuchen. Mit der teuersten Halskette in einer Schatulle verlässt er den Laden.

Die Stadt scheint nur aus Lichtern zu bestehen, die in der Dämmerung auftauchen und erlöschen, und Glasbauten, in denen sie sich spiegeln. Sie lassen seinen Blick verschwimmen und Adam muss anhalten, um keinen Unfall zu riskieren. Während er sein Rad schiebt und die Augen fest zusammenkneift, sie wieder aufreißt, flucht er: Schon wieder hat er den Termin beim Augenarzt verpeilt. Er war so sehr mit seinem Dilemma beschäftigt, dass er ihn schlicht vergessen hat. Es werden Wochen oder gar Monate vergehen, bis er sich durchringen wird, einen neuen Termin zu machen, da ist er Realist.

Auf einer Sitzbank am Straßenrand wartet er, dass seine Augen sich erholen, und er wartet, dass das *Ting* ihm eine Richtung weist. Die warme Abendluft erinnert an vergangene Gefühle. An Abende mit Kollegen in Bars, an die Vorfreude auf einen Kinofilm oder die Aufregung vor einem Date. Seine Erinnerungen scheinen Gegenwart für all die Menschen zu sein, die an ihm vorbeieilen, einem klaren Ziel entgegen, das ihm fehlt. Wo soll er auf die entscheidende Empfehlung des *Ting* warten? Zurück ins Büro möchte er nicht und nicht in seine Wohnung. Es ist Samstagabend, Zeit zum Feiern, Zeit für Freunde. Zu Tomek kann er nicht, falls das *Ting* sich später gegen die Kommunion entscheidet. Linus ist in einem schlechten Zustand und wird ihn nicht sehen wollen. Niemand sonst fällt ihm ein. Vielleicht doch zurück ins Büro fahren und noch ein paar Tasks angehen. Als die Anwesenheit des *Ting* intensiver wird, steigt Adam schon mal aufs Fahrrad. Endlich wird er seine Entscheidung bekommen: Patentochter oder Tech-Blog.

Der mentale Fokus auf dein Berufsleben kann eine Überlastung zur Folge haben. Sexuelle Beziehungen bieten Zerstreuung und Entspannung. Das Unkomplizierteste ist, eine beendete Affäre wiederzubeleben.

Eine halbe Stunde später schließt Adam sein Fahrrad in einem anderen Stadtteil an eine Laterne. Er muss nur wenige Augenblicke warten, bis jemand das Wohnhaus verlässt und er durch die Eingangstür schlüpfen kann. Im Dunkeln steigt er die Treppen des modernisierten Altbaus hinauf ins oberste Stockwerk. Der Geruch des Treppenhauses, die Schuhe vor den Türen, das kühle Holz des Geländers, all das kommt ihm auf eine unangenehme Weise vertraut vor. Eine Vertrautheit, die er hinter sich zu lassen geglaubt hat und die nur gelegentlich in vagen Erinnerungen wieder auftaucht, um als Sentimentalität im konstanten Wirbel der Gedanken zu verschwinden.

Enni Strindholm öffnet die Tür, ohne den Spion zu benutzen oder nachzufragen. Als sich ihre Blicke begegnen, zeigt sie keine Emotionen, abgesehen von der Strenge, die sich als Falte zwischen ihren Augenbrauen in ihrem Gesicht abzeichnet.

»Was willst du?«

»Sorry, dass ich unangekündigt auftauche. Ich hab viel an dich gedacht in letzter Zeit. Wie geht's dir?«

Seine Stimme ist weicher als gewöhnlich, als entschuldigte er sich.

»Verschwinde, Adam. Ich habe viel zu tun.«

Er hält die Weinflasche hoch, die er auf dem Weg besorgt hat.

Enni mustert sie, als schätze sie das Bedrohungspotenzial ein. Ihre Gesichtszüge erschlaffen.

»Ich bin völlig durch. Ich hab nicht mal die Kraft, dich wegzuschicken.«

Sie dreht sich weg und lässt die Tür offen stehen. Nichts hat sich verändert: drei große Zimmer mit hohen, stuckverzierten Decken, Wohnzimmer, Schlafzimmer und ein Raum, der eingerichtet ist, aber keine Funktion besitzt und in dem sich nie jemand aufhält. Nur unordentlicher ist es geworden. Kleidung und Kosmetika sind überall verteilt, leere Kartons und volle Müllsäcke versperren Wege, die Luft riecht muffig. Helm, Weste und die Halskette seiner Patentochter legt er auf den Küchentisch und folgt Enni mit Gläsern und Korkenzieher ins Wohnzimmer. Mit geschlossenen Augen liegt sie auf der Couch. Draußen ist es bereits dunkel, aber kein Licht ist angeschaltet, kein Bildschirm. Es gibt keine Hinweise darauf, womit Enni beschäftigt war, bevor er klingelte. Als hätte sie bloß vor sich hin existiert, wie ein müder Seestern am Meeresgrund.

»Hattest du einen anstrengenden Tag?«

Enni stellt ihr Weinglas auf dem Couchtisch ab, ohne mit Adam anzustoßen oder zu probieren. Trotz seiner schwachen Sehkraft erkennt er ihr Business-Outfit im Dämmerlicht, knielanger Bleistiftrock und eine lilafarbene Bluse. Selbst die Pumps hat sie noch an.

»Ein anstrengendes Jahr. Seit ich zur Geschäftsführerin von *Strindholm* ernannt wurde, habe ich keinen Feierabend mehr. Bin vor einigen Minuten erst rein.« Stimme und Körpersprache sind im Büromodus, als sei sie noch dort, bei einem Termin.

»Erzähl mir davon.«

Enni schließt die Augen und spricht, als sei er nicht ihr ehemaliger Liebhaber, nicht ein ehemaliger Kollege, den sie zuletzt verabscheute.

»Ich bin immer im Tower. Oft mehrere Tage hintereinander. Unterbrochen von einigen Stunden Schlaf auf der Couch im Büro. Mein halber Kleiderschrank ist dorthin umgezogen. Ich habe kein Privatleben. Das meine ich nicht kokett, sondern ganz nüchtern. Dein Überraschungsbesuch ist mein erstes Date in diesem Jahr, du darfst dich geehrt fühlen. Und das alles nützt nichts. Egal wie viel ich arbeite. Egal wie viel ich opfere. Mir – ich meine *Strindholm Consulting* – springen die Kunden ab. Ich versage.«

Plötzlich spürt Adam die irrationale Angst, sich bei Enni mit einer Krankheit anzustecken, und er dreht sich zum Atmen weg, als habe gerade jemand in seine Richtung gehustet. Er will ihr Gejammer nicht hören, schon Linus hat ihn heute Morgen genervt. Wer Erfolg will, denkt er, muss sich mit Menschen umgeben, die erfolgreich sind. Das hat er in einer Biografie gelesen, aber ihm fällt nicht ein, welcher. Warum hat das *Ting* ihn zu Enni geschickt, was soll sie ihm nützen? Warum nicht zu Sonja? Überhaupt ist es der denkbar schlechteste Zeitpunkt, eine Affäre zu beginnen. Für ihn selbst und offensichtlich auch für Enni.

Adam kann seine Umgebung im Dunkeln kaum ausmachen, doch er tastet sich vor, bis er neben ihr kniet. Er streicht einige Haare aus ihrem Gesicht. Dann beugt er sich langsam vor, bis sich ihre Lippen berühren. Enni zuckt zusammen, aber lässt ihre Augen geschlossen. Küsst zurück. Träge öffnen sich die spröden Lippen, die Zunge zappelt auf und ab, wie ein Fisch an Land. Es ekelt ihn an. Und er lässt von ihr ab.

»Tut mir leid«, haucht Enni.

Vielleicht eine Fehlfunktion, denkt er. Immerhin ist das *Ting* noch im Beta-Stadium. Er wird einen Bug-Report an Niu senden.

Langsam bahnt er sich einen Weg durch das dunkle Zimmer, stellt sich ans Fenster. Einige Hundert Meter entfernt schlängelt sich eine U-Bahn auf Hochschienen durch die Nacht. Rufe Betrunkener erklingen auf der Straße unter ihm.

»Morgen entscheide ich mich zwischen meiner Arbeit und meinem besten Freund. Das klingt wie ein Klischee, ich weiß. Aber es ist wirklich so banal. Auf der einen Seite die Möglichkeit, das Start-up bekannt zu machen. Auf der anderen der letzte Rest von etwas, das ich Familie nennen kann. Was würdest du tun?«

Enni antwortet nicht. Ihr Atem geht langsam und tief. Adam deckt sie mit einer Decke aus dem Schlafzimmer zu. Selbst wenn sie wach wäre, sie könnte ihm nicht helfen. Nur aus Gewohnheit hat er sie nach ihrer Meinung gefragt, wie er früher seinen Vater, Tomek und Linus nach ihren Meinungen fragte. Aber sie alle wissen nichts über sein Leben, seine Ängste, seine Ziele. Ihre Ratschläge sollen neue Perspektiven aufzeigen, aber er braucht nur seine eigene. Und das *Ting* hilft ihm, diese besser zu verstehen.

Adam setzt sich in einen Sessel mitten im dunklen Zimmer und gönnt seinem erschöpften Blick Erholung. Draußen lebt die Nacht, drinnen tickt Ennis Armbanduhr und Adam wartet. Wartet auf die Empfehlung für den kommenden Vormittag. Die eigenen Entscheidungen und Handlungen einer Technologie wie dem *Ting* und den Algorithmen dahinter zu überlassen, scheint auf den ersten Blick wie ein Kontrollverlust, ein Verlust an Souveränität. Doch Adam hatte noch nie so viel Kontrolle über sich wie jetzt, denn das *Ting* ist mit ihm verschmolzen. Es gehört zu ihm, wie seine Hände oder Augen zu ihm gehören. Es zu hinterfragen, bedeutet, sich selbst zu hinterfragen. Sich darauf zu verlassen, heißt, sich selbst ernst zu nehmen. Zwar versteht er das *Ting* tatsächlich nicht, die Algorithmen, die Prozesse, die nun sein Leben bestimmen. Aber er hat am eigenen Leib erfahren, dass sie funktionieren. Er wird sich in sie fallen lassen, wird dem *Ting* vertrauen. Sich selbst vertrauen.

Die Stille wird gelegentlich von einem schlaftrunkenen Flüstern Ennis unterbrochen. Er ist froh, ihr nicht antworten zu müssen. Die Präsenz des *Ting* ist deutlich, er spürt ihr nach und konzentriert sich auf sie. Fühlt sich in ihr geborgen. Mit den Stunden schwindet die Dunkelheit, aber müde wird er nicht. Als die Sonne schon eine Weile ins Zimmer scheint, klingelt Ennis Smartphone. Sie ist sofort wach und da, nimmt das Gespräch an, hört zu und versichert, sofort aufzubrechen. Dann erst entdeckt sie Adam im Sessel, blinzelt einige Male, schaut sich irritiert um. Als sie aus dem Bad kommt, für einen neuen Tag bei *Strindholm Consulting* zurechtgemacht, ignoriert sie ihn und verlässt die Wohnung, ohne ein Wort zu sagen.

Die Uhr an der Wand zeigt zehn. Das *Ting* hat ihm keine Anweisung gegeben. Vielleicht hat er es nicht gemerkt, denkt er. Die Empfehlung nicht zu unterscheiden gewusst von seinen eigenen Gedanken. Oder aber er hatte sich schon längst entschieden. Und deshalb keine Empfehlung bekommen.

Adam nimmt Fahrradhelm und Weste und verlässt die Wohnung. Als er die Tür hinter sich zuzieht, denkt er noch mal an Agnieszkas Halskette. Sie liegt noch immer auf dem Küchentisch.

KASPER

Der *Strindholm*-Tower ragt in die kühle Sommernacht, wie eine Botschaft, die nur an ihn gerichtet ist: *Es gibt kein Entkommen aus der Tradition. Keine Existenz ohne Geschichte.* Die Arbeit mehrerer Generationen, in einen gläsernen Turm gegossen. Noch nie hat ihn etwas so massiv abgestoßen und gleichzeitig so stark angezogen. Mit Ausnahme des *Ting* vielleicht.

Das dunkle Gebäude erinnert ihn an seinen Großvater. Mit Emil fing alles an. Er war ein geachteter Berater, so wurde es Kasper erzählt, überall beliebt und stets zum Abendessen eingeladen. Strategische Entscheidungen ließ er jedoch Kaspers Großmutter treffen, weil ihm ihre Kälte abging. Ohne sie brachte er kaum etwas zustande und starb nur Stunden, nachdem sie dem Krebs erlag. Die Ärzte fanden keinen medizinischen Grund für seinen Tod, er hörte einfach auf zu atmen.

Von Emil erbte Gustaf die Unternehmensberatung, von seiner Mutter das hässliche Gesicht und die rationale Schonungslosigkeit. Jahrzehntelang hielt er die Firma zusammen mit Kaspers Mutter auf Kurs. Sie überstanden alle Krisen und wuchsen beständig, genau wie der Garten im Inneren des Towers.

Gustaf gab die Macht ab, als ihm klar wurde, dass sein Leistungsvermögen und seine Urteilskraft schwanden. Das muss Kasper ihm lassen: Sein unsentimentaler Führungsstil machte auch vor seiner eigenen Person nicht halt. Jetzt sitzt Enni im großen Büro des obersten Stockwerks, der Realismus-Etage, als neues Glied der Ahnenreihe. Enni, nicht Kasper.

Nein, er wird der Botschaft des Turms keinen Glauben schenken. Sein Weg wird hier nicht enden. Sondern zu etwas Größerem führen, dessen Konturen im Nebel langsam deutlicher werden. Als würde es aus dem Dunkeln ins Scheinwerferlicht treten. Dem *Ting*.

Kasper, wenn du deinen Termin pünktlich wahrnehmen möchtest, solltest du dich beeilen.

Natürlich, denkt er, ein bisschen Pathos – und schon schrillen die Alarmglocken. Er bezahlt die Taxifahrerin, die die letzten Minuten schweigend neben ihm gewartet hat, und steigt aus. Er muss sich eingestehen, dass er das Autofahren vermisst. Das Kitzeln in der Bauchgegend, wenn der Wagen beschleunigt. Das Befahren von engen Serpentinen im Urlaub. Die Sonne im Gesicht bei offenem Verdeck. Auch wenn er sich am Anfang gesperrt hat, im Nachhinein muss er dem *Ting* recht geben: Der Verkauf des Sportwagens ist trotz allem die richtige Entscheidung gewesen. Ökologisch sowie ökonomisch. Ebenso der Umzug in eine kleinere Wohnung. Noch nie hat Kasper in solch bescheidenen Verhältnissen gelebt. In schwierigen Zeiten hatte Gustaf immer ein finanzielles Sicherheitsnetz unter ihm gespannt. Diese Sicherheit ist nicht mehr vorhanden. Und den Schwindel, abzustürzen und hart aufzuprallen, spürt er bei jeder Entscheidung.

In der Armut kann man Unabhängigkeit finden. Sie ist wie eine Entschlackungskur, denkt er, bei der sich der Organismus so mancher Giftstoffe entledigt. Doch seine Mittellosigkeit wird nicht lange währen. Endlich, nach monatelangen Verhandlungen mit *Nutshell Ventures,* findet am kommenden Tag die Abschlusspräsentation statt. Die Investitionssumme wird ihn auf Jahre finanziell absichern. Und endgültig von seinem Vater befreien. Auch im Reichtum kann man Unabhängigkeit finden.

Bis auf die oberste Etage liegt die Glasfront des *Strindholm*-Towers im Dunkeln. Ein ungewohnter, beinahe gespenstischer Anblick. Unter der Führung seines Vaters brannte auch nachts in vielen Büros noch Licht, der Turm als ein Mosaik kapitalistischer Tugend. Damals machten einige Mitarbeiter tatsächlich bis in die Nacht Überstunden, erinnert sich Kasper. Es kam sogar vor, dass jemand durchmachte und am Morgen gleich dablieb. Adam ist so ein Typ gewesen. Doch zusätzlich wies Gustaf Praktikanten an, in willkürlich ausgesuchten Büros Licht zu machen. *Was nicht ist, muss man behaupten, bis es Realität wird.* Eine andere kapitalistische Tugend, an der seine Schwester nicht festzuhalten scheint.

Die Lobby von *Strindholm Consulting* ist leer, mit Ausnahme des Empfangsassistenten, der aufsteht und Kasper mit seinem ungeschlachten Körper den Weg versperrt. Den Mann hat Kasper noch nie gesehen.

»Kann ich Ihnen helfen?«

»Guten Abend. Sie stehen vor Kasper Strindholm. Und im Weg. Ich habe einen Termin mit Enni Strindholm.«

Der Empfangsassistent mustert ihn, als sei Kasper ein Exemplar einer vom Aussterben bedrohten Insektenart. Dann geht er hinter den Tresen und hackt etwas in seine Tastatur. Kasper bekommt ein flaues Gefühl im Magen. Etwas hat sich verändert, etwas Entscheidendes. Die innere Glaswand des Gebäudes, sie ist nicht beschlagen wie sonst immer. Die im Boden installierten und an den Wänden angebrachten Scheinwerfer beleuchten nicht mehr Bäume und Büsche, wo er als Kind mit den Angestellten seines Vaters Verstecken spielte. Nicht den Efeu, der sich an den Glaswänden bis zum Dach zog, nicht die Bänke unter den Baumkronen, wo einige Analysten sogar Geschäftstermine abhielten, nicht die Schotterwege, wo sein Vater Mitarbeiter mit seinem Geschwafel einlullte. All das ist verschwunden. Auf der gesamten Fläche des Innenhofs liegen weiße, krawattenknotengroße Steine. An manchen Stellen flach nebeneinander, an anderen zu Hügeln getürmt. Ein glatzköpfiger Mann in einer orangenen Kutte steht inmitten der Wüste aus weißen Steinen und zieht mit einer Harke perfekte Bahnen hinein.

»Beeindruckend, oder?«

Der Empfangsassistent steht neben ihm.

»Es ist immer jemand hier und harkt«, sagt der Mann mit Ehrfurcht in der Stimme. »Immer. Man glaubt gar nicht, wie viel Pflege Perfektion erfordert. Im Übrigen kann ich Sie jetzt in Frau Strindholms Büro begleiten.«

»Wie lange ist das schon hier?« Irritiert deutet Kasper auf das, was fehlt.

»Schon immer.«

Setze deinen Weg fort. Sonst kommst du zu spät.

Kasper schluckt die Antwort runter, die ihm auf den Lippen liegt.

»Danke. Sie brauchen mich nicht zu begleiten. Ich wurde hier geboren.«

Im Fahrstuhl reibt er sich müde das Gesicht und stöhnt. Unwillkürlich fragt er sich, wie oft er diese Bewegung genau hier schon ausgeführt hat. Er sollte zu Hause sein, durchfährt es ihn, und sich ausruhen für den morgigen Tag. Weil mit der Abschlusspräsentation bei *Nutshell Ventures* ein Moment bevorsteht, der sein Leben verändern wird. Diese Momente sind selten. Und wenn sie kommen, ist man besser ausgeruht.

Wäre da nicht Ennis Bitte. Vor einigen Stunden rief seine Schwester an und fragte, ob er sie am späten Abend aufsuchen könne. Noch immer kennt er den Grund nicht. Beim Klang ihrer Stimme kochte die alte Wut und Enttäuschung hoch, die ihn seit seinem Geburtstag vor einem halben Jahr selten, aber regelmäßig heimsucht. Er wartete auf die Empfehlung des *Ting,* Ennis Bitte auszuschlagen. Sie kam nicht. Und während er Enni am anderen Ende der Leitung warten ließ und eine geschlagene Minute ihrem Atmen lauschte, spürte er noch etwas anderes. Vertrautheit, Zugehörigkeit, Tradition. *Weil du meine Schwester bleibst.* Das ist seine kurze Antwort gewesen, die er mittlerweile fast wieder bereut.

Die leichten Erschütterungen des Aufzugs vervielfachen sich hinter seinen geschlossenen Augen. Kasper spürt Besorgnis. Besorgnis, weil er noch nie stecken geblieben ist. Mit jeder Fahrt steigt die Wahrscheinlichkeit. Tausende Male hat er diesen Lift bereits benutzt: als spielendes Kind, als aufmüpfiger Jugendlicher, als engagierter Angestellter. In welcher Rolle ist er heute in den Tower gekommen?

Der Fahrstuhl hält mit einem Ruck, die Türen öffnen sich. Erleichtert folgt er dem Korridor der Realismus-Etage. Der vertraute Gang scheint verlassen – und doch ist Kasper nicht allein. Seit zwei Monaten ist er nie allein. Sein Körper und seine Gedanken, früher einmal souveräne Instanzen, haben mit dem *Ting* nun einen ständigen Begleiter. Manchmal fühlt es sich an, als sei ein wohlgesinnter Freund an seiner Seite, in anderen Momenten wiederum, als sei Kasper mit einer unheilbaren Krankheit infiziert.

In Anwesenheit seiner Partner spielt er die Rolle des Kritikers, weil es kein anderer tut. Niu, Adam und Linus stecken alle so voller Hingabe und Naivität für ihre persönliche Vision vom »Navigationssystem fürs Leben«, dass es an ihm ist, die Balance wiederherzustellen. Es ist an ihm, ihnen vor Augen zu führen, was das *Ting* auch ist: ein undurchschaubarer Herrscher, der in einem Server-Bunker sitzt, unerreichbar für jeden Versuch des Dialogs. Ein Diktator, der nach der Maxime der modernen Leistungsgesellschaft operiert. Einer Maxime, die sie ihm eingeschrieben haben: die Maximierung des Ertrags aus Alltag, Körper und Persönlichkeit.

Andererseits muss er zugeben, dass er von der Steigerung der Erträge profitiert. Neben dem Verzicht auf sein Cabriolet und dem Umzug in eine kleinere Wohnung ernährt sich Kasper dank des *Ting* mittlerweile überwiegend vegetarisch. Aufgrund einer weiteren Anweisung engagiert er sich nun bei einer Organisation, die Geflüchteten und Einwanderern dabei hilft, programmieren zu lernen und sich selbstständig zu machen. Anfangs haben ihn die auf Nachhaltigkeit und Philanthropie abzielenden Vorschläge verwundert, doch bald hat er ihre Absicht verstanden. Mit jeder umgesetzten Empfehlung, die ihm dabei hilft, seine Werte zu leben, statt sie einfach nur zu behaupten, wächst der Stolz auf sich selbst und damit auch sein Selbstbewusstsein. Seit der Gründung seines ersten Start-ups vor vielen Jahren fühlte er sich nicht mehr so im Reinen mit sich selbst.

Trotzdem ist er nicht sicher, ob er das »Navigationssystem fürs Leben« auch einsetzen würde, wenn er es als Geschäftsführer nicht müsste. Er hasst es, Empfehlungen zu bekommen, die für ihn eh selbstverständlich erscheinen. Keine seiner Entscheidungen gehört mehr ihm. Mittlerweile macht ihn das *Ting* sogar paranoid, er fühlt sich beobachtet und verfolgt. Er kann sich einfach nicht an den Gedanken gewöhnen, dass es eine Datei gibt, wo wirklich jede mögliche Information zu seinem Körper und seinem Leben gespeichert ist.

Gut möglich, denkt er, dass Niu in diesem Augenblick seine Logdatei anschaut wie andere einen Film. Seine Vitalwerte sind die Atmosphäre, eine Empfehlung ist die Klimax. Hat Niu den Schweißausbruch miterlebt, den er, aus Angst stecken zu bleiben, gerade erlitt?

Ihn beunruhigt, nicht exakt zu wissen, was Niu alles aus dieser Logdatei herauslesen kann, die für ihn nur eine kryptische Anhäufung von Zahlen ist. Möglicherweise kennt sie sogar die unangenehme Wahrheit: Kasper ist Geschäftsführer eines Startups, hinter dessen Produkt er nicht hundertprozentig stehen kann. Die Wahrheit, dass er seine Arbeitskraft, seine Kontakte, sein Geld zur Verfügung stellt, um ein Tool auf den Markt zu bringen, das er zwar für revolutionär und Erfolg versprechend hält. Aber auch für gefährlich.

Was nicht ist, muss man behaupten.

An der Bürotür, hinter der Gustaf und er jahrelang zusammen gearbeitet haben, hängt ein neues Schild: 1001. Kein Name eines Gemäldes. Er klopft.

»Komm herein, Bruderherz.«

Enni lächelt ihn an, als stünde nichts zwischen ihnen, als handle es sich um einen Routinebesuch unter Geschwistern. Um seinem Ärger Zeit zum Abflauen zu verschaffen, lässt Kasper seinen Blick durch den Raum schweifen. Die vielen kleinen Tische und Stehpulte sind einem massiven Schreibtisch gewichen, die Wände mit Regalen zugestellt. Das Porträt des jungen Mannes, der in seine Haare greift, die Augen weit aufgerissen,

Panik in den Zügen, ist verschwunden. Kasper erinnert sich, es als Jugendlicher selbst gemalt zu haben. Er hat sich am Original von Courbet orientiert, aber einige Änderungen eingebaut, die es in eine andere Richtung lenkten. Keine Kopie, ein eigenständiges Werk. Entstanden durch Imitation und Verbesserung. Als er bei *Strindholm* anfing, hatte er es ins Büro gehängt und sein ästhetisches Prinzip in Strindholms Unternehmensphilosophie übertragen. Sein Vater mochte die Analogie und hatte ihn gewähren lassen.

»Wo ist *Le Désespéré?*«

Enni, die hinter ihrem Schreibtisch sitzt, braucht einige Momente, um die Frage zu verstehen.

»Ich hab es nach Grunewald bringen lassen. Mutter hat's in dein Zimmer neben die anderen gehängt. Der Mann auf dem Bild, ist das eigentlich Arman?«

»Als ich es gemalt habe, kannte ich Arman noch nicht. Aber es stimmt, sie sehen sich erstaunlich ähnlich.«

Kasper nimmt Enni gegenüber Platz. Ohne dass er nachfragt, erzählt sie von ihren Eltern. Mutter gehe es gut. Sie kümmere sich zusammen mit der Reinigungskraft um das Haus. Daneben engagiere sie sich neuerdings in einer gemeinnützigen Organisation, wahrscheinlich um Gustaf nicht den ganzen Tag ertragen zu müssen.

Szenen von altertümlichen Kriegern und Schlachten in Wäldern sind in den massiven Schreibtisch geschnitzt. Der Tisch aus Vaters Arbeitszimmer in Grunewald, auf den er als Kind klettern wollte. Kasper versteht nicht, wie er hierhergekommen ist. Versteht nicht, dass Gustaf ihn Enni vermacht hat, ohne seinen Sohn einzuweihen. Er hat ebenso ein Anrecht auf diesen Platz.

Vater habe in den letzten Monaten stark abgebaut, erzählt Enni weiter. Er nörgle viel und wisse mit seiner Zeit nichts anzufangen. Enni sei verpflichtet, ihm jeden zweiten Tag einen persönlichen Bericht zu den neusten Entwicklungen der Firma abzuliefern. Was nicht so schlimm sei, aber seine spontanen Kontrollbesuche lenken sie vom Wesentlichen ab. In alles mische er sich ein, sei aber keine Hilfe mehr.

Kasper lässt seine Schwester reden. Sie hat ihn sicher nicht eingeladen, um ihre Sorgen bezüglich ihrer Eltern loszuwerden. Das Lächeln, die unverbindlichen Handbewegungen, die zurückgelehnte Sitzhaltung. All das kann nicht verbergen, dass sie angespannt ist.

An die Mimik und die Körpersprache seiner Schwester muss er sich erst wieder gewöhnen, aber je länger sie ihm Zeit lässt, desto deutlicher treten Anzeichen von Erschöpfung zutage und desto mehr wächst seine Sorge um sie. Schon im Winter schien sie überarbeitet. Ihr Zustand hat sich weiter verschlechtert: die Bluse zerknittert wie mehrmals getragen, die Stimme heiser, unangenehmer Mundgeruch, als hätte sie sich etwas eingefangen.

»Vater scheint nicht der Einzige zu sein, dem es nicht gut geht.«

Das müde Lächeln im Gesicht seiner Schwester erschlafft, als habe sie keine Kraft, sich gegen seine Behauptung zu verteidigen. Sie schauen sich lange an, ohne dass er weiter nachhakt. Er würde ihr gerne helfen, sie unterstützen, aber er weiß nicht, wie. Zu viel ist vorgefallen zwischen ihnen.

Kasper, das aktuelle Gespräch schürt dein schlechtes Gewissen, setzt aber keine positiven Signale. Du solltest es so kurz wie möglich halten.

Enni scheint mit sich zu ringen, ein Zeichen der Schwäche. Intimer als jedes Wort und jede Berührung, die sie seit Jahren ausgetauscht haben. Sie ist wieder seine kleine Schwester, die ihn anruft, um sich ihm anzuvertrauen und nach seinem Rat zu fragen.

»Vater will, dass du zurückkommst. Er will, dass wir *Strindholm Consulting* gemeinsam und gleichberechtigt führen.«

Ruckartig steht Kasper auf. Wandelt durch das riesige Büro, das einst zu Gustafs Größe beitrug und heute Enni und ihn klein wirken lässt. An Regalen mit Aktenordnern und Büchern vorbei, bis zur entgegengesetzten Seite, wo er vor der Glaswand stehen bleibt.

»Warum? Das ergibt keinen Sinn.«

Enni senkt den Kopf, als habe sie einen sicher geglaubten Sieg in letzter Sekunde verspielt.

»Wir haben viele Kunden verloren. Der Umsatz geht zurück. Vater scheint überzeugt, dass der Karren nur von uns beiden zusammen aus dem Dreck gezogen werden kann.«

Ihre Worte sind deutlich, obwohl sie leise spricht und am anderen Ende des Zimmers sitzt.

»Und was hältst du von dieser Idee?«

Hinter ihm windet Enni sich in ihrem Stuhl.

»Er macht sich zu viele Sorgen, wie jeder Vater, der die Kontrolle über sein Kind verliert. Überall sieht er Gefahren, die angeblich nur mit seiner Hilfe zu bewältigen sind. Das Kind bin in diesem Fall aber nicht ich, sondern die Firma.«

Enni lässt sich Zeit, bevor sie weiterspricht. Die folgenden Worte scheinen hinübergerettet aus einer längst vergessenen Zeit.

»Seit dem Studium, seit ich in unserer Firma arbeite, war ich zehn Stunden am Tag nicht ich selbst, sondern die Tochter meines Vaters. Heute kenne ich mich nicht mehr anders. Jeder meiner Gedanken ist ein Gedanke an *Strindholm Consulting.* Ich schlafe nachts so wenig, dass ich mich manchmal auf dem Büroboden liegend wiederfinde. Und trotzdem scheitere ich. Konkurrenten werben in meinem Beisein große Klienten ab. Übereifrige Analysten fahren die einfachsten Projekte gegen die Wand. Der Aufsichtsrat beschwert sich bei Vater.«

Zu Kaspers Füßen klafft ein Abgrund. An dessen Ende ein erstarrtes Meer aus weißem Stein. Ein einsamer orangener Punkt treibt mit ewig gleichen Bewegungen auf der Oberfläche. Wie kann so eine schwache Person wie seine Schwester es sich anmaßen, Tausende Wurzeln aus gutem Boden zu reißen? Überheblichkeit, mehr nicht. Doch schuld ist ihr Vater, der dem falschen Kind vertraut hat. Ihm sollte Kaspers Zorn gelten. Gustaf weiß genau, wie viel ihm die Familie und *Strindholm Consulting* bedeuten. Wenn seine Schwester als Geschäftsführerin überfordert ist, möchte Kasper helfen. Wenn die Umsätze von *Strindholm Consulting* sinken, wenn Kunden abspringen, möchte Kasper die Kontrolle übernehmen und den Trend wieder umkehren.

Aber er wird die Kränkung nicht vergessen, die sein Vater ihm zugefügt hat. Er wird nicht wie ein dummtreuer Kammerdiener gehorchen, nur weil der Alte es sich anders überlegt hat. Wird nicht die Bemühungen und Erfolge aus den vergangenen Monaten vergessen, wird nicht vergessen, was er am *Ting* und ihrem Start-up hat. Das Angebot von Gustaf ist egozentrisch und unempathisch. Und er hat nicht einmal die Courage, es seinem Sohn persönlich zu unterbreiten.

Du solltest deiner Gesprächspartnerin unmissverständlich klarmachen, dass du an dem Angebot nicht interessiert bist, und deine Konzentration wieder auf den morgigen Tag lenken.

Die wandelbare Stimme des *Ting,* die sich so sehr bemüht, wie seine eigene zu klingen, verärgert ihn zusätzlich. Selbstverständlich spricht das »Navigationssystem« diese Empfehlung aus, denkt er. Nicht zu Kaspers Wohl, sondern zu seinem eigenen. Es wäre für ihr Start-up ein fataler Rückschlag, vielleicht sogar der Todesstoß, wenn der Geschäftsführer am Abend vor einer großen Investition beschließen würde, seinen Posten aufzugeben. Aber etwas anderes erzürnt ihn noch mehr. Er will, dass die Entscheidung, die er seiner Schwester gleich mitteilen wird, ihm gehört und nicht einem Algorithmus.

Kasper steht wieder vor dem großen Schreibtisch, der in seiner Kindheit so viele Geheimnisse barg. Jetzt ruhen dort die bleichen Hände seiner Schwester.

»Wirklich, perfektes Timing. Ich habe morgen einen wichtigen Termin. Doch wahrscheinlich hat Gustaf diesen Zeitpunkt absichtlich gewählt. Bitte richte ihm aus, dass ich nicht mehr nach seiner Pfeife tanze. Ich werde nie wieder Teil seiner egoistischen Pläne sein. Mein Rat an dich ist, dir einen zuverlässigen Assistenten zu suchen, der deinen Tag strukturiert und dir einige Aufgaben abnimmt. Wegen meiner anderweitigen Pflichten bin ich für diese Stelle leider nicht verfügbar.«

Ennis Wangen zucken. Sie wirkt, als hätte Kasper ein schwerwiegendes Urteil über sie gesprochen. Dann nickt sie und ihre Züge verhärten sich wieder.

Das Gespräch und der Ärger darüber begleiten Kasper aus dem Tower, ins Taxi hinein, bis in seine neue Wohnung. Erst als er im Bett liegt, erschöpft und leer, fällt ihm die Anweisung des *Ting* wieder ein. Über die morgige Präsentation gebeugt, schläft er ein.

»Die *Assembly Line* von *Nutshell Ventures* ist eine stillgelegte Papierfabrik. Der Risikokapitalgeber hat das Gebäude in einen Inkubator umgewandelt, eine Aufzuchtstation für Start-ups in der Frühphase.«

Kasper benötigt die Erklärungen der jungen, ewig lächelnden Empfangsassistentin nicht, die sie über das Gelände führt. Das Gebäude aus terrakottafarbenen Backsteinen zieht sich über hundert Meter in die Länge und einige Stockwerke in die Höhe. Die Luft riecht verkohlt, als wäre der Schornstein noch immer in Betrieb. Doch einzig Wolkenfetzen schleichen über den blassblauen Himmel.

Auf dem Weg zum Haupteingang werden sie von Frauen und Männern taxiert, die vor einem Café auf dem Fabrikgelände sitzen. Manche modisch gestylt, in vermeintlicher Originalität akkurat den aktuellen Großstadttrends angepasst, andere in achtlos zusammengewürfelten Outfits, wiederum andere in Anzügen. Kasper kennt den Grund für die Blicke. Es ist die Befürchtung, jemand könnte ihnen den Titel als *Das nächste große Ding* streitig machen.

An Adam, der arrogant lächelnd an Kaspers Seite läuft, bleiben die Blicke länger haften. Diese Gründer, Entwickler und Social-Media-Manager werden das großspurige, aber visionäre Interview kennen, das Adam für Dave Jacksons Tech-Blog gegeben hat, das viral ging und in einem Monat über 100 000-mal geteilt wurde. Oder eines der anderen Interviews in deutschen und internationalen Medien, die anschließend folgten.

Die Empfangsassistentin schiebt sich zwischen ihn und seinen Partner.

»Spricht das Ding gerade mit dir?«, fragt sie Adam. »Gibt es dir Tipps, wie ihr den Pitch übersteht?«

Adam lächelt die Fragen weg. Mit jedem Interview ist er mehr und mehr zum Gesicht des *Ting* und ihres Unternehmens geworden. Und folglich viel schwieriger zu ersetzen als noch vor einigen Wochen. Das bereitet Kasper Sorgen. Seine Drohung, Adam durch den Leak von früheren Gesetzesüberschreitungen aus dem Unternehmen zu drängen, hat ihre Glaubwürdigkeit eingebüßt. Das Start-up ist auf Adam angewiesen, denn es profitiert von seiner Strategie. Die Unique Visitors auf ihrer Website haben sich vervielfacht. Täglich erreichen das Büro neue Bitten von potenziellen Kunden, am Beta-Test teilnehmen zu können.

Die Empfangsassistentin zählt im Ton einer Touristenführerin frühere Investitionen von *Nutshell* auf, die von Firmen wie *Google* oder *Apple* für Beträge in achtstelliger Höhe aufgekauft wurden oder ihren Exit in einem Börsengang realisierten. Linus, der der Gruppe ansonsten schlafwandlerisch hinterherschlürft, scheint diese Aufzählung besonders zu interessieren.

Ein junger Mann verleiht seiner offenen Feindseligkeit Ausdruck, indem er vor ihnen ausspuckt. Außer Kasper scheint niemand die Geste zu bemerken. Er fragt sich, ob dieser Mann zu jenen gehört, die ihnen kritische Nachrichten geschickt haben. Ankündigungen, das *Ting* boykottieren zu wollen. Drohungen, gegen User vorgehen zu wollen, notfalls mit Gewalt. Oder die naiven Fragen: *Verwandelt das Ting Menschen in Cyborgs? Handelt es sich dabei um eine Verschwörung des amerikanischen Geheimdienstes?* Die Praktikanten haben das Best-of dieser Mails ausgedruckt, aufgehängt und zu jeder Gelegenheit zitiert, begleitet von Gelächter. Kasper jedoch hat Sympathie für die Zweifler. Er kann ihre Ängste nachvollziehen. Also verbrachte er einen ganzen Arbeitstag damit, die Mails zu beantworten. Verständnisvoll ging er auf Vorurteile, Befürchtungen, sogar den Hass der Verfasser ein, was sich schnell im Büro herumsprach und die Witze verebben ließ. Als das *Ting* ihn anwies, den kritischen Mails keine Beachtung zu schenken, weil sie ihn von wichtigen Aufgaben ablenkten, stellte er eine Mitarbeiterin für diese Aufgabe ein.

An der unscheinbaren Eingangstür des Gebäudes tippt die Empfangsassistentin einen Zahlencode in ein Nummernfeld und mit einem Summen schnappt die Tür auf.

»Bevor wir hinauffahren, zeige ich euch das Erdgeschoss. So viel Zeit haben wir noch.«

Es behagt Kasper nicht, zum Grundschulkind bei einem Ausflug degradiert zu werden. Sie sind keine Bittsteller, die auf Almosen hoffen, sondern jeden Cent der anvisierten Investitionssumme wert. Andererseits ist ihr Firmenkonto leer. Einen weiteren Geschäftsmonat werden sie ohne frisches Geld nicht überleben, werden das Gehalt der Mitarbeiter und Praktikanten, die Miete für das Büro und all die anderen laufenden Kosten nicht begleichen können.

Kasper fragt sich, wie viel seine Partner davon ahnen. Das *Ting* hat ihm empfohlen, sie nicht in seine Sorgen einzuweihen, um den Druck nicht zu groß werden zu lassen. Also hat er die Präsentation als reine Routine ausgegeben, hat behauptet, sie dürften zwar keine groben Fehler begehen, aber auf den Ausgang hätten sich die beiden Parteien bereits weitestgehend geeinigt. Dabei hat Arman ihm von den zahlreichen Fällen berichtet, in denen *Nutshell* nach monatelangen Verhandlungen ein Investment in letzter Minute platzen ließ, nur weil eine Gründerin sich selbst zu viel Gehalt auszahlen wollte oder ein Gründer sein Produkt nicht frenetisch genug gepitcht hat. Kasper ist nervös, obwohl er viele dieser Situationen während seiner ersten Gründung bereits erlebt und an der Entwicklung von *Strindholms* Assessment-Center mitgewirkt hat. In diesem Augenblick wünscht er sich, das *Ting* hätte ihn nicht gezwungen, den anderen den Ernst der Lage zu verschweigen.

Eine Halle, die erleuchtet ist von etlichen Leuchtröhren und von durchsichtigen Wänden in raumgroße Waben unterteilt. Mehrere Fertigungsstraßen schlängeln sich mit leisem Rattern von Wabe zu Wabe, transportieren Kram wie Tablets, Erfrischungsgetränke oder Kondome und sind hier und da von Roboterarmen gesäumt, die ohne erkennbaren Zweck verschiedene Bewegungen durchführen. Screens hängen von der Decke und an Wänden, zeigen Nachrichten, Börsenkurse oder sind an eine Playstation angeschlossen.

»Unsere Start-ups sind auf Waben verteilt. Eine Wabe besteht aus einem Gemeinschaftsbüro, einem Konferenzraum und einer kleinen Küche. Die Unternehmen liefern wöchentliche Berichte ab und wir stellen ihnen je nach Lage Berater zur Seite, die helfen, die anstehenden Aufgaben zu bewältigen.«

Hinter einer gläsernen Wabenwand beugen sich drei junge Männer über einen Bildschirm. Der Anblick kommt Kasper vertraut vor, fast nostalgisch.

»Wie viele Start-ups sind in der *Assembly Line* untergebracht? Wie viele davon leben nach fünf Jahren noch?«, fragt er.

»Wir haben Kapazität für 20 Unternehmen in der Seed-Phase. Davon wird es in fünf Jahren voraussichtlich noch zwei geben. Unsere Gründer kennen diese Zahl. Wir werden nicht müde, sie immer und immer wieder zu wiederholen. Realismus ist der beste Motivator.«

Das Notizbuch, das ihn seit Jahren begleitet und in dem Kasper seine Start-up-Ideen protokolliert, liegt schwer in der Innentasche seines Jacketts. Er meint zu spüren, wie sein Herz schnell und kräftig dagegenschlägt.

Die Ausschüttung von Adrenalin und Kortisol ist in den letzten Minuten stark angestiegen. Die Aufregung droht, deine Performance in Mitleidenschaft zu ziehen. Du solltest einen Moment Ruhe finden, um dich zu beruhigen und zu fokussieren.

»Wir würden die Führung nun gerne abbrechen und uns noch einige Minuten auf unsere Präsentation vorbereiten«, sagt er mit trockener Stimme.

Das Lächeln ihrer Führerin flackert einige Wimpernschläge lang. Sie tippt etwas in ihr Smartphone, nickt. Ohne weitere Erklärungen durchschreiten sie den nächsten Flur. Hinter Glaswänden zu beiden Seiten programmieren, diskutieren, trödeln Dutzende junger Menschen. Kasper wüsste gern, was sie antreibt. Als er vor über 15 Jahren ein Start-up gründete, wollte er etwas Eigenes aufbauen, das nichts mit *Strindholm Consulting* und seinem Vater zu tun hatte. Viele seiner Kollegen aus der Szene hingegen wollten möglichst viel Geld in einem Terrain verdienen, in dem sich noch niemand zurechtfand. Sie waren Goldgräber. Genau wie er selbst scheiterten die meisten. Heutzutage scheint die Szene weniger naiv, dafür aber zynischer, denkt er. Die neue Gründergeneration hat von Beginn an eine Exit-Strategie vor Augen. Sie baut Unternehmen auf, um sie so schnell wie möglich an einen größeren Wettbewerber zu verkaufen. Und anschließend mit einer neuen Idee anzutreten.

Ein Lastenaufzug am Ende des Korridors verdrängt seine Gedanken. Als die alte Kabine unter ihren Schritten leicht ins Schaukeln gerät, nimmt seine Nervosität zu. Sie erinnert ihn an den gestrigen Abend im Tower, das Angebot seiner Schwester, seines Vaters. Die Empfangsassistentin drückt den Knopf mit der Ziffer 4, dann steigt sie aus.

»Ihr werdet oben erwartet. Viel Erfolg!«

Hinter dem vergitterten Fenster der schweren Flügeltüren ist ihr Lächeln zu erahnen. Es ärgert ihn noch immer, dass Gustaf ihm sein Erbe in dem Augenblick anbietet, in dem Kasper sich endgültig von ihm lösen möchte. Ein Augenblick, in dem er absolute Hingabe und Konzentration benötigt. Als wolle Gustaf ihn sabotieren, ihn zu Fehlern verleiten, denkt er. Als wolle er verhindern, dass Kasper sich gegen die Verunglimpfungen wehrt, die er ihm Silvester an den Kopf warf: Kasper könne sich und seine Ideale nicht der Firma unterordnen. Gleichzeitig sei er unfähig, sich durchzusetzen. Durch und durch ein schlechter Geschäftsführer.

Kasper, die aktuelle Situation bedarf deiner ungeteilten Aufmerksamkeit.

Der Lift nimmt ruckend Fahrt auf. Ein alter Lastenaufzug aus der Zeit, als in der Fabrik Papier hergestellt wurde. Das Armaturenbrett scheint neu, die Metallwände jedoch sind zerbeult, unverspiegelt und ohne Haltegriff. Der Seilzug ächzt und quietscht unter ihrer Last. Die Kabine fährt nicht, sie ruckelt sich den Schacht hinauf. Die Vibration verursacht ihm Übelkeit. Er schließt die Augen und versucht, die Klaustrophobie wegzuatmen. Wo ist Arman, fragt er sich. Wartet er oben, zusammen mit den anderen? Warum hat eine Unbekannte sie empfangen und nicht er? Arman hätte ihn nicht in einen Lastenaufzug gesteckt. Dafür kennt er Kasper zu gut. Ruckeln und Ächzen enden in einem lang gezogenen Kreischen der Mechanik. Sie halten.

Kasper gestattet es sich, die Augen noch einen Moment geschlossen zu halten. Statt des Geräuschs sich öffnender Metalltüren vernimmt er ein Hämmern.

»Fuck, wir stecken fest«, sagt Adam.

Kasper öffnet die Augen. Hinter dem vergitterten Fenster ist es dunkel. Die Knopfleiste leuchtet nicht mehr. Keine Reaktion, als er nun auf die *4*, dann auf *E* drückt. Adam legt einen Finger auf den Knopf mit der Alarmglocke.

»Bist du sicher? Was macht das für einen Eindruck?«, fragt Kasper.

»Wir stecken fest. Sollen wir Stunden warten, bis die von selbst auf die Idee kommen.«

Adam drückt das Stück Plastik in die Armatur. Nichts. Er drückt wieder, dieses Mal länger, und wieder und wieder. Niu hat bereits ihr Handy gezückt, schüttelt aber nach kurzem Tippen den Kopf. Kein Empfang. Ihre Telefone haben keine Chance gegen die meterdicken Beton- und Metallwände. Unwillkürlich fragt er sich, ob die Kabine luftdicht abgeschlossen ist. Wie lange wird der Sauerstoff reichen? Ein lautes Scheppern ertönt, als Adam mit voller Kraft gegen die Tür des Fahrstuhls tritt. Kasper würde es ihm gern nachmachen.

Es ist anzuraten, Ruhe zu bewahren und sich zu entspannen.

Das verdammte *Ting*, denkt er. Natürlich muss er sich entspannen, aber wie soll er das unter diesen Umständen bewerkstelligen? Er ist in einem kleinen Metallkasten eingesperrt. Und verpasst einen der wichtigsten Termine seines Lebens.

»Hat jemand eine Empfehlung bekommen, die uns hilft?«, fragt Adam.

Niemand antwortet. Niu lässt sich an der Wand herabsinken, setzt sich in den Schneidersitz.

»In ein paar Minuten wird unser Fehlen auffallen«, sagt sie in bemüht ruhigem Ton. »Man wird die Situation rekonstruieren und Techniker rufen.«

Linus und Adam lassen sich ebenfalls auf den Fahrstuhlboden sinken. Kasper drückt ein letztes Mal den Alarmknopf, dann tut er es den anderen gleich.

»Wir machen unsere Anzüge schmutzig«, sagt Linus.

»Man wird uns dreckige Hintern nachsehen«, antwortet Kasper.

Die Stille im Fahrstuhl wird mit jedem zaghaften Geräusch deutlicher. Die verschnupften Atemzüge von Linus. Niu, die auf ihr Smartphone-Display tippt. Knacken aus dem Fahrstuhlschacht, zu sporadisch, um Hoffnung zu wecken. Kasper schwitzt seinen Anzug voll. Dabei handelt es sich um seinen liebsten, einen Dreiteiler nach Maß. Hoffentlich, denkt er, muss er sich nicht übergeben. Schwindlig und schlecht ist ihm. Vielleicht weil der Sauerstoff in der Kabine knapp wird. Das würde erklären, warum Linus' Schnaufen tiefer und angestrengter wird. Wieso Adam mit geschlossenen Augen dasitzt, bewegungslos. Er muss ruhig bleiben, sich entspannen, empfiehlt das *Ting*. Er wird gehorchen. Schon allein wegen des Zusatzvertrages.

Niu sitzt ihm im Schneidersitz gegenüber. Groß, erstarrt, undurchschaubar. Der Blick haftet an ihrem Fitnessarmband, als hielte der Schrittzähler einen Ausweg parat. Es kostet sie große Mühe, sich von dem Gadget zu lösen, meint er wahrzunehmen. Als sie Kaspers Blick bemerkt, zückt sie wieder ihr Smartphone.

Scrollt. Tippt. Scrollt. Er malt sich aus, wie sie gerade in seiner Logdatei liest. Wenn das *Ting* bei seiner vorletzten Empfehlung wusste, dass er abgelenkt war, dann muss es seine Gedanken kennen. Sind sie in der Logdatei gespeichert? Seine verbitterten Gedanken an Enni und Gustaf. Die sehnsüchtigen an Arman. Die alarmierten und beunruhigten, die Niu selbst gelten. Entschlüsselt sie in diesem Moment, dass er sie für unberechenbar und gefährlich hält? Dass er sie am liebsten loswerden würde, weil nicht Adam, sondern sie das *Ting* kontrolliert?

Wenn sie nur nicht so unersetzbar für das Start-up wäre. Kasper wird die Logdatei und den Quelltext des *Ting* nie verstehen, wie sie es tut. Er begreift das »Navigationssystem« eher schematisch. Links das Ausgangsstadium, rechts das Ergebnis, in der Mitte der eigentliche Prozess, verborgen in einer Blackbox. Links Kasper, in der Mitte das *Ting*, rechts ein anderer Kasper. Natürlich, denkt er, er könnte sich reinhängen, wie Linus es offensichtlich tut, versuchen, Schritt zu halten, um den letzten Hauch Kontrolle nicht zu verlieren. Nach Wochen intensiver Arbeit kommt er vielleicht an den Punkt, wo er simple Algorithmen nachvollziehen kann. Aber auf Nius Niveau wird er niemals sein. Sie ist ihm um Jahre voraus, obwohl sie bloß halb so alt ist. Jugend ist ein Vorteil, wenn es ums Programmieren geht. Niu wurden die Programmiersprachen in die Wiege gelegt, vermutet er. Ihre Muttersprache ist nicht Deutsch, Englisch oder Mandarin, sondern Java, Ruby und C#. Sie wird mit jedem Tag, mit jedem Tastenschlag besser, und mit ihr das *Ting*, das ihn kontrolliert. Niemals wird er so gut werden wie sie, was zugleich bedeutet, dass er das *Ting* nie verstehen wird. Früher war er der Sklave seines Vaters, aber dessen Wesen hat er zumindest durchschaut. Jetzt ist er der Spielball eines Programms, das alles über ihn weiß, nichts vergisst und ihm Befehle erteilt. Wie ein Gott.

Wahrscheinlich kann Adam die Logdatei ebenso wenig lesen, vermutet er, vielleicht sogar Linus nicht, auch wenn beide es vorgeben. Niu verkörpert also alle Macht. Einem jungen Mädchen ist es vorbehalten, sein Leben zu lesen wie eine Geschichte. Alles über ihn zu wissen, ihn im schlimmsten Fall über die Algorithmen zu manipulieren. Ausschließen kann er diesen Punkt nicht. Ein Gedanke beunruhigt ihn noch stärker. Es gibt andere junge Mädchen und Jungs, die genauso talentiert sind wie Niu, wenn nicht talentierter. Niu hat ihm mehrmals versichert, dass die Server gut geschützt seien, dass sie persönlich Verantwortung für ihre Sicherheit übernimmt. Kasper vertraut ihr nicht. Und doch liegt sein Leben in ihren Händen. Wortwörtlich.

»Fühlt ihr euch eigentlich fertig?«

Linus' Frage durchbricht die Stille und reißt Kasper aus seinen Gedanken.

»Na ja ... ich meine ... als Jugendlicher habe ich mir manchmal vorgestellt, wie ich als Erwachsener sein werde, wenn ich als Person fertig bin. Wenn mein Leben beginnen kann – so richtig beginnen, meine ich. Damals dachte ich, Anfang 20 ist es so weit. Großer Irrtum. Mit Anfang 20 war ich voller Selbstzweifel, war unsicher bei jeder Entscheidung. Hatte keine Ahnung, was ich vom Leben will. Ich dachte, ich brauch noch ein bisschen Zeit, und hab das Fertig-Sein auf Mitte 20 verschoben.«

Kasper ist das Gesagte unangenehm, als könne er beim Zuhören ertappt und einer Mittäterschaft bezichtigt werden. Linus' Gedanken gehören nicht in dieses Gebäude, sind einem Anlass nicht angemessen, bei dem es um anderthalb Millionen geht.

»Mitte 20 liegt jetzt hinter mir. Ich erinnere mich noch an die Enttäuschung, als mir während eines Streits mit Kira klar geworden ist, dass ich meine kindischen Eigenheiten und Fehler noch nicht überwunden habe. Dass ich noch lange nicht fertig bin. Und das richtige Leben noch immer nicht begonnen hat. Das war der Moment, als ich anfing, ernsthaft am *Ting* zu arbeiten. Ich wollte den Prozess beschleunigen. Etwas haben, das mich in die richtige Richtung lenkt.«

Die Haut unter Linus' Augen ist dunkel und glänzend, wie die Schuppen eines Tiefseefischs. Seine Lippen bewegen sich beim Sprechen nur wenig, was ihn leicht nuscheln lässt. Der Anzug scheint aus der Reinigung zu kommen, sitzt aber zu eng, als hätte Linus zugenommen. Seine Erscheinung erinnert an Enni, die ihre Erschöpfung jedoch nicht resignierend, sondern wie eine Uniform trägt. Das *Ting* muss Linus noch immer zusetzen, und Kasper fragt sich, warum. Wenn es an ihm wäre, Linus etwas zu empfehlen, dann eine Woche Bettruhe. Es scheint einen Fehler im Programm zu geben. Und Kasper versteht nicht, wieso Niu ihn nicht behebt. In diesem Zustand stellt Linus eine Gefahr für ihr Unternehmen dar, vor allem bei Anlässen wie diesem.

»Bald werde ich 30. Ich bin noch immer nicht fertig. Als Person, meine ich. Kira sagt, ich müsse eine Familie gründen, Vater werden, dann würde sich dieses Gefühl schon legen. Aber das ist doch absurd, Kinder in die Welt zu setzen, um sich selbst nicht mehr wie eines zu fühlen. – Wie ist das bei euch?«

Kasper hat nicht vor, zu antworten. Er möchte nur weg, ein paar Meter Abstand zu Linus gewinnen. Adam scheint es ähnlich zu gehen. Ein gekünsteltes Lachen, als hätte er gerade einen Witz gehört, den er nicht versteht, ist seine einzige Reaktion. Nur Niu denkt nach, als würde sie sich zum ersten Mal Gedanken über das Erwachsenwerden machen.

»Kannst du dich an Software erinnern, als noch nicht jeder einen Internetanschluss zu Hause hatte?«, fragt Niu als Antwort. »Mein Vater liebt es, von den alten Zeiten zu erzählen. Man ging in einen Laden und kaufte einen Pappkarton. Darin waren Disketten oder CDs, auf denen fertige Software gespeichert war. Nachdem man sie installiert hatte, benutzte man sie. Jede Software hat Fehler. Damals musste man sich mit ihnen aussöhnen, denn Updates gab es kaum. Heute muss man nicht mit Fehlern leben. Programme werden ständig verbessert. Deshalb sind sie nie fertig. Sie befinden sich immer im Test, immer in einer Beta-Phase. Genau das macht das *Ting* aus uns. Wir –«

Ein lautes, metallisches Knacken lässt Niu innehalten.

»Hallo, könnt ihr Geeks mich hören? Hauptquartier an Geeks, Hauptquartier an Geeks, bitte kommen!«

Der Aufzug wogt bedenklich, als sie gleichzeitig aufspringen. Die Stimme scheint aus dem Gitter der Kabinendecke zu dringen.

»Wir hören Sie. Sind Sie der Mechaniker?«, ruft Adam der Decke zu.

Keine Antwort, dann erfüllt das Gelächter mehrerer Personen die Kabine.

»Nope. Ich bin der mit dem Geld.«

Sie tauschen ratlose Blicke. Dann ertönt eine weitere Stimme, die Kasper an ein lange vergangenes Leben erinnert.

»Ich möchte mich für Ihre Unannehmlichkeiten entschuldigen. In unserer *Assembly Line* ist noch nie ein Fahrstuhl stecken geblieben. Wir haben die zuständige Firma sofort kontaktiert. Leider werden die Techniker wegen hoher Auslastung erst in zwei Stunden hier sein können«, sagt Anna Ullbast. Kasper lernte die heutige Gesellschafterin von *Nutshell Ventures* kurz nach Platzen der Dotcom-Blase bei einer Start-up-Party kennen, erinnert er sich. Anstatt mit ihrem Internet-Unternehmen zu scheitern, verkaufte sie es. Anschließend vermehrte sie ihr Geld, indem sie in Solartechnik investierte und bei *Nutshell* einstieg.

Langsam dringen Ullbasts Worte zu ihm durch. Bei dem Gedanken, noch zwei Stunden im Fahrstuhl eingesperrt zu sein, würde Kasper sich am liebsten wieder hinsetzen, das Gesicht in die Hände legen und warten, bis eine Erschütterung der Kabine die Erlösung ankündigt. Was sein Vater wohl sagen wird, wenn ihm diese Geschichte zu Ohren kommt? Wird er enttäuscht sein oder sich bloß in seiner Meinung von Kasper bestätigt fühlen? Dabei hat die Präsentation noch nicht einmal begonnen. Gustaf hätte sicherlich eine Idee, wie er die Situation zu seinen Gunsten nutzen kann. Kasper will nicht sein wie Gustaf. Als ihm als Kind bewusst wurde, wie selten er seinen Vater sah, weil dieser selbst an Wochenenden nicht nach Hause kam. Als ihm als Teenager auffiel, wie abfällig und übergriffig Gustaf mit den Angestellten von *Strindholm Consulting* umging. Als er als Assistent des Geschäftsführers über dessen Gewissenlosigkeit erschrak. Immer dann schwor er sich, nie so zu werden wie sein Vater. Doch in dieser ausweglosen Situation hat Kasper nur eine Chance, wenn er genauso skrupellos wird wie Gustaf Strindholm. Er muss ein Handicap in einen Vorteil verwandeln.

»Die Lage ist natürlich äußerst bedauerlich«, sagt er mit fester Stimme. »Unser aller Zeit wird vergeudet. Bedauerlich auch die Ausfälle, die beide Firmen durch diese Panne erleiden. Nun gut, aber niemanden trifft eine Schuld.«

Kasper meint, die dunkle Tiefe des staubigen Schachtes unter seinen Absätzen spüren zu können, und über sich das müde Stahlseil. Im Augenwinkel sieht er Adams kurzes Nicken, Zustimmung für die gewählte Gesprächsstrategie. Linus' Blässe ist einem kräftigen Rot gewichen, den Grund glaubt Kasper zu kennen. Wie lange wurden sie von den Investoren belauscht, bevor diese sich meldeten? Wie viel von Linus' Lamento haben sie mit angehört?

Ein ruhiger Bass mit großväterlichem Duktus ertönt nun aus den Lautsprechern.

»Guten Tag allerseits, mein Name ist Bernd Molau. Ich sitze hier zusammen am Tisch mit Anna Ullbast und Nikolas Klepp, die sich beide bereits zu Wort gemeldet haben. Wir haben uns beraten und stimmen Ihnen zu. Keiner von uns kann es sich leisten, mehrere Stunden untätig rumzusitzen. Ich habe früher selbst Unternehmen wie das Ihre großgezogen, ich weiß, wie das ist. Präsenz und Erreichbarkeit sind Imperative. Wir wollen also unsere Zeit nutzen und unser Gespräch unter den aktuellen Umständen stattfinden lassen. Was halten Sie davon, Herr Strzela?«

Eine Kränkung, dass Molau Adam anspricht, obwohl Kasper als Geschäftsführer das Unternehmen repräsentiert. Kasper malt sich aus, wie auf dem Konferenztisch die Interviews liegen, in denen Adam sich zum Sprecher des *Ting,* des Unternehmens, sogar der Bewegung der Selbstoptimierer und Biohacker aufschwingt. Adam schaut seine Kollegen fragend an, Niu nickt, Linus schüttelt energisch den Kopf. Kasper zögert kurz, dann stimmt er zu.

»Wir werden unsere erste Million mit einem echten Elevator Pitch verdienen. Das gibt eine gute Story für Social Media ab«, sagt Adam.

Aus den Lautsprechern scheppert Gelächter.

»Allerdings haben wir eine ausgedehnte Präsentation vorbereitet«, fährt Adam fort. »Auf die müssen wir wohl verzichten.«

»Im Lift sind mehrere Kameras installiert. Wir sehen Sie auf einem Screen. Sie können Ihren Laptop vor die Linse im Bedienfeld halten.«

Der Impuls, sich hektisch nach Kameras umzuschauen, ist schwierig zu unterdrücken. Soweit er einschätzen kann, hat er sich keine verräterischen oder peinlichen Gesten geleistet. Anders jedoch Linus, dem der Schreck anzusehen ist. Niu hingegen winkt in Richtung einer gut versteckten Linse im Bedienfeld.

»Fein, fein«, sagt Nikolas Klepp gehetzt, als verspäte er sich bereits zum nächsten Termin. »Während der Due Diligence, der Prüfungs- und Verhandlungsphase, haben wir uns auf einen Term Sheet geeinigt. Wir bieten anderthalb Millionen Euro für 20 Prozent eures Unternehmens. Also bewerten wir euer Start-up mit 7,5 Millionen Euro, ohne dass ihr jemals auch nur einen Cent Umsatz gemacht hättet, geschweige denn Gewinn. Euer Produkt braucht Monate, vielleicht Jahre bis zur Marktreife. Ergo: Wir investieren in das Team, in euch. Und *Nutshell Ventures* investiert nur in Geeks. Nicht in aalglatte BWL-Absolventen, die 'nen schnellen Euro machen wollen, sondern in Leute, die aus purem Commitment bestehen. Erzählt mal ein bisschen von euch und euren Credentials. Strzela, fang du an.«

In bunten Worten klappert Adam seine Vita ab, konzentriert sich auf Punkte, die er in der schriftlichen Fassung ausgespart hat. Er wird als Kopf ihres Unternehmens wahrgenommen. Dass ihm bei der Vorstellung der Vortritt gewährt wird, lässt daran keinen Zweifel mehr. Kasper fragt sich, ob es tatsächlich an Adams medialen Auftritten liegt oder er die Gründe bei sich selbst suchen muss. Zwar hat Kasper die Verhandlungen während der letzten Monate alleine geführt, seine Gesprächspartner waren aber immer Assistenten – unter ihnen Arman – nie die Gesellschafter selbst. Vielleicht werden von außen nicht der ungeschickte Linus oder die unerfahrene Niu als Weak Points im Team wahrgenommen, sondern er.

Fast beruhigt ihn der Gedanke. Er kann ihn einordnen und mit ihm umgehen. Seit dem Zerwürfnis mit seinem Vater treten ihm viele alte Bekannte mit Skepsis oder Ablehnung entgegen. In dieser Situation ist er nicht zum ersten Mal. Als er mit seinem ersten Start-up scheiterte, als Gustafs Anwalt ihn nur knapp vor dem Gefängnis bewahrte, lernte er, wie Netzwerke in der Branche funktionieren. Zwischen einzelnen Elementen bestehen Zweckverbindungen. Wenn eines nicht mehr imstande ist, seiner Funktion nachzukommen, wird es abgestoßen. Schuld trägt die rückständige Fehlertoleranz in Deutschland, denkt Kasper nicht zum ersten Mal. Im Silicon Valley gehört das Scheitern zu jeder erfolgreichen Biografie. Wird man dort mit einem Unternehmen reich, spielt es keine Rolle, ob man zuvor zehnmal Insolvenz angemeldet hat. Hierzulande wird zwar dieselbe Haltung behauptet, tatsächlich aber ist ein insolventer Unternehmer radioaktiv. Das Lernen aus Fehlern wird als Tugend gehandelt, ihre Konsequenzen werden aber nicht toleriert. Kollegen, Investoren, Journalisten verlieren Respekt und Interesse. Kasper und Arman haben Jahre gebraucht, um sich von ihren Sünden reinzuwaschen. Die Investoren von *Nutshell Ventures* scheinen sein Ausscheiden aus dem Familienunternehmen als erneutes Scheitern zu werten.

Als Adam seinen Tätigkeitsbereich beschrieben und Nachfragen beantwortet hat, loben ihn die Investoren für seine enthusiastische Außendarstellung in den Interviews. Sie fordern Niu auf, fortzufahren.

Im Gegensatz zu Adam spricht Niu nicht von Stationen und Referenzen, sondern von Programmen, die sie seit ihrer Kindheit vollendet hat. Kasper hat unterscheiden gelernt, ob jemand Hochstapler oder der Real Deal ist. Nius Kompetenz wird mit jedem Wort spürbarer. Gewiss auch im Konferenzraum, wo die Investoren und Assistenten sitzen. Wenn Nikolas Klepp Geeks will, bekommt er mit Niu ihre Anführerin. Am Ende stoppt Adam seine Kollegin, indem er ihr sachte auf den Fuß tritt. Sie bricht mitten in einem Vortrag über das maschinelle Lernen ab. Und alle tun so, als sei er dramaturgisch abgerundet.

Linus wird gebeten, weiterzumachen. Adams Grinsen in Kaspers Richtung ist wie ein Schlag ins Gesicht. Jedoch hält es nur wenige Momente. Linus beginnt seinen Vortrag damit, sich für seine Fehler zu rechtfertigen. Warum er den Kopf geschüttelt hat, als es darum ging, das Meeting im Fahrstuhl zu halten. Und was er damit gemeint hat, sich nicht erwachsen zu fühlen. Mehrmals versucht Adam, ihn mit den gleichen Mitteln zu stoppen wie Niu. Aber Linus reagiert nicht auf die Tritte, zu groß scheint seine Nervosität. Er verhaspelt sich in Details, etwa der Beziehung mit seiner Freundin oder den Erwartungen seiner Ärzte-Eltern. Eine gefühlte Ewigkeit später, als abzusehen ist, dass er die Kurve nicht mehr kriegt, unterbricht ihn Nikolas Klepp in gereiztem Ton.

»Danke! Wir haben genug gehört. Jetzt schalten wir zum nächsten Punkt der Vorstellung, eurem Produkt. Unsere Gutachter gingen gut ab auf euren Code und eure Technik. Haben mir was vorgeschwärmt von geilem Flow. Ihrer Meinung nach werdet ihr den Markt disrupten. Ist auch gut so, denn unter disruptive geht bei *Nutshell* gar nichts. Gutachten hin oder her – ich investiere in nichts, was ich nicht mit eigenen Augen gesehen habe. Wenn wir das Ding nicht ausprobieren können, wollen wir wenigstens ein paar Algorithmen erklärt bekommen. Zeigt mal was her.«

Kasper, du wurdest in diesem wichtigen Gespräch bisher übergangen. Es ist langsam an der Zeit, dass du auf dich aufmerksam machst.

Danke, Captain Obvious, denkt Kasper. Er hat eine Idee, wie er auf sich aufmerksam machen könnte. Wie er die Gesellschafter von *Nutshell Ventures* vom Potenzial des *Ting* überzeugen könnte. Aber diese Idee stößt ihn so sehr ab, dass er sie schnell wieder verwirft.

Niu öffnet auf ihrem Laptop die Präsentation. Klickt sich durch die Slides, bis sie bei den Algorithmen angekommen ist. Vielleicht sollte Kasper in die Pause hinein reden, unaufgefordert von sich und seiner Arbeit erzählen. Er fragt sich, was Gustaf in seiner Situation tun würde. Sich keine Blöße geben wahrscheinlich. Das wäre ihm das Wichtigste. Wenn er nicht aufgefordert wird, sich vorzustellen, liegt das daran, dass alle seine Biografie auswendig kennen. Würde sein Vater sagen. Selbst wenn das nicht stimmt, muss Kasper sich so verhalten.

Er zwingt sich zu einem Lächeln und tritt zu Niu, unterstützt sie bei der Vorbereitung der Präsentation. Als sie fertig sind, hält Niu den Screen vor die Linse der Kamera. Doch die Investoren können nichts erkennen. Niu vergrößert die Präsentation und variiert den Abstand zur Linse. Aber die Auflösung der Fahrstuhl-Kamera ist zu niedrig.

Eine unangenehme Stille entsteht, gefolgt von gedämpften Gesprächen. Vermutlich hält jemand im Konferenzraum eine Hand über das Mikrofon. Die Lage ist im Begriff zu kippen. Abgesehen von Linus, dessen Fauxpas seiner Person zuzuschreiben sind, haben sie sich bisher gut verkauft. Natürlich ist es nicht ihre Schuld, dass der Fahrstuhl stecken bleibt und sie ihre Präsentation nicht zeigen können. Doch um Schuldzuweisungen geht es nicht, denkt Kasper. Sondern um die simple Tatsache, dass der Millionen-Deal nicht zustande kommt, wenn sie heute keinen perfekten Eindruck hinterlassen. Es ist eine einmalige Gelegenheit. Eine zweite Chance werden sie nicht bekommen.

»Kann man auf unseren Quelltext vom Konferenzraum aus zugreifen?«, fragt er Niu.

»Nicht ohne VPN-Verbindung.«

Die Situation scheint ausweglos. Niu und Linus erörtern flüsternd die Möglichkeit, Algorithmen mit Worten zu erklären. Dabei ist ihnen bewusst, dass eine komplexe Struktur wie das *Ting* nicht mit Sprache abzubilden ist. Zumindest nicht mit gesprochener. Adam blickt zu Boden und schüttelt immer wieder den Kopf, während er im Fahrstuhl auf und ab geht, seine Schritte erzeugen ein metallisches *Plong! – Plong! – Plong!*. Aufgeregte Stimmen aus dem Konferenzraum werden deutlich, das Mikrofon ist wieder frei. Eine Entscheidung ist gefallen. Etwas regt sich in Kasper. Die Instanz, die nicht von seiner Seite weicht und mit seiner eigenen Stimme spricht.

Vergiss alle alternativen Möglichkeiten, die du zu haben glaubst. Deinen Vater, deine Schwester, Strindholm Consulting. Wenn du Teil dieses Unternehmens bist, dann musst du ein Opfer bringen. Genau wie alle anderen auch.

Kasper kennt die Bedeutung der Empfehlung. Weiß, welches Opfer gemeint ist. Das *Ting* spielt auf die Idee an, die er vor einigen Augenblicken hatte, die er aber sofort wieder verworfen hat. Das Abenteuer kann jetzt zu Ende sein. Er kann in seine alte Rolle zurückkehren, wieder der Sohn seines Vaters werden. Der verlorene Sohn kehrt zurück, der gescheiterte Sohn. Oder er löst sich von der Vergangenheit. Agiert, anstatt nur auf Gustaf zu reagieren. Er kann ein eigenständiger Mensch werden. Indem er seine Eigenständigkeit für das *Ting* opfert. Wie ironisch, denkt er.

Anna Ullbasts Worte prasseln von der Fahrstuhldecke. Leise

stellt Kasper Niu eine Frage. Seine Partnerin hebt die Augenbrauen. Lächelt. Nickt.

»Entschuldige, wenn ich dich unterbreche, Anna. Aber wir haben eine Lösung gefunden. Niu wird euch gleich die Adresse und die Zugangsdaten zu meiner Logdatei geben. Diese könnt ihr ohne VPN über den Browser öffnen. Die Logdatei weiß die Funktionalität und Komplexität des *Ting* besser zu veranschaulichen als der Quelltext. Heißt konkret – ihr werdet vorübergehend Zugang zu allen über mich gesammelten Informationen bekommen.«

Während Niu ihre Instruktionen in Richtung Kabinendecke richtet, denkt Kasper an Arman, der die Datei zusammen mit den Investoren sehen wird. Arman, der ihn besser kennt als jeder andere. Vielleicht wird er einen anderen Kasper in den Zahlen entdecken. Vielleicht wird er etwas finden, das ihn erschreckt oder abstößt.

Im folgenden Gespräch ist es, als würden die Investoren ihn bei lebendigem Leib sezieren. Seine pulsierenden Organe, seine arbeitenden Gedärme begutachten. Während er versucht, souverän zu lächeln, lassen sie sich etliche Datensätze erläutern. Stellen Niu immer mehr Fragen, neugierig. Nein, gierig. Niu antwortet, ohne zu zögern, geht in allen Einzelheiten auf Kaspers Körperfunktionen ein. Mit der Zeit wird sogar Linus selbstsicherer, mischt sich in Nius Erklärungen ein, spricht über Mikrosensoren und Kaspers Körper. Kaspers Adrenalin. Kaspers Transpiration. Kaspers Verdauung. Kaspers Eisenhaushalt. Kaspers Autoimmunkrankheit. Kaspers Schilddrüse. Kaspers Testosteronspiegel. Kaspers Spermienproduktion. Kaspers Gehirnströme.

Zum zweiten Mal an diesem Tag spürt er das heftige Pochen seines Herzens. Darüber liegt sein Notizbuch. Er kann sich nicht erklären, warum, aber er möchte das Buch in den Händen halten und holt es hervor. Das abgewetzte Leder fühlt sich vertraut an. Die Notizen auf den Seiten erinnern ihn an frühere Gedanken und Gefühle. Manchmal sogar an die Situationen, in denen er sie aufschrieb. Die Trunkenheit nach einer langen Nacht mit Arman in London. Die unterdrückte Frustration über die Rückwärtsgewandtheit seines Vaters auf dem Dach von *Strindholm Consulting*. Eine melancholische Nacht in seinem früheren, viel zu großen Apartment in Mitte. Die Erinnerungen sind so alt, das meiste an ihnen muss mittlerweile erfunden sein. Sie sind Ideale geworden. Und darüber ist er froh.

Erst als Nikolas Klepp seinen Namen nennt, ihn direkt anspricht, wird Kasper Teil des Gespräches und nicht nur dessen Objekt. Er verstaut das Notizbuch wieder an seinem Herzen.

»Strindholm«, beginnt Klepp. »Würden Sie die Daten öffentlich machen? Der Welt einen Einblick geben?«

Im Hintergrund der Lautsprecherstimme stößt jemand einen tiefen Seufzer aus. Vielleicht ist es Arman, vielleicht ist es Einbildung. Kasper ist nicht überrascht von der Frage. Die Konsequenzen sind ihm sofort bewusst. Er soll seine Privat- und Intimsphäre auf eine noch nie da gewesene Art preisgeben. Die Souveränität über alle Informationen aufgeben, die ihn und sein Leben ausmachen. Niemals würde er diese Entscheidung freiwillig treffen.

Kasper, es ist wichtig, dass du die Gesellschafter von Nutshell Ventures zufriedenstellst.

Klepp wiederholt die Frage. Aus seinem Tonfall trieft die unterdrückte Geilheit eines hedonistischen Sadisten, der sich auf eine Freakshow freut. Die Frage ist rhetorisch. Kasper hat keine

Wahl. Dieses Opfer muss er bringen, als Zeichen seines Commitments. Und weil das *Ting* es ihm befohlen hat.

»Natürlich würde ich die Öffentlichkeit teilhaben lassen, wenn es dem Unternehmen nützt.«

Die verwunderten Blicke seiner Partner treffen den seinen. In den Lautsprechern unverständliches Flüstern. Bis Adam mit offensivem Räuspern für Ruhe sorgt, die Aufmerksamkeit auf sich zieht, zum ersten Mal seit einer ganzen Weile.

»Aber das tut es nicht«, sagt er. »Es würde dem Unternehmen und dem *Ting* sogar schaden. Unser Grundsatz ist, die Technik, die Algorithmen und die Daten unsichtbar zu machen. Sie vor den Usern zu verstecken. Niemand soll die Empfehlungen des *Ting* anzweifeln, indem er seine Daten selbstständig auswertet. Das ist kein Verlust. Genau hier liegt die Stärke unseres Produkts. Niemand soll mehr selbstständig entscheiden wollen. Das Einzige, was die User brauchen, ist Vertrauen. Vertrauen in das *Ting,* Vertrauen aber auch in die Unantastbarkeit der eigenen Privat- und Intimsphäre. Dieses Vertrauen werden wir sicherlich nicht aufbauen, indem wir sensible Daten eines Einzelnen veröffentlichen. Das wäre ein falsches Signal.«

Die Argumentation ist schlüssig, denkt Kasper. Sie hätte ihm selbst einfallen sollen. Auch wenn Adam aus egoistischen Motiven handelt und seine Funktion als Aushängeschild des Unternehmens nicht verlieren möchte. Kasper kann nicht anders, als ihm dankbar zu sein.

»Ja, ja, da haben Sie wohl recht, Strzela«, sagt Klepp. »Schade, stellt euch mal die Resonanz vor. Bäm! Was für ein geiler PR-Gag das wäre. Ey, so oder so, tun Sie mir einen Gefallen. Wenn die neuen Modelle des *Ting* da sind, will ich der Erste sein, der eines bekommt!«

Lautes Knacken aus den Lautsprechern. Dann Stille.

Als Arman einige Stunden später Kasper die Tür öffnet, sieht er noch immer besorgt aus.

»Wirst du mich jemals wieder anders anschauen können?«, fragt Kasper.

Der Fahrstuhl hat sich wenige Minuten nach seiner Selbstentblößung wieder in Bewegung gesetzt. Nach oben, nicht nach unten. Während sie mit den Investoren den Vertrag durchgingen, während Adam, Niu, Linus und er ihre Unterschriften daruntersetzten, während sie mit Sekt auf den Deal anstießen, ist Armans Blick nicht von Kasper gewichen.

Jetzt legt er seine Hände auf Kaspers Schultern, zieht ihn behutsam zu sich heran und küsst ihn. Küsst ihn, wie er ihn zum ersten Mal vor achtzehn Jahren auf Kuba geküsst hat und seitdem Tausende Male. Kein einziges Mal ist Kasper die Berührung der Lippen, der Zunge, der Bartstoppeln fade gewesen.

Sein Freund lässt von ihm ab und schaut lange in Kaspers Augen. Als würde er darin etwas suchen. Als hätte sich seit ihrer letzten Begegnung etwas Entscheidendes verändert, denkt Kasper. Schweigend füllen sie zwei Gläser mit Champagner und setzen sich auf die Couch in Armans Wohnzimmer. Die Abendsonne fällt durch die schrägen Fenster der Dachgeschosswohnung. Ihr Rot verleiht der Szene eine unangenehme Melodramatik.

»Du hättest das nicht tun müssen«, sagt Arman schließlich.

»Doch, ich musste. Sonst hätten wir das Investment nicht bekommen.«

»*Nutshell* hätte so oder so investiert. Ullbast war gerade dabei, die Entscheidung bekannt zu geben, als du sie unterbrochen hast.«

Kasper weiß nicht, was er antworten soll. Weiß nicht, ob er das Geschehene bereuen soll.

»Ich habe heute erst richtig verstanden, was ihr da eigentlich macht, in eurer Kirche«, sagt Arman ernst. »Und es macht mir Angst. Der Kasper, den ich seit 18 Jahren kenne, hätte sich niemals freiwillig so bloßgestellt.«

»Das hat nichts mit dem *Ting* zu tun. Es war meine eigene Entscheidung«, behauptet Kasper.

»Kannst du dir da sicher sein? – Jedenfalls werde ich eine Weile brauchen, um nicht an diese Logdatei zu denken, wenn ich dich anschaue. Als wir uns gerade geküsst haben zum Beispiel. Das *Ting* hat diesen Kuss aufgezeichnet.«

»Ja. Und es hat empfohlen, dass du dich mal wieder rasierst.«

Arman kann sich ein Lächeln nicht verkneifen. Sein schönes, schiefes Lächeln, denkt Kasper.

Um das Thema zu wechseln, erzählt Kasper vom gestrigen Abend. Vom Treffen mit Enni und von Gustafs Angebot.

»Bist du sicher, dass das Angebot von Gustaf ausging?«, fragt Arman. »Ich habe mich in den vergangenen Monaten einige Male mit Enni zum Lunch getroffen. Sie wirkte … überfordert.«

»Das Angebot kam von Gustaf. Enni hat es selbst gesagt.«

Arman mustert Kasper wieder mit dem suchenden Blick.

»Vielleicht hättest du zumindest darüber nachdenken sollen. Deinen Streit mit Gustaf begraben und mit ihm sprechen.«

»Das konnte ich nicht. Das *Ting* hat mir empfohlen, mich auf das Treffen mit *Nutshell* zu fokussieren.«

»Verstehe.«

Kasper spürt die angenehme, flüchtige Betrunkenheit, die nur Champagner hervorrufen kann, und gießt zum zweiten Mal nach.

»Außerdem, was hätte es gebracht, mich seinem Egoismus auszusetzen? Seinen subtilen Beleidigungen? Seinem Taktieren?«

»Er ist noch immer dein Vater. Und die Geschäftsführung von

Strindholm Consulting war seit Jahren dein Ziel«, sagt Arman beschwichtigend.

»Jetzt habe ich neue Ziele.«

Ihm ist bewusst, dass er wie ein störrisches Kind klingt. Aber er kann sich nicht entschuldigen, kann keine Zweifel zulassen. Möchte sich souverän und erhaben fühlen. Möchte einen Sieg feiern.

Er greift nach seinem Jackett. Adam, Linus und Niu werden noch unterwegs sein, vermutet er. Er schuldet Adam noch Dank. Und vielleicht kann er Niu betrunken erleben, das wäre amüsant. Seine Schritte auf dem Weg zur Tür sind federleicht, doch Armans fester Griff hält ihn zurück.

»Eine Frage will ich dir noch stellen«, sagt Arman leise. »Die hast du nämlich offen gelassen. Wie erwachsen – oder wie Linus sagen würde: wie *fertig* – fühlst du dich? Und wie viel Eitelkeit liegt in diesem Gefühl?«

Egal wie viel das *Ting* über ihn weiß, denkt Kasper, es wird ihn nie so gut kennen, wie Arman ihn kennt.

»Zuerst lass mich dir eine Gegenfrage stellen, mein lieber Arman. Dieser Fahrstuhl ist doch nie im Leben wegen einer Panne stecken geblieben, oder?«

Sie lachen. Und dann küssen sie sich.

NIU

Das ist neu: Sie kann sich nicht konzentrieren. Der Cursor, den sie willkürlich in Zeilen des Quelltextes klickt. Sinnlose Befehle und Routinen, geschrieben und wieder gelöscht. Simulation von Geschäftigkeit. Sie verabscheut diese Erfahrung. Auf diese Weise vertrödeln Angestellte also täglich ihre Zeit, denkt Niu. So kann jemand zehn Stunden vor dem Rechner sitzen, ohne ein brauchbares Ergebnis vorzuweisen.

Die monotonen Beats aus ihren Kopfhörern, die normalerweise eine Mauer aus Klang um sie herum errichten, sie vor der Außenwelt abschirmen, helfen nicht. Helfen nicht, weil Lautsprecher die Kirche mit Partymusik beschallen, die Niu dank ihrer Noise-Cancelling-Kopfhörer zwar nicht hören, deren Wirkung sie aber sehen und spüren kann.

Die Angestellten sind ausgelassen. Sie haben sich in Gruppen zusammengefunden, an der Tafel in der Küche, bei den Sesseln, selbst am Konferenztisch. Sie trinken, erzählen Anekdoten und lachen. Im Ruhebereich tanzen vier Praktikanten, zögernd und irgendwie ironisch, aber doch. Vor zwei Stunden wurden die ersten Bier- und Sektflaschen geöffnet, kurz nachdem Kasper als letzter Gründer das Büro verlassen hat. Letzter, mit Ausnahme von ihr. Niu, die Gründerin, die noch da ist. Und gleichzeitig nicht.

Nicht mehr lange muss sie sich gedulden, denkt sie. Dann werden alle zur Tech-Konferenz weiterziehen, wo Adam als Speaker einen Vortrag im Hauptsaal hält. Freitagabend, Primetime, alle aus der Szene werden dort sein. Eine gute Gelegenheit für die Angestellten, sich untereinander besser kennenzulernen. Das ist jedenfalls Adams Meinung. Denn seit dem Investment von *Nutshell Ventures* vor zwei Monaten sind etliche hinzugekommen. Knapp 50 Mitarbeiter sind es mittlerweile, wenn man die Praktikanten mitzählt. Adam erklärte seinen Vortrag zu einem Pflichttermin. Ebenfalls die Party, die einige Start-ups im Rahmen der Konferenz anschließend ausrichten.

Rasal, die Expertin für Genetik, die Linus für ein neues Update zur Seite gestellt wurde, betritt das Büro. Sie ist kaum älter als Niu und ihr Deutsch ist beinahe perfekt, obwohl sie erst als jugendliches Mädchen aus dem Iran nach Deutschland gekommen ist. Auf den ersten Blick wirkt Rasal unscheinbar und freundlich, aber Niu hat beim Einstellungsgespräch sofort gespürt, dass sie klug, ehrgeizig und raffiniert ist. Niu hat sich um sie bemüht und konnte sich letztlich gegen Linus, Adam und Kasper durchsetzen, die einen durchschnittlichen, männlichen Bewerber präferierten. Rasal hat sich geschminkt, umgezogen, schön gemacht für den Abend. Dezent, aber doch. Lautstark wird sie von den anderen begrüßt, als käme sie aus einem langen Urlaub zurück. Niu überlegt, auf den Tisch zu steigen, wie Adam es einmal getan hat. In den Raum hineinzuschreien. Darauf zu bestehen, dass die Feier beendet ist. Im Büro zumindest, wo sie die Nacht über arbeiten möchte. Allein. Aber Adam und Kasper wären nicht einverstanden. Teambuilding nennen sie das. Zeitverschwendung trifft es eher, findet Niu.

Eine Berührung an der Schulter. Sie zuckt zusammen und dreht sich um. Ein Kollege lächelt sie an, ein Praktikant von Kasper. Ein Felix vielleicht oder ein Tobi. Sein rehbrauner Blick versteckt die Selbstsicherheit nicht, die viele gut aussehende Menschen mit den Jahren anhäufen. Als Niu die Kopfhörer abnimmt, fühlt sie sich wie ein Fremdkörper in der Ausgelassenheit ihrer Kollegen: RnB-Sound einer Girl-Kombo aus den 90ern, aufgeregtes Gelächter, aneinanderklirrende Flaschen.

»Wir öffnen einen Sekt, bevor wir losgehen. Willst du dich zu uns stellen?«

Der Junge deutet hinter sich. Einige Praktikanten blicken unauffällig und verunsichert zu ihr. Sie haben den Mutigsten geschickt. Nein, sie kann sich nicht mit ihnen abgeben, denkt Niu. Sie ist Gründerin, hauptverantwortlich für die Entwicklung des *Ting* und damit in der Hierarchie weit über der Gruppe angesiedelt. Andererseits sind die Praktikanten in ihrem Alter, viele sogar älter. Wo also sollte sie sonst stehen?

»Ich trinke keinen Alkohol. Das macht unproduktiv. Außerdem bleibe ich heute Nacht hier. Und arbeite.«

Sie wünscht sich Linus in ihrer Nähe. Er ist der Einzige, bei dem ihre Worte nicht wie Gewehrsalven wirken. Zumindest scheint er eine kugelsichere Weste zu tragen. Doch Linus ist genau wie Adam und Kasper bereits auf der Konferenz.

Das Lächeln des Praktikanten flackert. Nickend und ohne ein weiteres Wort wendet er sich ab und geht zurück zu seiner Gruppe, wo sich alle tuschelnd auf ihn stürzen. Wie früher in der Schule, denkt Niu. Nur mit einer günstigeren Ausgangsposition für sie.

Sie setzt die Noise-Cancelling-Kopfhörer wieder auf, versucht, die Blicke zu ignorieren. Das *Ting* hätte ihr in dieser Situation eine Empfehlung geben müssen. Ist es schädlich für ihren Ruf, mit Praktikanten einen Sekt zu trinken? Soll sie zur Konferenz gehen, vielleicht sogar zur Party? Wird das Zwischenmenschliche sie überfordern, wie schon so oft? In der Theorie handelt es sich um Situationsberechnungen, die von den Algorithmen abgedeckt werden. Solche Empfehlungen finden sich in den Logdateien ihrer drei Mitgründer zuhauf, denkt sie. In ihrer eigenen Logdatei fehlen Empfehlungen, Anweisungen, Ermahnungen völlig. Denn das ist nicht neu: Das *Ting* spricht nicht zu ihr. Keine einzige Empfehlung hat sie bekommen, seit der Beta-Test vor fast einem halben Jahr begonnen hat.

Wie immer, wenn sie diese Wahrheit gedanklich ausformuliert, verkrampft ihr Bauch, und sie droht vor Hilflosigkeit zu erstarren. Sie denkt an die vielen Stunden, in denen sie die Algorithmen immer und immer wieder getestet und überprüft hat. Vergebens. Die Stunden, die sie heimlich spät nachts in Linus' Labor verbrachte und nach Fehlern in der Technik suchte. Vergebens. Das eine Mal, wo sie nachts alleine in der Kirche war, vor dem Konferenztisch in die Knie ging und betete. Tatsächlich betete. Vergebens.

Von den vielen kleinen Bugs abgesehen, auf die der Beta-Test aufmerksam machte und die Niu innerhalb kurzer Zeit korrigierte, konnte sie keine Fehler entdecken. Bei Adam, Kasper und Linus funktioniert das *Ting* einwandfrei; auch wenn Linus sich dauernd beschwert. Und so schälte sich nach und nach eine Erkenntnis heraus, die sie als Wahrheit akzeptiert hat: Nicht das *Ting* ist verbuggt. Sondern Niu.

Aus Gewohnheit betrachtet sie ihren erhöhten Puls und die Anzahl ihrer Schritte auf dem Fitnessarmband. Doch die Zahlen, die ihr einst Geborgenheit und Schutz gaben, sind nur noch tote Ziffern. Ein blasses Abziehbild dessen, was das *Ting* ihr verwehrt.

Auf ihrem Smartphone öffnet sie ihren *Selbstcheck.*

Aussage 1: Ich habe gut geschlafen.

Aussage 2: Ich kann meine heutige Leistung wertschätzen.

Sie schließt die App wieder, ohne eine einzige Aussage zu bewerten. Zu sehr fürchtet sie sich vor ihren eigenen Antworten. Bewegungen am Konferenztisch lenken sie ab. Eine kleine Traube Mitarbeiterinnen und Mitarbeiter hat sich versammelt, Bierflaschen und Sektgläser in den Händen. Zwei von ihnen erzählen eine Anekdote, spielen eine Szene nach. Sonja, Adams Assistentin, und Toni, Nius Zuarbeiter, stehen sich gegenüber. Spielen *Schere, Stein, Papier.* Mal einander zugewandt, ernst und aggressiv. Dann wieder zur Menge hin, erzählend und feixend. Die Zuhörer lachen und schütteln die Köpfe.

Niu fühlt sich unendlich allein. Und unendlich leer.

Der Messenger zeigt eine neue Voice-Nachricht ihrer Mutter. Ein schlechtes Gewissen kann sie heute nicht auch noch gebrauchen, denkt Niu. Sie scrollt durch den Chat. Mehrere Voice-Nachrichten von Lu und Basti, die ersten schon Monate alt. Niu hat sie nie angehört. Mehrere Anrufe. Niu hat sie nie angenommen. Sie selbst hat den Kontaktversuchen ihrer Eltern nur eine Nachricht entgegengesetzt, alle paar Wochen die gleiche, wie das langsame, aber stetige *Pling – Pling – Pling* eines Radars: *Mir geht es gut. Mir geht es gut. Mir geht es gut.*

Auch wenn sie die Stimmen ihrer Eltern gern hören würde. Vielleicht selbst eine Voice-Nachricht schicken oder sogar anrufen würde. Ihnen vom *Ting,* von der Unternehmensgründung, von ihrem neuen Leben erzählen würde. Es ist nicht der richtige Zeitpunkt, denkt Niu. Zu groß die Gefahr, statt gesehen und getröstet, missverstanden und überfordert zu werden.

Sie schlägt die Kapuze über den Kopf, taucht hinter dem Bildschirm ab und versucht, ihre Gedanken auf die Arbeit zu lenken. Selbst wenn sie heute nicht genügend Konzentration aufbringt, um den Algorithmus zu schreiben, der die Schilddrüsen-Messungen in die Berechnung des Jodbedarfs mit einbezieht, eine Sache muss sie unbedingt erledigen, solange niemand sie beachtet. Sie öffnet ihre Logdatei, scrollt durch den

Tagesverlauf. Tausende Messungen, Abkürzungen, Zahlen. Sie überprüft zufällig einige Werte. Die Messungen scheinen plausibel zu sein. Aber keine einzige Schlussfolgerung, keine einzige Anweisung des *Ting*.

Sie öffnet die Dateien der anderen, sucht die jeweils letzte Empfehlung.

Du solltest die Anrufe deiner Schwester ignorieren. Während der Konferenz sollte deine Aufmerksamkeit dem Networking gelten.

Eine typische Empfehlung für Kasper, denkt Niu. Sie hat großen Respekt vor ihrem Kollegen, vor seiner Erfahrung, seinem Gespür. Sie will Sympathie für ihn empfinden. Aber ihre Intuition hindert sie daran. Etwas stimmt nicht, hat von Anfang nicht gestimmt. In seiner Nähe setzt ein Schutzreflex ein. Das Verlangen, das *Ting* zu verteidigen. Vielleicht fühlt sich so eine Mutter, die ihr Kind vor einem Fremden in Schutz nimmt, der ihr nicht geheuer ist. Aber Kasper ist nicht fremd. Er ist der Geschäftsführer. Und doch, das Gefühl wird sie nicht los.

Linus, du musst deine Beziehung mit Kira so schnell wie möglich beenden, damit du dich auf deine Bedürfnisse und Ziele konzentrieren kannst.

Niu macht eine Sicherheitskopie der Datei und löscht die Empfehlung aus dem Original, wie schon 53-mal zuvor und wie sie es mit Adam vereinbart hat. Sie kann sich nicht erklären, warum das *Ting* Linus so zusetzt. Sie hat alles überprüft, keine Fehler. Vielleicht, denkt sie, ist es tatsächlich ein guter Ratschlag.

Ich sollte mir die Videos einiger Steve-Jobs-Auftritte anschauen und auf die Körpersprache achten. Versuchen, sie zu imitieren.

Adams Logdatei erstaunt Niu jedes Mal. Das *Ting* hat sich ihm so gut angepasst, dass es seine Empfehlungen in der Ich-Form ausspricht. Einmal erwähnte Adam bei einer Zusammenkunft, dass er die Anweisungen des *Ting* kaum mehr von seinen eigenen Gedanken unterscheiden kann. Niu vermutete dann, dass das »Navigationssystem« bei ihr vielleicht von Anfang an in diesem Zustand war und sie es nur nicht bemerkt hatte. Aber Adams Empfehlungen erscheinen in der Logdatei, während ihre eigene leer bleibt.

Sie notiert sich, die Anpassung der neuronalen Netze an Adams Person gemeinsam mit Linus zu analysieren. Die Ergebnisse könnten sie in Bezug auf das für den Winter geplante Update weiterbringen, bei dem die Empfehlungen nicht mehr mithilfe einer inneren Stimme, sondern nur noch biochemisch – als Emotionen – weitergegeben werden sollen.

Letztendlich öffnet sie wieder ihre eigene Logdatei, schaltet in den Bearbeitungsmodus, gibt ihr Administrator-Passwort ein. Sucht nach einem guten Zeitpunkt für eine Empfehlung. Vor 20 Minuten: ein Aufflackern der Herzfrequenz. Schwankungen bei der Ausschüttung einiger Hormone. Wahrscheinlich der Zeitpunkt, denkt sie, als der hübsche Praktikant sie ansprach. Sie schreibt:

Niu, du solltest weder zur Konferenz noch zur Party gehen, sondern die Nacht im Büro verbringen und dich deinen Aufgaben widmen.

Sie kann sich nicht vorstellen, dass außer ihr jemand die ausformulierten Empfehlungen des *Ting* mit den Messwerten in Verbindung bringen kann. Es muss nur richtig klingen. Niemand wird Fake und authentische Empfehlung unterscheiden können. Niemand soll wissen, dass ihre Schöpfung nicht zu ihr spricht, nicht einmal Linus. Zu groß ist ihre Scham.

Niu schließt die Logdateien und zieht sich die Kapuze vom Kopf. Noch eine Stunde, bis Adams Vortrag beginnt. Das Büro ist beinahe völlig verlassen. Der hübsche Praktikant ist noch da, sitzt auf einem Sessel hinter ihr. Rittlings auf ihm eine Mitarbeiterin aus der IT. Sie küssen einander übertrieben leidenschaftlich, zerwühlen mit den Händen ihre gestylten Frisuren. Keine gute Entscheidung, denkt Niu. Ein Satz, den Adam nach ein paar Bieren gern von sich gibt, um anschließend vielsagend zu schweigen, ist ihr im Gedächtnis geblieben: *Don't fuck in the factory.* Trotzdem spürt sie einen Hauch Eifersucht. Nein, das ist es nicht, denkt sie. Es ist Neid.

Nach einer Weile fallen ihre Monitore in den Ruhemodus. Im Bildschirm die Spiegelung der Küssenden, die schäkernd aus dem Sessel fallen und als Letzte die Kirche verlassen. Niu nimmt die Kopfhörer ab. Alles ist still. Sie löscht zwei vergessene Schreibtischlampen. Sammelt einige Gläser ein, bringt sie in den Küchenbereich und schaut zurück in den Saal. Dort, denkt Niu, mitten im großen, dunklen Kirchenraum, ist ihr Platz, erhellt vom Schein der Schreibtischlampe. In diesem Moment erinnert die Kirche tatsächlich an eine Kirche. Es ist wieder ihr Raum. Ihr Büro. Ihr Leben besteht zu einem großen Teil aus diesem Platz. Es ist eine Abfolge immer gleicher Tage, sich einander ähnelnder Probleme und Emotionen. Die Entwicklung des *Ting,* die Gründung des Unternehmens, das neue Büro. Oberflächlich hat sich ihr Leben vielleicht verändert. Aber die Routinen sind die gleichen geblieben. Der Plan, der ihr Leben in Sinneinheiten strukturiert, ist sogar noch zusammengeschrumpft. Seit Monaten hat sie keine Trompete mehr gespielt. Ist nicht mehr Joggen gewesen. Sie fragt sich, ob sie seit der Gründung etwas anderes getan hat, als zu schlafen und zu arbeiten. Ob sie jemals glücklich war oder geweint hat. Sie erinnert sich an die Auswertung ihres *Selbstchecks,* das flache Liniendiagramm, das sie vor knapp einem Jahr überzeugt hat, Linus' und Adams Angebot anzunehmen. Hätte sie den *Selbstcheck* weiterhin benutzt, das Diagramm hätte sich kaum verändert.

Niu fragt sich seit einigen Tagen, ob nicht genau hier das Problem des *Ting* liegt. Möglicherweise liefert sie den Algorithmen zu wenige, zu gleichförmige Daten. Möglicherweise kann das »Navigationssystem« sich nicht kalibrieren, sich nicht auf sie einstellen, nicht erkennen, dass es sich bei Niu um ein lebendiges Wesen handelt. Und ist deshalb nicht imstande, ihr Empfehlungen zu geben. Ihr Leben fliegt unter dem Radar des *Ting.*

Ihre Theorie könnte sie bestätigen, indem sie die Algorithmen anpasst und die Grenzwerte herabsetzt. Doch die Algorithmen sind zu einem Gesamtsystem verknüpft. Sie kann nicht ein paar Werte ändern, ohne gleich alle anzupassen. Solch ein Update würde sie mehrere Tage, wenn nicht Wochen kosten. Sie möchte nicht warten. Sie will, dass das *Ting* endlich zu ihr spricht. Heute Nacht noch. Vielleicht kann sie es provozieren.

Niu nimmt eine Bierflasche aus dem Kühlschrank. Das Getränk schmeckt bitter, aber es erfrischt sie. Sie kann die Gelegenheiten, bei denen sie Alkohol getrunken hat, an zwei Händen abzählen. Doch damit das »Navigationssystem fürs Leben« mit ihr spricht, muss sie tun, was sie sonst nicht tut.

Wieder zurück an ihrem Platz scrollt sie durch den Chat-Verlauf mit ihren Eltern. Sie entscheidet sich für eine lange Voice-Nachricht mittendrin, bereits einen Monat alt. Bevor sie die Nachricht abspielt, atmet sie tief durch und trinkt einen großen Schluck Bier.

Hallo, meine Niu. In Shanghai ist gerade die Sonne untergegangen. Dein Vater und ich sitzen in einem Taxi und sind auf dem Weg ins Restaurant, um unseren Hochzeitstag zu feiern. Den du bestimmt nicht vergessen hast, nicht wahr? – Niu, du hast auf meine letzte Nachricht gar nicht geantwortet und gehst auch nicht ans Telefon. Ich würde dir das alles lieber persönlich erzählen. Aber besser per Chat als gar nicht. – Wir waren heute beim Arzt, zur Routineuntersuchung. Dein kleines Geschwisterchen ist gesund und wohlauf. Ich hab es auf dem Ultraschall gesehen. Es ist schon sehr groß für die 14. Schwangerschaftswoche. Wie du damals. – Die Ärztin ist sicher, dass alles gut gehen wird. Sie sagt, ich sei vielleicht 40, habe aber den Körper einer 30-Jährigen. – Melde dich bitte bald, meine Niu. Dann können wir über alles reden. Dein Vater und ich vermissen dich. Kuss.

Als die Stimme ihrer Mutter verstummt, ist Niu unfähig, sich zu bewegen. Minuten lang sitzt sie erstarrt auf ihrem Platz. Ohne zu denken, ohne zu fühlen. Vor sich nur das Buntglasfenster mit dem Motiv von Jesus Christus, schummrig im Zwielicht.

Dann trinkt sie die Bierflasche in einem Zug leer. Adams Vortrag hat noch nicht begonnen, denkt sie. Wenn sie ein Taxi nimmt, wird sie ihn noch auf der Bühne sehen.

Nieselregen überzieht die Wege mit einem feuchten Film, auf dem sich die Lichter der Stadt spiegeln. Vor dem Eingang zum Konferenzgelände stehen Personen und rauchen. Als die ersten Gesprächsfetzen zu ihr wehen, weiß Niu, dass sie richtig ist. An der Kasse nennt sie ihren Namen und bekommt im Austausch ein Bändchen ums Handgelenk.

Installationen buhlen im Foyer um die Aufmerksamkeit der Besucher. Auf dem Weg zum großen Saal betrachtet sie ein elektronisches Kunstwerk. Eine Quadrocopter-Drohne schwebt vor einer Wand aus 16 Bildschirmen, auf denen Hunde, Adler, Haie in ihrem natürlichen Habitat zu sehen sind. Mit einem Mal wechselt die Aufnahme eines Pferdes zu einer Live-Aufnahme der Drohne aus dem Foyer. Es dauert zwei Sekunden, dann schießt die echte Drohne einen roten Laserpunkt auf den Screen. Ihr Ebenbild verschwindet und das Pferd erscheint erneut. Das Spiel wiederholt sich mehrfach auf anderen Screens. Immer erkennt die Maschine sich selbst innerhalb weniger Sekunden. Niu setzt ihren Weg fort, wenig beeindruckt. Simulation von Intelligenz ist von echter Intelligenz auf den ersten Blick oft nicht zu unterscheiden.

Die Flügeltüren zum Hauptsaal sind verschlossen. Dutzende Neugierige, die keinen Platz bekommen haben, füllen den kleinen Raum davor. Zusammen schauen sie auf einen Bildschirm, der den Vortrag aus dem überfüllten Inneren überträgt. Niu vernimmt Adams Stimme, vernimmt den energisch insistierenden Tonfall, versteht aber nicht. Zu weit ist sie von den Lautsprechern entfernt. Sie bahnt sich einen Weg durch den Vorraum, mustert Gesicht um Gesicht der Anwesenden, sucht nach Linus' weichen Zügen, bis sie in der ersten Reihe vor dem Bildschirm angekommen ist. Keine Spur von ihm. Wahrscheinlich sitzt er im Saal, denkt sie. Weit vorne, um seinem besten Freund so nah wie möglich zu sein.

Die Übertragung von Adams Talk zeigt die Halle von der hinteren Wand aus. Hunderte Köpfe im Halbdunkeln, etliche Sitzreihen, die ausnahmslos belegt sind. Adam ist eine kleine Gestalt, die auf einer riesigen Bühne auf und ab läuft, mit den Händen gestikuliert. Doch Niu spürt, dass er den ganzen Saal mühelos mit seinen Worten im Griff hat. Durch die geschlossenen Flügeltüren hindurch drängt das gedämpfte Gelächter Hunderter Menschen. Da Technik der Realität immer einen Moment hinterherhinkt, erreichen Adams Witz und das anschließende Gelächter die Lautsprecher der Übertragung erst nach kurzer Verzögerung, erfassen aber schließlich die Zuhörer um sie herum. Sie kann Adams Worte nun klar und deutlich verstehen.

»Wie viele Propheten haben sie schon versprochen? Die Singularität. Die Verschmelzung von Technik und Mensch. Nicht mehr lang, haben sie behauptet. Bald, bald wird die Zukunft Gegenwart sein, haben sie gesagt. Doch die Propheten haben sich getäuscht. – Wir haben die Zukunft bereits eingeholt. Jeder von uns ist mit Technik verschmolzen. Lebt im digitalen Raum, genau wie im physischen. Jeder von uns hat ein Abbild aus Daten. Keinen Schatten, wie manche sagen. Nein, einen Körper aus Daten, der an den physischen Leib anschließt.«

Adam setzt eine Pause. Vielleicht wartet er auf ein Klatschen oder abwehrende Zwischenrufe. Aber kaum etwas passiert, nur das gelegentliche Nicken eines Kopfes. Adam formuliert Fakten, denkt Niu, die bereits seit Jahren intuitiv spürbar, selbstverständlich sind. Sie überraschen oder verstören niemanden.

»Jetzt da die Symbiose offensichtlich ist, müssen wir uns fragen: Wie wollen wir sie gestalten? – Nein, wir dürfen unsere Kraft nicht darauf verschwenden, gegen die Entwicklung anzukämpfen. Unser Daten-Ich aufgrund eines antiquierten Verständnisses von Privatsphäre kleinzuhalten. Im Gegenteil, wir müssen es füttern und formen. Mit allen uns zur Verfügung stehenden Mitteln. Aber vor allem, und darin liegt die größte Herausforderung der kommenden Jahre, müssen – unsere Daten – endlich – uns selbst – nützen. Nicht beliebigen Unternehmen, die uns neue Autos und Kredite verkaufen wollen. Nicht Krankenkassen, die unsere Beiträge erhöhen wollen, weil wir chronische Krankheiten haben. Nicht Geheimdiensten, die uns wegen absurder Verdächtigungen ausspähen. Sondern uns.«

Dieses Mal brandet Applaus auf und schneidet Adam das Wort ab. Verhalten erst, dann lauter, bis die Zustimmung den ganzen Saal und den Vorraum einnimmt und sich sogar in einigen Rufen Bahn bricht.

»Nicht das Recht, Daten geheim zu halten, bedeutet Souveränität. Sondern die Möglichkeit, selbst einen Nutzen aus ihnen zu ziehen. Diese Souveränität müssen wir endlich einfordern, sie uns erkämpfen. – Und das *Ting* wird einen Beitrag für diesen Kampf leisten.«

Niu wird abgelenkt, weil ihr jemand ins linke Ohr flüstert.

»Was für eine Überraschung. Was hat die Bienenkönigin aus ihrem Nest gelockt?«

Kasper legt ihr eine Hand auf die Schulter und lächelt.

»Ich kann Adams Geplapper nicht mehr ertragen. Kommst du mit?«, fragt er.

Sie bahnen sich einen Weg durch die Umstehenden und Niu

kann einige Gesprächsfetzen aufschnappen. Adams überhebliches Auftreten scheint gut anzukommen. Die Erwartungen an das *Ting* sind hoch. Die negativen Kommentare sind von Neid gefärbt.

Der Körperkontakt zu all diesen Menschen presst ihr die Luft aus der Brust. Wenn sie jetzt erstarren würde, eine Panikattacke kriegen würde, mit Schweiß, Schwindel, Zusammenbruch. Vielleicht, denkt sie, würde die Heftigkeit der körperlichen Reaktion das *Ting* aus seinem Schlaf reißen. Dann steht sie neben Kasper in einem leeren Gang und kann wieder frei atmen. Sie folgen der Ausschilderung, vorbei an den Installationen, wo die Quadrocopter-Drohne noch immer dabei ist, sich selbst zu erkennen, und betreten eine Lounge. Das blaue Licht und die leise elektronische Musik beruhigen sie. An den runden Tischen unterhalten sich Leute.

»Was möchtest du trinken? Wasser?«

»Alkohol. Cola – mit Wodka.«

Kasper schaut sie verwundert an, geht dann zur Bar, während Niu sich an einen leeren Tisch setzt. Auch hier hängt ein großer Flachbildschirm, der den Talk aus dem Hauptsaal überträgt, wo Adam noch immer die Bühne von einer Seite zur anderen abschreitet. Doch hier ist die Übertragung stumm geschaltet und keiner der Anwesenden nimmt ihn zur Kenntnis.

Kasper stellt ein großes Glas auf den Tisch und hält sein eigenes in die Höhe. Niu braucht einige unangenehme Sekunden, bis sie auf die Idee kommt, mit ihm anzustoßen. Der Alkohol sticht penetrant heraus und sie kann die Cola nicht genießen. Nach einem langen Moment des Schweigens deutet Kasper auf den Bildschirm.

»Wie gefällt dir die Performance unseres Visionärs?«

Niu zieht einen weiteren großen Schluck durch den Strohhalm. Gibt sich Mühe, das Gesicht dabei nicht zu verziehen.

Dann zuckt sie mit den Schultern. Für Kasper Anlass genug, die Frage selbst zu beantworten.

»Meines Erachtens dramatisiert er unsere Sache. Macht eine soziale Bewegung daraus, eine Ideologie. Meine Güte, wir verkaufen ein Produkt, mehr nicht. – Aber den Leuten scheint's zu gefallen. Sie möchten Teil von etwas Großem sein. Die vielen begeisterten Zuschriften, auch die skeptischen, selbst die Droh-Mails, bezeugen das. Wir werden daran wachsen und Geld verdienen. Also soll's mir recht sein.«

»Weißt du, wo Linus ist?«

Kasper schüttelt den Kopf. Eine Weile schauen sie zum Bildschirm hoch, wo Adam am Rand der Bühne zum Publikum, zur Kamera spricht. Niu zieht noch einmal am Strohhalm. Ein schlürfendes Geräusch verrät, dass ihr Glas fast leer ist. Sie bewegt sich ein wenig in ihrem Stuhl und tatsächlich schaukelt ein leichter, angenehmer Schwindel ihre Wahrnehmung. Kaspers Blick liegt auf ihr, die Augen leicht verengt. Darin kein Schimmer von Sympathie, vielmehr Misstrauen.

»Ich verstehe nicht viel von Unternehmensführung. Könntest du mir etwas erklären?«, fragt Niu.

Der Geschäftsführer lächelt jovial, breitet seine Arme aus. In Gedanken formuliert sie ihre Frage vor. Wartet. Keine Reaktion des *Ting*. Mal sehen, wie weit das »Navigationssystem« sie gehen lässt, denkt sie.

»Hilft es einem Unternehmen, wenn der Geschäftsführer nicht im Geringsten hinter dem Produkt steht?«, fragt Niu in ruhigem Ton. »Wenn er es selbst nie benutzen würde, wäre er nicht vertraglich daran gebunden? Wenn er die Stimmen der Skeptiker mehr würdigt als die Zuschriften der Sympathisanten?«

Das Lächeln fällt von Kaspers Gesicht. Nachdem er sie mustert, steht er unvermittelt auf. Geht zur Theke und spricht mit der Barfrau. Nachdenkend pocht er mit der Lackschuhspitze gegen den Tresen, während er auf die Bestellung wartet. Vielleicht muss sie die Beziehung zu ihrem Partner aufs Spiel setzen, um das *Ting* zu provozieren, denkt Niu. Vielleicht muss sie Grenzen überschreiten, damit es endlich mit ihr spricht. Und sie davor bewahrt, die wenigen funktionierenden Beziehungen in ihrem Leben kaputt zu machen. Kasper kommt mit zwei vollen Gläsern zurück.

»Weißt du, was ich für ein Unternehmen gegründet habe, als ich in deinem Alter war?«

Niu schüttelt den Kopf, obwohl sie die Geschichte kennt.

»In Kooperation mit afrikanischen Bauern haben wir ökologischen und fair vergüteten Kaffee hergestellt. Und dann über das Internet vertrieben. Alles an dem Start-up war grün, bio, fair. Ich habe daran geglaubt, obwohl mein Vater mir immer wieder gesagt hat, dass ich zu früh dran wäre. Die Idee ist gut, die Zeit aber noch nicht reif, hat er gesagt. Warte noch zehn Jahre.«

Kasper fährt sich mit Zeigefinger und Daumen über seine Mundwinkel.

»Gustaf Strindholm hatte recht, wie immer. Aber ich war zu verblendet, um das einzusehen. Ich war kein Entrepreneur, sondern ein Glaubender. Ich habe an das Produkt geglaubt. Alles andere spielte keine Rolle.«

Niu spürt Kaspers alte Kränkung, verletzte Eitelkeit und Stolz. Um sich vor seinen Emotionen zu wappnen, konzentriert sie sich auf den Geschmack ihres Getränks. Der Alkohol darin stört sie kaum noch.

»Ich habe die vergangenen Jahre alles darangesetzt, nicht zu werden wie mein Vater. Trotzdem habe ich viel von ihm gelernt. – Ein Geschäftsführer muss nicht vom Produkt überzeugt sein. Er darf es sogar nicht sein, denn Glaube macht blind und resistent gegen Kritik. Überzeugt sein muss man nur vom Erfolg des Produkts. Und das bin ich. Sonst hätte ich mich nie auf unser kleines Abenteuer eingelassen. Moralische Bedenken, persönliche Vorlieben und Sympathien spielen für mich keine Rolle. Ich opfere mich genauso für das *Ting* auf wie du. Was im Fahrstuhl von *Nutshell Ventures* passiert ist, sollte Beweis genug für mein Commitment sein. Oder möchtest du das in Abrede stellen?«

Niu fragt sich, ob sie mit ihrer Provokation zu weit gegangen ist. Genau hier liegt das Problem, sie weiß es nicht. Das *Ting* hat sie weder ermutigt noch daran gehindert. Kasper kann dafür nichts, und sie hat nicht das Recht, seine Arbeit anzuzweifeln. Sie öffnet den Mund, um sich zu entschuldigen, als ihr Gegenüber siegessicher lächelt.

»Was machst du hier eigentlich?«, fragt er.

»Teambuilding. Das war doch der Plan.«

Kasper nickt und lässt sich in seinen Sessel zurückfallen, noch immer das Grinsen im Gesicht.

»Selbstverständlich. Wer so viel arbeitet wie du, muss zwischendurch auch mal ausspannen. Dein Geheimnis ist bei mir gut aufgehoben.«

»Keine Ahnung, wovon du sprichst.«

Kasper fischt ein Smartphone aus seiner Tasche, wischt mit dem Daumen darauf herum, legt es auf den Tisch. Das Display zeigt Nius Logdatei und die Empfehlung, die sie vor einigen Stunden selbst manuell hinzugefügt hat.

Niu, du solltest weder zur Konferenz noch zur Party gehen, sondern die Nacht im Büro verbringen und dich deinen Aufgaben widmen.

Fast muss Niu über die Ironie lachen. Sie hat vergessen, ihre falsche Empfehlung wieder zu löschen.

»Wie gesagt, dein Geheimnis ist bei mir gut aufgehoben. Du wirst schon deine Gründe haben, unseren Zusatzvertrag zu brechen. Aber du solltest aufpassen, dass die anderen es nicht merken.«

Niu überlegt, wie sie ihm die Situation erklären kann. Vielleicht ist die Wahrheit die beste Option, denkt sie. Vielleicht sollte sie gestehen, dass jede Empfehlung in ihrer Logdatei eine Lüge ist. Dass das *Ting* nicht mit ihr spricht. Dass der Entwicklerin des *Ting*-Codes die User Experience verwehrt bleibt. Doch bevor sie etwas sagen kann, tritt jemand an den Tisch heran.

»Grüß euch! Mein Name ist Mara Bressler. Geschäftsführerin von *Rubikon.* Seid ihr nicht die *Ting*-Gründer?«

Falten auf Gesicht und Hals deuten darauf hin, dass die Frau in Kaspers Alter ist. Auftreten und Kleidung lassen sie jünger wirken: rosafarbenes Cap über blondierten Haaren, T-Shirt mit *Mickey Mouse*-Aufdruck, kurzer Rock, in der rechten Hand ein Hoverboard. Kasper mustert die Erscheinung, dann steht er auf und gibt der Fremden die Hand, bietet ihr aber keinen Platz an. Bressler deutet auf den Bildschirm, der noch immer aus dem Hauptsaal überträgt, wo die Bühne aber mittlerweile leer ist und sich das Publikum vor den Türen des Saals staut.

»Wow, Leute, einfach nur wow. Was für ein Talk, was für eine Vision! Ich bin total auf eurer Seite. Unsere beiden Produkte werden den Markt total disrupten und die Welt verändern.«

Niu und Kasper werfen sich fragende Blicke zu, was Bressler als Anlass zu weiteren Erklärungen nimmt.

»Ich und mein Team entwickeln das *Rubikon.* Wenn ich Adam Strzela richtig verstanden habe, hat das *Ting* eine ähnliche Funktionalität wie unser *Rubikon.*«

»Das wundert mich«, sagt Kasper und blinzelt mehrmals hintereinander. »Wir haben unsere Hausaufgaben gemacht und unsere Konkurrenz analysiert. Warum habe ich nie von euch gehört?«

»Meh, bis vor Kurzem waren wir noch im Stealth-Modus. Aber nach dem Hype um das *Ting* haben wir uns gesagt: Fuck drauf. Die Entscheidung war goldrichtig, denn jetzt klopft *Google* an unsere Tür.«

Bressler spricht mehr in Nius Richtung als in Kaspers, was diesen zu ärgern scheint.

»Bravo, großartig«, sagt Kasper. »Wir können uns ja mal auf einen Detox-Smoothie treffen, uns gemeinsam Make-up-Tutorials reinziehen und dabei Learnings austauschen. Aber könntest du uns nun bitte entschuldigen, wir sind mitten im Gespräch.«

Bressler lacht kurz gekünstelt auf, zwinkert dann Niu zu. »Wir sehen uns auf der Party.«

Sie schauen ihrer Konkurrentin zu, wie sie sich auf das Hoverboard stellt und lässig durch die Lounge auf den Ausgang zugleitet, sich dort an einer hereinströmenden Gruppe vorbeizwängt.

»Niemals ist dieses *Rubikon* so gut wie das *Ting*«, sagt Niu.

Doch sie denkt an Linus, der mitten in der Nacht erschöpft im Labor steht, weil eine Empfehlung ihn bindet. Denkt an ihre Verzweiflung, weil sie noch immer auf ihre erste Empfehlung wartet.

»Sicherlich nicht«, sagt Kasper. »Aber wenn *Google* wirklich investiert, könnten sie schnell aufholen.«

Ihr Partner steht auf und befingert seine limonengrüne Fliege.

»Ich muss mit Adam darüber sprechen. Außerdem sind hier ein paar alte Bekannte unterwegs. Ich höre mich ein bisschen um. Vielleicht kann ich etwas über Bressler und dieses *Rubikon* in Erfahrung bringen. – Sehen wir uns gleich im Hauptsaal auf der Party?«

Niu zuckt die Achseln. Ihr zweites Glas ist leer, aber ihre Gedanken fühlen sich noch immer schwer an. Sie bestellt den nächsten Drink. Am liebsten würde sie aus der Lounge, von dieser Konferenz flüchten und zurück ins Büro. Vergessen, dass es diese Welt und diese Menschen hier gibt. Dass es irgendetwas anderes gibt als sie und den Code. Das *Ting* ist unfertig, denkt Niu. Ein fehlerhafter Prototyp – und sie hat Schuld. Es ist ihre Verantwortung, es zu Ende zu bringen, es richtig zu machen. Genau das würde ihr das *Ting* empfehlen. Wenn es denn mit ihr Kontakt aufnehmen würde.

Die Lounge füllt sich nach und nach. Gelegentlich hört Niu fremde Stimmen Adams Namen sagen, aber immer wieder auch: *Ting.* Wie eine Verhöhnung. Sie scannt die Gesichter der vorbeigehenden Männer, doch Linus entdeckt sie nicht. Der Bildschirm zeigt noch immer den großen Saal. Mehrere Techniker schieben aufeinandergestapelte Stühle mit Sackkarren aus dem Raum. Ein DJ klemmt eine Lampe an sein Pult, das auf der Bühne aufgebaut wurde. Ein anderer beugt sich über ein *MacBook.* Im Vordergrund schauen zwei Lichttechniker gemeinsam zur Decke, die Arme nach oben gestreckt. Dann bricht die Übertragung ab.

Keiner ihrer Partner lässt sich in der Lounge blicken. Dafür nicken ihr mehrere Angestellte aus dem Start-up ernst zu, als seien sie alle noch immer im Büro. Am Nachbartisch sitzen drei junge Entwickler, unterhalten sich und schauen unverhohlen vorbeigehenden Frauen hinterher. Niu beachten sie nicht. Sie ist da und gleichzeitig nicht.

Sie nimmt ihr Smartphone und öffnet den Messenger. Die Nachricht ihrer Mutter verdient eine baldige Antwort, denkt sie.

Aber sie kann unmöglich die Wahrheit schreiben. Dass sie sich über die Schwangerschaft Lus nicht freuen kann. Dass die Neuigkeit sie kaputt macht. Dass sie nicht weiß, warum.

Hallo, Lu. Ich habe erst heute von der Schwangerschaft gehört. Herzlichen Glückwunsch! Ich würde gern reden. Es gibt so viel zu erzählen. Melde dich. Deine Tochter

Eine halbe Stunde später betritt sie das Foyer, das genau wie die Lounge voller Menschen ist. Ohne Interesse stellt sie sich vor die Installationen und lässt Zeit vergehen. Sie kann sich nicht vorstellen, ein Gespräch mit jemandem zu beginnen, und niemand spricht sie an. Im Stehen ist die Wirkung des Alkohols spürbar. Aber sie fühlt sich nicht berauscht, vielmehr müde. Das Smartphone hält sie fest in der Hand, um keine Vibration zu verpassen. Irgendwann setzen Bässe ein und locken die Besucher nach und nach zum Hauptsaal. Neue Gäste kommen, die nicht aussehen, als hätten sie sonderlich viel mit den auf der Konferenz besprochenen Inhalten zu tun. Durchschreiten in Gruppen das Foyer, stehen in der Schlange vor der Garderobe. Das *Ting* würde nicht wollen, dass sie zur Party geht. Das sagt Nius Instinkt. Also wird sie es tun. Sie fragt sich, wie weit sie gehen muss, um das »Navigationssystem fürs Leben« zu einer Empfehlung zu provozieren. Dann löst sie sich aus ihrer Wartehaltung, folgt einer großen Gruppe mit zwei Schritten Abstand in Richtung der Musik.

Der Raum ist nicht wiederzuerkennen. Das schummrige Licht in wechselnden Farben und Einstellungen. Die durchdringenden Bässe der elektronischen Musik, die Beats Per Minute leicht über Herzfrequenz. Hunderte Körper, die sich rhythmisch aneinanderschmiegen, Schweiß und Pheromone ausdünsten. Instinktiv weiß sie, was zu tun ist. Vorbei an der Bar, wo viele anstehen. Vorbei an Paaren, die gegen das Dröhnen anschreien, Mund am Ohr. Vorbei an Gruppen, die am Rand tanzen. Hinein in den Pulk aus aneinandergedrängten Körpern, ihrem eigenen Widerwillen entgegen. Obwohl sie die meisten überragt, verliert sie das Gefühl für den Rand der Masse, den Ausgang. Schultern und Ellbogen schlagen und drücken, die Musik insistiert und verlangt. Also gibt sie nach. Nicht der Überforderung, sondern den Bewegungen und Kräften. Eine Reihung von elektronischen Tracks. Die kaum wahrnehmbaren Übergänge sind ihre einzige Verbindung zur Zeit.

Ein Track kommt ihr bekannt vor. Ein Elektro-Remix von *So lonely* von The Police. Sting war ein guter Bassist, selbst in dieser musikalischen Vereinfachung ist das deutlich zu hören. Niu vermisst ihre Trompete, die seit Monaten unangetastet in ihrer Wohnung liegt. Jetzt ist der passende Augenblick, um sich das einzugestehen, denkt sie. Sie schaut auf das Display ihres Telefons, kann es kaum noch erkennen, ihr Blick verschwimmt, driftet zur Seite ab. Keine Nachricht von Lu.

Mit einem Mal denkt sie, dass ihre Mutter nicht schwanger sein sollte. Sondern sie selbst. Nicht ihre Mutter, sondern Niu sollte ferne Länder bereisen. Viele Freunde haben. Abends ausgehen. Die Lebendigkeit ihrer Mutter macht die Eintönigkeit ihres eigenen Lebens umso deutlicher. Und lässt Niu ihre eigene Sensibilität hassen. Ihre Überforderung und Schutzbedürftigkeit. Die sie in ein Dasein zwingen, das weder Höhen noch Tiefen kennt. Und das *Ting* spricht nicht zu ihr. Egal wie lange sie tanzt.

Eine Frau mit rosafarbenem Cap und *Mickey Mouse*-Shirt zwinkert ihr zu. Mara Bressler, Geschäftsführerin ihres Konkurrenzunternehmens. Sie kommt ihr nah, tanzt sie an, ihre Hände berühren Nius Hüfte. Sie lässt es zu. Einige Tracks lang hält Bressler mit ihrem blauen, offenen Blick den ihren fest. Es ist die Sorte Blick, die Niu selten auf sich ruhen spürt. Bressler beugt sich an ihr Ohr, flüstert in sie hinein.

»Man sagt, du bist ein genialer Coder. Einer der talentiertesten, die es auf dem Markt gibt. Dass du selbst im Silicon Valley herausragen würdest wie ein Diamant aus einem Haufen Murmeln.«

Niu kann nicht anders, als ihr Lächeln zu erwidern. Wo Bressler sie anfasst, bleibt es warm.

»Die Leute sagen, dass das *Ting* ohne dich ein Schrittzähler mit Diätfunktion wäre. Dass du die Einzige bist, die in eurem Start-up programmieren kann.«

Bresslers Hände lassen von ihr ab, sie bieten ihr etwas an. In ihrer Handfläche liegen zwei Tabletten, weiß und glatt. Weil es falsch und verheerend ist, greift Niu danach. Sie legt die Drogen auf ihre Zunge – das *Ting* schweigt – und spült sie mit Bresslers warmem Bier hinunter.

Lange Zeit tanzt Niu. Die Geschäftsführerin des *Rubikon* an ihrer Seite, der Blick auf Niu geheftet, ein wissendes Lächeln auf den dünnen Lippen. Ein Track verschiebt sich in den nächsten, nächsten, nächsten und alles wiederholt sich. Die Musik, die immer gleich klingt, das Wogen der Menge, das gegen Niu brandet. Die Bewegungen ihres eigenen Körpers, der ohne ihren Willen funktioniert. Gelegentlich taucht eine diffuse Angst auf und versinkt wieder. Vielleicht die Angst vor der Wirkung der Drogen, oder vor der Unwägbarkeit der Situation – oder vor allem anderen.

Niu hält inne, ohne zu wissen, warum oder wie viel Zeit seit dem letzten Gedanken vergangen ist. Bresslers Mund formt die Frage: Raus? Sie nickt. Der feste Griff der Konkurrentin zieht Niu durch die Masse. Erst als die Tür zum Hauptsaal hinter ihnen zufällt, lässt Bressler los. Alles ist anders. Die Luft nicht lebendig und feucht, sondern eisklar. Das Licht grell und steril, die Musik ein dumpfes, totes Wummern. Selbst ihre Wahrnehmung ist ihr fremd, unkontrollierbar zerstreut.

Im Vorraum, in dem sie vor einigen Stunden Fragmente von Adams Vortrag gehört hat, stehen einige Grüppchen. Doch Nius Blick schafft es nicht, die Gesichter lang genug zu halten. Zwei Männer sind in der hinteren Ecke im Gespräch, lachen miteinander, Kasper und Adam, vielleicht. Niu geht auf sie zu, doch sie sind weit weg. Jemand greift nach ihr und zieht sie Richtung Ausgang. Den Gang entlang. Ins leere Foyer. Vor der Installation mit der Quadrocopter-Drohne lässt der Griff von ihr ab. Die Drohne schwebt nicht mehr in der Luft, sondern hat sich vor den Bildschirmen auf einem Kissen zur Ruhe gelegt. Die Screens zeigen noch immer verschiedene Tiere. Jedoch liegen auch sie schlafend in Nestern, Erdlöchern oder unter Bäumen.

»Alles klaro bei dir?«

Bressler grinst sie an. Niu hat vergessen, dass es sie gibt. Ihre Gesichtszüge ähneln der Schnauze des Pferdes, das auf einem der Bildschirme im Grün des Nachtsichtmodus auf der Seite liegt und wie tot vor sich hin schlummert. Das Gesicht kommt immer näher. Bressler küsst sie. Sie registriert, dass es passiert, aber sie fühlt es nicht. Weder Bresslers Lippen noch ihre Zunge. Als es vorbei ist, wischt sich ihre Konkurrentin den Mund ab. Ihr Tonfall kippt ins Geschäftliche.

»Hast du schon mal darüber nachgedacht, irgendwo zu arbeiten, wo deine Talente geschätzt werden? Wo du nicht die Verantwortung für jeden Scheiß tragen musst, sondern mit Programmierern deines Niveaus zusammenarbeitest? Wo du einen Code schreiben kannst, der das Leben von Millionen Menschen verändern wird?«

»Gründerinnen, die meinen, die Welt zu verändern, sind wie Leute, die einen Lottoschein kaufen und allen jubelnd erzählen: Ich werde Millionär«, antwortet Niu. Das Sichtfeld, in dem Bressler steht, beginnt wegzugleiten. Sie hat Mühe, das Bild zurechtzurücken.

»Hehe, sehr kess. – Jedenfalls sind wir immer auf der Suche nach brauchbaren Programmierern wie dir.«

»Programmiererinnen.«

»Was? – Ach so, klar doch. Was denkst du? Wir könnten morgen oder jetzt einen Vertrag unterschreiben. Ich weiß, wir beide sind ein bisschen betrunken, dann ist das nicht rechtskräftig. Wir könnten es aber trotzdem machen als Zeichen unseres Goodwill. So wie Durchbrennen nach Las Vegas und erst später die eigentliche Hochzeit mit der ganzen Familie in der Kirche.«

Niu will sich festhalten und greift ins Leere. Langsam lässt sie sich auf den Boden hinab, setzt sich in den Schneidersitz. Unter dem Absperrband vor der Installation liegt die Drohne und schläft auf ihrem Kissen, erschöpft vom fortwährenden Sich-Selbst-Erkennen. Niu würde sich gern neben das Gerät legen, sich daran wärmen.

»Ey, hast du mich überhaupt verstanden? Ich hab dir ein Angebot gemacht. Willst du für uns arbeiten? Du kannst morgen gleich anfangen.«

Bressler setzt sich im Schneidersitz vor sie, ihr Rock rutscht hoch und Niu kann ihren Slip sehen. Ihre Beine sind perfekt rasiert, kein einziges Härchen wurde vergessen. Ihre Konkurrentin nimmt das Cap ab und schüttelt ihre blondierte Mähne aus. Niu kann das, was sie selbst sagt, nicht in Übereinstimmung mit dem bringen, was sie sagen möchte.

»Folgenreicher wird es nicht mehr. Jetzt musst du mit mir sprechen. Du musst einfach.«

Mit geschlossenen Augen horcht sie in sich hinein. Stemmt sich gegen das Auf und Ab in ihrem Innern. Einfach schlafen. Oder sich übergeben. Oder in ein kaltes Meer springen und auf dem Rücken liegend von der Strömung und den Wellen hinausgetragen werden. Aber kein *Ting*. Nicht einmal jetzt. Niu öffnet die Augen und legt ihre Hand auf Bresslers glatt rasiertes Knie.

»Eine schlechtere Entscheidung kann ich nicht treffen. Aber es wird Zeit, Konsequenzen zu ziehen –«

»Lass uns gehen«, sagt Linus.

Er steht neben ihr, atmet schwer. Seine Hände zittern. Niu lässt Bresslers Knie los und nickt. Ihr Körper wird leicht, als er ihr unter die Arme greift. Auch Bressler erhebt sich, nimmt ihr Cap ab und wirft es zu Boden.

»Was soll der Scheiß? Wir unterhalten uns!«

Linus mustert die Frau, seine Brust hebt und senkt sich schnell. Dann schüttelt er den Kopf, dämpft seine Stimme zu einem Flüstern. Nicht bedrohlich, sondern als würde er seinem Gegenüber ein Geheimnis anvertrauen wollen.

»Ich habe keine Ahnung, wer du bist. Aber ich war eben kurz davor, dir ins Gesicht zu treten.«

Bressler verzieht schockiert das Pferdegesicht, öffnet den Mund zu einer Entgegnung. Linus wartet nicht, sondern führt Niu in Richtung Ausgang, wo jemand auf sie wartet.

»Verpisst euch nur!«, ruft Bressler. »In ein paar Wochen seid ihr weg vom Fenster. Ihr und euer Scheißprodukt.«

Das Fluchen wird von der Eingangstür verschluckt. Regen fällt in Nius Gesicht, spült den Schwindel von ihr ab. Die frostige Luft ist viel zu kalt für eine Septembernacht. In ihrer linken Hand hält sie ihr Telefon, hat es die ganze Zeit über nicht losgelassen.

Eine Frau tritt an sie heran, nimmt Linus' Hand in ihre, zeigt auf Bressler.

»Was hat die denn für ein Problem?«, fragt sie.

»Betrunken«, sagt Linus. »Kein Grund zur Sorge. Kira, das ist Niu, meine Kollegin. Niu, das ist Kira, meine Verlobte.«

Niu hat sich Linus' Freundin anders vorgestellt. Weniger groß, weniger schön, weniger selbstbewusst im Auftreten. Kira zündet sich eine Zigarette an. Dabei lächelt sie Niu zu, als wäre sie ein verirrtes Kleinkind, dem man bei der Suche nach der Mutter helfen muss, das aber in Wirklichkeit stört. Niu versucht, das Lächeln zu imitieren. Dann wankt sie zu einer Bank zwei Meter entfernt, legt sich ausgestreckt ins Nasse. Der Regen dringt durch Hose und Pullover. Der Himmel ist schwarz und ohne Sterne. Das Sichtfeld droht noch immer, ihr zu entgleiten. Noch immer könnte sie sich übergeben, aber es wird mit jeder Sekunde besser.

Linus und Kira laufen einige Meter in Richtung der Taxis und diskutieren, Kira eindringlich, Linus beschwichtigend. Erst als die Unterhaltung emotionaler wird, kann Niu einige Wörter und Sätze verstehen. Kira, die Linus auffordert, mit ihr nach Hause zu fahren. Die Arbeit für heute zu vergessen, das Wochenende freizumachen. Linus, der sich entschuldigt, aber darauf besteht, Niu nach Hause zu bringen. Der für das Wochenende nichts versprechen kann.

Kira schlägt den Kragen ihres Mantels hoch und schüttelt den Kopf. Linus gibt seiner Verlobten einen Kuss. Aber sie erwidert ihn nicht. Ohne sich zu verabschieden, steigt sie in ein Taxi, dessen Motor wenige Sekunden später anspringt. Als der Wagen langsam über das Gelände rollt, hebt Linus eine Hand. Senkt sie erst wieder, als das Auto auf die Straße abgebogen und verschwunden ist. Einige Sekunden lang steht er im Regen, bevor er zurücktrottet und sich auf eine nasse Ecke der Bank setzt.

»Und jetzt wir«, sagt Linus resigniert. »Ich bring dich nach Hause. Kira hat nichts dagegen, aber sie hatte keine Lust, mit uns beiden nach Marzahn und dann wieder zurückzufahren.«

»Ich fahre nicht nach Marzahn. Ich geh ins Büro. Du brauchst mich nicht zu begleiten. Ich schaff das alleine.«

Linus' Gesicht nimmt den gleichen besorgten Ausdruck an wie damals, als sie im *Break Even* mitten auf der Bühne erstarrte. Nicht viele Menschen kennen ihre Abgründe, denkt Niu. Sie hasst es, dass Linus dazugehört.

»Meinetwegen ins Büro«, sagt er. »Umso besser, das ist nicht so weit weg. Du kannst in einem Sessel ausnüchtern. Aber ich werd dich begleiten.«

»Auf deine Verantwortung. Und kein Taxi. Ich möchte zu Fuß gehen.«

Bevor Linus widersprechen kann, steht sie auf. Das Laufen tut gut. Der Drang, sich hinzulegen, verliert an Kraft. Schweigend bleibt Linus an ihrer Seite. Als sie das Gelände verlassen, schaut er in die Richtung, wo vor einigen Augenblicken Kiras Taxi verschwunden ist. Nur ein kurzer Blick. Aber doch.

Die Kleidung klebt kalt an Nius Haut, aber es stört sie nicht. Im Gegenteil, die Kälte ist ihre Verbindung zur Außenwelt. Sie versucht, sich auf Linus zu konzentrieren. Sein Blick ist auf den Bürgersteig gesenkt, die Schultern sind hochgezogen.

»Wolltest du dich wirklich wegen mir mit dieser Bressler prügeln?«

Er betrachtet seine zitternden Hände, als hätte er sie eben erst entdeckt. Mehrmals ballt er sie zu Fäusten. Dann schiebt er sie in seine Jackentaschen.

»Kira und ich saßen mit einigen Leuten in der Lounge und haben was getrunken. Wir wollten gerade gehen und haben unsere Jacken angezogen, als das *Ting* sich meldete. Es befahl mir, so schnell wie möglich ins Foyer zu rennen. Die Person zu suchen, mit der du dich unterhältst. Und sie dazu zu bringen, von dir abzulassen, notfalls mit Gewalt.«

»Notfalls mit Gewalt?«, fragt Niu verwundert.

»Genau. Das *Ting* wollte, dass ich einen Menschen verletze.«

Der Regen hat nachgelassen und versiegt jetzt ganz. Nur gelegentlich werden sie von Tropfen getroffen, die von den Baumkronen über ihnen herabfallen. Sie sind allein. In dieser Gegend schläft die Stadt bereits.

»Du dramatisierst«, wendet Niu ein. »Dazu ist es nicht gekommen. Man kann fast schon sagen, dass du unseren Zusatzvertrag gebrochen hast.«

Das Licht einer Straßenlaterne färbt Linus' Gesicht fahlgelb.

»Ich hätte also diese Frau zusammenschlagen sollen? Einen Menschen verletzen? Eine Anzeige wegen Körperverletzung riskieren? Meine Zukunft aufs Spiel setzen, weil das *Ting* einen seiner Aussetzer hat?«

»Mit dem *Ting* ist alles in Ordnung. Du bist einfach nur ein Feigling.«

Der Satz tut Niu schon leid, während sie ihn ausspricht. Doch das *Ting* hat sie nicht aufgehalten. Hat ihr nicht empfohlen, die Harmonie zwischen den Gründern zu wahren. Die Gefühle ihres einzigen Freundes nicht zu verletzen. Das macht sie wütend, und sie nimmt sich vor, es bis zum Äußersten zu treiben.

»Es wäre nicht das erste Mal, dass du den Vertrag brichst«, fährt sie fort. »Seit Monaten ignorierst du die Empfehlung, mit Kira Schluss zu machen. Hast dich sogar mit ihr verlobt. Seit Monaten räume ich hinter dir auf und lösche die Spuren aus deiner Logdatei, damit du nicht auffliegst.«

»Ach, du bist das. Dann muss ich mich wohl bei dir bedanken«, sagt Linus. Wasser läuft aus den nassen Haaren über sein Gesicht, in dem ein Muskel unkontrolliert zuckt.

»Elf Jahre«, fährt er fort und seine Stimme droht zu brechen. »Ich habe elf Jahre in diese Beziehung investiert. Ich bin Kompromisse eingegangen und habe ihr beinahe alles untergeordnet. Ich kann sie nicht von heute auf morgen beenden, nur weil ein paar Algorithmen ausgerechnet haben, was gut für mich ist. Diese Zeiten sind vorbei.«

»Das ist ein Denkfehler. Nur weil du eine fallende Aktie seit Jahren hältst, heißt das nicht, dass sie nicht weiter fallen wird. Genau vor diesem Denken soll das *Ting* dich schützen.«

Niu versteht ihre eigenen Worte erst Sekunden, nachdem sie ausgesprochen sind.

»Was weißt du schon von Beziehungen und Liebe?«, entgegnet Linus. »Ich möchte nicht mit Kira Schluss machen. Sie hat immer zu mir gehalten und mich unterstützt. Wir haben viel Scheiß durchgemacht. Ich bin fast 30. Ich will eine Familie gründen. Zumindest glaube ich, dass ich das will.«

»Trotzdem ist es falsch, den Vertrag zu brechen. Wenn dir das *Ting* nicht hilft, sondern dich nur belastet, warum benutzt du es noch? Warum steigst du nicht aus und machst etwas anderes? Such dir einen anderen Job.«

Linus lächelt, wirkt dabei verbittert.

»Das *Ting* gehört zu meinem Leben, genau wie Kira. Ich kann es nicht einfach aus meinem Leben streichen. Es gehört zu mir. Ich will es verbessern und weiterentwickeln. Beides, meine ich. Das *Ting* und meine Beziehung. – Wenn es mich lassen würde. Ich bin immer angespannt und habe Angst vor meinen Gedanken. Könnte ja eine Empfehlung sein. Es kostet viel Kraft, sich dagegen zu wehren und Kira von alldem nichts spüren zu lassen. Aber sie merkt es trotzdem. Ich hoffe, das Biochemie-Update verschafft mir ein wenig Ruhe. Ansonsten ist es nur eine Frage der Zeit, bis das ›Navigationssystem‹ seinen Willen bekommt.«

Er zögert.

»Du könntest mir einen Gefallen tun«, fährt er dann fort. »Du könntest die Algorithmen umschreiben. Ich brauche ein paar Empfehlungen, die mir guttun. So welche, wie ihr sie bekommt. Oder schalte die Empfehlungen für mich ab, zumindest bis das neue Update da ist. Das würde helfen.«

Linus bleibt stehen und schaut sie flehend an. Hinter ihm liegt die Kirche in der Dunkelheit, alt und ohne Geheimnis. Niu hat nicht bemerkt, dass sie schon da sind.

»Das kann ich nicht machen und das weißt du«, sagt sie. »Die Algorithmen sind für alle gleich. Glaub mir, ich bin den Code etliche Male durchgegangen. Ich finde keine Fehler. Wir müssen weiter testen.«

Die Augen ihres Freundes wirken abwesend und schlierig, wie Öl auf einer Wasseroberfläche. So steht Linus eine Weile da und stiert in die Nacht. Bis er sich wieder fängt, blinzelt.

»Genau darüber habe ich mit Adam vorhin gesprochen«, sagt er. »Ich konnte ihn überzeugen, den Beta-Test in der nächsten Phase auszuweiten. Nicht jetzt natürlich, realistisch gesehen brauchen wir dafür noch ein paar Monate. Es gibt genügend Freiwillige, die das *Ting* testen würden. Fürs Erste genügen tausend. Auf Grundlage einer Datenbasis dieser Größe können wir die Algorithmen finden, die zu den fehlerhaften Empfehlungen führen.«

Niu kämpft gegen einen Brechreiz an. Mit den Daten von tausend Testern könnte sie vielleicht herausfinden, warum das *Ting* nicht zu ihr spricht, denkt sie. Ein weitläufiger Test würde andere User auftun, die so sind wie sie. User, die vom *Ting* abgelehnt werden. Aber Niu würde zugeben müssen, dass sie zu den Ausgestoßenen gehört. Mit einem Mal empfindet sie erdrückende Scham und sie entzieht sich Linus' Blick. Das Geräusch ihrer Schritte auf dem Schotterweg begleitet sie zur Kirche.

Die trunkene Atmosphäre des Abends liegt wie ein Schleier über dem verlassenen Büro. Nius Hände sind durchgefroren und sie kriegt den Reißverschluss ihrer Jacke nicht zu fassen. Sie versucht, sie über den Kopf zu ziehen. Das Textil ist mit Regen vollgesogen und schwer, es bereitet ihr Mühe und dauert lange. Als sie die Jacke schließlich mit einem Ruck von sich reißt, steht Linus neben ihr und beobachtet sie ausdruckslos.

»Danke, dass du mich hergebracht hast«, sagt sie. »Es ist besser, du gehst jetzt. Ich bin in keinem guten Zustand.«

»Ich ruf mir gleich ein Taxi. Aber lass uns das Gespräch zu Ende bringen, ja? – Ich mach uns einen Tee.«

Nius Körper fängt zu zittern an, stark und unkontrolliert. Plötzlich ist die Kälte wirklich kalt. Sie kann sich nicht vorstellen, die Schritte bis zu ihrem Schreibtisch zurückzulegen, so erschöpft und müde fühlt sie sich. Doch dort angekommen, läuft sie weiter bis zum Konferenztisch und lässt sich in einen der Stühle fallen. Wo mal der Altar stand. Das denkt sie oft, auch nach Monaten noch.

In der Küche blubbert der Wasserkocher vor sich hin, Linus steht davor, in Gedanken versunken. Für gewöhnlich geben ihr die Geräusche von Maschinen ein Gefühl der Geborgenheit, doch jetzt fühlt sie sich nackt und ausgeliefert. Ihre Schreibtischlampe ist noch immer angeschaltet, Niu muss sie vorhin vergessen haben. Ununterbrochen brennt das Licht an ihrem Schreibtisch, denkt sie. Sie hat noch keinen Tag Urlaub genommen, hat noch nie krankgemacht. Jeder Tag gleicht dem vorherigen, egal ob Werktag oder Wochenende. War es nicht genau das, was sie ändern wollte, als sie das Angebot von Adam und Linus annahm und Mitgründerin des Start-ups wurde? War nicht ihr Ziel, mehr zu wagen, sich mehr zuzumuten? In Wirklichkeit ist ihr Alltag noch eintöniger und trister geworden, als er jemals war. Und das *Ting* will ihr nicht helfen.

Sie fühlt sich wie ein Streichholz in der Dunkelheit, das zu flackern beginnt, bald mehr Qualm als Flamme, weil allmählich der Sauerstoff knapp wird. Sie muss sich bewegen, muss etwas ändern, sonst wird sie in der Dunkelheit verschwinden, unwiederbringlich. Wieder spürt sie in sich hinein. Sucht nach einem Zeichen des *Ting*, einem Gefühl, einem Gedanken, irgendetwas, das sie vielleicht übersehen hat. Aber da ist nichts. Nichts. Einen letzten, verzweifelten Versuch muss sie noch wagen, das *Ting* zum Sprechen zu bringen.

Während Linus das kochende Wasser in zwei Tassen gießt, versucht Niu, ihr Zittern zu unterdrücken. Das Smartphone in ihrer Hosentasche ist nass vom Regen, hat aber keinen Schaden genommen. Keine verpassten Anrufe, keine Nachrichten, kein Lebenszeichen ihrer Eltern. In der Kontaktliste wählt sie Lus Namen. Es dauert lange, bis die Verbindung nach China aufgebaut und das Freizeichen zu hören ist. Sie lässt es klingeln, immer weiter, bis die Leitung automatisch abbricht. Linus kommt mit den Tassen zu ihr. Sie drückt auf Wahlwiederholung und schließt die Augen. Bitte, denkt sie. Bitte. Aber nach einer weiteren Minute verstummt das Klingeln abrupt. Linus schiebt eine dampfende Tasse zu ihr herüber.

»Wen willst du um diese Uhrzeit anrufen?«

»Meine Eltern. Sie leben seit drei Jahren in Shanghai. Da ist gerade Morgen.«

Linus sieht überrascht aus.

»Deine Eltern leben in China? Das hast du nie erzählt. Du bist bestimmt oft drüben, oder?«

Niu nickt, weil ihr die Kraft fehlt, die Wahrheit zu sagen. Das bringt Linus zum Lächeln.

»Ich wollte immer schon mal nach China, seit ich ein Kind bin. Manche wollen nach New York, andere nach Südamerika, ich nach China. Kira interessiert sich leider nicht für das Land, deswegen sind wir nie geflogen.«

»Weshalb willst du hin?«

»Als Kind mochte ich alte Kung-Fu-Filme. Ich erinnere mich gut daran, wie ich als kleiner Junge auf dem Teppich vor dem Fernseher sitze und Männern mit langen weißen Bärten beim Kämpfen zuschaue. Der Geruch des Sonntagsessens zieht aus der Küche durch das Haus in meine Nase. Und mein Bauch und der Bauch meines Vaters, der hinter mir in seinem Sessel Zeitung liest, fangen beide gleichzeitig an zu knurren. Irgendwie verbinde ich das alles mit China.«

Niu will darauf antworten, aber sie schließt stattdessen die Augen.

»Heute denke ich oft, dass China das Land ist, aus dem alles Gute kommt. Ich weiß natürlich, dass das absoluter Quatsch ist, aber der Gedanke drängt sich mir oft auf. Unsere Smartphones, unsere Fernseher, unsere Kleidung. Selbst das *Ting* wurde in China hergestellt. Es ist wie ein Zauberland, wo all die Dinge entstehen, die uns das Leben erleichtern oder überhaupt erst lebenswert machen. Ich verstehe einfach nicht, wieso man ein Zauberland nicht bereisen wollen würde.«

Niu steht von ihrem Stuhl auf, sie zittert nicht mehr. Ihr Kapuzenpullover und ihr Shirt sind nass, aber mit einem schnellen Griff hat sie beide ausgezogen. Dann greift sie an ihren Rücken und hakt ihren BH aus, streift die Träger von den Schultern. Linus' verwunderter Blick fokussiert ihre Brüste, dann schnellt er zurück nach oben. Er bäumt sich auf, wie um zu gehen, zu fliehen, dann zögert er und verharrt mitten in der Bewegung. In seinem Gesicht mischen sich Verwunderung und Qual, dann erschlafft es resigniert. Er lässt sich zurück in seinen Stuhl fallen, als würde er gegen seinen eigenen Willen handeln.

Niu öffnet die Knöpfe ihrer Jeans, zieht die Hose langsam aus.

Dann ihren Slip. Nackt steht sie vor Linus, der ihren Körper lange betrachtet, sich Zeit lässt dabei. Zögernd streckt er seine Hand aus und berührt ihre Hüfte, streichelt sie. Er steht auf und küsst sie. Seine Lippen sind warm, genau wie seine Hände. Auch er zieht seine Sachen aus, bis sie sich beide nackt gegenüberstehen. Sie setzt sich auf die Kante des Konferenztisches und spreizt ihre Beine, nimmt seine Hände und zieht ihn nah an sich heran, bis sein Körper den ihren berührt. Als sie Linus in sich spürt, sein leises Stöhnen ganz nah an ihrem Ohr, wird ihr klar, dass auch das nicht funktioniert. Dass sie das *Ting* nicht provozieren kann, egal wie weit sie geht. Sie wird ihr Leben ändern müssen. Ohne Hilfe des *Ting*, radikal ändern. Sie muss nur herausfinden, wie.

TEIL

DREI

LINUS

Langsam ziehen Schemen von Bäumen am Fenster vorbei. Der Rolls-Royce kriecht über die Landstraße. Seit einer halben Stunde, ohne abzubiegen oder zu bremsen, ohne Gegenverkehr, ohne überholt zu werden. Wohin die Scheinwerfer nicht reichen, beginnt die Dunkelheit, die zäh und ewig ist. Die Dunkelheit einer Winternacht. Als sei die Welt blank gewischt und außer dem Chauffeur, Kira, Linus und der Landstraße nichts übrig.

Kiras Arm liegt auf der samtbezogenen Lehne, ohne den seinen zu berühren. Doch Linus spürt ihn, als strahle er Hitze ab. Er löst den Anschnallgurt, überbrückt einen ganzen Meter und schiebt seinen Oberkörper in den vorderen Teil der Limousine.

»Können Sie nicht etwas schneller fahren? Wie lange brauchen wir noch?«

Die Augen des Chauffeurs zucken zum Rückspiegel und verweilen dort. Als sei Linus etwas, das weit weg passiert, das der Fahrer einzuschätzen versucht und letztendlich als ungefährlich einstuft. Er antwortet nicht.

»Können Sie mir wenigstens sagen, wohin wir fahren? Ich bin Gründer des Unternehmens, das Sie bezahlt.«

Die Scheinwerfer der alten Limousine spalten die Nacht. Außer Asphalt, leichtem Nebel und Bäumen ist nichts zu sehen. Keine Reaktion des Fahrers. Nur eine kurze Armbewegung zum Armaturenbrett, woraufhin Musik durch die Fahrgastzelle dudelt: *Rudolph, the Red-Nosed Reindeer.*

Eine Regung in seinem Rücken, die nichts anderes als Häme

bedeuten kann. Doch als er sich umdreht, schaut Kira aus dem Fenster in die Nacht, als habe sie nichts mitbekommen. Es enttäuscht ihn, dass sie sich nicht auf seine Seite schlägt. Ein Augenrollen, ein kurzes Schütteln des Kopfes über den arroganten Chauffeur würde genügen.

Linus lässt sich in seinen Sitz zurückfallen, streckt die Beine aus, will sich ablenken. Die Sitze sind mit karmesinrotem Samt überzogen, die Innenwände und Armaturen mit Mahagoni verkleidet. Auf der Bar, die Fahrer- und Gastbereich voneinander trennt, steht eine Kristallschale mit Mandarinen und Weihnachtsgebäck. Die Zeit hat keine Spuren an der Inneneinrichtung hinterlassen, aber sich als Aura hineingewoben. Alles wirkt anachronistisch, unangenehm altmodisch, wie auch der Wagen selbst. Ein Rolls-Royce Phantom VI, ein britischer Oldtimer aus den 60er-Jahren, wie der Chauffeur ihnen erklärte, als er ihre Rollkoffer vor gut anderthalb Stunden im Kofferraum verstaute und ihnen anschließend die Hintertür aufhielt. Zu weiteren Auskünften ließ er sich nicht hinreißen.

Kira greift nach einer Mandarine. Die Schale legt sie in den sauberen Aschenbecher zwischen ihnen, sucht dann die Schnitze nach weißen Fäden ab und zieht diese einzeln von der Frucht. Linus hat ihr oft erklärt, dass das Mesokarp nicht schädlich ist – es enthält genauso viele Vitamine wie das Fruchtfleisch selbst –, aber Kira hält an der Gewohnheit fest. Mittlerweile pult sie das Weiße nur noch ab, um ihn zu provozieren, da ist er sich sicher. Seine Freundin stutzt, als sie Linus' Blick bemerkt.

»Möchtest du wieder streiten?«, fragt sie mit resigniertem Tonfall. »Was mache ich dieses Mal falsch?«

Kiras größter Fehler ist, in diesem Wagen zu sitzen, denkt Linus. Sie hätte zu Hause bleiben sollen. Eine Nacht in getrennten Betten würde ihrer Beziehung guttun. Ein neues Weihnachtslied löst das alte ab: *Last Christmas.*

»Nichts. Gar nichts.«

Sprechen kann er mit ihr darüber nicht, sie wird es nicht verstehen. Es gibt Sätze, die man in Beziehungen nicht sagen kann, ohne irreparablen Schaden anzurichten.

»Komm, sag. Ich merk doch, dass was ist. Ist es wegen dem Streit von heute Morgen?«

Kira ist nicht die Einzige, die ihn anschaut. Die dunklen Augen des Chauffeurs fixieren ihn durch den Rückspiegel, als habe er ebenso Anrecht auf eine Antwort.

»Nicht jetzt. Lass uns später reden.«

Der Fahrer lenkt den Wagen nach rechts, bis sie auf dem Standstreifen stehen, und schaltet den Motor ab. Bevor die Scheinwerfer des Oldtimers erlöschen, erkennt Linus noch, dass sie am Rande eines Fichtenwaldes parken. Die Musik verstummt und es wird still im Wagen.

»Warum halten wir an?«, fragt Kira.

»Darf ich Sie bitten, die Bar vor Ihnen zu öffnen?«

Die Klappe zur Minibar quietscht authentisch. In zwei Vertiefungen stehen Flakons. Einer bis zum Hals gefüllt mit einer durchsichtigen, der andere mit einer schwarzen Flüssigkeit.

»Mir ist nicht gestattet, weiterzufahren, bis eines der beiden Behältnisse von Ihnen ausgetrunken wurde. Sie dürfen wählen.«

»Und wenn wir das nicht trinken möchten?«, fragt Linus.

Die Augenpartie des Chauffeurs wird vom Rückspiegel umrahmt, sie lächelt. Er wird nichts mehr sagen.

Das schwarze Getränk macht einen geheimnisvollen Eindruck, riecht nach Anis und etwas Undefinierbarem. Die durchsichtige Flüssigkeit gibt sich harmlos, riecht süßlich, wie eine unbekannte Frucht.

»Gib mal.«

Kira gießt die schwarze Flüssigkeit in zwei Kristallkelche. Der Chauffeur nickt zufrieden, öffnet die Tür des Wagens, steigt aus und zündet sich eine Zigarette an. Kälte dringt ins Innere, als er die Fahrertür hinter sich zuschmeißt. Linus schafft es kaum, seiner Freundin in die Augen zu schauen, als sie anstoßen. Sie hätte ihn entscheiden lassen sollen. Es ist seine Weihnachtsfeier, denkt er. Und Kira ist nur sein Mitbringsel.

Er nimmt einen großen Schluck und ist unsicher, was stärker brennt. Das Getränk oder die Scham über den letzten Gedanken. Kira lächelt ihn an. Ein Friedensangebot.

»Es wird uns guttun, heut Abend ein bisschen Spaß zu haben. Gemeinsam«, sagt sie.

Sein Nicken ist eine Lüge. Kira trinkt die dunkle Flüssigkeit in einem Zug weg und haut das Glas zurück auf die Mahagonifläche. Das ärgert ihn. Wie so vieles in den vergangenen Tagen. Die kleinen Gesten, die er früher anziehend oder zumindest charmant fand. Wie sie beim Lachen durch die Nase schnaubt. Die viel zu langen Shirts, die sie zu Hause trägt, nie etwas anderes. Dass sie nach dem Essen immer alles stehen lässt.

Er will einfach nur noch umkehren. Ein langes Gespräch mit Kira führen und ihre Beziehung beenden. Sogar hier und jetzt Schluss machen, ein Wort nach dem anderen herauswürgen. Ihm würde es besser gehen, viel besser.

»Ja«, hört er sich sagen. »Lass uns heute Abend Spaß haben.«

Die Vordertür wird geöffnet. Der Chauffeur wirft einen Blick auf den leeren Flakon, die leeren Kelche, und steigt ein. Der Wagen fährt an, bleibt aber nicht auf der Landstraße, sondern biegt mitten in den Wald hinein. Dicht an dicht stehen Bäume, rechts und links nur einen halben Meter von den Türen entfernt. Niemals würde ein entgegenkommendes Fahrzeug genügend Platz finden. Als Linus sich umdreht, um einen letzten Blick auf die

Landstraße zu werfen, sieht er hinter ihnen eine weitere Limousine auf den Weg einbiegen.

»Spürst du was?«, fragt Kira.

»Wie meinst du das?«, antwortet Linus.

»Das schwarze Getränk. Spürst du was?«

Schnell, viel zu schnell, ziehen dunkle Bäume an ihnen vorbei. Immer wieder kratzen Äste an den Seitenfenstern. Wenn der Wagen über große Wurzeln oder andere Unebenheiten fährt, muss Linus den Obstteller festhalten. Kira lacht wie ein Kind, wenn sie der Schwung leicht aus dem Sitz hebt. Er weiß nicht, ob sich etwas geändert hat. Ob er unter dem Einfluss einer Droge steht. Vielleicht, denkt er, wirkt sie, ohne sich aufzudrängen. So wie das *Ting* seit dem neuen Update.

Die Kiefern verschwinden, als der Wagen auf einen Schotterweg rollt. Kleine Bodenleuchten weisen den Weg zu einem Parkplatz und von dort weiter hinauf zu einem riesigen Herrenhaus, das von Dutzenden Scheinwerfern in blaues Licht getaucht wird und über allem thront.

Der Rolls-Royce stoppt und der Chauffeur öffnet Kira die Tür. Linus wartet nicht, sondern tritt hinaus in die Kälte. Auf dem Parkplatz ist reger Betrieb. Mitarbeiter aus dem Unternehmen stehen in Grüppchen herum, unterhalten sich. Andere Limousinen rollen auf den Parkplatz oder verlassen ihn gerade. Ihr Fahrer reicht Linus den Rollkoffer.

»Morgen Nachmittag bringe ich Sie wieder zurück nach Berlin.«

Kira bedankt sich bei dem Mann, während Linus nicht anders kann, als das Herrenhaus anzustarren. Ein lang gezogenes Hauptgebäude aus dem vorletzten Jahrhundert mit zwei Flügeln und mehreren Anbauten. Türmchen und Erker sprießen hier und da hervor, während die Zierdächer verschiedene Giebelarten aufbieten. Hinter einigen der vielen Sprossenfenster ist bereits Licht.

In den Stimmen der Angestellten, die die kleine Anhöhe erklimmen, ist die Vorfreude deutlich rauszuhören. Rasal, Spezialistin für Genetik und seine Assistentin, schließt zu Linus und Kira auf.

»Nicht schlecht, was ihr hier auffahrt«, ruft sie.

Linus nickt seiner Angestellten wohlwollend zu, als habe sie sich gerade bei ihm bedankt.

»Gibt es ein Programm für den Abend?«, fragt sie.

»Ich weiß von nichts«, sagt Linus und verleiht seinen Worten einen ironischen Unterton. Versucht zu verschleiern, dass Kasper und Adam ihn nicht eingeweiht haben, was die Limousinen, das Herrenhaus und den Rest der Weihnachtsfeier angeht. Sein Ansehen im Büro hat gelitten in letzter Zeit. Es verträgt keine Schläge mehr, seien sie noch so schwach.

Rasal schmunzelt und scheint den Subtext gefressen zu haben. Linus überrascht der Erfolg seines kleinen rhetorischen Manövers. Jedoch bezweifelt er, dass es sein Verdienst ist. Wahrscheinlich hat er intuitiv eine Empfehlung des *Ting* umgesetzt.

Kira wirft ihm einen entlarvenden Blick zu, dann lacht sie, verrät Linus aber nicht an seine Kollegin. Wieder ärgert ihn Kiras Anwesenheit. Im Grunde genommen ist sie schuld, dass sein Renommee unter den Kollegen einen Tiefpunkt erreicht hat. Dass er seit Tagen nur noch an seine Beziehung denkt. Immer wieder neu fantasiert, Schluss zu machen. So intensiv, dass er im Büro Wichtiges vergisst, unkonzentriert ist und Fehler begeht.

Doch er erkennt in Kiras Lachen noch etwas anderes. Die Vorfreude auf die Weihnachtsfeier. Dieses Lachen hat er mal geliebt, denkt er. Es hat ihn glücklich gemacht und ihn getröstet.

Nein, Kira trifft keine Schuld, versucht er sich einzureden. Das *Ting* ist verantwortlich für seine Gefühle.

Das Herrenhaus wirkt mit jedem Schritt größer. Das Areal ist umzäunt von einem Fichtenwald, ein leises Plätschern deutet auf einen Bach in der Nähe hin, auch wenn Linus ihn in der Dunkelheit nicht ausmachen kann. Als ein Mann in dickem Mantel sich leicht vor ihnen verbeugt und ihnen die Tür öffnet, greift Kira nach Linus' Hand. Nach der Hand, die sich gänzlich nicht mehr anfühlt wie seine eigene, sondern wie die eines Fremden, angenäht an seinen Körper. Das Gefühl ist stärker geworden in den vergangenen anderthalb Jahren. Anfangs war es nur eine Fingerkuppe, heute bereits die gesamte Hand, und das Gefühl droht bereits, seinen Unterarm hinaufzukriechen. Manchmal ekelt es ihn so sehr an, dass er sich vorstellt, die Hand mit einem Beil abzuhacken. Auf den Hieb mit dem Beil würden unfassbare Schmerzen folgen, dann aber die Befriedigung, sich des fremden, toten Gliedes entledigt zu haben. Kiras Hand drückt nun fest zu und holt ihn aus seinen Gedanken. Linus widersteht dem Impuls, die seine wegzuziehen. Gemeinsam treten sie ins warme Licht.

»Rein mit euch!«, ruft Kasper mit ausgestreckten Armen. »Erst mal wird einer gekippt. Für welche Farbe habt ihr euch im Auto entschieden?«

Er trägt einen weißen Frack mit perlmuttfarbenen Stickereien und Zylinder. Auf einem Tablett bietet er Schnapsgläser mit beiden Flüssigkeiten an.

»Das dunkle Zeug.«

»Dann trinkt ihr jetzt das klare. Durcheinander ist gut. Locker werden ist der erste Programmpunkt des Abends.«

Das Getränk belebt Linus' Sinne. Das schummrige Licht mehrerer Kronleuchter fällt auf holzvertäfelte Wände und einen blutroten Teppichboden. Ein großer Kamin spendet Wärme. Zwischen den Sesseln und kleinen runden Tischen bewegen sich Angestellte des Herrenhauses, das ein Hotel zu sein scheint. An der Wand hinter dem Empfang hängen alte Jagdgewehre und drei ausgestopfte Hirschköpfe mit mächtigen Geweihen und toten Augen. Ein Page drückt Kira einen Zimmerschlüssel in die Hand und verschwindet mit ihren Koffern.

»Die Regeln für die Nacht sind einfach«, sagt Kasper. »Es gibt den großen Saal mit der Bar. Darüber hinaus Billardzimmer, Kegelbahn, Kino und so manch anderes Vergnügen, alles verteilt im Herrenhaus. Im West- und Ostflügel sind die Zimmer, falls ihr euch zurückziehen möchtet. Nur ein Termin ist Pflicht: Um Mitternacht treffen sich alle im großen Saal zum Essen. Adam hat eine Ankündigung zu machen.«

Kasper deutet auf eine hölzerne Flügeltür am anderen Ende der Lobby.

»Was für eine Ankündigung soll das sein?«

Linus versucht, von den Umstehenden nicht gehört zu werden. Kasper gibt sich jedoch keine Mühe, seine Stimme zu senken.

»Mein Lieber, du wirst dich wie alle anderen bis zur Verkündung gedulden müssen. Jetzt los, amüsiert euch!«

Kasper wendet sich einigen Neuankömmlingen zu und lässt Linus und Kira alleine. Ohne seinen Koffer hat er nichts mehr, das er zwischen sich und seine Freundin schieben kann. Während Kira sich im Raum umschaut, tritt Linus einen Schritt zurück und betrachtet sie. Verwegenes Make-up, eine enge Bluse unter der offenen Jacke. Ein lederner Rock, darunter eine Netzstrumpfhose. Niemand in diesem Hotel ist attraktiver als seine Freundin, da ist er sich sicher.

»Wollen wir erst mal aufs Zimmer?«

Kaum hat er die Frage ausgesprochen, bereut er sie schon.

Die Vorstellung, mit ihr alleine in einem Himmelbett zu liegen, umgeben von wattiger Kaminhitze, schnürt ihm die Kehle zu.

»Ich würde lieber was trinken«, antwortet sie.

Die drei langen, rustikalen Holztische im großen Saal sind mit Blumengedecken geschmückt. Kollegen und Anhang sitzen in Gruppen oder zu zweit zusammen, unterhalten sich ausgelassen, trinken oder lauschen der Lounge-Musik. Drei Hotelangestellte servieren hinter einem Tresen Flakons, die mit den beiden Flüssigkeiten gefüllt sind. Während Kira sich an die leere Ecke einer Tafel setzt, begibt sich Linus zur Bar. Auf dem Weg nickt er einigen Angestellten und ihren Begleitern zu. Alle scheinen bester Laune zu sein und grüßen freundlich zurück. Aber niemand steht von seinem Platz auf, niemand scheint erpicht auf ein Gespräch mit ihm. Am Tresen angekommen, sucht er nach einer Karte oder einem Schild mit der Getränkeliste.

»Zwei Bier bitte.«

»Leider haben wir kein Bier im Angebot«, entgegnet die Barfrau. »Sie dürfen heute zwischen dem Dunklen und dem Klaren wählen.«

»Was ist da drin? Alkohol? Oder noch etwas anderes?«

»Tut mir leid, aber darüber wurde das Personal nicht informiert.«

»Dann zwei Gläser Wasser bitte.«

»Es wurde ausdrücklich untersagt, heute Nacht an den Bars Wasser auszuschenken. Aber Sie können Ihren Kopf unter den Hahn in einer der Toiletten halten.«

Die Barfrau bleibt völlig ernst bei ihrer Antwort. Innerlich verflucht er Adam und Kasper für ihr Pathos. Erst eine Kirche als Büro, denkt er. Und nun eine Weihnachtsfeier in einem Brandenburger Herrenhaus, mit geheimnisvollen Getränken und einer Ankündigung um Mitternacht.

Mit zwei Gläsern und einem Flakon dunklen Inhalts kehrt er zu Kira zurück. Er nimmt einen Schluck aus seinem Glas, als sie ihn anlächelt. Linus will die Situation auflockern, indem er ihr von einzelnen Mitarbeitern erzählt. Von all diesen Menschen, die er nur aus oberflächlichen Gesprächen kennt und deren Gesichter und Stimmen eine alltägliche, aber nebensächliche Kulisse sind. Doch immer wenn er den Mund öffnet, lähmt ihn ein heftiger Widerwille, eine innere Blockade. Vielleicht macht sich so eine neue Empfehlung des *Ting* bemerkbar.

Er denkt an das Update der User Experience, das er vor einigen Tagen endlich durchführen konnte. Eigentlich sollte er sich freuen, denn das Update ist unbestreitbar eine weitere technische Revolution. Seit der Aktualisierung werden die Empfehlungen des *Ting* nicht mehr in Form einer mentalen Stimme ins Bewusstsein des Users übermittelt. Stattdessen evoziert das *Ting* Emotionen und Bedürfnisse, indem es biochemische Substanzen nutzt, die den körpereigenen ähneln. Auf diese Weise gleichen die Empfehlungen des »Navigationssystems fürs Leben« der Intuition und den Emotionen der User. Wenn das *Ting* beispielsweise der Meinung ist, man sollte wegen eines Mangels an Vitamin C einen Apfel essen, wird es sich für einen User so anfühlen, als hätte er Appetit auf ebenjenen Apfel. Ein Nebeneffekt ist, dass es immer schwieriger ist, Empfehlungen des *Ting* von eigenen intuitiven Wünschen und Bedürfnissen zu unterscheiden. Eine Entwicklung, für die sie sich bewusst entschieden haben. Das *Ting* soll in den Hintergrund rücken, seine Nutzung kaum mehr spürbar sein. Es soll sich nur noch über seine positiven Effekte bemerkbar machen.

Das Update ist größtenteils sein Verdienst und wird das »Navigationssystem« über Jahre zu einem einzigartigen Produkt machen. Doch er hatte sich im Vorhinein erhofft, das *Ting* damit in den Hintergrund zu rücken, den fehlgeleiteten Empfehlungen, die ihm seit Anfang des Beta-Tests das Leben zur Hölle machen, die Bühne zu nehmen. Jetzt ärgert er sich über seine Naivität. Er hätte es besser wissen müssen, denkt er. Denn das Gegenteil ist eingetreten. Seit dem neuen Update beherrschen die negativen Emotionen und Gedanken gegenüber Kira seinen Alltag. Und der Kampf, sich gegen die missgeleiteten Empfehlungen zu wehren.

Kira ist die Anstrengung anzusehen, ihr wohlwollendes Lächeln aufrechtzuerhalten. Nach einer weiteren endlosen Minute scheint sie die Stille nicht mehr zu ertragen.

»Habe ich dir eigentlich schon mal gesagt, wie stolz ich auf dich bin?«, fragt sie.

»Wieso das?«

»Schau dich mal um. All diese Leute hier arbeiten für dich. Du bist ihr Boss. Sie können sich ihre Miete, ihr Essen, ihre Kleidung nur leisten, weil du sie bezahlst.«

»Die Hälfte von denen arbeitet nicht im Start-up, sondern wurde mitgebracht, wie du. Die andern haben Qualifikationen, mit denen sie überall einen Job finden würden.«

Ihr Lächeln flackert, sie nimmt einen tiefen Atemzug. Die Brust unter ihrer türkisfarbenen, leicht durchsichtigen Bluse spannt sich. Es provoziert Linus, wie viel Kira aushält. Wie viel sie in ihre Beziehung investiert. Wie viele Chancen sie ihm gibt.

Mit einem Mal muss Linus an die Karte seiner Schwester denken, die gestern in seinem Briefkasten lag. Die Karte, auf der sie ihn zu ihrer Hochzeit einlädt. Es ärgert ihn, dass sie mit dem Heiraten nicht noch warten konnte. Zumindest so lange, bis Kira und er es hinter sich gebracht haben. Am meisten ärgert ihn aber, wie perfekt seine Schwester dem Idealbild ihrer Eltern entspricht. Zuletzt deutete sie im Familien-Chat sogar an, dass sie und ihr Verlobter ein Haus auf dem Land suchen. Wahrscheinlich wird sie sogar vor Linus Kinder in die Welt setzen, obwohl sie drei Jahre jünger ist als er.

»Ich möchte mich jedenfalls bei dir entschuldigen«, fährt Kira fort. »Dafür, dass ich an dir gezweifelt habe. Ich dachte, du triffst die falsche Entscheidung, als du die Promotion abgebrochen hast. Ich war sicher, dass es ein Fehler ist, mit Adam das Start-up zu gründen, anstatt einen festen Job anzunehmen. Da habe ich mich wohl getäuscht.«

Kiras Brust senkt sich wieder und sie sackt ein bisschen in sich zusammen, wie ein Roboter, dessen Akku zur Neige geht. Die Entschuldigung muss ihr schwergefallen sein. Noch vor einigen Tagen wäre Linus ihr dankbar dafür gewesen.

»Ich habe immer gespürt, wie wenig du von meinen Entscheidungen hältst. Das hat mir das Leben sehr schwer gemacht«, hört Linus sich sagen. Die Worte ploppen wie Luftblasen aus einer ungeahnten Tiefe an die Oberfläche. Linus weiß, dass sie etwas zerplatzen lassen. Aber es fühlt sich richtig an.

»Das war schon immer so«, sagt er, ohne Kira anzuschauen. »Du wusstest immer, wie du mich haben willst, lange bevor ich es wusste. So wie meine Eltern früher. Du hast mir nie die Chance gegeben, meine Bedürfnisse ernst zu nehmen, wenn sie dir nicht gefallen haben. Alles, wofür du dich gerade entschuldigt hast, das musste ich mir mit Händen und Füßen erkämpfen. Du warst meine Gegenspielerin.«

Kira rückt einen halben Meter von ihm ab und legt den Kopf schräg, als glaube sie ihm nicht, als würde sie die Wahrheit belustigen. Linus verbietet sich, weiterzusprechen und Schluss zu machen. Er weiß, dass die gerade ausgesprochenen Worte aus einer Empfehlung des *Ting* resultieren, gegen die er sich nicht zur Wehr gesetzt hat. Er muss Kira endlich einweihen, denkt er. Muss ihr erzählen, dass das *Ting* das Ende ihrer Beziehung anordnet. Und dass er keine Kraft mehr hat, dagegen anzukämpfen. Doch bevor er etwas sagen kann, steht Kira auf, Tränen in den Augen.

»Ich brauche eine Zigarette«, sagt sie und geht.

Linus beobachtet das Treiben im großen Saal, der fortwährend voller wird. Die Anzahl leerer Flakons auf Theke und Tafeln hat sich vervielfacht. Die Lautstärke der Unterhaltungen, das Gelächter, die Ausgelassenheit schwellen an. Und nach und nach flauen die vom *Ting* eingeflößten Gefühle, die alle positiven Regungen Kira gegenüber ausgelöscht haben, ab. Er kann sie wieder erahnen, die Zuneigung zu der Frau, mit der er seit über zehn Jahren zusammen ist. Erst jetzt kann er aufstehen, um nach ihr zu suchen.

In der Vorhalle des Herrenhauses sind kaum noch Menschen. Auch draußen findet er Kira nicht. Eine kleine Wendeltreppe neben dem Empfangstresen führt ins höher gelegene Stockwerk und mündet in einen langen Flur. Auf steinerne Wände, Decke und Boden werden Videoclips projiziert, von turnenden Akrobaten, fliegenden Trapezkünstlern und von Schlangenmenschen, die ihre Glieder in den unmöglichsten Winkeln verbiegen. Eine Weile läuft er einfach nur geradeaus, vorbei an geschlossenen Türen, gebannt von den präzisen Verrenkungen der übergroßen Körper. Als Linus allmählich übel wird von den Bewegungen, öffnet er die nächstbeste Tür.

Der große Raum ist erfüllt von einer tiefen Stille. Die Stille einer Kunstgalerie oder eines Museums. An den Wänden sind Bilder angebracht, die ihm vage bekannt vorkommen. Sie scheinen an bekannte Vorbilder angelehnt zu sein, aber in einigen Punkten entscheidend verändert. Modernisiert und verbessert, ohne Identität und Seele eingebüßt zu haben. *Das letzte Abendmahl,* mit leerem zentralem Platz. *Die drei Grazien,* Smartphones statt Äpfel in den Händen. In der Mitte des Raumes steht Adam und ist in die Betrachtung eines Gemäldes vertieft.

»Linus, schön, dich zu sehen!«, sagt Adam, als er ihn bemerkt. Sein Freund wirkt anders als der Mann, den Linus vor gut anderthalb Jahren in einem Büro von *Strindholm Consulting* wiedertraf. Seine Haut ist glatt, die Augenringe sind verschwunden, selbst sein Haaransatz scheint wieder zurückgewachsen zu sein.

»Du siehst gut aus«, sagt Linus. »Irgendwie verändert.«

»Das *Ting* hat uns alle verändert. Darum haben wir es entwickelt, darum geht es doch. Wo hast du Kira gelassen?«

»Sie – sie wollte ein wenig alleine sein.«

Adam nickt zögerlich, dann wendet er sich wieder dem Bild zu, das vor ihnen an der Wand hängt. Das Bild des kleinen Mädchens auf dem Fahrrad, das Linus zum ersten Mal in Adams Büro bei *Strindholm* gesehen hat.

»Was für eine Ankündigung willst du später machen? Warum weiß ich von nichts?«

»Mach dir keine Gedanken, es ist eine gute Nachricht. Du wirst es früh genug erfahren.«

Nicht nur Adams Aussehen hat sich verändert, auch seine Ausstrahlung ist intensiver geworden. Noch selbstsicherer, noch überlegener, noch gefährlicher. Vielleicht ist Adam selbst zu dem perfekten Menschen geworden, den er im Mission Statement des Start-ups als Ziel gesetzt hat.

»Ich möchte mit dir reden«, sagt dieser jetzt ernst. »Über deine Performance.«

Besorgnis liegt in Adams Blick. Ein Gefühl sagt Linus, dass an ihrer Echtheit zu zweifeln ist. Möglicherweise eine weitere Empfehlung des *Ting*, denkt er.

»Was du mit dem neuen Update geleistet hast, ist mehr, als ich je von dir erwartet hätte«, beginnt Adam. »Die Unaufdringlichkeit, mit der die Empfehlungen übermittelt werden, die neue Natürlichkeit der User Experience. Das war ein großer Wurf, dein Meisterwerk. So etwas wirst du nie wieder vollbringen.«

Linus weiß nicht, ob er sich geschmeichelt oder gekränkt fühlen soll. Adam wendet sich dem Bild vor ihnen zu, während er weiterspricht.

»Ich liebe deine Arbeit«, sagt er. »Aber ich muss dich trotzdem kritisieren. Ich habe von verschiedenen Seiten gehört, dass du deine Pflichten vernachlässigst. Du hast die letzten drei Gründer-Meetings versäumt. Niu hat seit Wochen keine Verbesserungsvorschläge für kommende Updates mehr von dir erhalten. Die Techniker beschweren sich darüber, dass du ihnen unsinnige Aufgaben erteilst, sie bei der Ausführung nicht unterstützt. Sie fühlen sich im Stich gelassen und suchen Hilfe bei Rasal. Die Praktikanten machen sich darüber lustig, dass du stundenlang geistesabwesend in der Küche rumstehst und mit der Kaffeemaschine zu reden scheinst.«

Er macht eine Pause, schaut sich im leeren Raum um. Als würde er befürchten, belauscht zu werden.

»Unsere Leute fragen sich bereits, was ein Tool zur Selbstoptimierung überhaupt taugt, wenn einer von vier Beta-Testern eine dermaßen suboptimale Performance abliefert. Verdammt noch mal, was ist los mit dir?«

Linus folgt seinem Blick zum Bild des Mädchens, das im Begriff ist, zu stürzen. Das Motiv rührt etwas in ihm. Das Bedürfnis, sich zu verteidigen.

»Das *Ting* ist schuld«, sagt Linus schließlich. »Das habe ich dir vor Monaten schon gesagt. Meine Gefühle, meine Gedanken, meine Intuition. Alles kreist nur noch um eine einzige Empfehlung. Egal wie sehr ich mich anstrenge, ich kann mich auf nichts anderes mehr konzentrieren.«

Bei diesen Worten reibt sich Adam einige Sekunden lang die Augen. Und versucht anschließend, das Bild vor sich zu fixieren, als hätte er Probleme, es klar zu sehen. Linus erinnert sich, dass Adam ihm vor einiger Zeit von seiner Sehschwäche berichtete.

»Das *Ting* lässt nicht locker«, fährt Linus fort. »Seit dem Anfang des Beta-Tests kämpfe ich dagegen an und es wird immer schlimmer. Ich ... ich möchte dir etwas anvertrauen, ich muss es endlich loswerden. Ich weiß, dass du mich verstehen wirst. Die Empfehlungen des *Ting* ... sie sind so destruktiv, dass ich den Zusatzvertrag brechen musste.«

Im Flur ertönen Schritte und das Gelächter mehrerer Menschen. Sie passieren die Tür zur Galerie und entfernen sich wieder.

»Woher willst du wissen, dass du es mit einer Empfehlung zu tun hast?«, fragt Adam gereizt. »Ich bin nicht mehr in der Lage, zwischen meinen eigenen Emotionen und den Empfehlungen zu unterscheiden. Du etwa?«

Adam schaut ihn stirnrunzelnd an und Linus schüttelt den Kopf.

»Es wird immer schwieriger.«

»Gut. Wenn wir den Unterschied nicht mehr feststellen können, dann gibt es ihn subjektiv gesehen auch nicht, oder? Du wehrst dich nicht gegen eine Empfehlung des *Ting*, sondern gegen deine eigenen Wünsche. Kein Wunder, dass du keine Ruhe findest. Wer könnte das, wenn er ununterbrochen gegen seine Bedürfnisse ankämpft.«

Ein Gefühl sagt Linus, dass Adam recht hat. Sagt ihm, dass er sich die Worte seines Freundes zu Herzen nehmen sollte. Er ist nicht sicher, ob ihm dieses Gefühl vom *Ting* eingeflößt wird oder ob es sich um sein eigenes Bauchgefühl handelt.

»Weil sich die Empfehlungen nicht mehr eindeutig bestimmen lassen, wollen wir ja auch den Zusatzvertrag auflösen«, sagt Adam.

»Was?«

»Der Vertrag«, sagt Adam. »Wir wollen ihn auflösen. Es fehlt noch deine Zustimmung, damit sie rechtsgültig ist. Wir haben das beim letzten Meeting besprochen. Hast du die Mail nicht gelesen, die ich dir geschickt habe?«

»Nein.«

Adam packt ihn an den Schultern.

»Ich werde dir aus all dem keinen Strick drehen. Für uns alle ist die Situation nicht einfach. Aber ich bestehe darauf, dass du etwas unternimmst. Rasal ist gerade mal ein paar Wochen dabei, kann schon das Labor leiten und hat den anderen Angestellten gegenüber mehr Autorität als du. Wir wollen dich nicht verlieren. Das Unternehmen braucht dich, das *Ting* braucht dich. Also reiß dich zusammen.«

Plötzlich machen ihn Adams wohlgemeinte Worte wütend.

»Hör auf, mich zu manipulieren. Ich lasse mich von dir nicht mehr wie ein Kind behandeln«, hört Linus sich mit kühler Stimme sagen.

Die Wut, die ihn von Adam weg und aus dem Raum trägt, ist stärker als das Verständnis für die Worte seines Freundes. Als er die Tür zur Galerie hinter sich ins Schloss fallen lässt, schießt ihm eine Frage durch den Kopf: Für welche der beiden Emotionen ist das *Ting* verantwortlich? Zorn oder Sympathie?

Die Projektionen von Zirkusakrobaten turnen noch immer über Wände, Boden und Decke des Flurs. Linus' Wahrnehmung trudelt, seine Übelkeit ist nach dem Gespräch stärker geworden. Er ist nun sicher, dass die Getränke mit leichten Drogen versetzt sind, und rettet sich in einen leeren und reizarmen Korridor.

Keine Nachricht von Kira. Mehrmals versucht er, sie anzurufen, doch im Gebäude scheint es weder Mobilfunkempfang noch WLAN zu geben. Der Einfluss des *Ting* ist abgeklungen, vorübergehend. Die Besorgnis, seine Beziehung beschädigt zu haben, trägt ihn durch die Korridore, als würde er den Weg zu Kira kennen. Rotes Licht flutet den nächsten Korridor, Lampen, die an Decke und Wänden angebracht sind, strahlen Wärme ab. Als er die obersten Knöpfe seines Hemdes öffnet, beginnt sein Kopf unangenehm zu pochen.

Gelächter aus einer offenen Tür. Vier kleine, runde Tische im Raum, um die lederne Sessel stehen. Tischlampen tauchen die Anwesenden in schummriges Licht, ein angenehmer Kontrast zum grellen Rot im Flur. Hinter einem Tresen steht ein Barmann im Smoking und schaut den Leuten beim Pokerspielen zu.

Rasal fokussiert ihre Karten, das linke Auge zugekniffen, zwischen die Zähne eine erloschene Zigarre geklemmt. Als Linus sich dem Tisch nähert, knallt seine Assistentin ihre Karten auf den Tisch und macht eine abwehrende Handbewegung.

»No, no, no, vergiss es, Linus! Dich lassen wir bestimmt nicht mitspielen«, ruft sie halb spielerisch, halb im Ernst.

Ihn beschleicht ein ungutes Gefühl, wie so oft in Rasals Gegenwart. Eine Warnung des *Ting,* nimmt er an. Als Adam und Niu die promovierte Bioinformatikerin aus dem Iran mit Genetik als Spezialgebiet einstellten und zu Linus' rechter Hand machten, sagten sie ihm, Rasal solle ihn beim nächsten Update unterstützen. Doch seine Assistentin versucht hartnäckig, sich seiner Kontrolle zu entziehen.

»Ich wollte eigentlich fragen, ob ihr Kira gesehen habt. Aber jetzt musst du mir bitte erklären, warum ich nicht mitspielen darf«, antwortet Linus.

Die anderen Spieler, allesamt Mitarbeiter aus seinem Labor,

versuchen, ihre Ungeduld zu verstecken. Rasal hat sich mit ihrer Kompetenz und ihrer offenen Art schnell bei den Laborangestellten beliebt gemacht.

»Im Poker geht es um Wahrscheinlichkeit, Spieltheorie und Manipulation. Wir würden nicht gegen dich spielen, sondern gegen das *Ting*. Ziemlich unfair, oder?«

Rasals Tonlage ist nicht feindselig, noch immer liegt etwas Spielerisches darin, vielleicht sogar der Einfluss der Flüssigkeiten. Trotzdem spürt Linus deutlich, dass er unerwünscht ist.

»Komm schon, das kann nicht dein Ernst sein. Das *Ting* beschäftigt sich nicht mit so einem Quatsch.«

Er scheint etwas Falsches gesagt zu haben, denn plötzlich wird Rasal ernst.

»Quatsch also«, entgegnet sie. »Weißt du eigentlich, wie schräg es für uns ist, dass ihr das *Ting* testet und wir nicht? Bei jedem Gespräch mit euch fühlt man sich ausgerechnet und manipuliert. Aber vor allem fühlt man sich abgehängt, wie ein Mensch zweiter Klasse.«

Gerne würde er seine Assistentin über die Kehrseite des *Ting* aufklären: der Kampf gegen falsche Empfehlungen; die Unkonzentriertheit; das Misstrauen den eigenen Fähigkeiten und Entscheidungen gegenüber. Aber es wäre falsch, Zweifel bei den Angestellten zu säen. Ein Gefühl sagt ihm, er sollte sich auf sicheres Terrain retten und seine Autorität ausspielen. Eine Empfehlung des *Ting*, vermutet Linus.

»Wie weit bist du eigentlich mit dem Update, für das wir dich eingestellt haben?«

Rasal nimmt den Stumpen aus dem Mund. Seine Frage wischt das Aufmüpfige aus ihrer Stimme.

»Weit ... Wir kommen gut voran. In wenigen Wochen wird das *Ting* das Genom der User sequenzieren und algorithmisch auswerten können.«

»Gut. Bei mir werden zurzeit einige Kapazitäten frei. Du kannst dich also darauf einstellen, dass ich dich von nun an stärker unterstützen werde.«

Linus nickt der Pokerrunde zu und wendet sich ab. Anstatt rauszugehen, setzt er sich mit dem Rücken zum Raum an die Bar. Einerseits will er Rasal nicht die Möglichkeit geben, umgehend über ihn zu lästern. Andererseits möchte er das Gefühl, sich wie Adam, wie ein Arschloch, aufzuführen, mit einem Getränk herunterspülen.

Er bestellt einen Flakon der durchsichtigen Flüssigkeit, obwohl er sich vorgenommen hat, nichts mehr von dem Zeug zu trinken. Während er an dem süßen Getränk nippt, nimmt die Pokerrunde das Spiel wieder auf.

Kira, er muss endlich Kira finden, denkt er. Gerade als er die Suche wieder aufnehmen möchte, betritt Niu den Raum. Kapuzenpullover und Jeans hat sie gegen ein geschlossenes schwarzes Kleid getauscht, das ihre Knie nicht bedeckt. Statt sich wie sonst kleiner zu machen, trägt sie Absatzschuhe und ist einen ganzen Kopf größer als er. Ihre Haare sind hochgesteckt und ihre Augen dezent mit Make-up betont. Als sie Linus entdeckt, zögert sie, setzt sich dann aber zu ihm.

»Alles in Ordnung?«, fragt sie. »Warum bist du allein?«

»Ich wollte einen Augenblick Ruhe. Amüsierst du dich gut?«

Er bietet ihr ein Glas der durchsichtigen Flüssigkeit an, das sie zu seiner Überraschung annimmt. Sie stoßen an und trinken schweigend.

»Mir ist etwas aufgefallen«, sagt Linus schließlich. »Du hast dich verändert in den letzten Wochen. Du bist seltener im Büro. Arbeitest weniger als früher. Du trinkst Alkohol, gehst offener mit den Leuten um. Ich scheine der Einzige zu sein, bei dem das *Ting* nicht guttut.«

Seine Kollegin betrachtet ihn lange, ohne auf das Gesagte einzugehen. Erst jetzt wird ihm bewusst, dass sie seit ihrem One-Night-Stand im Herbst nur das Nötigste miteinander gesprochen haben.

»Ich vertraue dir etwas an, aber du musst versprechen, es für dich zu behalten. Ich möchte nicht, dass es sich rumspricht«, sagt Niu.

Er nickt und nimmt noch einen Schluck aus seinem Glas.

»Es liegt nicht am *Ting*«, sagt sie. »Es ist eigentlich ganz banal. Ich hab mir eine Therapeutin gesucht. ... Guck nicht so, Linus. Auch wenn es mich viel Überwindung und Kraft kostet, ich will – nein – ich muss etwas ändern. Sonst werde ich verschwinden, mich einfach auflösen. Zum Glück bin ich jetzt an einem Punkt, wo ich mein Schicksal nicht nur sehe, sondern auch die innere Kraft habe, es zu ändern. Das *Ting* kann oder will mir dabei nicht helfen. Aber ich frage mich langsam, ob ich ohne es jemals an diesen Punkt gekommen wäre.«

Ihre Erklärung scheint nicht kompatibel mit der Situation, scheint nicht kompatibel mit seiner Welt zu sein. Ihm fällt nichts Besseres ein, als zu lächeln und zu nicken. Niu atmet tief durch.

»Wo das schon mal raus ist«, fährt sie fort. »Ich möchte mich bei dir entschuldigen. Für die Nacht nach der Konferenz. Dafür, dass ich dich verführt habe. Das hätte ich nicht tun sollen.«

»Das brauchst du nicht«, sagt Linus. »Du hast mich nicht verführt. Ich habe nur mit dir geschlafen, weil das *Ting* es empfohlen hat.«

Eine weitere Pause entsteht. Dann schüttelt Niu den Kopf und steht auf.

»Ich hab deine Verlobte gerade getroffen«, sagt sie abschließend. »Kira ist draußen im Korridor und wirkt sehr traurig.«

Damit dreht sie sich weg und geht zum Tisch, wo Rasal und die anderen Niu mit einer Umarmung begrüßen.

Kira steht mitten im Korridor, die Augen geschlossen, die Arme leicht ausgebreitet. Die glühenden Wärmeleuchten tauchen sie in rötliches Licht. Als Linus auf sie zugeht, öffnet sie die Augen. Ihr Blick ist leicht glasig.

»Was ist das für ein Geräusch?«, fragt er.

Kälte dringt hinein, als Kira das Fenster öffnet. Auf dem großen Hof vor dem Herrenhaus sind ein Dutzend Männer aufgereiht. Sie tragen Schottenröcke und spielen Dudelsack. *Stille Nacht.*

Zögernd umfasst Linus Kiras Gesicht mit seinen Händen. Ihre Augen sind Pupillen mit grüner Korona in lagunenblauer Iris. Nichts ist ihm so vertraut wie dieser Blick. Sie schließt die Augen, als seine Lippen die ihren berühren.

»Lass es uns versuchen«, sagt Linus und weiß nicht, was er meint. Als die Dudelsäcke verstummen, nickt Kira und tritt an ihn heran, küsst ihn. Erst zögerlich, dann routiniert. Sie scheint Spaß an der Sache zu bekommen. Ihre Hand fährt unter sein Hemd, streicht über seine Brust, seinen schweißfeuchten Bauch. Er bekommt eine Gänsehaut.

»Zwei Korridore weiter ist unser Zimmer«, sagt sie.

Sie zieht ihn durch das Rotlicht, wirft ihm Blicke zu, die verführerisch sein möchten. Doch Linus wird bewusst, dass er einen Fehler begangen hat. Dass er nicht einlösen können wird, was er seiner Freundin soeben versprochen hat.

Kira öffnet ihre Zimmertür, lehnt sich gegen den Rahmen, zieht Linus zu sich heran. Er presst seinen Mund gegen Hals, Ausschnitt, Gesicht. Sie zerrt sich die Bluse über den Kopf, sodass die dunklen Haare in alle Richtungen abstehen. Dann zwängt sie sich aus dem schwarzen, ledernen Rock, reißt BH und Spitzenunterwäsche schnell und wild vom Körper. Nackt, schön und schlank steht sie vor ihm. Sie ist attraktiver als damals, als sie das erste Mal miteinander schliefen, denkt Linus. Attraktiver, als sie je war.

Kira setzt sich auf die Kante des massiven Himmelbetts, öffnet seine Gürtelschnalle, dann die Hose. Linus fasst mit der linken Hand nach ihren Brüsten. Aber es ist nicht seine Hand, die Kiras Nippel streichelt und drückt. Es ist die Hand, von der er sicher ist, dass sie nicht zu seinem Körper gehört. Die tote Hand eines Fremden. Das ist alles, woran er jetzt denken kann.

Sie betrachtet seinen schlaffen Penis, fängt an, seine Vorhaut vor- und zurückzuschieben, mit der Zunge an seiner Eichel herumzulecken. Er spürt nichts. Er ist völlig leer. Dann nimmt sie seinen Penis fast ganz in den Mund, ihr Kopf bewegt sich vor und zurück. Panik steigt in ihm auf. Sein Schwanz wird halb steif. Nicht steif genug, um miteinander schlafen zu können. Ihr Griff wird immer fester, ihre Bewegungen immer schneller, immer verzweifelter. Dann erschlafft er wieder vollständig.

Tränen rinnen an Kiras Wangen herab, während sie noch immer seinen weichen Schwanz im Mund hat, die letzten Male daran herumlutscht. Dann gibt sie endlich auf.

Kira schluchzt mehrere Male hintereinander auf. Nachdem er Unterhose und Hose hochgezogen und seinen Gürtel verschlossen hat, setzt er sich neben seine nackte, weinende Freundin. Richtig wäre, sie in den Arm zu nehmen und zu trösten. Aber er bringt es nicht fertig, ihren Körper zu berühren. Es braucht Minuten, bis Kira das Schluchzen und Weinen unter Kontrolle hat. Weitere Momente vergehen, bis sie es schafft, Linus in die Augen zu schauen.

»Möchtest du überhaupt noch mit mir zusammen sein?«

Linus reagiert instinktiv. »Nein. Ich meine – ich weiß es nicht.«

Ihr verzweifelter Gesichtsausdruck wandelt sich zu einem wütenden.

»Was denn jetzt? Was soll das heißen: Du weißt es nicht?«

Linus schließt die Augen, versucht, ein klares Bild von seinen Gefühlen zu bekommen. Ein leiser Teil in ihm möchte die Tür abschließen, Kira in den Arm nehmen, ihr alles erklären, sich mit ihr versöhnen. Ein lauterer Teil, wahrscheinlich das *Ting,* möchte sich abwenden und seine Freundin nie wiedersehen.

»Ich weiß nicht mehr, was meine Gefühle sind«, presst er heraus.

Kira steht vom Bett auf, geht einige Schritte durch den Raum. Mit zitternden Händen hebt sie ihre Unterwäsche vom Boden.

»Und warum? Was hat sich verändert?«

Der Zeitpunkt scheint gekommen, die ganze Geschichte zu erzählen, denkt Linus. Die monatelangen Empfehlungen des *Ting,* ihre Beziehung zu beenden. Die Auswirkungen des letzten Updates.

»Ich …«

Er formt den ersten Satz in Gedanken vor. Er fühlt sich an wie ein Verrat. Eine Ausrede. Dem *Ting* die Verantwortung zu geben.

»Ich habe mit Niu geschlafen.«

Tränen rinnen wieder Kiras Gesicht hinunter, während sie sich ihren Rock hochzieht, ihre Bluse zuknöpft. Aber sie schluchzt nicht. Leises, kontrolliertes Weinen. Jetzt gibt es kein Zurück mehr.

»So einfach ist das also? Nach zehn Jahren Beziehung und einer Verlobung? ›Ich weiß nicht, was ich fühle. Ich habe dich betrogen.‹ Das war's?«

Angezogen steht sie vor ihm, betrachtet seine zusammengesunkene Gestalt. Für einen kurzen Augenblick befürchtet er, Kira könne ihn schlagen.

»Weißt du, ich glaube dir nicht«, fährt sie fort. »Aber das ist jetzt auch egal. Ich habe dir etliche Chancen gegeben in den letzten Monaten, aber du hast mich immer nur enttäuscht. Damit ist jetzt Schluss.«

Es klopft an der Tür. Dreimal, laut hintereinander.

»Nein!«

Obwohl Kiras Ton bestimmt ist, wird die Tür aufgestoßen. Ein weißer Zylinder kommt zum Vorschein, dann Kaspers Gesicht.

»Tut mir wirklich leid, euch stören zu müssen. Aber es ist fünf nach zwölf. Wir warten auf euch im großen Saal.«

»Nicht jetzt!«

Kiras Blick fixiert Linus, sie deutet ein Kopfschütteln an.

»Wir können unmöglich ohne dich beginnen«, sagt Kasper. »Jetzt komm schon, Linus. Alle warten auf dich.«

Ein leichter Schweißfilm liegt auf Kaspers Gesicht, seine Augen sind umschattet. Er muss mit jedem Angestellten mehrere Shots getrunken haben.

»Wir kommen sofort«, hört Linus sich sagen.

Kira dreht sich weg und sucht ihre Schuhe. Kasper, der an der Tür wartet, auf seine Armbanduhr schaut, scheint ihr verweintes Gesicht nicht zu bemerken. Sie wehrt sich kaum, als Linus sie in den Arm nimmt.

»Tut mir leid, das scheint wichtig zu sein. Wir reden später weiter. Wir haben die ganze Nacht Zeit, um das zu klären. Wir kriegen das wieder hin. Aber lass uns erst hören, was Adam zu verkünden hat, okay?«

Etwas in Kiras Blick hat sich verändert. Sie zuckt mit den Schultern. Nachdem sie ihre Schuhe angezogen haben, folgen sie Kasper zu einer schmalen Wendeltreppe, die ins Erdgeschoss führt. Kaum haben sie die Lobby erreicht, hören sie die Stimmen vieler aufgeregter Menschen aus dem großen Saal zu ihnen dringen.

»Komm, sie warten auf uns«, sagt Kasper und legt einen Arm um Linus' Schulter.

Kasper nickt zwei hochgewachsenen Angestellten des Hotels zu, die die Flügeltür zum großen Saal hinter ihnen geräuschvoll ins Schloss fallen lassen und sich davor aufbauen. Das aufgeregte Flüstern kippt in raumfüllendes Schweigen. Die Mitarbeiter und ihre Begleiter haben alle Sitzplätze an den drei langen Tischen belegt, viele müssen in Grüppchen oder alleine ringsherum stehen. Alle Blicke sind auf Adam gerichtet, der am Kopf der mittleren Tafel sitzt, die Augen geschlossen.

Linus möchte Kira auf Adams dramatische Pose aufmerksam machen, doch er findet seine Freundin nicht. Sie ist ihm und Kasper die ganze Zeit über gefolgt, doch jetzt ist sie nirgendwo zu sehen. Während Adam die Augen öffnet und sich von seinem Stuhl erhebt, sucht Linus Gesicht um Gesicht in der Halle ab. Es sind weit über hundert. Kiras entdeckt er nicht.

Adam erklimmt die Tischplatte, macht vorsichtige Schritte hin zur Mitte, tastet sich für jeden Schritt mit dem Fuß vor. Wie ein Blinder ohne Stock, der weiß, dass irgendwo vor ihm der Abgrund wartet. Flakons und Gläser werden beiseitegeschoben. Linus fragt sich, ob Kira draußen geblieben ist, also nie den Saal betreten hat. Die beiden Hotelangestellten versperren den Weg, als Linus hinausmöchte. Ein Türsteher schüttelt den Kopf, zeigt zu Adam.

Dieser breitet die Arme aus und dreht sich im Kreis, als wolle er alle Anwesenden darin umfangen.

»Ich freue mich sehr, dass ihr alle gekommen seid. Wie ich sehe, sind wir komplett.«

Vielleicht hat Kasper Kira hereinkommen sehen, denkt er. Aber Kasper hat sich mittlerweile beim Buffet auf der anderen Seite des Raumes eingefunden.

»Es gibt großartige Neuigkeiten«, sagt Adam. »Neuigkeiten, die unser aller Leben ver...«

Das Licht der elektrischen Kronleuchter beginnt zu flackern und erlischt vollständig. Aufgeregtes Flüstern erhebt sich in der Dunkelheit, vereinzelt unterdrücktes Gelächter. Zwei helle Blitze kurz hintereinander, ein Knall, dann noch einer. Das Klirren von Glas. Lautes Rufen jetzt, Schreie. Bewegungen um Linus herum. Etwas trifft ihn hart im Rücken, er landet auf dem Steinboden in etwas Nassem. Das Licht geht wieder an. Er rappelt sich auf. Einige Leute sind zur Flügeltür gerannt, versuchen an den Türstehern vorbeizukommen, werden aufgehalten. Weitere Schreie in der Halle.

Linus sucht Orientierung, stolpert in den Raum hinein. Versucht zu verstehen, was er sieht. Auf der mittleren Tafel liegt Adam, das weiße Hemd blutgetränkt. Bewegungslos, die Augen der Decke und dem Sternenhimmel dahinter zugewandt. Mitarbeiter versammeln sich um den leblosen Körper. Keiner wagt es, ihn zu berühren, als sei die Todesursache ansteckend. Schluchzen, Schreie, lautes Rufen überall.

»Ruhe! – Ruhe habe ich gesagt!«

Eine Gestalt steht auf einem Stuhl und schreit lauter als alle anderen. Der Mann trägt einen alten, karierten Mantel und eine passende Schirmmütze. Aus einer großen geschwungenen Pfeife steigt Rauch.

»Mein Name ist Kommissar Arman. Bitte verhalten Sie sich ruhig. Keiner verlässt den Raum, bis diese schändliche Tat aufgeklärt und der Mörder gefasst ist.«

Kaspers Freund steigt vom Stuhl und läuft auf die Leiche zu, dabei blickt er sich prüfend im Raum um. Immer wenn er an seiner Pfeife zieht, steigt ein Rauchwölkchen zur Decke empor. Die Ersten beginnen zu kichern und erleichtert zu tuscheln. Die Panik, die den Raum in den letzten Sekunden im Griff hatte, löst sich nach und nach. Die Angestellten begeben sich wieder an ihre Plätze. Einige deuten auf den leblosen Körper Adams, als sei er eine Attraktion.

»Was für ein Glück, dass ich zufällig zugegen war«, sagt Arman und kratzt sich die Stirn. »Niemand konnte seit der Tat rein oder raus. Das bedeutet, der Mörder befindet sich noch unter uns.«

Während Arman die vermeintliche Leiche inspiziert, scannt Linus noch einmal alle Gesichter. Wieder wird er enttäuscht. Kira muss draußen geblieben sein und ihm ist es nicht aufgefallen, denkt er.

»Zwei glatte Durchschüsse«, stellt Arman fest. »Da das Opfer nach hinten gefallen ist, sind die beiden Schüsse von vorne gekommen. Also aus dieser Richtung.«

Arman deutet zur Flügeltür. Langsam geht er ihr entgegen, lässt verstreute Rauchwölkchen zurück. Skeptisch mustert er eine Gruppe Praktikanten, konfrontiert sie mit möglichen Motiven. Aber die Worte hört Linus nicht. Er denkt nur an Kira. Fragt sich, ob sie wirklich gerade ihre Beziehung beendet haben. Der Einfluss des *Ting* scheint nun völlig verebbt zu sein. Abneigung und Ärger gegenüber Kira sind verschwunden, als seien sie nie da gewesen. Das Einzige, was er empfindet, ist Reue. Und Panik, seine Freundin für immer verloren zu haben. Vielleicht ist es noch nicht zu spät, denkt er. Er muss mit Kira reden. Ihr endlich alles erklären. Linus dreht sich zur Tür. Vielleicht kann er die Hotelangestellten überzeugen, ihn unauffällig rauszulassen.

»Halt, hiergeblieben!«, ruft Arman. »Niemand verlässt den Raum, hab ich gesagt.«

Der falsche Kommissar stellt sich Linus in den Weg. Alle Anwesenden schauen ihn an.

»Entschuldige, Arman, ich hab was Dringendes zu erledigen.«

»Flüchten, meinst du wohl. Dein Motiv, Adam Strzela zu ermorden, liegt auf der Hand.«

»Was?«, fragt Linus irritiert.

»Seine Anteile«, sagt Arman nachdenklich. »Bei seinem Ableben werden sie auf die anderen Gründer aufgeteilt, nicht wahr? – Was ist das da an deinen Händen?«

Linus entfährt ein kleiner Schrei, als er seine Hände betrachtet. Sie sind voller Blut.

»Da haben wir unseren Mörder!«

»Ich ... ich war das nicht. Glaube ich.«

Gespieltes Entsetzen brandet in der Halle auf. Die Mitarbeiter scheinen Gefallen an der Vorstellung zu finden, Linus könnte seinen besten Freund und Partner ermordet haben.

Arman zaubert eine viel zu große Lupe aus seinem Mantel hervor und inspiziert Linus' Handflächen.

»Das ist kein echtes Blut. Es ist Kunstblut!«, ruft er.

Erneutes Gelächter.

»Adam Strzela wurde erschossen«, fährt er fort. »Wieso sollte der Schütze Blut an seinen Händen haben? – Außerdem wissen alle im Raum, dass du, Linus Landmann, nicht den Mumm besitzt für solch ein Verbrechen.«

Wieder lachen viele Mitarbeiter. Arman wendet sich nun Kasper zu.

»Aber es gibt andere, die von Adam Strzelas Ableben profitieren und denen man diese Schandtat durchaus zutrauen kann.«

Echauffiertes Gemurmel aus allen Ecken. Linus steht nicht

mehr im Zentrum der Aufmerksamkeit, er ist wieder einer unter vielen. Seine Hände sind feucht und klebrig vom Kunstblut. Es zieht dunkelrote Schlieren auf seiner schwarzen Hose, als er es abwischt. Kann er seine Beziehung überhaupt noch retten, fragt er sich. Selbst wenn er Kira überzeugen kann, dass seine Distanziertheit, seine Gereiztheit, seine Worte Produkte des *Ting* sind. Dass er mit Niu geschlafen hat, wird Kira ihm nicht verzeihen.

Der große Saal wird von Rufen, Gelächter und Jubel erfüllt. Arman hält einen Revolver an zwei Fingern in die Höhe. Neben ihm Niu, die eine fiese Grimasse zieht. Arman packt Niu am Arm und das Rufen der Menge wandelt sich zu einem Sprechchor.

»Lyn-chen! Lyn-chen! Lyn-chen!«

Der Kommissar bläst eine Rauchwolke gen Decke, zieht seine Schirmmütze vom Kopf und verbeugt sich tief, zusammen mit Niu. Anschließend deutet er zur mittleren Tafel, wo Adam von den Toten aufersteht. Die Menge klatscht und johlt, Adam verbeugt sich. Hände klopfen Linus auf den Rücken und zollen ihm Respekt, als hätte er eine Hauptrolle in dem makabren Schauspiel innegehabt.

Gerade als er sich abwenden will, um sich an den Türstehern vorbeizudrängen, hebt Adam eine Hand. Innerhalb weniger Augenblicke herrscht Stille. Das dunkelrote Kunstblut hat das Weiß seines Hemdes fast vollständig verzehrt, auch in Gesicht und Haar ist es verteilt. Der einzige Überlebende einer grausamen Schlacht.

»Ich hoffe, ihr hattet Spaß und werdet unsere kleine Performance so schnell nicht vergessen«, sagt Adam mit heiserer Stimme. »Das war aber noch nicht alles. Kasper und ich haben tatsächlich etwas zu verkünden.«

Er macht eine kleine Pause, dreht sich einmal um die eigene

Achse und fängt den Blick von so vielen Mitarbeitern wie möglich ein.

»Ihr kennt doch alle dieses eine Unternehmen, das für seine einzigartige Suchmaschine bekannt geworden ist. – Anfang der Woche hat uns *Google* ein Übernahmeangebot gemacht. Sie möchten uns für 300 Millionen Euro kaufen.«

Diesmal jubelt niemand. Stattdessen irritierte Blicke, dann Getuschel. Auch Linus fragt sich, was diese Nachricht bedeutet.

»Zuallererst ist es eine verdammt große Ehre«, antwortet Adam dem fragenden Schweigen. »Das *Ting* und unsere Arbeit sind also 300 Mille wert. Nicht übel. Falls wir verkaufen, sind Niu, Linus, Kasper und ich Multimillionäre. Und ihr seid Mitarbeiter des größten Tech-Giganten dieses Planeten.«

Diese Vorstellung scheint niemanden zu beruhigen. Adam geht nun langsam auf der Tafel auf und ab, achtet mit halb zugekniffenen Augen darauf, keine Gläser oder Flakons umzutreten.

»Die Entscheidung, ob wir verkaufen oder nicht verkaufen, muss einstimmig von den Gründern getroffen werden. Ihr alle sollt heute Zeuge dieser Abstimmung werden.«

Adam bleibt am Kopf der Tafel stehen, wo Kasper seinen weißen Zylinder lüftet, sich mit der Hand durch die verschwitzten Locken fährt.

»300 Millionen ist doch ein wenig bescheiden«, sagt Kasper mit einem Lächeln. »Ich gebe uns fünf Jahre. Dann werden wir *Google* kaufen und nicht umgekehrt.«

Vereinzeltes Klatschen, vereinzelte zustimmende Rufe, aber darüber hinaus Schweigen und Anspannung. Adam lässt sich Zeit damit, über die gesamte Länge der Tafel zu stolzieren. Seine Schritte auf dem Holz wie der geballte Herzschlag von 100 Leuten. Doch plötzlich setzt er einen Schritt neben die Tischoberfläche und kippt vornüber. Kein Glas zerbricht, niemand ruft etwas. Reflexartig springen zwei Sitzende auf und fangen Adams Sturz im Flug ab, helfen ihm auf die Beine. Adam bedankt sich. In seinem Gesicht kann Linus lesen, dass dies keine weitere Showeinlage war.

»Tut mir leid«, sagt Adam, während er wieder auf den Tisch steigt. »Ich sehe nachts nicht mehr so gut.«

Adam hat Linus berichtet, dass er immer schlechter sieht, vor allem im Dunkeln oft nur noch Schemen erkennt. Linus versteht nicht, wieso sein Freund die Sehschwäche noch immer nicht hat untersuchen lassen. Adam setzt seinen Weg fort, vorsichtiger dieses Mal. Vor Niu hält er inne, die ohne Rührung zu ihm hochschaut. Er braucht die Frage nicht auszusprechen.

»Niemals«, sagt Niu.

Die Menge stößt erleichterte Rufe aus, verstummt aber schnell wieder. Adam blickt zu Linus und alle anderen im Raum folgen seinem Blick.

Linus weiß nicht, was er sagen soll. Finanziell ausgesorgt zu haben, das ist immer sein Traum gewesen. Sich nie wieder Gedanken um Geld machen zu müssen. Sich mit Kira ein Haus kaufen zu können. Das Geld wäre ein eindeutiger Beweis, dass er alles richtig gemacht hat. Weder Kira noch seine Eltern, noch irgendjemand würden das bestreiten können.

Auf der anderen Seite ist sein Bauchgefühl klar: Ablehnen. Weiter das große Ziel verfolgen. Was auch immer das ist. Linus weiß nicht, ob dieses Bauchgefühl sein eigenes ist oder eine Empfehlung des *Ting*. Deshalb zögert er. Er erinnert sich, was Adam vor ein paar Stunden in der Galerie gesagt hat: Wenn wir den Unterschied nicht mehr feststellen können, dann gibt es ihn subjektiv gesehen auch nicht. Was hat er denn noch, außer seiner Arbeit, außer dem *Ting,* fragt er sich.

Die Blicke werden ungeduldig. Einige Mitarbeiter beginnen miteinander zu flüstern. Er hat zu lange gebraucht.

»Ich glaube, ich will nicht verkaufen«, sagt Linus. »Ich meine, ich bin mir sicher.«

Adam klatscht in die Hände.

»Dann sind wir uns ja alle einig! Hiermit erkläre ich das Buffet für eröffnet.«

Der Jubel kippt schnell in diffuses Stimmengewirr. Jemand drückt Linus ein schwarzes Getränk in die noch immer blutige Hand, stößt mit ihm an. Eine andere Person umarmt ihn sogar. Vor dem Buffet bildet sich eine Schlange. Die Ersten beginnen zu essen. Das Lachen, die lauten Worte brechen nicht ab. Erst als niemand mehr auf Linus einredet, bemerkt er, dass die Flügeltür zur Lobby offen steht.

Er hastet durch das Hotel. Prallt mit einem Hotelangestellten zusammen, entschuldigt sich, läuft weiter. Die steile Wendeltreppe hinauf. Die Tür zu ihrem Zimmer ist nicht abgeschlossen, er klopft und tritt ein. Kira ist nicht da. Er atmet tief durch, dann ruft er ihren Namen. Keine Antwort. In der Bettdecke sind zwei leere Kuhlen, eine Erinnerung an ihr Gespräch, an ihre Trennung. Vor dem Kleiderschrank steht sein Koffer. Kiras Koffer fehlt. Keine Nachricht auf seinem Handy, noch immer kein Empfang. In diesem Augenblick setzt das Vermissen ein, und die Reue über sein Verhalten in den letzten Tagen und Wochen verdrängt jeden anderen Gedanken.

Als Linus durch die Korridore eilt, muss er dem Drang widerstehen, jede Tür zu öffnen und Kiras Namen zu rufen. Am Empfang in der Lobby lächelt ihm eine Hotelangestellte routiniert zu.

»Stimmt etwas mit Ihrem Zimmer nicht?«

»Ich suche meine Freundin«, sagt Linus außer Atem. »Ihr Koffer ist verschwunden.«

»Sind Sie Linus Landmann?«

»Genau.«

»Es ist so: Die Limousinen sind mittlerweile zurück nach Berlin gefahren. Und Ihre ... Exfreundin saß in einer von ihnen. Sie hat mich gebeten, Ihnen folgende Nachricht zu übergeben.«

Die Frau holt einen Zettel unter dem Tresen hervor.

Bitte folge mir nicht. Ich möchte dich nicht sehen. Wenn du morgen Abend zurückkommst, werden meine Sachen nicht mehr in der Wohnung sein. Kira

Mehr nicht.

»Hat sie sonst noch etwas gesagt?«

Die Hotelangestellte schüttelt den Kopf.

»Ich muss sofort zurück nach Berlin«, sagt Linus. »Rufen Sie mir bitte ein Taxi.«

»In diesem Teil Brandenburgs gibt es leider kein Taxiunternehmen, das um diese Zeit noch fährt. Die Limousinen werden morgen Nachmittag wieder zurück sein. Ich schlage vor, dass Sie bis dahin Ihren Aufenthalt genießen.«

Zurück im großen Saal, lädt sich Linus Essen auf einen Teller, doch er rührt es nicht an. Wenn jemand ihn anspricht, nimmt er am Gespräch teil. Lacht an den Stellen, wo gelacht werden muss, fragt nach, wenn er nachfragen muss. Doch die ganze Zeit über denkt er an Kira. Aufgrund der Trennung hält das *Ting* seine Empfehlung nicht länger aufrecht. Endlich hat Linus wieder ungetrübten Zugang zu seinen Gefühlen. Und diese sind eindeutig: Er liebt Kira.

Er überlegt sich Möglichkeiten, die Trennung rückgängig zu machen. Muss Tränen unterdrücken, als ihm die Pläne für ihre Heirat im kommenden Jahr einfallen. Denkt an die Art, wie Kira ihm die Angst nahm, ihn durch schwierige Situationen begleitete und führte. Er vermisst ihre Augen, in die er vor einigen Stunden noch geblickt hat. Ihre zynischen Kommentare. Die Nähe ihrer selbstsicheren Aura.

Jemand nimmt Linus an die Hand und schleppt ihn durch die Nacht. In einen Raum, wo er Kaspers Kollegen, die für juristische und ethische Belange eingestellt wurden, beim Karaoke-Singen von 90er-Jahre-Hits zusieht und jeder Song ihn an Kira erinnert. In einen kleinen Kinosaal, wo ein neuer Horrorfilm gezeigt wird und Linus mit geschlossenen Augen seinen Gedanken nachgehen kann. Er hält es nicht aus und irrt alleine weiter. Der nächste Raum besteht fast vollständig aus einem Pool, in dem mehrere Mitarbeiter Wasserball spielen und das schwarze Getränk aus den Flakons ins Poolwasser schütten. Hinter einer anderen Tür findet er sieben nackte Leiber, die sich auf einer Landschaft aus Kissen wälzen, stöhnen, schreien. Im Keller, wo die Bässe einer Elektroparty das Denken verwirbeln, wo Adam seine Assistentin Sonja küsst, wo Niu und Rasal gemeinsam tanzen und lachen, setzt sich Linus an die Bar und bestellt einen Flakon nach dem anderen.

Nach Stunden erst flüchtet er sich in die Abgeschiedenheit der verlassenen Korridore. Seine Wanderung endet an einer Holztür mit verspielten Gravuren. Dahinter ein Raum, dessen Wände Bücherregale sind, mehrere Stockwerke hoch. Die Decke eine gläserne Kuppel, mit Blick auf das Schwarz des Nachthimmels. Er ist allein, der letzte lebende Mensch dieser Welt.

Die Titel der Bücher, die er aus den Regalen zieht, interessieren ihn nicht. Er liest, ohne zu erfassen, und hört erst auf, als sich dämmriges Licht über die Seiten legt. Der stahlgraue Morgen hängt über der Glaskuppel. Linus nimmt die Treppen über die Zwischenstockwerke, an Regalreihen vorbei, bis er oben angekommen ist. Eine Tür führt auf das Dach des Herrenhauses.

Schnee verhüllt die Landschaft. Weiße Bäume, weiße Wege. Schnee hat sich auf das Dach und die Zinnen gelegt. Linus ist nicht allein. Kasper und Arman stehen am Rand des Dachs, sind in dicke Mäntel gehüllt, betrachten die weiße Monotonie. Sie nicken ihm zu, als er sich zu ihnen gesellt. Nach kurzer Zeit beginnt er zu zittern und Arman bietet ihm seinen Mantel an.

»Danke, ich geh gleich wieder rein«, sagt Linus. »Ich hab so viel von dem schwarzen und klaren Zeug durcheinandergetrunken, ich sollte mich lieber schlafen legen. Sonst kippe ich über die Zinnen.«

Die beiden schauen sich an, lachen.

»Verdünnter Litschisaft und flüssiges Lakritz-Konzentrat«, sagt Kasper. »Das ist das Einzige, was du heute Nacht getrunken hast.«

»Da ist kein Alkohol drin? Keine Drogen?«

Kasper zeigt ein Grinsen, als würde er gerade einen Zaubertrick enthüllen.

»Völlig jungfräulich, was in den Flakons ausgeschenkt wurde.«

Ihr Lachen schwappt als dumpfes Echo in die Landschaft, wo der Schnee alle Dinge gleichgemacht hat.

»So fühlt sich das also an. Erwachsen und fertig zu sein.«

Und während Linus dies sagt, sind seine Gedanken nicht bei den schneebedeckten Wäldern Brandenburgs. Nicht in seiner Wohnung, wo Kira weinend in ihrem gemeinsamen Bett liegt. Nicht in der Kirche, wo in einem Kellerraum 1000 neue Exemplare des *Ting* darauf warten, dass der nächste Beta-Test beginnt. Sondern einfach bei seiner linken Hand, die auf dem kalten Mauersims liegt. Und sich zum ersten Mal seit anderthalb Jahren nicht mehr fremd anfühlt, wie die Hand eines anderen. Sondern lebendig und richtig, wie ein Teil seines eigenen Körpers.

KASPER

Kasper ist ein Verfechter von Traditionen und Ritualen. Man muss sie pflegen, muss sie durchsetzen, gegen alle Widerstände. Auch wenn Situation, Vernunft und Bauchgefühl dagegensprechen.

Die Situation. Ein auf und ab und hin und her schwankendes Flugzeug während eines Schneesturms. Nervöse Reisende in der Kabine, manche in stumme Gebete vertieft. Aber das Flugzeug – um genau zu sein: dessen Toilette – ist nun mal fester Bestandteil dieser Tradition.

Dann die Vernunft. Die das Abschnallen während starker Turbulenzen als lebensmüde und die Chance, von den Stewardessen ungesehen mit Arman zusammen in der Toilette zu verschwinden, gegen null einstuft. Aber manchmal hat man eben Glück.

Zuletzt das Bauchgefühl. Das zwischen Lust und Angst hin und her peitscht, wie eine vergessene Fahne bei Windstärke 10. Selbst wenn die Angst überwiegt und die Intuition sagt: Bleib sitzen, lass es sein! – Der Stellenwert seines Bauchgefühls hat sich seit dem letzten Update des *Ting* erheblich verändert. Das »Navigationssystem fürs Leben« zu ignorieren, sich bewusst zu widersetzen, ist reizvoll. Besonders seit Adams Zusatzvertrag keine Gültigkeit mehr hat.

Handlungsanweisungen, die sich wie eigene Wünsche geben. Empfehlungen, die kaum mehr zu unterscheiden sind von den eigenen Emotionen. Wenn Kasper einen Moment Ruhe hat, um über ihr Produkt nachzudenken, packen ihn noch immer Zweifel und die Angst, ein gefährliches, manipulierbares Instrument auf die Menschheit loszulassen. Schnell sagt er sich dann, dass alles gut wird und er das Richtige tut. Und ist im Anschluss nicht sicher, ob dieses Gefühl der Beruhigung und Erleichterung sein eigenes ist oder eine Streicheleinheit des *Ting*.

Die Erinnerung an die Situation in der Flugzeugtoilette lässt ihn wieder grinsen: Das Gesicht der Stewardess, die an die Toilettentür gepocht, dann geschlagen hatte, veränderte seinen Ausdruck von Ärger zu Unglaube zu Belustigung, während Kasper und Arman ihre Hosen hochzogen, die Frisuren richteten und sich die Hände wuschen. Traditionen muss man pflegen, war Kaspers kurze Erklärung an die Flugbegleiterin gewesen. Ohne weitere Worte durften sie sich setzen, denn der Sturm hatte sich gelegt. Der Landeanflug war bereits in vollem Gange.

Ein äußerst befriedigender Abschluss ihres Kurzurlaubs in London, denkt Kasper jetzt zwei Stunden nach der Landung und erkennt am schiefen Lächeln Armans, dass dieser in der gleichen Erinnerung schwelgt. Arman steuert sein Auto langsam über die verschneiten Straßen Berlins, vom Flughafen direkt zur Kirche.

Etwas Ablenkung und Erholung hat Kasper sich erhofft, als sie drei Tage vor Neujahr nach London flogen. Sie feierten Silvester und Kaspers 36. Geburtstag in einer kleinen Bar in Soho, in Begleitung einiger Freunde und ehemaliger Kollegen. Sie machten Sightseeing, verbrachten ganze Tage im Hotelbett und betranken sich mit Sekt und teurem Wodka.

Und doch ist Kasper beunruhigt, seit dem Abflug schon. Als sei ein wesentliches Element nicht an seinem angestammten Platz, habe aufgehört zu funktionieren. Das *Ting*, vermutet er. Das nicht möchte, dass er sich ein paar Tage Entspannung gönnt, statt über Silvester bei der Entwicklung des neuen Updates zu helfen. Ein Update, das Linus immer nur vage als »Genetik-Update« bezeichnet. Vielleicht hat das penetrante Unwohlsein aber auch mit dem Anruf zu tun. Das Klingeln des Telefons an seinem Geburtstag, das Firmenlogo von *Strindholm Consulting* auf dem Display, darunter der Name seines Vaters, erinnerte ihn an den Bruch der wichtigsten Tradition in seinem Leben. Zwar nahm er den Anruf nicht entgegen. Doch vergessen kann er ihn nicht. Vor allem nicht, weil es seine Eltern seitdem noch mehrmals versuchten. Auch jetzt zeigt sein Telefon zwei verpasste Anrufe seiner Mutter.

Kleine Modegeschäfte und Cafés reihen sich links und rechts der Straße auf, dann erscheint das schneebedeckte Dach der Kirche.

»Möchtest du mit reinkommen?«, fragt Kasper. »Wir könnten sagen, du machst eine kleine Inspektion für *Nutshell*. Schaust nach dem Rechten.«

Neuschnee überzieht das Kirchendach, die Bäume und die beiden Engel des Springbrunnens. Er schluckt die Geräusche der Straße und reflektiert ein paar seltene Sonnenstrahlen. Wieder zu Hause, denkt Kasper, während der Schnee im Vorhof unter ihren Schuhen knirscht. Und er wundert sich darüber. Früher war das Gefühl von Heimat an den *Strindholm*-Tower geknüpft. Das scheint sich geändert zu haben. Wenn er ehrlich ist, hat er die Kirche, das Büro und die Arbeit vermisst, seit dem ersten Tag Urlaub sogar. Vielleicht rührt seine Beunruhigung auch daher.

Im Vorraum, wo ihr pathetisches Mission Statement sofort ins Auge fällt, ist die Luft angenehm warm. Zusätzliche Fußmatten sind auf dem steinernen Boden ausgebreitet, um den Schneematsch aufzufangen. Bevor Arman die große Flügeltür öffnen kann, zieht Kasper ihn zur Seite und küsst ihn. Lange. Sein Gefühl sagt ihm, loszulassen und endlich hineinzugehen, sich voll und ganz den kommenden Aufgaben zu widmen. Aber Kasper hat gelernt, nützliche Empfehlungen des *Ting* von weniger nützlichen zu unterscheiden.

»Frohes Neues!«

Linus kommt die Treppe aus dem Labor hochgeeilt, nimmt die letzten zwei Stufen auf einmal. Er hat frische Röte im Gesicht, die nicht von der Kälte zu stammen scheint. So gut gelaunt hat Kasper ihn seit Monaten nicht gesehen.

»Und alles Gute nachträglich, Kasper! Die meisten sind schon da, frühstücken aber noch.«

Gemeinsam betreten sie den Hauptraum. Der Weihnachtsschmuck, der Anfang Dezember angebracht worden war, ist bereits abgehängt. Viele der Angestellten sitzen am langen Küchentisch im linken Schiff. Sie unterhalten sich über den Weihnachtsurlaub, in welchen Städten sie ihre Familien besuchten, auf welchen Partys sie Silvester feierten. Einige scheinen noch immer über die gelungene Weihnachtsfeier zu sprechen.

Als Adam Kasper erblickt, schleicht sich ein heimtückisches Lächeln auf sein Gesicht. Er steht von seinem Platz auf und hebt die Hände wie ein Dirigent. Die Belegschaft verstummt und dreht sich zu den Neuankömmlingen. Gemeinsam fangen alle an zu singen: *Happy Birthday.* Neben ihm lacht Arman, Linus singt aus vollem Leib mit, trifft jeden Ton perfekt. Nachdem die Scham abklingt, ist Kasper tatsächlich ein wenig gerührt.

»Danke! Vielen Dank!«

Adam setzt sich wieder, und eine unangenehme Stille entsteht, bis Sonja diese mit einer Frage durchbricht.

»Wie alt bist du eigentlich geworden?«

»36.«

Einige Leute lachen auf, als habe er einen Scherz gemacht. Andere beginnen zu flüstern, und schnell wird allen klar, dass Kasper eine ehrliche Antwort gegeben hat. Warum hat er das getan, fragt er sich. Es wäre nicht nötig gewesen.

»Krass. Ich hätte dich höchstens auf 28 geschätzt.«

»Das ist sehr freundlich von dir, Sonja. Das verdanke ich meiner Hautcreme. Ich kann sie dir sehr ans Herz legen. Frohes Neues euch allen!«

Adam umarmt Kasper zur Begrüßung, dann öffnet er den obersten Knopf seines weißen Hemdes.

»Wie war euer Flug?«

Adams verschmitztes Lächeln erinnert Kasper daran, dass er ihm einmal betrunken von ihrem Ritual erzählte. Während sie auf Linus zusteuern, der an einem Schreibtisch in die Tastatur hackt, wird Kasper bewusst, wie unkompliziert und beinahe freundschaftlich die Beziehung zwischen ihm und Adam geworden ist. Es fing damit an, dass Kasper nicht mehr darüber nachdachte, ihn loszuwerden. Dann begannen sie, sich regelmäßig zu abendlichen Treffen in Restaurants und Bars einzuladen, mal mit Arman oder Kollegen aus dem Büro, mal alleine. In kleinen Schritten wurden sie sich sympathisch. Mittlerweile freut er sich, Adam morgens zu sehen, und kann sich den Arbeitsalltag ohne ihn kaum vorstellen.

Sosehr er sich über diese Entwicklung freut, er ist sich sicher, dass das *Ting* sie zu verantworten hat. Und das wiederum beunruhigt ihn. Kasper ist nicht naiv, dafür hat er zu lange in einer Unternehmensberatung gedient. Natürlich weiß er, dass man Geschäftspartnern und Kollegen, die einem noch nutzen könnten, freundlich begegnet, auch wenn man sie in Wirklichkeit unsympathisch findet oder sogar verabscheut. Doch seinen Partner aus einer strategischen Optimierung heraus tatsächlich lieb zu gewinnen, ihn zu vermissen und plötzlich über alle seine Witze lachen zu müssen – das geht Kasper entschieden zu weit.

»Arman, gut, dass du hier bist«, sagt Linus, als sie an seinem Schreibtisch ankommen. »Ich möchte euch was zeigen. Das ist auch für *Nutshell* interessant.«

Ihre Mitarbeiter lösen langsam das Frühstück auf, da sich die Gründer offensichtlich an die Arbeit machen. Die Szene erinnert Kasper an eine japanische Tradition: Wer abends das Büro vor dem Vorgesetzten verlässt, gilt als faul.

»Niu fehlt noch. Vielleicht sollten wir auf sie warten«, schlägt Kasper vor.

»Was ist eigentlich los mit der?«, fragt Adam. »Sie war noch nie als Letzte im Büro. Geht's ihr nicht gut?«

Linus zögert, bevor er antwortet.

»Niu hat mir Weihnachten eine lange Mail geschrieben. Ich möchte keine vertraulichen Details ausplaudern, aber ich glaube, sie arbeitet gerade sehr bewusst und umfassend an ihrem Alltag und ihren Verhaltensmustern. Sie hat geschrieben, dass die Angst vor Überforderung und Selbstschutz jahrelang ihre größten Triebfedern waren. Die neue Niu möchte so nicht mehr sein.«

»Das ›Navigationssystem fürs Leben‹ formt uns alle nach seinem Belieben«, sagt Kasper.

»Ich … weiß nicht«, antwortet Linus. »Wenn ich Niu richtig verstehe, haben die Veränderungen in ihrem Leben nichts mit dem *Ting* zu tun.«

»Was soll das heißen? Das ist un…«, unterbricht sich Adam. Sein schmaläugiger Blick nimmt die Empore ins Visier, als würde er dort einen tot geglaubten Feind erspähen.

»Du hast Besuch, Kasper«, fährt er mit eisiger Stimme fort.

Auf der Empore der Kirche stehen Kaspers Eltern. Wie ein altes Königspaar blicken sie auf die Schreibtische herab, wo früher Kirchenbänke gestanden haben müssen, auf den Konferenztisch anstelle des Altars, auf das Buntglasfenster mit dem Konterfei des Messias. Ohne Verwunderung, sondern mit Gleichmut, als hätten sie nichts anderes erwartet.

»Was macht der Alte hier?«, zischt Adam. »Du hättest mich vorwarnen müssen. Ich hätte mir irgendeinen Termin aus den Fingern gesogen.«

»Ich bin genauso überrascht wie du. Entschuldige mich bitte.«

Als seine Eltern die Wendeltreppe herabsteigen, wird ihm bewusst, dass sie ein ganzes Jahr lang aus seinem Leben verschwunden waren. Seine Mutter hat sich kaum verändert. Aufrecht und stolz, ist sie in einen dunklen Pelzmantel gekleidet, an dessen Härchen feiner Schneestaub hängt. Während sie die Firma mustert, für die ihr Sohn seine Familie aufgegeben hat, lächelt sie matt. Ein Lächeln wie ein Urteilsspruch. Sie hakt sich mit dem Arm bei ihrem Mann unter. Nein, andersherum, sie scheint ihn aufrecht zu halten, denkt Kasper. Denn Gustaf hat abgebaut: Die Statur leicht gebeugt, als würde er jeden seiner Schritte mit dem Blick begleiten müssen. Seine Mimik hängt schlaff an seinen Gesichtsknochen, was ihn weich und schwach wirken lässt. Noch nie schien sein Vater weniger bedrohlich. Ein alter Mann ist aus ihm geworden. Ein Rentner.

»Mutter ... Vater«, bringt Kasper heraus.

Er weiß nicht, ob er die beiden umarmen oder ihnen die Hand geben soll, deswegen belässt er es bei den Worten.

»Kasper«, sagt seine Mutter. »Gut siehst du aus. Gesund. – Alles Gute zum Geburtstag nachträglich.«

Auch seine Eltern scheinen unsicher, wie mit der Situation umzugehen ist. Eine Befangenheit, die nicht zu ihnen passt. Sie haben ihren Sohn seit einem Jahr nicht gesehen und stehen nun vor ihm, heimlich beobachtet von vier Dutzend neugieriger Zuschauer. Sie reichen ihm zur Begrüßung die Hand. Seine Mutter vergisst, ihre Handschuhe auszuziehen. Das Leder fühlt sich kalt an.

»Ich habe euch nicht erwartet«, sagt Kasper.

Am liebsten würde er seine Eltern zurück in die Winterkälte führen und sie bitten zu gehen. Sie auf einen unbestimmten Zeitpunkt in der Zukunft vertrösten, der nie eintreffen wird. Das *Ting* drängt ihn vehement in diese Richtung, vermutet er, und er weigert sich, der Empfehlung nachzugeben. Denn ein wenig freut er sich auch, dass sie hier sind. Kasper wird seine Eltern anhören, egal wie sie mit ihm umgesprungen sind. Diesen Respekt ist er ihnen schuldig.

»Wir wollten uns ja ankündigen«, sagt seine Mutter. »Aber du bist nie ans Telefon gegangen.«

Glücklicherweise bleibt es ihm erspart, sich eine Ausrede einfallen zu lassen. Arman kommt und begrüßt Kaspers Eltern, wobei er beide ohne zu zögern umarmt, als wäre er Teil der Familie. Sie geraten ins Plaudern.

Gleichzeitig betritt Niu den Saal. Sie wirkt gehetzt, die Haare sind zerzaust, ein Lächeln flackert über ihr Gesicht.

»Mutter, Vater«, reißt Kasper sich zusammen. »Ich werde mich in ein paar Minuten gerne um euch kümmern. Aber erst einmal muss ich anderen Verpflichtungen nachgehen. Wenn ihr nicht zurück nach Grunewald fahren möchtet, könnt ihr solange im rechten Seitenschiff Platz nehmen.«

Gustaf Strindholm nickt schwerfällig und wird von seiner Frau zu den Sesseln begleitet.

»Wenn er nicht dein Vater wäre, würde ich ihn rausschmeißen. Sorg besser dafür, dass er nicht zu lange bleibt«, flüstert Adam.

So impulsiv reagiert man wohl, denkt Kasper, wenn man plötzlich von der Vergangenheit eingeholt wird. Er – oder vielleicht auch das *Ting* – kann es Adam nicht verübeln.

»Keine Sorge, mein Lieber, sie werden nicht lange bleiben. Aber pass auf, was du sagst. Alle Streitigkeiten hin oder her, wir reden noch immer über meine Familie.«

Adam rümpft die Nase, als sei nicht nur die Strindholm-Familie, sondern das Konzept »Familie« im Allgemeinen überschätzt und überflüssig.

»Frohes Neues«, sagt Niu. »Entschuldigt bitte die Verspätung. Ich hab verpennt. Habt ihr schon angefangen?«

Nicht nur Kasper ist irritiert von Nius Erklärung. Linus scheint recht zu behalten, ihre Kollegin macht tatsächlich eine Transformation durch. Der Weihnachtsmann hat sie zudem reich beschenkt, denn sie trägt einen neuen Kapuzenpullover, der nicht grau ist wie der alte, sondern rot. Obendrauf neue Jeans und Sneaker. Sie wirkt entspannter und weniger verschlossen als noch vor einem Jahr, als Kasper sie kennengelernt hat. Auch wenn Linus behauptet, dass Nius neues Ich nichts mit dem *Ting* zu hat, Kasper glaubt ihm nicht.

Als Niu den Quelltext entdeckt, den Linus auf einem Monitor geöffnet hat, schiebt sie ihren Kollegen beiseite und zieht einen neuen Stuhl heran, auf den sie sich setzt.

»Was machst du da?«, fragt sie verärgert.

Linus ist nicht gekränkt von ihrer Reaktion, sondern belustigt.

»Das ist ein Skript, das die Algorithmen zur Sequenzierung des Genoms in unseren Code einpflegt.«

»Das Genetik-Update ist fertig?«, fragt Adam.

»Jup«, sagt Linus und kann seinen Stolz nicht verbergen. »Ich hab die Weihnachtsferien durchgearbeitet. Rasal hat mir geholfen. Das Update kann live gehen.«

»Was ist das eigentlich genau für ein Update?«, fragt Arman. »Ich weiß, dass es was mit Genetik zu tun hat. Aber welche neuen Funktionen werden addiert?«

Arman ist in seinen Geschäftston gewechselt und schaut auf Nius Bildschirm, als könne er an den Codezeilen die Antwort ablesen.

»Das *Ting* ist in der Lage, das genetische Material von Usern auszuwerten und auf mögliche Erbkrankheiten hinzuweisen«, sagt Niu, während sie konzentriert Linus' Code überfliegt.

»So schärfen wir unser Profil als Gesundheitstool«, sagt Adam.

Kasper spürt die Blicke seiner Eltern im Rücken. Sie beobachten ihn, um sich ein Urteil zu bilden: Wie schlägt sich ihr Sohn in seiner neuen Rolle? Unwillkürlich stellt er sich breitbeinig hin und verschränkt die Arme vor der Brust. Er spielt den Geschäftsführer, der ein Gespräch seiner Mitarbeiter verfolgt, und fragt sich, wie authentisch er wirkt.

»Folglich wird es User geben«, fragt Arman, »die mit ihren Freunden in einer Bar sitzen oder ihre Kinder zur Kita bringen, und plötzlich haben sie so ein merkwürdiges Gefühl: Ich habe die Veranlagung zu einer unheilbaren Krankheit, ich sollte besser einen Arzt konsultieren.«

»Das könnten tatsächlich problematische Szenarien sein«, entgegnet Niu, während sie einen ganzen Absatz in Linus' Code löscht und zu tippen beginnt.

Die Angestellten haben zwar das Frühstück aufgelöst, aber die wenigsten sind in Arbeit vertieft. Unruhe hat den Raum ergriffen, es wird noch immer viel geredet. Einige stehen vor dem riesigen Whiteboard neben dem Konferenztisch, wo die anstehenden Aufgaben auf farbigen Karteikarten mit Magneten angepinnt sind. Jeder Arbeitsbereich ist mit der kommenden Beta-Phase beschäftigt, deren Vorbereitung noch einige Wochen in Anspruch nehmen wird. Nicht aus der Weihnachtszeit übrig gebliebene Trägheit lässt die Mitarbeiter untätig sein, sondern Verunsicherung und Vorfreude, meint Kasper wahrzunehmen. Vorfreude, was die weitere Entwicklung des *Ting* und des Unternehmens angeht. Verunsicherung, welche Rolle sie dabei spielen werden.

»Gibt es eine Möglichkeit, diese Funktion abzuschalten?«, fragt Kasper leise, um sicherzugehen, dass seine Eltern ihn nicht hören. »Ich verspüre nicht den geringsten Drang, zu wissen, was mich umbringt.«

Es ärgert ihn, wieder derjenige zu sein, der am »Navigationssystem fürs Leben« zweifelt. Aber es geht ihm so gut zurzeit: Seine Beziehung zu Arman ist harmonisch. Das Start-up entwickelt sich in die richtige Richtung. Und auch wenn es ihn manchmal verängstigt und er daran zweifelt, mit dem *Ting* hat er sich weitestgehend arrangiert. Er möchte sich die aktuelle Hochphase nicht durch düstere Zukunftsprognosen ruinieren lassen.

»Bisher noch nicht, aber das lässt sich machen«, sagt Niu. »Du wirst nicht der Einzige sein, der das möchte.«

»Ja, ja«, stöhnt Adam. »Darüber können wir später nachdenken. Erst mal müssen wir die Funktion testen, bevor wir in die offene Beta-Phase gehen. Sonst droht uns ein PR-Fiasko. Ich seh schon Dutzende falsche Krebsbefunde.«

Kasper denkt an die Kritik seines Vaters, er sei unfähig, seine Ideale für den Erfolg des Unternehmens zu opfern, und widerspricht Adam nicht. Nicht nachdem er seine Logdatei, sein Inneres den Investoren von *Nutshell Ventures* offenbart hat, um sich des Rufs des Skeptikers zu entledigen.

»Ich kann das Update bis heute Nachmittag implementieren. Aber das *Ting* wird voraussichtlich einige Tage brauchen, um unser genetisches Material auszuwerten«, sagt Niu.

»Wir können übrigens das aktuelle Tool weiter benutzen«, ergänzt Linus. »Die notwendigen Sensoren für die Sequenzierung waren bereits verbaut. Sie mussten nur richtig eingestellt werden.«

Linus baut sich wie ein Streber auf, der Lob für seinen Fleiß erwartet.

»Dann machen wir es sofort«, sagt Adam. »Linus, du hast gute Arbeit geleistet. Ich bin sehr glücklich, dich wieder zu 100 Prozent bei uns zu haben.«

Alle stimmen zu, auch Kasper. Wochenlang irritierte Linus' abwesende Art das Team und sabotierte die Entwicklung des Unternehmens. Kasper hat mit dem Gedanken gespielt, ihn aus dem Start-up rauszukaufen. Sicherlich wäre das nicht einfach gewesen: Linus gibt sich noch immer der Illusion hin, das *Ting* sei *seine* Entwicklung. Wenn die aktuelle Wandlung von Dauer ist, ist ein Rausschmiss jedoch nicht nötig. Jedenfalls solange der Junge sich keine neue Freundin anlacht, denkt Kasper. Das *Ting* wird schon dafür sorgen, dass das nicht passiert.

»Ich bin über Silvester auch nicht untätig gewesen«, sagt Adam. »Dank des *Ting* bin ich auf einer Privatparty in Neukölln gelandet, wo ich niemanden kannte. Abgesehen von einer alten Freundin von dir, Niu.«

Niu zieht ihre Augenbrauen nach oben und schüttelt den Kopf.

»Mara Bressler, Geschäftsführerin von *Rubikon,* die versucht hat, dich auf der Tech-Konferenz abzuwerben«, fährt Adam fort. »Wir kamen schnell ins Gespräch und haben uns gemeinsam betrunken. Sie mit Gin, ich mit Wasser. Gegen fünf waren wir beste Freunde. Und die gute Mara hat mir ihr ganzes Leid geklagt. Wie ungenau die Sensoren des *Rubikon* sind. Wie fehlerhaft die Algorithmen. Wie nutzlos die Empfehlungen. Sie hat alles ausgeplaudert. Aber ins Bett wollte sie nicht mit mir.«

Adam macht eine Kunstpause und grinst.

»Leute. Als wir vor über einem Jahr dieses Unternehmen in meiner kleinen Wohnung gründeten und auf Umzugskartons sitzend unseren Businessplan durchgingen, waren wir weiter, als *Rubikon* jetzt ist. Und genau das ist der Grund, warum *Google* nicht *Rubikon,* sondern uns schlucken möchte.«

Kasper wünscht sich, dass seine Eltern diese Sätze aufschnappen. Doch seine Mutter und sein Vater sind einige Meter entfernt in ein geflüstertes Gespräch vertieft. Warum sind die beiden hier, fragt er sich. Wollen sie tatsächlich überprüfen, wie er sich macht? Wollen sie ihn wieder für *Strindholm Consulting* abwerben? Oder haben sie andere Gründe?

Auch wenn das *Ting* emotional dagegenarbeitet, er spürt so etwas wie schlechtes Gewissen. In den letzten Tagen hat er vielleicht gelegentlich an seine Eltern gedacht – vor allem wegen ihren Anrufen und dem darauf folgenden Gefühl von Unwohlsein. Aber in den Monaten zuvor hatte er seine Familie so gut wie vergessen. Gustaf, Mutter und auch Enni. Früher standen sie zusammen mit *Strindholm Consulting* im Zentrum seines Alltags. Ja, denkt Kasper, ihre Präsenz war nicht immer positiv, vor allem der Einfluss seines Vaters. Aber sie gaben ihm Sicherheit und Unterstützung, seit seiner Geburt. Und wie dankt er es ihnen? Mit Ignoranz! Warum konnte er nicht ein Mal über seinen Schatten springen und Enni anrufen? Sich nach ihrem Befinden erkundigen? Oder sich nur ein Mal fragen, wie es *Strindholm Consulting* geht. Dem Familienunternehmen, für das er immerhin über zehn Jahre lang gearbeitet hat. Er möchte glauben, dass es das *Ting* war, das ihn dazu gebracht hat, seine Familie zu vergessen. Aber das *Ting* soll sein Leben optimieren. Würde dazu nicht auch gehören, seinen verletzten Stolz runterzuschlucken und sich um seine Familie zu scheren?

Das Stimmengewirr in der Kirche ist lauter geworden und lenkt ihn von seinen Gedanken ab. Der Teppichboden, den Kasper im Hauptraum und den beiden Seitenschiffen hat auslegen lassen, hat die Akustik zwar entscheidend verbessert, versagt aber ab einem bestimmten Geräuschpegel. Mitarbeiter und Praktikanten werfen ihnen unsichere Blicke zu oder positionieren sich in der Nähe, um bei ihrem spontanen Meeting mitzuhören.

»Darf ich um eure geschätzte Aufmerksamkeit bitten!«, ruft Kasper in den Raum hinein. Innerhalb weniger Augenblicke herrscht Ruhe. Auch seine Eltern verstummen. Kasper durchschreitet langsam die Kirche und nickt einigen Mitarbeitern zu, nimmt die vier Stufen zum Altarbereich.

Die Theatralität zu nutzen, die Adam für gewöhnlich in Anspruch nimmt, fühlt sich an, wie den Anzug eines anderen Mannes zu tragen. Doch etwas treibt ihn an, vielleicht das *Ting,* vielleicht die Anwesenheit seiner Eltern.

»Wie ihr wisst, haben wir vor Weihnachten den ersten Beta-Test unseres Produkts beendet. Wir sind mit dem Ergebnis außerordentlich zufrieden. Einige fleißige Mitarbeiter haben über die Weihnachtszeit ein neues Update abgeschlossen und uns im Zeitplan nach vorne katapultiert.«

In Adams Gesicht liegt vorsichtige Neugier. Vor nicht allzu langer Zeit hätte er auf Kaspers Alleingang mit Konkurrenz und Spott reagiert. Ein weiterer Einfluss des *Ting.*

»Ich kann euch heute mit einer weiteren Neuigkeit beglücken«, richtet Kasper sein Wort an die Versammelten.

Die Idee ist ihm im Urlaub gekommen. Mittlerweile ist er unsicher, ob es tatsächlich seine war oder bloß eine Empfehlung des *Ting.* Er hat sie mit niemandem abgesprochen und hofft, dass sie ihm nicht zum Verhängnis wird.

»Diejenigen von euch, die an der Auswahl der Kandidaten für

den zweiten Beta-Test arbeiten, wissen, wie streng unsere Aufnahmebedingungen sind. Motivation, Lebenslauf, psychologisches Profil. Trotz dessen haben wir beschlossen, dass ihr alle automatisch am Beta-Test teilnehmen werdet.«

Aufgeregte Stimmen, freudige Rufe, anerkennende Pfiffe. Kasper wirft einen Blick zu seinen Mitgründern. Zustimmendes Nicken, auch von Adam.

»Es wird noch mehrere Wochen dauern, bis wir so weit sind. Aber je fleißiger wir arbeiten – je schneller wir die neue Version kalibrieren, die rechtlichen Fragen klären und die Teilnehmer auswählen, desto schneller kommt auch ihr in den Genuss des *Ting*. Oder wie unser Mission Statement es so bescheiden auf den Punkt bringt: desto schneller werdet ihr perfekte Menschen.«

Einige Angestellte schütteln belustigt den Kopf, andere nicken, als hätte Kasper gerade einen unumstößlichen Fakt ausgesprochen.

»Dann, meine lieben Freunde, ist es nicht mehr lang, bis wir unser Produkt endlich auf den Markt bringen. Und Geschichte schreiben.«

Klatschen und Jubelrufe branden auf. Kaspers Blick begegnet dem seines Vaters. Gustaf mag äußerlich wie ein harmloser, alter Herr wirken. Aber in seinen Augen spiegelt sich das Urteil, das sein Vater vor einer Ewigkeit über ihn gesprochen hat und das unverändert geblieben ist.

»Von wem hast du dir diese Nummer abgeschaut?«, fragt Adam, als Kasper wieder zu den Gründern und Arman stößt. »Gute Idee im Übrigen, ich hatte was Ähnliches im Sinn. Damit setzen wir den richtigen Anreiz.«

Er wird sich nicht länger davor drücken können, seinen Eltern gegenüberzutreten, auch wenn das *Ting* in Form seines Bauchgefühls ihm noch immer rät, jedem Kontakt aus dem Weg zu gehen. Armans Hand greift in seine und zieht ihn behutsam ins rechte Seitenschiff.

»Ich glaube, deine Eltern würden sich freuen, mehr über das Unternehmen und euer Produkt zu erfahren«, sagt Arman. Gustaf wird bereits alles wissen, was es zu wissen gibt, denkt Kasper. Unzweifelhaft hat er gute Kontakte bei *Nutshell Ventures* und ist bestens informiert. Aber seine Mutter nickt ihm auffordernd zu, sie scheint wirklich neugierig zu sein und will ihn reden hören. Dann erkennt Kasper etwas in ihrer Mimik, das er seit seiner ersten Unternehmensgründung nicht mehr gesehen hat. Stolz.

Also beginnt er zu erzählen. Ganz von vorne. Erzählt, wie sie zu viert in Adams kleiner Wohnung starteten, bis er die Kirche fand und mietete. Er zeigt ihnen den Altarbereich, wo sie ihre Zusammenkünfte abhalten, die Küche im linken Schiff und das Labor im Keller, wo die Technik des Produkts getestet und modifiziert wird. Dass mittlerweile über 60 Menschen für ihren Sohn arbeiten, lässt seine Mutter zufrieden lächeln. Als er über die Schwierigkeit spricht, Investoren zu finden, achtet er auf Gustafs Reaktion. Denn er vermutet, dass der Alte an ihrer damaligen Durststrecke nicht unbeteiligt war. Aber dieser lässt sich nichts anmerken. Die Fahrstuhl-Anekdote, mit Schwerpunkt darauf, wie Kasper die Investoren von *Nutshell* überzeugen konnte, quittiert er hingegen mit einem anerkennenden Nicken.

Adam hat das Büro zu einer frühen Mittagspause verlassen, wahrscheinlich um Gustaf aus dem Weg zu gehen. Um die Funktionsweise des *Ting* zu vermitteln, bittet Kasper Linus und Niu um Hilfe, die die Herausforderung bereitwillig annehmen. Vor allem Linus berichtet offenherzig über seine Erfahrungen.

»Das *Ting* hat dazu beigetragen, dass die Beziehung zu meiner

Exfreundin Kira in die Brüche gegangen ist. Das hat mich anfangs aus der Bahn geworfen und ich bin noch immer manchmal traurig deswegen. Aber mittlerweile glaube ich, dass es das Beste war, was mir passieren konnte. Ich fühle mich irgendwie freier und selbstbestimmter.«

Linus zögert, bevor er weiterspricht.

»Zugegeben, ich arbeite gerade viel zu viel, weil das *Ting* es so will. Das belastet mich schon ein bisschen, immer den Anforderungen unseres Produkts hinterherzurennen. Aber ich habe beschlossen, dem *Ting* zu vertrauen. Am Ende werde ich ein besserer Mensch sein.«

»Euer Mission Statement im Vorraum ist also kein schlechter Scherz«, fragt Gustaf skeptisch und mit belegter Stimme, nachdem er Linus' und Nius Ausführungen zehn Minuten lang gefolgt ist. »Benutzt ihr dieses Ding gerade?«

»*Ting,* Vater. Und ja, das tun wir.«

»Aha.«

»Unser ›Navigationssystem fürs Leben‹ ist allen Konkurrenzprodukten weit voraus. Wir haben tatsächlich die Aufmerksamkeit von *Google* geweckt. Sie möchten uns schlucken und schätzen unseren Wert auf 300 Millionen Euro.«

Gustafs überraschter Gesichtsausdruck verrät, dass diese Information neu für ihn ist. Endlich nehmen seine Eltern wahr, welchen Erfolg Kasper hat. Erfolg, der ohne ihre Unterstützung zustande gekommen ist, denkt er.

Die Befriedigung, die ihm diese Tatsache verschafft, wird von dem Unwohlsein in den Schatten gestellt, das ihn seit Tagen begleitet und in der vergangenen Stunde immer stärker geworden ist. Etwas stimmt nicht.

Gustaf wirft einen kurzen Blick zu seiner Frau, die nickt, als hätte ihr gerade jemand eine Frage gestellt. Obwohl seine Eltern so viel Interesse an dem Leben ihres Sohnes zeigen wie seit Jahren nicht mehr und ihm Anerkennung zollen, wirken sie abwesend und ungeduldig. Das alles hier scheint sie sehr viel Kraft zu kosten.

Kasper bedankt sich bei Niu und Linus und führt seine Eltern wieder in den Besucherbereich. Gustaf versinkt müde im Polster eines Sessels und schließt die Augen, als würde er genau hier sterben wollen, während Kaspers Mutter mit geradem Rücken erstarrt und ihrem Sohn in die Augen schaut, ohne ihn wirklich zu sehen. Er hält die Stille noch eine Weile aus, seine Eltern scheinen nicht imstande, den ersten Schritt zu machen.

»Na gut. Euer neu entfachtes Interesse für mich ist wirklich rührend, aber kaum der echte Grund für euren Besuch. Weshalb seid ihr wirklich hier?«, fragt er.

Die Augen im zerfurchten Gesicht seines Vaters öffnen sich. Er sperrt den Mund auf, um etwas zu sagen, schließt ihn dann wieder.

»Als Enni an Silvester zu uns kam, war sie sehr müde«, sagt Kaspers Mutter. »Anstatt mir beim Essen zu helfen, hat sie sich ins Bett ihres Kinderzimmers gelegt. Sie wollte nicht aufstehen, als der Tisch gedeckt war. Sie wollte auch um Mitternacht nicht aufstehen, um ihren Geburtstag zu feiern. Neujahr hat sie unter ihrer Decke verbracht.«

Die Lederhandschuhe seiner Mutter krallen sich in ihre Handtasche, als wolle sie sie wachrütteln.

»Ich habe ihr Frühstück, Mittag- und Abendessen ans Bett gebracht, aber sie hat nichts davon angerührt. Sie hat kein Wort mit mir gewechselt. Nur dass sie allein sein möchte. Vorgestern hat sie dann ihr Zimmer abgeschlossen.«

Ein Ruck geht durch das stoische Lächeln seiner Mutter.

»Ich weiß, dass sie noch da ist. Ich höre, wie sie nachts zur Toilette läuft. Aber sie antwortet nicht, wenn ich klopfe.«

Kaspers Eingeweide scheinen sich ineinander zu verknoten. Sein Unwohlsein wächst zu Übelkeit an. Am liebsten würde er wegrennen. Nicht jetzt, bitte nicht jetzt, denkt er.

»Wir waren gestern in ihrer Wohnung, um frische Kleidung für sie zu holen«, sagt Gustaf, der aus seiner Erstarrung erwacht ist. »Alles dort ist eingestaubt und zugemüllt. In der Küche stapelt sich das dreckige Geschirr, saubere Anziehsachen haben wir nicht gefunden. Ich verstehe Enni nicht. Hat sie nicht mal Zeit gefunden, eine Putzhilfe einzustellen?«

Die behandschuhten Hände seiner Mutter lösen ihren Klammergriff und öffnen die Handtasche, holen mehrere handschriftlich beschriebene Seiten heraus.

»Das haben wir auf ihrem Schreibtisch gefunden.«

Kasper nimmt den Brief entgegen, bringt es aber nicht fertig, auch nur eine Zeile davon zu lesen. Die Übelkeit hat ihn fest umschlungen. Seine Eltern blicken ihn hoffnungsvoll an, aber er reagiert nicht. Schaut einfach nur zurück.

»Kasper, bitte«, sagt seine Mutter schließlich. »Könntest du es einmal versuchen? Nur mal mit ihr reden.«

Eine Gruppe von Mitarbeitern irgendwo im Saal debattiert darüber, ob sie die Mittagspause im italienischen oder im Sushi-Restaurant verbringen. Einige seiner eigenen Mitarbeiter sitzen am Konferenztisch im Altarbereich und scheinen etwas Relevantes zu besprechen. Egal, was es ist, Kasper scheint es mit einem Mal völlig unwichtig zu sein.

Arman setzt sich lächelnd neben Kasper und legt eine Hand auf sein Knie, merkt aber sofort, dass sich die Stimmung in den vergangenen Minuten geändert hat.

»Gut«, sagt Kasper, um die Kontrolle über die Situation wiederzuerlangen. »Wir fahren zusammen nach Grunewald, und ich schaue mal, ob ich etwas ausrichten kann.«

»Danke, Kasper.«

Seine Eltern wirken erleichtert. Sie erheben sich simultan aus den Sesseln.

»Dein Vater und ich sind gerade auf dem Weg zum Tower. Jemand muss sich um das Geschäft kümmern, während deine Schwester indisponiert ist. Wir werden zusammen mit dem Vorstand eine Übergangslösung suchen. Fahr bitte vor. Wir kommen so schnell wie möglich nach.«

Seine Mutter gibt ihm einen Kuss auf die Wange und Gustaf schüttelt seine Hand, als hätten sie einen Deal nach einer komplizierten Verhandlung letztlich erfolgreich eingefädelt.

Mutter, Vater, Kasper,
ich muss in diesem Augenblick über fünfzig Mails beantworten, die Strategie für drei Gesprächstermine ausarbeiten und mit mehreren Kunden gleichzeitig zu Mittag essen. Und ich muss Vorbereitungen treffen. Aber darüber möchte ich jetzt nicht sprechen, noch nicht. Denn ich möchte, dass ihr etwas über mich wisst.

Ich wurde mit falschem Namen geboren. Das ist pathetisch, ich weiß. Der Stoff vieler Theaterstücke aus mehreren Jahrhunderten. Und der gehört nicht in unsere Welt, ist zu sperrig, zu konfus für unseren Tower. Ich habe doch selbst die Bilder abnehmen lassen, die Kasper in unsere Räume gehängt hat, die Geschichten von Verzweifelten, Geplagten, Gefolterten.

Doch anders kann ich es nicht artikulieren. Die Sprache, die wir in unserer Welt, dem Tower, benutzen, reicht nicht aus. Sie zieht und zieht und dehnt das Gesagte, bis davon nichts mehr übrig ist, außer homöopathischen Resten, die uns in Sicherheit wiegen, aber nichts verändern. Ich beherrsche diese Sprache perfekt, genau wie ihr. Aber ich muss jetzt in eine andere wechseln, ohne sicher zu sein, ob ihr mich überhaupt versteht.

Ich würde gerne Meier heißen oder Müller. Genau, Enni Müller. Das klingt nach Schlaf und nach Pfannkuchen. Enni Müller ist eine junge Frau, die gestern Abend mit ihrem Freund im Kino war. Sie haben sich einen Actionfilm angeschaut, obwohl sie solche gar nicht mag. Sie war ihm zuliebe mit. Enni Müller und ihr Freund sind nach Hause gefahren. Die Straßen waren leer und die Ruhe so greifbar, so heilig, dass sie einen Umweg nahmen, um das Ende hinauszuzögern. Als sie in ihrer gemeinsamen Wohnung ankamen, schliefen sie miteinander. Kurz und ohne Verrenkungen. Einfach nur so. Sie machten sich für die Nacht fertig, denn sie mussten früh raus, der Freund in den Laden, Enni zum Altenheim. Sie putzten Zähne und legten sich ins Bett. Da bekamen sie Hunger. Im Pyjama machte der Freund ihr Pfannkuchen mit Blaubeermarmelade. Den Geschmack des Tages im Mund, schlief Enni Müller ein.

Strindholm. Unser Name ist ein Turm, der sich zum Himmel streckt. Und ich?

Wisst ihr noch, früher, vor vielen Jahren, ich war vielleicht fünf Jahre alt, Kasper zehn, als wir zusammen im Sommer segeln waren? Dir waren diese zehn Tage so wichtig, Vater. Keine Arbeit, kein Tower, nur die Familie in einem Boot, und das Meer. Erst jetzt erkenne ich deine Hintergedanken. Schon als Kinder sollten wir lernen, zusammen anzupacken, füreinander da zu sein, wir als Familie, als Unternehmen. Teambuilding nennt man das heute. Aber ich falle zurück in die andere Sprache.

Ich erinnere mich gut an diese eine Nacht. Wir waren schon einige Tage unterwegs und das Meer war ruhig, kaum Wind, kaum Wellengang. Ich verließ die Kajüte, in der wir lagen. Ihr habt es nicht bemerkt, ihr schlieft zu fest und dachtet, man müsse in dieser Nacht nichts fürchten.

Ich lief barfuß über das Deck und ich sah nichts. Ich meine das wörtlich. Der Himmel war ein elendes Nichts. Die Luft ein kaltes, schneidendes Nichts. Das Meer ein schwappender Klumpen Nichts. In diesem Augenblick machte nichts einen Unterschied, also lief ich einfach weiter. Dass ich fiel, merkte ich nicht, und auch den Aufschlag spürte ich nicht, zumindest erinnere ich mich heute nicht daran. Aber das Sinken werde ich nie vergessen. Das Sinken von einem Schwarz ins nächste. Ich war eigentlich nur verwundert. Dass das möglich war. So viel Nichts und so viel Sinken. Immerhin war ich eine Strindholm, die Tochter meiner Mutter und meines Vaters, dachte ich. Da erkannte ich, dass ich falsch war. Mit einem fremden Namen geboren.

Als ich auf dem Deck zu mir kam in meinem nassen Schlafanzug, von Kälte geschüttelt, Lampen und Scheinwerfer auf mich gerichtet, eure besorgten Gesichter über mir, Mutter und Vater, war ich eine andere. Nein, ich war ich selbst geworden. Du, Kasper, hast es gesehen. Du hast mich angeschaut wie eine fremde Schiffbrüchige, die man aus dem Wasser gezogen hat und deren Herkunft und Motive im Verborgenen liegen. Du wusstest, dass ich nicht zu euch gehöre, nie in diese Welt, in diesen Tower gehört habe.

Ich schaue durch eine Glaswand hinab in den Innenhof unseres Familien-Towers. Ich sehe einen Mann, der mit einer Harke gleich große, makellos weiße Steine in eine perfekte Symmetrie zu pflügen versucht. Dahin muss ich jetzt zurückkehren, in die andere Sprache, noch ein letztes Mal. Dann werde ich euch verlassen. Zurück ins Wasser gehen. Zurück ins Nichts.

Kasper verstummt. Stille breitet sich im Wagen aus, untermalt vom Reiben der Reifen auf Split und dem bemühten Pusten der Heizung.

»Wie geht's weiter?«, fragt Arman.

»Das waren drei Seiten, die an uns gerichtet sind. Die restlichen 15 Seiten betreffen *Strindholm Consulting.* Arbeitsstände aller laufenden Projekte. Notizen zu Kunden und Mitarbeitern. Gedanken zur Fortführung des Unternehmens für den kommenden Geschäftsführer. Drei Seiten für die Familie, 15 für die Arbeit. Sie hat alles für eine Übergabe fertig gemacht für den Fall, dass sie – *ausscheidet.*«

Die Implikationen des letzten gesprochenen Wortes drücken gegen Kaspers Brust, machen ihm das Atmen schwer. Er versucht, sie beiseitezuschieben, bewusst zu verdrängen. Die Situation seiner Schwester ist so konträr zu seiner eigenen. Der Brief ist ein Witz, nicht ernst zu nehmen. Das zumindest sagt ihm sein Bauchgefühl, das versucht das *Ting* ihm einzureden. Möchte es ihn vor einer belastenden Situation schützen, die ihn viel Kraft und Konzentration kosten wird? Oder ahnt das »Navigationssystem fürs Leben« bereits, dass das Kommende etwas verändern wird – und möchte sich selbst schützen.

So oder so, er würde dem *Ting* gern Glauben schenken. Doch die bemühte Handschrift seiner Schwester verrät, wie viel ihr diese Zeilen bedeutet haben müssen. Ihre Worte verraten, wie ernst die Situation ist.

»Der Unfall auf dem Boot. Ist das wirklich passiert?«, fragt Arman. Er hält den Wagen auf der rechten Spur der Autobahn, auch wenn der Schnee bereits geschmolzen ist. Er ist ein konservativer Fahrer.

»Um ehrlich zu sein, ich habe die Urlaube auf dem Boot ganz vergessen. Du weißt, was ich von Schiffsfahrten halte. Aber ein paar wenige Details erinnere ich noch. Das Segelboot hieß *Strindholm,* natürlich. Ich habe die meiste Zeit unter Deck verbracht, Comics oder Oscar-Wilde-Texte gelesen und mich ansonsten schrecklich gelangweilt. Als mein Vater irgendwann verkündete, dass wir nie wieder zusammen rausfahren würden, war ich heilfroh.«

Nach einer Weile verlassen sie die Autobahn und fahren durch die ruhigen Straßen des Stadtteils Grunewald. Wo die Gebäude aussehen, als wären sie eingetütet und vakuumiert, im neurotischen Versuch, sie vor dem Verfall zu bewahren.

»Ich weiß es nicht«, fährt Kasper fort. »Vielleicht ist das damals wirklich passiert. Vielleicht hatte das Kind Enni aber nur einen schlimmen Albtraum, der mit der Zeit wahrer und wahrer wurde.«

»Vielleicht auch beides.«

Das Geräusch von Reifen auf Schotter kündigt an, dass sie das Grundstück seiner Familie erreicht haben. Hier ist er seit einem ganzen Jahr nicht gewesen. Das Haus hat sich kaum verändert und kommt ihm auf eine brutale Art vertraut vor. Als würde es ihn an eine Schuld erinnern, die er vergessen oder verdrängt hat. Wie gerne würde er diese Schuld noch größer machen und wieder umdrehen. Doch Arman ist bereits um den Wagen herumgelaufen und öffnet die Beifahrertür. Ihm bleibt keine andere Wahl, als auszusteigen und sich dem Kommenden zu stellen.

Der Schlüssel zur Eingangstür passt noch immer. Foyer, Küche, Kaminzimmer, der eigentümliche Geruch seiner Familie – nichts hat sich verändert.

Der Tisch im Esszimmer ist nicht gedeckt. Er setzt sich auf seinen Platz und wartet auf Arman. Ihm gegenüber der leere Stuhl seiner Schwester und dahinter das impressionistische Bild eines Fischerbootes, schippernd auf einem dunklen See. Früher ist das ein alltäglicher Anblick gewesen. Als sie Kinder waren, folgte Enni ihm auf Schritt und Tritt, wollte wie Kasper sein, wollte mit ihm spielen, tun, was er tat. Wenn er sie abwies, beschuldigte sie ihn Taten, die er nie begangen hatte. Ersann, wie er sie geschlagen, bespuckt hatte, und erzählte weinend ihren Eltern davon. Mutter und Vater bevorzugten es, ihr statt ihm zu glauben. An diesen Tagen saß er hier, betrachtete das feixende Gesicht seiner kleinen Schwester und stellte sich vor, wie das Fischerboot auf dem Bild leckschlug und sank. Sank, bis es ihren Kopf traf und auch dieser leckschlug und mit in die Tiefe gezogen wurde, dort für immer verschwand.

Die Erinnerung beschämt ihn so sehr, dass er laut aufstöhnt.

»Ich habe gerade mit *Nutshell* telefoniert«, sagt Arman und geht neben ihm in die Hocke. »Ich habe mir freigenommen.«

Er fährt Kasper durch die Locken und küsst seinen Kopf.

»Ich bin im Kaminzimmer und greife mir ein Buch aus eurer Familienbibliothek. Lass dir so viel Zeit wie nötig. Und ruf, wenn du mich brauchst.«

»Danke, Arman. Du hilfst mir sehr.«

»Gern. Aber versprich mir etwas.«

»Alles.«

»Hör nicht auf das *Ting*. Hör auf dein Gewissen.«

Er steht vor der Treppe zum oberen Stockwerk, unfähig, die erste Stufe zu erklimmen. Er fragt sich, warum er hier ist. Was er ausrichten soll. Sein Platz ist im Büro neben seinen Mitgründern und Angestellten, die am Erfolg ihres Unternehmens arbeiten.

Was ihn dort oben erwartet, weiß er nicht. Und er verspürt nicht das Bedürfnis, es herauszufinden. Sondern Angst. Wäre Arman nicht, er würde flüchten. Doch ist wirklich *er* es, der flüchten möchte? Der seine Schwester im Stich lassen möchte, wieder im Stich lassen, so wie er es schon etliche Male getan hat? Oder ist es das *Ting*, das ihn vor Gefahr warnt, deren Konsequenzen kaum auszurechnen sind? Er erinnert sich an das Versprechen, das er Arman soeben gegeben hat, und macht den ersten Schritt.

Die Tür zu seinem Zimmer ist geschlossen. In einem jahrelang eingeschliffenen Automatismus legt er die Hand auf die Klinke. Doch er reißt sich zusammen und geht zur nächsten Tür, zum Zimmer seiner kleinen Schwester, und klopft.

»Enni?«

Keine Antwort. Er wartet, bis seine Hand die Türklinke auf Zimmertemperatur aufgewärmt hat, dann drückt er sie herunter. Die Tür ist nicht verschlossen, als habe Enni auf ihn gewartet. Dunkle Vorhänge verhüllen die beiden Fenster und halten das schwindende Tageslicht fern.

»Hallo? Ich bin's, Kasper.«

Er spricht in die Richtung, wo in seiner Erinnerung das Bett steht. Das bisschen Dämmerlicht im Flur reicht nicht aus, um mehr als Schemen erkennbar zu machen. Ein unangenehmer Geruch steigt ihm in die Nase. Gestank trifft es eher: nach Tage altem Schweiß und vergammeltem Essen. Kasper versucht, ein Würgen zu unterdrücken, und möchte die Gardinen wegziehen und die Fenster aufreißen. Aber wahrscheinlich ist es besser, die Regeln seiner Schwester zu respektieren. Nachdem er die Tür hinter sich schließt, tastet er sich zum Schreibtisch und knipst eine Lampe an.

Im gelben Licht der Funzel erkennt er einen Knäuel im Bett. Enni ist in eine schwarz-gelbe Decke eingewickelt, nur ihr Gesicht guckt hervor. Ihre matten Augen starren ihn an.

»Was willst du von mir? Lass mich schlafen.«

Gegen seinen Willen, gegen den Willen des *Ting,* der seine Beine, seine Hände, seinen Verstand schwer macht, bewegt er sich auf seine Schwester zu und setzt sich neben sie. Um das Bett herum liegen zerknüllte Taschentücher, einige von ihnen mit roten Schlieren durchzogen.

»Bist du hier, um mir zum Geburtstag zu gratulieren? Nachträglich.«

Kasper spürt zum zweiten Mal an diesem Tag, wie er errötet. Dass Enni und er sich einen Geburtstag teilen und er ihn trotzdem vergessen konnte, dass er in den letzten Wochen nicht ein einziges Mal an sie gedacht hat, zeigt ihm, wie sehr er um sich selbst kreist.

»Alles Gute nachträglich«, sagt er.

Der Gestank der Teller, auf denen das Essen seiner Mutter unangerührt vor sich hin fault, macht sein Denken träge. Enni antwortet nicht, aber sie bemerkt wohl seinen angeekelten Gesichtsausdruck. Tränen fließen von ihren Wangen herab, tropfen von der Nasenspitze. Plötzlich setzt sie sich auf, greift nach einem Taschentuch und schnäuzt sich. Dabei starrt sie ihren Bruder mit großen Augen an, als sei ihr etwas Wichtiges eingefallen.

»Kasper! Ich habe *Moodiando* wieder an Land gezogen. Morgen haben wir ein wichtiges Meeting. Ich habe Kohn und Rauer damit beauftragt, ein Exposé anzufertigen.«

Ennis Haut ist schrumpelig, als hätte sie zu lange im Wasser gelegen. Mit den Ärmeln ihres Schlafanzugs wischt sie sich Rotz von der Nase und eine fettige Haarsträhne aus dem Gesicht.

»Unsere Eltern haben das hier in deiner Wohnung gefunden«, antwortet Kasper.

Seine Schwester schaut ihren Brief verständnislos an, schüttelt den Kopf.

»Keine Ahnung, was das ist.«

Dann reißt sie ihm das Papier aus der Hand und steckt es unter die Bettdecke, macht es zu einem Teil ihres Reiches. Mit zwei Zwischenschritten sacken ihre Lider herab, als hätte es nie etwas Anstrengenderes als diesen Handgriff gegeben. Wie sie so da sitzt, erinnert sie ihn an den neuen Gustaf: kraftlos und gebrechlich.

Kaspers Blick schweift durch das Zimmer. Alte Fußballpokale

liegen zertrümmert auf dem Boden, verschiedenfarbige Karategürtel sind achtlos in die Ecke geworfen. Der gegenüberliegende Teil des Zimmers ist mit Scherben und zerborstenen Bilderrahmen übersät. Enni hat die Vitrine, in der ihre Mutter die Lebensabschnitte ihrer Tochter sammelt, zertrümmert und jedes Zeugnis, jede Urkunde, jedes Empfehlungsschreiben, jedes Foto in Schnipsel gerissen.

»Es gibt etwas, das haben dir Mutter und Vater nie erzählt«, flüstert sie mit geschlossenen Augen. »Vielleicht erinnerst du dich selbst daran. Eine Geschichte aus unserer Kindheit. Ich war noch ein Baby und du fünf oder sechs Jahre alt. Unsere Eltern haben das Essen in der Küche zubereitet und uns einen Augenblick alleine gelassen. Ich habe in meinem Bettchen geschlafen. Du bist zu mir gekommen und hast mich herausgehoben. Mich auf dem Arm durch das Zimmer getragen, obwohl unsere Eltern dir das verboten hatten. Vielleicht war es ein Spiel für dich, vielleicht konntest du es nicht aushalten, dass dir die Verantwortung nicht zugetraut wurde. Jedenfalls hast du mich fallen gelassen. Und ich bin mit meinem Kopf aufgekommen. Als ich nicht aufgehört habe, zu weinen und zu schreien, sind sie mit mir ins Krankenhaus. Sie waren so wütend auf dich, dass sie dich hier zurückließen und später in Vaters Arbeitszimmer vorfanden. Wie sich herausstellte, hattest du mir den Schädel gebrochen.«

Kasper steht vom Bett auf und macht ein paar Schritte durch das Zimmer. Ennis Erzählung rührt etwas in ihm. Öffnet die Tür zu einer alten Schuld, die nichts mit dem Inhalt der Erzählung zu tun hat. Er hat seine Schwester alleine gelassen, denkt Kasper. Er hat sie nicht vor den überzogenen Ansprüchen ihrer Eltern beschützt, hat sie nicht vor dem Leben im Tower gewarnt. Er ist zum *Ting* geflüchtet, weil er sich ihr nicht unterordnen wollte, und hat damit ihr Schicksal besiegelt. Und als sie ihm vor einem halben Jahr Gustafs Bitte ausrichtete, Enni und Kasper mögen sich die Geschäftsführung von *Strindholm Consulting* teilen, hat er sich von ihr abgewendet. Genau in dem Augenblick hätte er verhindern können, dass seine Schwester so endet.

Enni schlägt die Decke über sich und dreht sich von ihm weg. Mit ihrem wiederkehrenden Schluchzen vergeht die Zeit. Das Verlangen, sich abzuwenden, diesen hässlichen Ort hinter sich zu lassen und sich in seine eigene Welt zu retten, ist noch immer mächtig. Aber Kasper lässt die fortwährende Empfehlung des *Ting* auf sich wirken, ohne ihr nachzugeben.

Vielleicht nach Minuten, vielleicht nach Stunden klopft es an der Tür. Licht fällt aus dem Flur ins Zimmer. Gustaf betrachtet die Szene, dann bittet er Kasper mit einer Handbewegung, ihm zu folgen.

Sie verlassen das Zimmer so leise wie möglich. Gustafs Pantoffeln schlurfen über die Dielen, während er durch den Korridor schleicht. Er öffnet die Tür zu seinem ehemaligen Arbeitszimmer und bittet seinen Sohn hinein. Letztes Jahr saß er mit Enni an der Bar, erinnert sich Kasper. Hatte er nicht schon damals das Gefühl, dass seine Schwester erschöpft und überarbeitet ist?

Er schüttelt den Kopf und öffnet seinerseits die Tür zu seinem alten Kinderzimmer. So stehen Vater und Sohn sich einen Moment auffordernd gegenüber. Bis der alte Mann nachgibt.

Kasper schaltet das Licht an, grüßt die in Ekstase verzerrten Gesichter der Pornodarsteller an der gegenüberliegenden Wand und setzt sich an seinen Schreibtisch. Die Luft im Raum ist muffig, ansonsten ist alles so, wie er es vor einem Jahr zurückgelassen hat. Nirgends ist Staub zu entdecken.

»Enni braucht viel Ruhe und Pflege«, sagt Kasper zu seinem

Vater, als würde er mit einem Angestellten sprechen. »Außerdem psychotherapeutische Betreuung. Vielleicht kann sie bei euch bleiben. Vielleicht – muss sie woandershin. Das kann ich nicht einschätzen.«

Sein Vater lässt sich auf Kaspers Bettkante nieder, das Filmposter von *Eiskalte Engel* im Hintergrund. Er nickt.

»Es war gut, dich heute Morgen bei der Arbeit zu sehen. Ich habe deine Schritte im letzten Jahr verfolgt. Du hast aus deinen Fehlern gelernt.«

Gustaf schaut Kasper nicht in die Augen, während er spricht, sondern auf einen getrockneten Saucenfleck auf seiner grauen Hose, die ihn noch mehr wie einen Rentner wirken lässt.

»Sogar noch mehr«, sagt er weiter. »Du hast die Fehler deiner Vergangenheit wiedergutgemacht. Das kann kaum jemand von sich behaupten. Ich bin stolz auf dich.«

Vor einem Jahr hätte Kasper nichts glücklicher gemacht, als diese Worte aus dem Mund seines Vaters zu hören. Heute lassen sie ihn kalt. Vielleicht weil Gustaf die falschen Fehler anspricht und nicht die, die schwerer wiegen.

»Als du mich im Sommer gebeten hast, zurückzukommen und mir die Geschäftsführung von *Strindholm Consulting* mit Enni zu teilen, hätte ich auf dich hören sollen. Du hast geahnt, dass es so enden würde. Ich – ich war zu egoistisch, um das Angebot zu durchdenken.«

Die Worte kosten ihn Überwindung. Anstatt dass Gustaf ihn für seine Einsichtigkeit lobt, schaut er von seiner Hose auf. Über sein Gesicht flackern Irritation und seine frühere Härte.

»Ich habe keine Ahnung, wovon du sprichst. Ich habe dir weder im Sommer noch zu einem anderen Zeitpunkt ein solches Angebot unterbreitet.«

Kasper braucht einen Moment, um die Bedeutung der Worte zu begreifen. Wenn es nicht Gustafs Idee war, Kasper als zweiten Geschäftsführer von *Strindholm Consulting* neben seiner Schwester einzusetzen, dann muss es Ennis gewesen sein. Sie muss geahnt haben, dass sie dem Druck allein nicht lange standhalten kann. Gleichzeitig lag die gesamte Verantwortung für das Familienunternehmen, die Arbeit mehrerer Strindholm-Generationen auf ihren Schultern, sie konnte die Position nicht einfach aufgeben. Enni war zu stolz, ihren Bruder, der sie schon so oft abgewiesen und im Stich gelassen hat, direkt um Hilfe zu bitten. Ein Hilferuf war ihre verzweifelte Lüge nichtsdestoweniger. Und Kasper war zu sehr mit seinen eigenen Problemchen beschäftigt, um ihn zu erkennen.

Die Strenge weicht wieder aus Gustafs Gesicht, und er sackt ein wenig zusammen, als sei seine Rückenmuskulatur zu schwach, um selbst ihr eigenes Gewicht zu tragen.

»Aber gut, dass du es ansprichst«, sagt sein Vater und erhebt sich langsam aus seiner Position. »Ich habe vor einer Stunde den Vorstand gebeten, einen neuen Geschäftsführer zu ernennen. Zum ersten Mal in der Geschichte des Unternehmens wird es kein Mitglied unserer Familie sein. Ich gehe davon aus, dass *Strindholm Consulting* zeitnah in eine Aktiengesellschaft umgewandelt wird.«

Gustaf wirkt, als wolle er noch viel mehr sagen. Stattdessen legt er eine Hand auf Kaspers Schulter und lässt sie dort einen Augenblick lang liegen. Bis Kasper durch das Sakko hindurch ihr Zittern fühlt. Dann wendet sich der Alte ab und schlurft hinaus.

Nachdem sich Kasper das Sakko auszieht, die Fliege abnimmt und die Lackschuhe abstreift, lässt er sich in seinem ehemaligen Kinderzimmer aufs Bett fallen. Die Sekundenzeiger der drei Uhren – Tokio, Berlin, New York – schreiten synchron ihre Kreisbahnen ab. In New York machen Unternehmer und Angestellte gerade Mittagspause. In Tokio trinkt man den letzten Sake in der Karaoke-Bar. Wäre er zufällig in Japan, auf einer Geschäftsreise oder wegen eines Kurzurlaubs, er würde sich in dieses Kinderzimmer wünschen. Aber warum würde er das, fragt er sich.

In seinem Innern streiten die Geschehnisse des Tages mit dem *Ting* um die emotionale Vorherrschaft. Noch immer rät es ihm mit voller emotionaler Wucht, das Haus zu verlassen, ins Büro zu fahren und sich in die ruhigen Fahrwasser des Start-ups zu retten. Erst jetzt bemerkt Kasper, dass seine Hände vor Aufregung zittern und dass seine Designer-Unterhose nass ist vom Schweiß.

Vielleicht hat das »Navigationssystem fürs Leben« sogar recht, denkt er. Alles ist besser geworden, seit er sich von seiner Familie abgewandt und dem *Ting* zugewandt hat. Er ist erfolgreicher, zufriedener und konnte sogar seinen ökologischen Fußabdruck verkleinern. Aber möchte er wirklich dieser Kasper sein? Der Algorithmen braucht, um ein zufriedenstellendes Leben zu führen? Hat er nicht, seit er denken kann, darunter gelitten, dass alle seine Entscheidungen Reaktionen auf seinen Vater waren? Die erste Start-up-Gründung war ein Aufbegehren gegen die Wünsche Gustafs. Die Zeit als sein Assistent war ein Nachgeben und Sich-Fügen. Die Hinwendung zum *Ting* war eine Revolte und ein Schlussstrich. Und heute wiederum sind seine Entscheidungen Reaktionen auf das *Ting*: entweder das Umsetzen einer Empfehlung oder ein Sich-Weigern. Ihm wird klar, dass er etwas ändern muss. Es ist nie sein größter Wunsch gewesen, ein revolutionäres Produkt zu entwickeln oder ein erfolgreicher Geschäftsführer zu sein. Das Einzige, was er immer wollte, ist: selbstbestimmt handeln.

Aus der Brusttasche des Jacketts zieht Kasper sein altes Notizbuch hervor, wo er seit seiner Kindheit Ideen für neue Produkte und Unternehmen sammelt. Er hat es schon lange nicht mehr geöffnet, weder um darin zu schreiben noch zu lesen. Während er die Seiten durchblättert, denkt er nicht wie sonst an all die Chancen, die er ungenutzt hat liegen lassen. Tröstet sich nicht mit den Möglichkeiten, denen er seine Zeit widmen könnte. Nostalgie – das ist das Einzige, was er fühlt. Und Nostalgie ist kein produktives, sondern ein totes Gefühl.

Mit dem Notizbuch in der Hand läuft er zu der langen Vitrine, in der seine Mutter die Devotionalien aufbewahrt, die sie aus seinem Leben zusammengeklaubt hat. Es verwundert ihn, dass aus dem vergangenen Jahr keine hinzugekommen sind. Keine ausgedruckten Online-Artikel über das *Ting*. Keine Fotos der Kirche.

Er betrachtet die Exponate, sein bisheriges Leben. Und plötzlich wird ihm klar, warum er sich jetzt und hier so frei fühlt wie noch nie zuvor. Zum ersten Mal ist er in der Position, eine Entscheidung zu treffen, ohne die Meinung seines Vaters mitdenken zu müssen. Ohne auf dessen Wünsche reagieren zu müssen. Auch das *Ting,* das noch immer in seinem Innern wütet, versucht, Angst und Panik in ihm aufsteigen zu lassen, kann ihn jetzt nicht mehr beeinflussen. Vielleicht ist es sein Kinderzimmer, das ihn dazu verleitet, aber mit einem Mal stellt sich Kasper eine sehr naive Frage: Ist das *Ting* gut oder böse? Wenn er ehrlich ist, hat er sich die Frage von Anfang an und dann immer wieder gestellt. Und er spürt sofort, dass er auch jetzt keine zufriedenstellende Antwort wird geben können. Vielleicht weil die Frage nie eine Entweder-oder-Frage hätte sein dürfen und die Antwort in jedem Fall eine Sowohl-als-auch-Antwort. Vielleicht aber weil die Antwort so sehr an den Personen hängt, die dem *Ting* Gestalt und Werte verleihen. Wenn er also dem *Ting* und dem Start-up Lebewohl sagt, darf er nicht zulassen, dass bald Tausende, vielleicht irgendwann mehrere Millionen Menschen von einem »Navigationssystem fürs Leben« optimiert werden, das von Adam, Linus und Niu geprägt wird. Das *Ting* braucht eine regulierende Instanz, die größer und komplexer ist als drei fragwürdige Persönlichkeiten.

Vorsichtig hebt Kasper den gläsernen Deckel der Vitrine an und legt sein Notizbuch hinein. Er wird es nicht mehr brauchen. Er weiß jetzt, was zu tun ist. Er wird sich vom *Ting* keine Entscheidungen mehr diktieren lassen, auch wenn das bedeutet, ein unperfektes Dasein voller Fehler zu führen. Und er wird sich nicht mehr an Gustaf messen, wird sich nicht mehr an dessen Wünschen orientieren. Auch wenn diese Selbstbestimmung paradoxerweise dazu führen wird, dass er das wird, was er nie werden wollte: Er wird werden müssen wie sein Vater.

Die Stimme seiner Schwester klingt brüchig, als er erneut an ihre Tür klopft. Enni liegt im Bett. Sie weint nicht mehr. Kasper nimmt vorsichtig ihren Kopf in seine nicht mehr zitternden Hände und gibt ihr einen Kuss auf die schweißnasse Stirn.

»Ich muss los. Aber ich schaue morgen Abend nach dir. Mutter und Vater werden sich um dich kümmern. Wir stehen das gemeinsam durch.«

Enni lächelt nicht. Aber sie dreht sich auch nicht weg.

»Eins noch«, sagt Kasper. »Die ersten drei Seiten deines Briefes kannst du behalten, sie gehören dir. Aber die restlichen 15 mit den Notizen zu *Strindholm Consulting* werde ich noch brauchen.«

Seine Schwester zieht ihre schriftliche Übergabe unter der Bettdecke hervor und streckt sie Kasper entgegen. Anscheinend hat sie das Papier bereits in der Hand gehabt. Als habe sie auf ihn gewartet.

ADAM

Ich werde blind. So richtig blind. Nie wieder irgendeinen Scheiß sehen. Tag und Nacht nicht unterscheiden können, außer man fragt. Nicht wissen, ob Hose und Shirt zusammenpassen. Ob man gerade mit 'ner Blonden oder 'ner Brünetten schläft. Sich an Wänden langtasten, um den Weg aufs Klo zu finden. Leuten ins Gesicht grabschen, um zu wissen, wie sie aussehen. Mit einem Stock kreuz und quer über den Bürgersteig irren, vielleicht mit einem Hund, dem alle Frauen hinterherschauen, weil er so niedlich ist. Das wird bald mein Leben sein.

Sätze, die Adam Sonja gerne sagen würde.

Stattdessen: »Ich möchte nur kurz deine Stimme hören.«

»Äh, das ist süß. Glaube ich.«

Sonja klingt gehetzt. Kein Wunder, denkt Adam, schließlich ist Montagmorgen. Auch wenn sie ihre Affäre mittlerweile Beziehung nennen, seit Sonja den Job bei Adam aufgegeben hat und ein eigenes Start-up gründete, definiert sich ihre Liaison eher über Freiräume als über Nähe. Die wichtigste Regel: Man lenkt sich gegenseitig nicht von der Karriere ab.

»Adam, ich muss zum Kundentermin.«

Ich habe dich heute Morgen angelogen. Ich bin nicht ins Büro gefahren, sondern in eine Augenklinik. Weil das *Ting* mir seit Tagen das Gefühl gibt, dass etwas nicht stimmt. Ich hielt es für einen Bug, deshalb hab ich dir nichts gesagt. Der Arzt hat's bestätigt. *Retinopathia pigmentosa.* Du machst dich doch immer darüber lustig, wie ich im Dunkeln gegen Schränke laufe. Nachtblindheit ist eines der ersten Symptome. Mit der Zeit wird es schlimmer werden. Als Nächstes kommt der Tunnelblick. Bis das Licht schließlich ganz ausgeht. Man kann nichts dagegen tun. Nein, gar nichts.

Stattdessen hört er sich sagen: »Ich will dich nicht stören. Ich wollte nur reden.«

»Gern. Aber kann das bis Freitag warten?«

Du glaubst doch nicht ernsthaft, dass mich so etwas aus der Bahn wirft. Ich hab schon Schlimmeres überstanden. Das ist nur ein kleiner Rückschlag. Auch ohne Augenlicht werde ich es als Gründer des *Ting* und Vorreiter einer Bewegung zu Geld und Ansehen bringen. Aber könntest du mich trotzdem in den Arm nehmen? Nur kurz.

»Es ist nichts Dringendes. Freitag ist super.«

»Perfekt, dann haben wir einen Termin. Bis bald, Adam.«

Die Patienten, die Plastikstühle, der Ficus im Wartezimmer der Augenklinik sind noch immer verschwommen. Das Tageslicht, das durch die Fenster fällt, blendend hell, obwohl der Himmel zugezogen ist. Erst in wenigen Stunden sollen die Nebenwirkungen der Tropfen abklingen, die seine Pupillen für das Elektroretinogramm erweiterten.

Als der Arzt eine Patientin aufruft, wirft er Adam einen irritierten Blick zu. Warum Adam eine Stunde nach seiner Untersuchung noch immer hier sitzt, wird er sich fragen. Warum er nicht längst nach Hause gegangen ist. Warum er nicht mit jemandem spricht, der ihm Beistand leisten kann in den kommenden Jahren der unabwendbaren Erblindung. Seiner Freundin, seinen Eltern oder seinen besten Freunden.

Irgendwo ist Adam dem Arzt schon einmal begegnet. Aber wo? Die ganze Zeit über hat ihn diese Frage beschäftigt: während der Anpassung seiner Augen für das Elektroretinogramm in einem dunklen Raum. Während helle Blitze auf seine Netzhaut geschossen wurden. Und während des Auswertungsgesprächs, in dem er erfuhr, dass er innerhalb der nächsten zehn Jahre erblinden wird. Der Arzt ist Mitte 50, lächelt unablässig und wirkt mit seiner drahtigen Statur wie ein Marathonläufer. Ein durchschnittlicher Mann, dessen Namen Adam noch nie gehört hat. Der Arzt wendet sich ab und verlässt zusammen mit einer Patientin das Wartezimmer. Wahrscheinlich um eine lächerliche Bindehautentzündung zu diagnostizieren, denkt Adam. Irgendetwas ist seltsam an dem Gefühl, ihm schon einmal begegnet zu sein. Aber er vermag nicht, den Finger daraufzulegen.

Gegenüber von Adam sitzt ein vielleicht zehn Jahre alter Junge. Das linke Auge hinter der dicken Brille ist mit einem blauen Pflaster überklebt, auf dem mehrere gelbe Roboter als Motiv abgebildet sind. Mit dem gesunden Auge schaut der Junge auf seine Füße, die er hin und her baumeln lässt. Die Mutter ist in die Lektüre eines Klatschmagazins vertieft, doch immer wenn sie umblättert, berührt sie ihren Sohn kurz am Bein. Wie um zu zeigen: Ich bin da.

Adam wird Sonja am Freitag von seiner Krankheit erzählen, das muss reichen. Sie wird bestürzt sein, ihn trösten und unterstützen wollen. Vielleicht wird er die Sache weniger dramatisch darstellen, als sie ist, damit Sonja sich nicht allzu große Sorgen macht. Helfen kann er sich eh nur selbst. In den Arm genommen zu werden, hat noch nie ein Problem gelöst, denkt Adam.

Wie damals, als er seinen Job bei *Strindholm Consulting* verlor, wird er sich nicht unterkriegen lassen. Er wird sich keine Phase der Trauer erlauben. Wird nicht die nächsten Wochen zu unzähligen Ärzten rennen, um Diagnose und Heilungschancen zu hinterfragen. Wird nicht Tagebuch über sein Leiden führen und sich Selbstmitleid und Depressionen hingeben. Genauso wenig wie Steve Jobs während der Krebserkrankung resigniert hat. Auch wenn der den Kampf letztlich verlor.

Die hintere Ecke des Wartezimmers ist zu einer Spielwiese für Kinder umfunktioniert. Ein Teppich, bedruckt mit einer Straßenkarte. Ein Holzkasten mit *Lego*-Bausteinen, verstreut herumliegende Bilderbücher und anderes leuchtend buntes Zeug. Er fragt sich, warum Spielzeug immer so verdammt bunt und grell sein muss. Sind Kinder nicht von Natur aus sensibel für Reize? Ist es sinnvoll, sie zusätzlich noch mit krassen Farben zuzuballern? Der Junge mit dem Augenpflaster scheint der Kinderecke keine Beachtung zu schenken. Vielleicht möchte er wie die Erwachsenen sein. Vielleicht ist er aber auch nur aufgeregt.

Nein, denkt Adam, er wird weitermachen wie bisher. Ihr »Navigationssystem fürs Leben« wird ihm dabei helfen. Linus hat das Wunder vollbracht, die User Experience des *Ting* auf eine emotionale Ebene zu verlagern. Die Handlungs- und Entscheidungsempfehlungen wirken wie Intuition oder Bauchgefühl und sind nicht mehr zu unterscheiden. Seit Neuestem kann das *Ting* sogar die genetischen Informationen seiner User verarbeiten, weshalb Adam überhaupt von seiner Erkrankung weiß. Wenn Linus und Niu solche technologischen Kunststücke vollbringen können, werden sie auch eine Version entwickeln, die auf die Bedürfnisse von Blinden spezialisiert ist. Die Sensoren, mit denen ihr Produkt die Umgebung seiner User erfasst, werden sein Augenlicht ersetzen können. Adam wird vielleicht nie wieder sehen können, aber das bedeutet nicht, dass er seine Ziele nicht erreicht. Er wird zu einem Role Model für beeinträchtigte Menschen werden und wird der Welt beweisen, dass er ohne Sehvermögen besser ist als viele andere mit. Seine Geschichte wird sich gut verkaufen lassen. Und mit ihr das *Ting*.

An der Seitenwand des Wartezimmers hängen Kunstdrucke

von Monet, die ihm bereits zuvor aufgefallen sind. Sein von den Augentropfen verschwommener Blick korrespondiert nicht gut mit Monets Stil. Was wahrscheinlich Seerosen, Gärten und flanierende Damen sind, nimmt er nur als Verklumpung von Farben wahr. Schöner Farben.

Die Erblindung wird seiner Biografie eine neue, dramatische Wendung verleihen. Der polnische Migrant, aufgewachsen ohne Mutter, großgezogen von einem herzlosen Vater in widrigem Umfeld. Von seinem ersten Arbeitgeber verstoßen, widmet er sich einem scheinbar gescheiterten Projekt. Und verändert die Welt. Das *Ting* optimiert sein Leben, verhilft ihm zu Anerkennung, Reichtum, Gesundheit und einer glücklichen Beziehung. Dann kommt die Nachricht von seinem genetischen Augenleiden. – Doch auch dieser Schicksalsschlag kann unseren Helden nicht aus der Bahn werfen. Ungeachtet aller Widerstände schafft er es ganz nach oben, bis an die Spitze.

So oder so ähnlich wird sich die Zusammenfassung seines Lebens lesen. Da ist sich Adam sicher.

Er wartet noch eine Weile, bis die Wirkung der Augentropfen nachgelassen hat. Dann zieht er Schal, Mütze, Jacke an und macht am Empfang einen Folgetermin, wie mit dem Arzt vereinbart. Verdammt, woher kennt er diesen Mann, fragt er sich.

Draußen kneift Adam kurz die Augen zu und guckt anschließend zu Boden, um sich vor dem Tageslicht zu schützen. An den Rändern der Fußwege liegt der Schnee der vergangenen Wochen, von Dreck und Abgasen eingedunkelt, unter Adams Füßen knirscht das Streusalz.

Er wartet drei Minuten lang an der mehrspurigen Straße und mustert die Fahrzeuge, doch entdeckt keine Taxis. Statt mit seinem Smartphone eines zu rufen, geht ihm durch den Kopf, dass er keinen Führerschein hat. Dass er noch nie am Steuer eines

Wagens saß. Bisher war es nicht nötig, also hat er sich Zeit und Geld gespart. Er fragt sich, ob es dafür jetzt zu spät ist.

Als er ein paar zögerliche Schritte in Richtung eines großen Gebäudes am Ende der Straße macht, das seine Neugier weckt, meldet sich seine Intuition, meldet sich das *Ting*. Eine eindeutige Empfehlung bestehend aus simplen Emotionen und Bedürfnissen, die Adam sehr leicht in Worte ummünzen kann:

Fahr ins Büro. Bereite den kommenden Beta-Test vor. Abends steht Joggen im Programm, das hast du heute Morgen ausfallen lassen. Vergiss den Arzttermin. Erzähl niemandem davon, das kann dir nur schaden. Gegen einen Gendefekt kannst du nichts ausrichten. Es bringt nichts, sich damit auseinanderzusetzen.

Adam stimmt den Suggestionen des *Ting* zu. Trotzdem ignoriert er die Empfehlung. Das erste Mal seit zehn Monaten, seit er die Beta-Version benutzt.

Das große Gebäude aus dem 19. Jahrhundert entpuppt sich als Gemäldegalerie. Die hohen Treppen sind leer. Keine Schulklassen, keine Touristen. Niemand scheint sich für die Ausstellung zu interessieren. Dann hat er die Bilder wenigstens für sich allein, denkt Adam, selbst wenn er sie nicht tadellos erkennt. Doch die Eingangstür ist verschlossen. Montag ist Ruhetag.

Adam setzt sich auf eine kalte Steinstufe und öffnet seine Kontakte im Smartphone. In den Favoriten findet er noch immer Tomeks Namen, obwohl er seit dem Tag vor Agnieszkas Kommunion nicht mehr mit seinem besten Freund gesprochen hat. Das ist Monate her, denkt Adam. Er hat sich weder zu Tomeks noch zu Agnieszkas Geburtstag gemeldet. Auch Tomeks und Kasias Hochzeitstag hat er ignoriert, obwohl er Trauzeuge war. All diese Termine, diese Pflichten haben keine Rolle mehr in seinem Leben gespielt. Zumindest hat das *Ting* ihm das mit entsprechenden Empfehlungen mitgeteilt. Adam fragt sich, wie sein bester Freund reagieren würde, wenn er plötzlich anruft. Wenn er ihm von seiner Krankheit erzählt. Wahrscheinlich würde er das Gespräch nicht mal annehmen.

Er macht sich wieder auf den Weg und biegt ein paar Querstraßen weiter in einen Park. Ein Jogger kommt ihm entgegen und nickt Adam kurz zu, als seien sie Verbündete. Und in diesem Moment fällt ihm ein, woher er den Augenarzt kennt. Als er vor vielen Monaten morgens durch Kreuzberg joggte, empfahl ihm das *Ting,* einen fremden Mann zu grüßen. Damals nahm er an, das *Ting* wolle ihn mit einem potenziellen Investor oder Geschäftspartner bekannt machen und feierte die prophetische Empfehlung auf *Twitter.* Jetzt ist ihm nicht nach Feiern zumute. Dieser Mann war sein heutiger Augenarzt. An einem anderen Tag, in einer anderen Situation würde ihn diese Entdeckung umhauen, denkt Adam. Aber jetzt ist sie völlig bedeutungslos.

Die Wiese im kleinen Park ist mit vereistem Schnee überzogen, die Bäume sind kahl gefroren, nur vereinzelte Büsche und Grasfetzen haben sich etwas Grün aufgespart. Ein paar Spaziergänger schleichen in sich versunken umher. Sie haben weder Jobs noch Aufgaben, die sie anderswo binden. Adam fragt sich, warum gerade er mit Blindheit bestraft wird. Er hat sich immer den Arsch aufgerissen, hat alles Menschenmögliche aus seinem Leben rausgeholt und sich ständig verbessert. Der Lohn ist eine Krankheit, die droht, seine Existenz zu einem Witz verkommen zu lassen. Warum trifft es nicht einen von diesen Leuten, die ihre Zeit mit Spazierengehen und Rumhängen verschwenden?

Sein Lauftempo wird schneller, bis er schließlich joggt. Er presst seinen Atem stoßweise aus sich heraus, eiskalte Luft schneidet in seine Lungen. Das Rennen verdrängt seine Gedanken und verhilft ihm in einen meditativen Zustand, auch wenn er aufpassen muss, auf dem vereisten Weg mit seinen Lackschuhen nicht auszurutschen. Nach mehreren Minuten, als er den Park einmal umrundet hat, schließt er seine Augen und joggt weiter. Er konzentriert sich auf sein Bauchgefühl. Hofft, dass das *Ting* ihn führt, ihm Orientierung bietet. Vielleicht vermag ihr Produkt das bereits, denkt Adam. Der Boden klingt dumpf unter seinen Füßen. In einiger Ferne das Rauschen der Straße. Verwunderte Stimmen, die er schnell hinter sich lässt. All das wird übertönt von seinem Atmen. Adrenalin schießt durch seinen Körper, als er nach links biegt und die Geschwindigkeit erhöht, die Augen noch immer geschlossen. Einige Hundert Meter weiter schwenkt er wieder nach links, als sei hier eine Kurve. Jetzt sprintet er, holt alles aus sich raus, wie immer auf den letzten Metern eines Laufs.

Als der Zusammenprall mit der Bank erfolgt, schießt stechender Schmerz in seine Beine. Adam wird von den Füßen gerissen, dreht sich in der Luft und landet in einer halb vereisten Schlammpfütze. Spaziergänger eilen heran und fragen nach seinem Befinden. Seine Beine schmerzen, seine Hose ist gerissen und voller Schlamm, er blutet aus mehreren Schürfwunden. Doch gebrochen ist nichts. Hat Adam kurz vor dem Aufprall auf sein Bauchgefühl, auf das *Ting* gehört? Oder hat er es mit Absicht ignoriert? Er weiß nicht mehr. Nur eins weiß er mit Gewissheit: Er wird sich neu einkleiden müssen, bevor er ins Büro fährt.

Auf der anderen Seite des Parks, jenseits einer viel befahrenen Straße, befindet sich ein Einkaufszentrum. Hinter den Drehtüren lässt Adam sich für eine Weile vom Luftstrom aufwärmen. Die Inneneinrichtung bei *H&M* kommt ihm vage vertraut vor, als handele es sich um die Wohnung einer längst verlassenen Exfreundin. Als Jugendlicher hat er viel Zeit in diesen Läden verbracht, hat mit Freunden Jacken und Shirts anprobiert, die er sich nicht leisten konnte, hat sich mit fremden Jugendlichen Blickduelle geliefert, Mädchen angesprochen oder Sonnenbrillen, Lederarmbänder und Gürtel mitgehen lassen. *H&M* war ein fester Punkt des Wochenendprogramms, genau wie *Burger King* und Kino.

Der Pullover, den Adam mit den Händen befühlt, ist aus Samt und ungewöhnlich weich. Ob es wohl stimmt, was man über Blinde sagt, fragt er sich. Dass sich die übrigen Sinne anpassen und sensibilisieren, um den Verlust des Sehvermögens auszugleichen. Wie wird sich dieser Pullover in ein paar Jahren anfühlen, wenn er das Türkis nicht mehr sieht? Er hängt ihn zurück, schließt die Augen und greift wahllos hinter sich. Zieht ein anderes Kleidungsstück hervor und betastet es. Der Stoff ist dünn und neutral. Ein Shirt aus Baumwolle mit einem Aufdruck im Brustbereich. Ob er Hilfe braucht, fragt eine weibliche Stimme. Sie klingt sinnlich, aber Adam kann von der Stimmfarbe der Angestellten nicht auf ihr Aussehen schließen.

»Noch nicht«, antwortet er und öffnet die Augen.

Form und Erscheinung des Shirts weichen stark von seinem mentalen Bild des Kleidungsstücks ab. Das Schild im Nacken verrät, dass er die falsche Größe gegriffen hat. *Made in China.* Dort ist er nie gewesen, obwohl viele seiner Besitztümer in dem Land hergestellt wurden. Er fragt sich, wie viel man über ein Land und seine Kultur auf einer Rundreise lernen kann, wenn man weder das eine noch das andere sieht.

Dieser Gedanke bringt ihn auf eine Idee. Er könnte die gesamte Garderobe, die er sein restliches Leben lang tragen wird, kaufen, solange seine Augen noch funktionieren. Zuerst müsste er entscheiden, wie viele neue Anzüge, Jeans, Unterhosen er pro Jahr braucht. Anschließend erwirbt er alle benötigten Anziehsachen für jedes seiner folgenden Lebensjahre auf einmal.

Die Einzelstücke werden separat eingeschweißt und mit einem Code markiert, beispielsweise 40-H-03. Dabei wird die erste Ziffer für das Lebensjahr stehen, in dem er das Kleidungsstück auspackt. Der Buchstabe für die Art des Kleidungsstücks, H für Hose. Die rechte Ziffer zeigt an, um welche Hose aus diesem Jahr es sich handelt. Bevor er die Sachen einschweißt und in einem kleinen Lagerraum verstaut, muss er sich nur noch einprägen, wie das Kleidungsstück, das er zuvor einem Code zugeordnet hat, aussieht. Wahrscheinlich wird dieses System dazu führen, dass er nie wieder einem neuen Trend gemäß gekleidet sein wird. Aber immerhin wird er sein Aussehen selbst bestimmen können.

Beide Arme voll mit Klamotten, betritt er eine Umkleidekabine, lässt alles auf den Boden fallen und zieht den Vorhang hinter sich zu. In den warm ausgeleuchteten Spiegeln sieht er sich selbst in einem Berg aus Textilien stehen, der ihm bis zu den Knien reicht. Ein Mensch in einem Trümmerhaufen. Früher war das Kaufen und Tragen neuer Kleidung mit Spannung verbunden. Als würde man sich ein wenig neu erfinden, sich verbessern. Jetzt sind die Anziehsachen zu seinen Füßen fade Stoffe, ohne Zukunft, ohne Verheißung. Er versucht, seinen Blick zu heben, es gelingt aber nicht. Er möchte sein Gesicht nicht sehen. Möchte sich nicht in die Augen schauen.

Adam lässt sich in den Berg aus Stoffen sinken, spürt Preisschilder an seinen aufgeschürften Schienbeinen ratschen, inhaliert den Chemiestaub der fernöstlichen Fabriken. Erst nach einer ganzen Weile findet er die Kraft, auf Linus' Gesicht in den Favoriten seines Smartphones zu drücken. Es klingelt einige Male, dann meldet sich sein Kollege und Freund.

»Wo bist du?«, fragt Linus aufgeregt. »Die Angestellten fragen sich, was Adam Strzela zugestoßen ist, dass er einen Arbeitstag verpasst? Kasper ist auch noch krankgemeldet. Selbst Niu fehlt unentschuldigt.«

»Könntest du unser Gespräch für dich behalten?«

»Natürlich. Was ist los? Alles in Ordnung?«

Adams Stimme bricht, er räuspert sich und erzählt Linus von der Empfehlung des *Ting*, von seiner Untersuchung am heutigen Morgen und der Diagnose. Er hört sich selbst nur dumpf und wie aus weiter Ferne, als spreche ein anderer, vielleicht jemand in der Kabine nebenan. Aber es ist seine Geschichte, die erzählt wird.

»Sag mir bitte, dass du mich verarschst.«

Linus flüstert. Nicht so, als würden sie über ein Geheimnis sprechen, sondern als würde ihm die Kraft für mehr fehlen.

»Fuck, leider nicht.«

Es wird still am anderen Ende der Leitung. Vor Adams Kabine diskutieren zwei Teenagermädchen lautstark darüber, ob diese eine Hose den Hintern prall oder platt wirken lässt.

»Mh – ich weiß, was wir machen. Gerade bin ich unten im Labor, wir – Rasal und ich – testen gerade. Einen neuen Sensor. Sie kann das nicht allein fertig machen. Aber heut Abend hab ich Zeit. Ich komm zu dir, okay? Ich überleg mir was. Bleib einfach, wo du bist.«

Linus klingt wie unter Schock, als hätte er mehr Angst als Adam selbst.

»Es ist okay.«

Mehr bringt Adam nicht über die Lippen. Sein Freund atmet schwer, scheint mit sich zu ringen, eine ganze Minute lang. Die Mädchen haben sich Richtung Kasse verzogen. In der Kabine nebenan öffnet jemand einen Gürtel und zieht eine Hose herunter.

»Wir kriegen das hin, Adam. Das versprech ich dir. Wir werden das *Ting* verbessern. Wir können neue Außensensoren hinzufügen. Du wirst immer wissen, wo du langgehen musst. Wirst niemals irgendwo dagegenlaufen. Du wirst wissen, wo dein Handy liegt. Und welcher Bus gerade kommt, wenn du an der Haltestelle wartest. Wir werden dir das Leben so barrierefrei wie möglich gestalten. Ich mach heut früher Schluss. Bin so gegen sechs bei dir.«

Barrierefrei. Adam legt den Kopf in den Nacken. Das Licht der Deckenstrahler blendet, aber er versucht, nicht zu blinzeln.

»Es ist okay, Linus.«

Minuten später ertönt Popmusik aus unsichtbaren Lautsprechern und weckt ihn aus seiner Starre. Am Ausgang des Ladens dröhnt die Alarmanlage los. Eine Krawatte ist an seinem Fuß hängen geblieben, er muss sie mitgeschleift haben. Er wirft das Teil zurück in den Laden und wartet. Niemand hält ihn auf.

Sein Weg führt hinaus in die Kälte und weiter in eine Seitenstraße. An vielen Altbaufenstern hängt noch immer Weihnachtsschmuck. Der Anblick der Häuserfassaden ist ihm vertraut und beruhigt ihn ein wenig. Genau wie die Aussicht, Linus abends zu sehen. Es wird guttun, mit jemandem Bier zu trinken und zu lachen. Vielleicht werden sie nicht mal über seine Krankheit sprechen müssen. Linus hat am Telefon richtig reagiert und ist Adams Problem pragmatisch angegangen. Hat genau wie er selbst sofort das *Ting* zur Lösung des Problems herangezogen. Möglicherweise wird das Erblinden tatsächlich etwas Gutes mit sich bringen, versucht Adam sich erneut einzureden. Sein Smartphone unterbricht diesen Gedanken. Eine Mail von Raúl mit Entwürfen für eine virale Kampagne, die sie zum Start der Open Beta planen. Und während er aus Routine die Skizzen überfliegt, wird ihm bewusst, dass er bald keine Mails wird lesen können, außer mit entlarvenden Spezialgeräten. Dass er nicht über *YouTube*-Videos einer Kampagne wird entscheiden können, geschweige denn über das Design ihrer Website. Ein Blinder kann nicht Marketing und PR eines Unternehmens leiten.

Selbst wenn er eine andere Position bekleiden sollte, seine Kollegen und Geschäftspartner werden letztlich den Respekt vor ihm verlieren. Werden ihm Hilfe anbieten, wenn er sich einen Kaffee einschenkt oder sich auf den Weg zur Toilette macht, um zu scheißen. Man wird ihn wie das behandeln, was er sein wird, denkt Adam. Ein Behinderter. Auch das *Ting* kann daran nichts ändern.

Er bleibt stehen und atmet tief durch, kämpft gegen seine Gefühle an. Mit einem Mal erkennt er, wo er sich befindet, wo ihn seine Füße hingetragen haben. Im Altbau vor ihm wohnt Enni Strindholm. Er fragt sich, ob das *Ting* oder seine Intuition ihn hierhergeführt haben. Seit jener sonderbaren Nacht im Sommer hat er nicht mehr mit Enni gesprochen, jedoch verspürt er den Wunsch, sie zu besuchen. Sich von ihr zu verabschieden, auch wenn das keinen Sinn ergibt.

Nachdem er seinen Finger auf *Strindholm* presst, fällt ihm ein, dass Enni sich zurzeit im Tower befinden wird und nicht in ihrer Wohnung. Zu seiner Überraschung summt die Tür trotzdem und lässt sich mit leichtem Druck öffnen.

Adam lässt sich Zeit, während er die Treppen nach oben steigt. Überlegt, warum er eigentlich hier ist. Ob er Enni von seiner Krankheit erzählen soll. Ob sie ihn überhaupt sehen möchte. Doch es ist nicht Enni, die ihn an der Tür erwartet. Sondern Kasper.

»Hallo, Adam», sagt Kasper überrascht. »Woher weißt du, dass ich hier bin?«

»Hey, Kasper. Ich wollte eigentlich Enni besuchen.«

In seinem dunklen Anzug mit hellblauer Fliege und passenden Latexhandschuhen wirkt Kasper wie ein elegant gekleideter Serienkiller.

»Gut, komm rein. Ich bin gerade fertig geworden.«

Mit einem lauten Schnalzen zieht er erst den einen, dann den anderen Handschuh aus und sie begrüßen sich förmlich. Kaspers Hand ist schwitzig und fühlt sich an wie die eines Fremden.

Volle Müllsäcke blockieren den Flur. Der Geruch von Putzmitteln und Chlor sticht in Adams Nase. Hinter den weit geöffneten Fenstern im Wohnzimmer schlängelt sich eine U-Bahn über eine Brücke. Die Wohnung ist aufgeräumt und klinisch rein, als würde keiner darin wohnen. Ein Eindruck, der von zwei Rollkoffern und einer halb gepackten Reisetasche verstärkt wird.

»Wo ist Enni?«

Kasper schließt die Fenster und bittet seinen Partner, sich zu setzen. Die Gesten sind ruppig, das Schließen des Fensters ungeschickt, Kaspers Blick meidet Adam. Seit anderthalb Wochen, seit ihrem ersten Arbeitstag im neuen Jahr und dem Besuch seiner Eltern, ist Kasper nicht mehr zur Arbeit erschienen. Die einzige Nachricht war eine kurze Krankmeldung. Etwas scheint sich verändert zu haben.

Kasper setzt sich ihm gegenüber, schlägt die Beine übereinander und schaut Adam endlich an. Nicht zugewandt wie ein vertrauter Kollege, sondern blasiert und überheblich wie früher, als er Adams Vorgesetzter bei *Strindholm Consulting* war.

»Meine Schwester macht Urlaub in einem etablierten Ressort in der Schweiz. Wir erwarten sie erst in drei Monaten zurück. Frühestens. Die Umstände zwangen sie dazu, überhastet aufzubrechen. Deshalb packe ich einige ihrer Sachen zusammen.«

Diese Information ergibt keinen Sinn. Passt nicht in das Gefüge dessen, was Adam als Normalität bezeichnet. Zu viel, zu viel für einen Tag, denkt er.

»Ich versteh das nicht. Warum sollte Enni so etwas machen? Und wer übernimmt die Geschäftsführung von *Strindholm,* während sie weg ist?«

Kasper leckt sich über die Lippen und verzieht das Gesicht. Zum wiederholten Mal am heutigen Tag hat Adam das Gefühl, an etwas erinnert zu werden.

»Tut mir leid, mein Lieber, aber das geht dich nichts an«, antwortet er. »Normalerweise würde ich dir empfehlen, meine Schwester telefonisch zu kontaktieren, aber da wirst du in nächster Zeit kein Glück haben. Was deine zweite Frage betrifft – ich.«

Während Adam versucht, sich einen Reim auf Kaspers Antwort zu machen, steht Kasper unvermittelt auf und verlässt das Zimmer. Einen Moment später kommt er mit einem großen Umschlag zurück, den er Adam in den Schoß wirft.

»Ich war heute Morgen in der Kirche. Ich wollte dir den Umschlag vorbeibringen und erklären, worum es sich handelt. Du warst nicht da. Schöner Zufall, dass du mir jetzt hier vor die Flinte läufst.«

»Was ist das?«

Kasper pult mit der rechten Hand Dreck unter dem Nagel seines linken Zeigefingers heraus. Seine braunen Locken glänzen wie eh und je, aber sein Gesicht wirkt fremd. Faltiger und härter als noch vor einigen Wochen. Adam öffnet den Umschlag und überfliegt die Formulare, aber der Inhalt erreicht ihn nicht, bleibt kryptisch, als wäre er in einer fremden Sprache verfasst.

»Was ist das?«, fragt Adam erneut.

»Das, mein lieber Kollege, ist eine Anzeige wegen Industriespionage. Weißt du noch, damals bei *Strindholm,* dein Rausschmiss?«

Kasper wischt mit dem Ärmel einen Fleck von seinem Lackschuh.

»Was soll das? Warum?«

»Tut mir leid, mein Freund. Noch haben *Strindholms* Anwälte die Anzeige nicht eingereicht. Du selbst hast in der Hand, ob es jemals dazu kommt.«

Adam spürt, dass er sich in Schwierigkeiten befindet. Dass er jetzt aufmerksam sein muss, um seinen beruflichen und persönlichen Ruin abzuwenden. Aber er denkt an seine Diagnose und fragt sich, ob irgendetwas anderes überhaupt noch eine Rolle spielt.

»Wir können genügend Beweise gegen dich vorbringen, um den Prozess einige Jahre am Leben zu halten und dich für drei weitere ins Gefängnis zu bringen«, sagt Kasper mit leiser Stimme.

Alleine auf der Pritsche einer engen Gefängniszelle. Die Wand gegenüber ist mintgrün. Wo die Farbe abgeplatzt ist, guckt grauer Beton hervor. Hier und da sind dunkle Stellen und Striemen, wo er oder frühere Insassen mit Schuhen oder dem Stuhl langgeratscht sind. Mit den Tagen und Wochen wird das Mintgrün dunkler, bis es sich in einem Schwarz aufzulösen beginnt. Diese Wand wird das Letzte sein, was er jemals sieht.

»Ich kann nicht in den Knast. Ich kann keinen einzigen Tag verlieren. Ist mir scheißegal, was du von mir willst, ich mach's.«

»Gut, das ist angenehmer für uns beide. Denn ich möchte uns zu Multimillionären machen. Wir werden das Angebot von *Google* annehmen. Und unser Start-up verkaufen.«

Adam fühlt nichts bei Kaspers Worten. Spürt weder Enttäuschung über den Verrat seines Kollegen noch die Trauer über den möglichen Verlust des Start-ups. Spürt nicht mal ein Aufbäumen des *Ting* und eine mögliche Empfehlung, Kasper umzustimmen. Einzig das verwundert Adam: Dass ihm selbst das alles egal ist.

»Ich möchte, dass du einwilligst«, fährt Kasper fort. »Und ich möchte, dass du im Team bleibst. Dich um die Übernahme kümmerst. *Google* besteht auf deiner Anwesenheit. Ebenso auf Nius. Linus und ich dagegen scheinen entbehrlich zu sein.«

Vor einigen Tagen hätte er einem Verkauf niemals zugestimmt, denkt Adam. Aber etliche Millionen in der Tasche sind besser als ein paar Jahre im Gefängnis. Er kann das Geld gut gebrauchen. Es wird ihm helfen, sein Leben mit der Behinderung erträglich zu machen.

»Deal«, sagt Adam. »Aber du brauchst die Zustimmung von Linus und Niu. Das wird nicht einfach. Um *Nutshell* wird sich Arman ja bestimmt für dich kümmern.«

Seine eigene Stimme klingt leidenschaftslos und hohl, als sei sie das blecherne Produkt eines Computerprogramms. Sein Partner lehnt sich zurück und wirkt erleichtert, seinen Willen ganz ohne Gegenwehr durchsetzen zu können.

»Die Sache mit *Nutshell* siehst du richtig. Mit Niu werde ich noch reden müssen, aber ich bin zuversichtlich, sie vom Exit zu überzeugen. Bei Linus wird es schwieriger, das stimmt. Ich habe leider keinen Einfluss auf ihn. – Im Gegensatz zu dir. Deshalb ist er die zweite Hälfte unseres Deals.«

Der Gestank der Putzmittel ist in den letzten Minuten allgegenwärtig und fast unaushaltbar geworden. Er setzt sich in Jacke und Haaren fest, mit jeder Minute ein wenig mehr. Adam muss raus aus der Wohnung, aus der Situation.

»Sorry, da kann ich dir nicht helfen. Seit Linus nicht mehr mit Kira zusammen ist, ist ihm nur noch das Start-up geblieben. Der Junge ist ohne uns aufgeschmissen. Das kann Geld nicht aufwiegen.«

Kasper verzieht das Gesicht, als würde auch er den Geruch wahrnehmen und so schnell wie möglich fliehen wollen.

»Wenn das so ist, muss ich dich bitten zu gehen. Wir sehen uns vor Gericht.«

Nichts täte er lieber, als der Bitte nachzukommen und zu verschwinden. Auch wenn Adam hinter Kaspers aufgesetzter Härte ehrliches Bedauern spürt, wäre es zu riskant, seine Drohung nicht ernst zu nehmen. Adams Intuition ist eindeutig: Er soll Kasper geben, was dieser möchte. Ihn wundert die Empfehlung des *Ting*. Und sie macht ihm bewusst, dass er Linus nicht verraten möchte. Seinen einzigen verbliebenen Freund nicht in diese beschissene Situation bringen möchte: Vertrag unterschreiben und das *Ting* an *Google* verlieren. Oder alles verlieren. Aber noch viel weniger möchte Adam, dass das Letzte, was seine kranken Augen sehen, eine Gefängniszelle von innen ist.

»Es gibt etwas, das du gegen Linus benutzen kannst«, sagt er nach längerem Zögern. Er berichtet Kasper von der Empfehlung des *Ting*, Linus solle mit seiner Freundin Schluss machen. Davon, dass Linus die Empfehlung monatelang ignoriert und damit gegen den Zusatzvertrag zum Beta-Test verstoßen hat. Zwar ist der Vertrag nicht mehr gültig, doch damals war er es und kann deshalb noch immer gegen Linus verwendet werden. Adam erklärt Kasper, wo er Back-ups der alten Logdateien findet, die diese Anschuldigung beweisen. Während er sich selbst zuhört, wird ihm bewusst, dass er damit das Schicksal seines einzigen verbliebenen Freundes besiegelt. Auf die eine oder andere Weise.

Adam und Kasper sitzen eine Weile in der Stille und schauen aus dem Fenster, in einen grauen Winterhimmel. Die Zeit scheint für einige Augenblicke stillzustehen. Noch sind die kommenden fundamentalen Veränderungen in ihrem Leben nicht spürbar. Wie ein Update, das zwar schon runtergeladen, aber noch nicht installiert ist. Noch ein paar Momente können Kasper und Adam die Konsequenzen ihrer Entscheidungen hinauszögern und sich von der Realität verabschieden, die es bereits nicht mehr gibt. Mit den Minuten verdunkelt sich der Himmel und taucht das Zimmer in Zwielicht. Als eine U-Bahn auf den Hochschienen einige Hundert Meter entfernt ihren Blick kreuzt, räuspert Kasper sich.

»Entweder er stimmt dem Verkauf zu oder er verliert seine Anteile. Genau das, was ich brauche.«

Kasper stemmt sich langsam aus der Couch und versucht zu lächeln, aber es gelingt ihm nicht. Stattdessen zeigt sein Gesichtsausdruck Reue. In diesem Moment möchte Adam nichts lieber, als ihm von der Diagnose zu erzählen. Doch dann verhärtet sich Kaspers Miene wieder. Mit einer kleinen Geste weist er Adam den Weg hinaus.

»Ich verstehe, dass *Strindholm* einen neuen Geschäftsführer braucht«, sagt Adam. »Aber warum willst du unbedingt an *Google* verkaufen? Wir könnten dir die Anteile nach der Markteinführung abkaufen. Oder wir finden irgendeine andere Möglichkeit.«

Sein Partner nickt, als hätte er auf diese Frage gewartet. »Der Verkauf an *Google* wird uns allen viele Millionen einbringen. *Strindholm Consulting* geht es nicht gut. Ich und mein Familienunternehmen werden das Geld brauchen.«

»Weißt du, Strindholm, du wirst deinem Vater immer ähnlicher.«

Als Adam gegen einen Müllsack läuft und fast darüber stolpert, schaltet Kasper das Licht an.

»Es gibt einen weiteren Grund«, sagt Kasper zögerlich. »Das *Ting*. Jemand muss diese Technologie kontrollieren. Ich benutze unser ›Navigationssystem fürs Leben‹ nicht mehr und werde als Geschäftsführer von *Strindholm Consulting* nicht mehr auf euch aufpassen können. Ob du mir nun glaubst oder nicht, ich möchte das *Ting* nicht auf die Welt loslassen, ohne dass irgendjemand wenigstens minimale ethische Maßstäbe an die

Weiterentwicklung anlegt. Ich möchte das *Ting* einer Instanz anvertrauen, die komplexer funktioniert als unser kleines Start-up. Und die Erfahrung hat mit weltverändernden Technologien und Sicherheitsmechanismen kennt. *Google* wird diese Instanz sein.«

Adam öffnet die Tür und tritt hinaus, dreht sich noch einmal um. Verspürt das absurde Bedürfnis, Kasper zum Abschied zu umarmen. Stattdessen realisiert er verspätet dessen letzte Sätze.

»Du benutzt das *Ting* nicht mehr?«

Kasper zuckt mit den Schultern, als sei es das Natürlichste der Welt. Als hätte er behauptet, das Fitnessstudio oder die Müslisorte gewechselt zu haben.

»Ich habe es vor einer Woche deinstalliert.«

Während Adam noch nach einer Antwort sucht, nickt Kasper ihm zu und schließt die Tür.

»Mach's gut, Strzela.«

Als er aus dem erleuchteten Treppenhaus tritt, brauchen seine Augen lange, um sich an die Dunkelheit zu gewöhnen. Zwar haben die Nebenwirkungen der Augentropfen nun gänzlich nachgelassen, aber mit der Dämmerung verschwimmt seine Welt. Am liebsten würde er sich tastend vorwärtsbewegen. Vor der Diagnose war ihm nicht bewusst, wie eingeschränkt seine Sicht im Vergleich zu früher eigentlich ist. Er hatte sich an den Missstand gewöhnt und ihn für normal gehalten. Oder wollte ihn einfach nicht wahrhaben.

Ein Schritt nach dem anderen führt ihn die Straße entlang, von Laterne zu Laterne, wie ein Schiffbrüchiger, der sich von Treibholz zu Treibholz tastet. Als sein Smartphone vibriert, fällt es ihm schwer, nachzusehen. Eine Nachricht von Linus könnte er jetzt nicht verkraften. Adam hat seinen Freund verraten und nicht zum ersten Mal. Noch vor einem Tag wäre ihm das völlig egal gewesen. Doch er wird einen Freund brauchen in den nächsten Jahren. Linus hat immer zu ihm gehalten. Ihm wäre scheißegal, ob Adam blind ist, denkt er. Vielleicht sollte er ins Büro fahren und Linus warnen, ihm erklären, dass Kasper ihm keine Wahl gelassen hat. Vielleicht könnte er sogar Kasper abfangen und ihn doch noch umstimmen.

Auf seinem Smartphone-Display erscheint eine Nachricht von Sonja.

Wir müssen unsere Plauderei leider um ein paar Tage verschieben. Ich muss übers Wochenende spontan nach Kopenhagen. Ich schick dir später Details.

Nein, Sonja wird ihn nicht trösten, denkt er. Im Gegensatz zu Linus wird sie nicht zu ihm halten. Sie fühlt sich angezogen vom erfolgreichen, charismatischen Adam, der das Aushängeschild und der Motor eines aufstrebenden Start-ups, eines baldigen Einhorns ist. Der gesund und erfolgreich ist und seinen Feierabend mit Vergnügen und Entspannung füllt. Von einem Adam Strzela, dessen Leben wie ein perfektes Uhrwerk voller kleiner Rädchen schnurrt, in dem alles eine eindeutige Funktion hat, selbst das scheinbar Sinnlose. Es ist der Mensch, den das *Ting* aus ihm gemacht hat, der Sonja fasziniert. Mit diesem Adam möchte sie zusammen sein. Und nicht mit seiner behinderten, hilfsbedürftigen Version.

Die bunten Lichter eines Automatenkasinos ziehen ihn einige Hundert Meter vorwärts. Anstatt hineinzugehen, betritt er das Geschäft nebenan. Adam ist der einzige Kunde im Buchladen und begibt sich geradewegs zum Regal mit der Überschrift *Biografien.*

Er betrachtet mehrere Buchumschläge, doch kein Politiker, Intellektueller oder Star trägt eine dunkle Sonnenbrille oder ist auf eine andere Weise eingeschränkt. Wenn sich *Google* sein Unternehmen und das *Ting* einverleibt, wird er den Status als Ikone verlieren, denkt Adam, während er ein Buch nach dem anderen aus dem Regal zieht. Er wird nicht wie Steve Jobs in die Geschichtsbücher eingehen, sondern einer von vielen sein, die an der Entstehung des *Ting* mitgewirkt haben. Vielleicht wird man ihn aus Mitleid nicht feuern, aber wenn seine Sehschwäche zunimmt, wird man ihm alle wichtigen Aufgaben entziehen und ein Maskottchen aus ihm machen. Kein Leben, auf das man stolz sein kann. Kein Leben, um das einen andere beneiden. Kein Stoff für eine Biografie. Die Erblindung wird ein Schlusspunkt sein in seiner persönlichen Geschichte. Ein kleiner Tod.

»Benötigen Sie Hilfe?«

Eine junge Buchverkäuferin lächelt ihn an, während sie seine zerschlissenen Hosen, seine blutverschmierten Schienbeine betrachtet. Es wirkt nicht aufgesetzt, sondern ehrlich, als wäre es ihr Herzenswunsch, ihm zu helfen.

»Sie können mir eine Frage beantworten. Wie viele wichtige Menschen kennen Sie, die blind sind?«

Das Lächeln der Buchverkäuferin flackert, während sie über seine Frage nachdenkt. Dann greift sie in das Regal und drückt ihm die Biografie über Ray Charles in die Hand.

»Stimmt, der«, sagt Adam. »Fällt Ihnen sonst noch jemand ein?«

Die Frau schüttelt bedauernd den Kopf.

»Aber es gibt bestimmt viele andere Biografien über Menschen ohne Sehvermögen. Googeln Sie doch mal.«

Beim Bezahlen bemerkt er die große Brille der Verkäuferin.

»Führen Sie eigentlich Bücher in Blindenschrift?«, fragt Adam.

Die Frau verstaut die Biografie in einer Papiertüte, dann betrachtet sie ihn, als würde sie endlich verstehen. Ihr Lächeln bekommt eine andere Färbung, Mitleid schwingt darin mit. So wird das ab jetzt also sein, denkt er.

»Sie meinen Brailleschrift. Nein, tut mir leid. Diese Bücher nehmen viel Platz in Anspruch, deshalb kauft man sie normalerweise nicht, sondern leiht sie. Sie sollten sich an die Deutsche Zentralbücherei für Blinde wenden, da kann man Ihnen bestimmt weiterhelfen.«

Er bedankt sich und verlässt den Laden. Nach einigen Hundert Metern pfeffert er das gekaufte Buch in eine Mülltonne.

Adam irrt durch den Nieselregen, begleitet von der Erinnerung an das mitleidige Lächeln der Buchverkäuferin. Ihr Bedauern lässt ihn wieder an Linus denken. Hat sein Freund bereits erfahren, dass Adam ihn verraten hat? Vielleicht ist es noch nicht zu spät. Vielleicht könnte Adam ihre Freundschaft noch retten.

Eine Leuchtreklame lenkt ihn ab: Der zweite Teil eines erfolgreichen Actionfilms wird angekündigt, der von der Kritik wegen seiner Effekte abgefeiert wurde.

Im Innern des Kinos riecht es nach dem kandierten Zucker des Popcorns. Obwohl gerade erst die Nachmittagsvorstellungen beginnen, ist der Kassenbereich voller Menschen, und Adam reiht sich in eine Schlange. Er bittet um eine Karte für den Actionfilm. Als der Kassierer fragt, wo er denn sitzen wolle, fragt Adam nach einem Platz, von dem aus man die Leinwand gut sehen kann. Der Kassierer zuckt mit der Schulter und murmelt gelangweilt, dass man im Kino von jedem Platz aus gut sehen kann.

Der Film beginnt erst in einer halben Stunde. Adam schlängelt sich an den Gruppen im Foyer vorbei, um sich eine Tüte Popcorn zu kaufen, als jemand seinen Namen ruft.

»Adam Strzela?«

Ein Mann Anfang 20, den er noch nie vorher gesehen hat, klatscht in die Hände, als Adam sich umdreht und sich ihre Blicke begegnen.

»Kennen wir uns?«

Er wendet sich abwechselnd an Adam und an die Gruppe junger Menschen, mit denen er unterwegs ist.

»Leute, das ist dieser Typ, von dem ich euch erzählt habe. Der mit dem *Ting*.«

Als seine Freunde unbeeindruckt dreinblicken, tritt er einige Schritte auf Adam zu und schüttelt ihm die Hand. Der Mann ist dicklich, aber gut gekleidet. Seine ausladenden Gesten lassen ihn wie eine Karikatur wirken.

»Ich … ähm … wollte Ihnen schon immer mal schreiben, wie sehr Ihr *YouTube*-Channel mich inspiriert. Ich möchte selber mal ein Start-up gründen und werd das Studium schmeißen, sobald ich eine gute Idee hab.«

»Toll.«

»Haben Sie vielleicht einen Tipp für einen jungen Gründer?«

Adam versucht, auf das Repertoire an leeren Phrasen zuzugreifen, das er sich für diese Situationen parat gelegt hat, aber es ist, als seien sie alle verschwunden.

»Du musst 70 Stunden in der Woche arbeiten«, sagt er schließlich. »Alle zwischenmenschlichen Beziehungen ignorieren, die dir nichts nützen. Erfolg zum einzigen Maßstab in deinem Leben machen.«

Der Junge reißt die Augen auf und nickt, als hätte Adam mit diesen Sätzen seine kühnsten Vorstellungen übertroffen.

»Nice, ohne Commitment geht's halt nicht. Kann ich Sie um einen Gefallen bitten. Um genau zu sein, sind's zwei.«

Als Adam ihm nicht antwortet, sondern in Richtung des Ausgangs blickt, holt der junge Mann sein Telefon hervor, stellt sich neben ihn und macht ein Selfie von ihnen beiden. Auf dem Display kann Adam sein Gesicht sehen. Es kommt ihm fremd vor, das Gesicht eines Unbekannten. Vielleicht weil er heute Morgen vergessen hat, sich zu rasieren, denkt er. Vielleicht aber auch, weil er es seit seiner Jugend nicht mehr bewusst betrachtet hat. Sein Gesicht etwas Gegebenes und Selbstverständliches war, wie eben alles an seinem Körper. Er macht einen Schritt Richtung Ausgang, als der Junge abermals zu sprechen beginnt.

»Ich hab mich für die Closed Beta des *Ting* beworben, wurde aber abgelehnt. Könnten Sie vielleicht ...«

Adam braucht nur wenige Minuten, um eine Drogerie zu finden. Er kauft einen Rasierer mit Klinge. Wieder zurück im Kino bemerkt er, dass er den Schaum vergessen hat.

In der Männertoilette riecht es nach Schweiß und Scheiße, aber immerhin ist er allein in dem großen Raum. Vor einem Spiegel füllt er seine Hände mit Wasser und legt sein Gesicht hinein. Mehrmals betätigt er den Seifenspender, verreibt die Seife langsam auf Wangen und Hals. Er öffnet die Verpackung und befeuchtet den Rasierer. Unter seinen Augenhöhlen setzt er ihn an und lauscht dem Schaben der Klinge auf Haut und Stoppeln, als er langsam die Wange hinabgleitet. Die Wangenknochen sind deutlich erkennbar, seit er abgenommen hat. Das lässt ihn hart wirken, wie jemand, der einstecken und austeilen kann. Aber gleichzeitig lässt es den Schädel unter der Haut erahnen und erinnert ihn an den Tod.

Jemand betritt hinter ihm die Toilette, wirft ihm einen neugierigen Blick zu und verschwindet in einer Kabine. Als er die nächste Bahn rasiert, fällt ihm auf, wie schmal und farblos seine Lippen eigentlich sind. Ist das früher nicht mal anders gewesen? Wenn er an sein Gesicht denkt, stellt er es sich mit vollen, rosigen Lippen vor. Völlig neu ist die Mulde zwischen Oberlippe und Nase, ein langer Graben. Während er ihn glättet und rasiert, prägt er sich die Form ein, vor allem die Ränder.

Zum ersten Mal bemerkt er sie, gesteht sie sich ein: die sogenannten slawischen oder polnischen Gesichtszüge, auf die er immer angesprochen wird, von Enni Strindholm und von vielen anderen. Auch wenn er nicht bestimmen kann, wodurch sie entstehen. Welche Details sie ausmachen. Vielleicht ist das das Besondere an Gesichtern, denkt Adam. Egal wie lange man sie betrachtet, sie bleiben ein Geheimnis.

Weitere Männer betreten den Raum, pinkeln und waschen sich anschließend im Waschbecken nebenan die Hände. Dabei betrachten sie Adams Spiegelbild irritiert, sprechen ihn aber nicht an. Rechts und links von seiner Nase gehen zwei kleine Falten ab, besonders wenn er lächelt. Das Lächeln erinnert ihn diffus an seine Kindheit. Wahrscheinlich wegen der Fotos, auf denen er neben seiner Mutter zu sehen ist und die irgendwo zu Hause in einem Album liegen. Adam vermisst seine Mutter, auch nach all den Jahren noch. Ihre kräftige Umarmung, wenn er übermütig hinfiel und weinte. Ihre streichelnde Hand in seinem Haarschopf. Ihre beruhigenden Küsse auf seine Nasenwurzel.

Adams Lächeln im Spiegel ist das gleiche geblieben, auch wenn alles andere sich verändert hat seitdem. Er fragt sich, wie sein Gesicht aussehen wird, wenn er alt ist. Und als er in diesem Moment sein Spiegelbild anlächelt, kann er nicht anders, als Sympathie zu empfinden. Sich selbst zu mögen. Nur mit Mühe kann er die Tränen zurückhalten.

Er setzt die Klinge wieder an. Dieses Mal am Hals, von unten nach oben. Dabei betrachtet er seine Augenpartie. Früher haben ihm Ringe darunter einen verwegenen Touch verliehen. Seitdem das *Ting* ihn jede Nacht acht Stunden schlafen lässt, ist davon nichts übrig geblieben. Die kleinen Krähenfüße hat er noch, vier Stück an jeder Seite, vielleicht einen Zentimeter lang. Und da liegen sie, inmitten tiefer Höhlen, seine stahlgrauen, verkrüppelten Scheißaugen. Ein leichter Schmerz pocht am Hals. Blut tritt hell aus einer Wunde, rinnt die glatte Haut hinab. Er wäscht sein Gesicht, den Rasierer schmeißt er in den Müll.

Adam verlässt das Kino, ohne den Film gesehen zu haben. Mittlerweile ist es Abend geworden. Schneeregen weht in sein Gesicht und in seinen Kragen. Er fühlt sich völlig leer. Orientierungslos.

Vor einem chinesischen Restaurant hält er inne. Auf der anderen Seite der Fensterfront sitzt sein Vater, zu dem er seit vielen Jahren keinen Kontakt mehr hat, von dem er nicht mal weiß, ob er noch in Deutschland lebt. Sein Vater unterhält sich mit einer Frau, während er eine Wartesuppe schlürft. Zumindest sieht der Mann aus wie sein Vater, denkt Adam. Einige Jahre älter, die Glatze über den halben Schädel ausgedehnt, das Doppelkinn größer. Auffällige Ähnlichkeiten zu seinem eigenen Gesicht – tief liegende Augen, das gleiche Lächeln und die sogenannten slawischen Züge. Was Adam zweifeln lässt, ist der Gesichtsausdruck des Mannes: Ernst, aber nicht verbittert. Alles in allem macht der Typ einen zufriedenen Eindruck. Beinahe glücklich. Seine Begleiterin, die Adam wie eine schlechte Kopie seiner Mutter vorkommt, bemerkt sein Starren. Der Blick seines vermeintlichen Vaters trifft den seinen. Der Mann schaut Adam lange an. Betrachtet sein nasses Gesicht, seinen zitternden Oberkörper, seine zerschlissenen Hosen. Dann wendet er sich wieder ab und führt den Löffel zum Mund. Mit einem Lächeln sagt er etwas zu seiner Begleiterin. Adams Lächeln.

Linus, denkt Adam. Er winkt ein vorbeifahrendes Taxi heran, setzt sich in das kalte Leder der Rückbank und nennt dem Fahrer die Adresse ihres Start-up-Büros. Die trockene Luft und das Dröhnen der Heizung hüllen ihn ein. Einige Stunden sind vergangen, in denen Adam unfähig war, zu handeln. Jetzt hat er seinen Fokus wiedergefunden: Er muss seine einzige verbliebene Freundschaft retten. Wenn er Glück hat, ist Kasper noch nicht in der Kirche gewesen, hat Linus noch nicht das Ultimatum unterbreitet: Anteile am Unternehmen an *Google* verkaufen oder sie verlieren. Wenn Adam Glück hat, kann er seinem Freund erklären, warum er ihn verraten musste.

Je näher das Taxi dem Büro kommt, desto mehr fühlt er sich unwohl. Er vermag nicht zu unterscheiden, ob es das *Ting* ist, das ihm vom Gespräch mit Linus abrät, oder ob er sich einfach vor dem fürchtet, was er im Büro vorfinden wird. Um sich von dem unguten Gefühl abzulenken, holt er sein Telefon hervor. Neben unzähligen Mails, die sich allesamt auf die Arbeit beziehen, findet er eine Nachricht von Niu in seinem Posteingang. Sie trägt den Betreff *Veränderung.*

Lieber Adam,
du wirst dich vielleicht gefragt haben, warum ich heute nicht im Büro gewesen bin und auch in den letzten Wochen immer mal wieder gefehlt habe. Ich brauchte Zeit – Zeit, um nachzudenken. Und ich brauche noch viel mehr davon.
Doch zuerst möchte ich dir etwas gestehen, das mir schon lange auf dem Herzen liegt. Ich möchte dich, euch nicht länger belügen. Ich habe vom Ting noch nie auch nur eine einzige Empfehlung bekommen. Du ahnst gar

nicht, wie sehr mich das verletzt hat, nach allem, was ich geleistet, nach allem, was ich geopfert habe. Du ahnst gar nicht, wie sehr ich mich geschämt habe. Ich wollte dazugehören, ein Mal in meinem Leben wollte ich dazugehören. Also habe ich jeden Eintrag in meiner Logdatei gefälscht und so getan, als würde das Ting bei mir genauso wirken wie bei euch.

Aber ich hatte nur mich und mein einsames, monotones Leben. Das Ting hilft mir nicht. Also muss ich es selbst tun. Ich denke darüber nach, eine Pause einzulegen, Urlaub oder ein Sabbatical. Ich denke darüber nach, wegzugehen und alles zu ändern. Vielleicht reichen ein paar Wochen. Vielleicht brauche ich ein Jahr. Vielleicht komme ich auch nie zurück. Ich weiß es nicht.

Ich möchte, dass du weißt, wie es um mich steht.

Ich möchte das Ting und das Start-up nicht in Gefahr bringen. Ich möchte, dass es Linus, Kasper und dir gut geht.

Lass uns bald über alles reden, ja?

Niu

Adam schließt die Nachricht, ohne auch nur ein einziges Wort davon verstanden zu haben. Das Taxi wartet bereits vor der Kirche. Obwohl es schon Abend ist, rauchen, reden, lachen Angestellte im dunklen Innenhof. Adam erkennt die Mitarbeiter nicht und fragt sich, ob das an seinen schlechten Augen liegt oder daran, dass ihr Unternehmen so unfassbar schnell gewachsen ist. Niemand verstummt oder grüßt, als er den Innenhof passiert und die große Tür zum Vorraum öffnet. Adam fragt sich, ob diese Menschen überhaupt wissen, wen sie da vor sich haben.

Noch immer rät ihm sein Gefühl oder das *Ting* davon ab, sich dem Kommenden auszusetzen. Er ignoriert das Gefühl und bleibt zögernd im Vorraum stehen, weil er nicht weiß, ob Linus sich im Labor oder im Hauptraum aufhält. Selbst hier, im Vorraum, ist geschäftiges Treiben. In dicke Jacken und Mäntel eingehüllte Angestellte halten ein Meeting zum kommenden Open-Beta-Test ab. Sie mustern Adam von oben bis unten, als sei er ein Fremder, ein Störfaktor und nicht ihr Arbeitgeber. Das goldene Mission Statement über der Haupttür, das er vor einer gefühlten Ewigkeit verfasst hat, kommt ihm vor wie ein Witz auf seine Kosten. Adam wird zum Krüppel werden. Egal welche Entscheidungen er trifft, egal wie effizient er sein Leben gestaltet, egal wie viele Erfolge er feiert. Er wird nie ein »perfekter Mensch« sein. Auch nicht mithilfe des *Ting.*

Als er den Kellergang zum Labor erreicht, muss er sich im schummrigen Licht vorsichtig an den Wänden entlangtasten, um sicher den Weg zu finden und nicht über unausgepacktes Equipment zu stolpern. Warum haben sie hier nie ordentliches Licht anbringen lassen?

Mehrere Angestellte stehen in den beiden Laborräumen über mysteriöse Geräte und Instrumente gebeugt oder hacken in Tastaturen. Das grelle Licht blendet ihn, er kann die Menschen kaum auseinanderhalten.

»Adam? Wie siehst du denn aus? Ist alles in Ordnung?«

Adam erkennt die Stimme von Linus' Assistentin Rasal. Und die Besorgnis darin.

»Was? Was meinst du?«

»Deine aufgerissene Kleidung. Du blutest an den Beinen. Und verdammt, am Hals auch. Hattest du einen Unfall?«

»Das ist nichts. Ist Linus hier?«

»Ähh … nein. Er ist vor einigen Minuten hoch, weil Kasper was Wichtiges mit ihm besprechen wollte. Ich glaube, sie sind hoch auf die Empore.«

Adam wendet sich ohne ein weiteres Wort ab und tastet sich hastig zurück durch den Kellergang, stolpert und fällt auf seine blutigen, wunden Knie. Schnell rappelt er sich wieder auf, rennt durch den Vorraum, erklimmt die Wendeltreppe zur Empore und reißt die Tür auf. Die Empore ist leer. Die Schreibtische der vier Gründer unbesetzt.

Die Kirche ist ungewöhnlich still, niemand spricht. Dann hört Adam Linus' Stimme: »Ich werde meine Anteile nicht an *Google* verkaufen. Für kein Geld der Welt.«

Wankend und seine schmerzenden Wunden ignorierend, tritt Adam an die Brüstung. Der Hauptraum der Kirche ist voller Angestellter. Sie sitzen an den Schreibtischen, in der Küche oder in den Sesseln des rechten Seitenschiffs. Niemand bewegt sich, niemand spricht, niemand wagt es zu atmen. Alle schauen nach vorne, wo vor dem großen Konterfei von Jesus Christus aus Buntglas Linus am Konferenztisch sitzt. Kasper steht vor ihm, in einen Wintermantel gehüllt.

»Sei nicht dumm, Linus. Wir sprechen hier von vielen Millionen Euro«, sagt Kasper. Die Stimmen seiner Partner sind klar im ganzen Raum zu hören. Sie geben sich keine Mühe, leise zu sprechen. Adam kann die Gesichter der beiden wegen der Entfernung oder seiner Krankheit kaum ausmachen. Aber er erkennt an Linus' Körperhaltung, wie eingeschüchtert dieser ist. Und voller Trotz. Auch Kasper scheint die Situation kein Vergnügen zu bereiten. Dennoch versucht er, so viel Autorität wie möglich auszustrahlen.

»Du bekommst meine Unterschrift nicht«, sagt Linus mit brüchiger Stimme. »Das *Ting* gehört uns. Nicht *Google,* nicht irgendeinem Investor. Uns. Mir. Das *Ting* macht mich noch immer fertig, jeden Tag und jede Nacht. Aber es ist alles, was ich noch habe. Die Menschen, die hier arbeiten, das Unternehmen, das *Ting*. Meine Karriere – mein Leben hängt davon ab.«

»Dann lässt du mir keine andere Wahl«, flüstert Kasper. Jetzt, genau in diesem Augenblick, ist es an Adam, einzuschreiten. Kasper anzuschreien, er solle seine dämliche Fresse halten. Es ist an Adam, Kasper zu sagen, dass er sich seine Drohungen sonst wohin schieben kann. Dass weder Linus noch Adam ihre Anteile verkaufen werden.

Aber er schafft es nicht. Vielleicht ist es das *Ting,* das ihm rät, sich rauszuhalten. Vielleicht ist es die Diagnose seiner Krankheit. Vielleicht bringt er aber auch keinen Ton heraus, weil er der Mensch ist, der er nun mal ist.

»Ich weiß, dass du monatelang gegen den Zusatzvertrag verstoßen hast«, fährt Kasper fort, hörbar bemüht, die Härte in seiner Stimme zu halten.

»Ich weiß, dass das *Ting* dir empfohlen hat, mit Kira Schluss zu machen. An die hundertmal. Du hast die Empfehlung nicht befolgt, obwohl du die Konsequenzen kanntest. Ich habe die originalen Logdateien gesehen. Und an meine Anwälte geschickt. Entweder du stimmst dem Verkauf an *Google* zu. Oder du verlierst deine Anteile und scheidest aus dem Unternehmen aus. Du hast die Wahl.«

Kasper dreht Linus den Rücken zu, seine Schritte hallen durch den Kirchenraum, während er an den Schreibtischen und den stummen Angestellten vorbeigeht. Kurz bevor er die Haupttür unter der Empore erreicht, findet Linus seine Fassung wieder.

»Woher weißt du das alles?«, fragt er. Kasper dreht sich noch einmal um.

»Dein geschätzter Freund Adam hat mir alles erzählt. Er hat sich im Übrigen für den Verkauf ausgesprochen.«

Als die Tür hinter Kasper zufällt, wandert Linus' Blick nach oben zur Empore. Adam kann seinen Gesichtsausdruck nicht erkennen, aber er weiß, dass er seinen Freund für immer verloren hat.

Einige Minuten später sitzt Adam wieder in einem Taxi. Noch ist dieser Tag nicht vorbei, denkt er. Noch ist der letzte Satz seiner Biografie nicht geschrieben.

Die Lebendigkeit der Berliner Nacht zieht in künstlichen Farben an ihm vorbei. Adam verschließt seine Augen. Schade wäre es, denkt er, wenn wertvolle Erinnerungen an scharfe Bilder, an konkrete Eindrücke, überschrieben würden von verwaschenen.

Die Sozialsiedlung in Alt-Mariendorf scheint verlassen. Nur wenige Fenster der Häuserblöcke sind erleuchtet. Im Dunkeln kaum auszumachen sind die von Staub und Abgasen angegrauten Fassaden. Die Fahrräder, die seit Jahrzehnten an Pfeilern vor sich hin rosten, wirken intakt. Jugendliche rauchen auf einer Bank, rotzen vor sich hin, heben aber kaum den Blick, als er vorbeiläuft. Sondern nehmen ihn hin, als sei er einer von ihnen. Friedlich liegt der Block in der Nacht. Fast heilig.

Am Hauseingang zu Tomeks Wohnung macht er sich auf ein schwieriges Gespräch gefasst. Bevor er klingeln kann, öffnet jemand die Tür, um das Gebäude zu verlassen, und Adam schlüpft in den Hausflur.

Die Sprüche und Bilder auf den Fußmatten sind vertraut. Die angestaubten Kunstblumen auf den Fensterbrettern der Zwischenstockwerke wirken heute freundlich statt billig. Zu seiner Überraschung steht die Tür zu Tomeks Wohnung sperrangelweit offen. Im Innern ist es dunkel. Adam klopft kurz, dann tritt er ein. Flur und Rest der Wohnung sind leer, was nicht daran liegt, dass seine Augen mit dem dämmrigen Licht Mühe haben. Jedes Zeichen von Leben fehlt.

Seine Schritte hallen an den kahlen Wänden des Wohnzimmers wider. Aus Gewohnheit betätigt er den Lichtschalter, aber wo früher eine geschmacklose IKEA-Lampe war, hängen nur

Drähte. Das einzige Licht fällt aus dem Treppenhaus durch die offene Eingangstür. Die Küche ist ein weißer Kubus, kein Tisch, kein Kühlschrank, keine Schublade, in der Tomeks Frau Kasia regelmäßig das geschenkte Geld von Adam vor ihrem Mann versteckte. In Agnieszkas Zimmer fehlt jeder Hinweis, dass hier einmal sein Patenkind geweint, gespielt und geschlafen hat. Als er dort ankommt, wo früher einmal ihr Bett gestanden hat, verlöscht das Licht im Treppenhaus. Mit ausgestreckten Armen macht er Schritt für Schritt in Richtung der Wand, tastet sich daran entlang. Quälende Momente später betätigt er den Lichtschalter im Treppenhaus und geht wieder hinein.

Im Wohnzimmer nimmt Adam tiefe Atemzüge. Sucht den vertrauten Geruch von Tomeks Familie, findet aber nur den Gestank frischer Farbe. Auf dem Weg zum Fenster stolpert er über ein Hindernis, fällt und schlägt mit dem Kopf gegen die Wand. Er richtet sich auf, lehnt sich sitzend an die Wand, betastet seine schmerzende Stirn. Ein Eimer mit Spachteln, Pinseln und anderen Renovierungsutensilien hat ihn zu Fall gebracht. Im Treppenhaus wird die Eingangstür geöffnet. Hastige Schritte werden immer lauter, bis sie die Wohnung erreichen.

Tomek braucht nur einen Augenblick, um Adam zu entdecken. Mit einem kleinen Aufschrei zuckt er zurück. Dann herrscht Stille. Adam kann seine Mimik im Dämmerlicht nicht erkennen. Weiß nicht, ob Tomek enttäuscht und wütend ist oder sich vielleicht sogar freut, seinen alten Freund wiederzusehen.

»Co ty tu robisz?«

Die Wörter sind deutlich ausgesprochen, aber Adam versteht sie nicht. Er erkennt, dass es sich um Polnisch handelt, seine Muttersprache. Alles andere bleibt ihm verborgen.

»Jesteś głuchy?«

Als läge die Bedeutung der Wörter greifbar vor ihm, aber eine unsichtbare Kraft hielte ihn ab, zuzupacken. Wenn es nicht so abwegig wäre, würde er glauben: Das *Ting*.

»Könntest du bitte Deutsch sprechen?«

Tomek lacht bitter und schüttelt den Kopf.

»Noch immer nicht die Eier, zu deinen Wurzeln zu stehen. Was du hier machst, habe ich gefragt.«

Tomeks Akzent ist Adam so vertraut wie seine eigene Stimme. Er freut sich, ihn endlich wieder zu hören.

»Ich wollte mit dir sprechen. Mich entschuldigen.«

»Kurwa. Und wofür genau? Dass du Agnieszkas Kommunion kaputt gemacht hast? Dass du das Herz deiner Patentochter gebrochen hast?«

Er tritt einen Schritt auf Adam zu. Seine Gestalt verschmilzt mit der Dunkelheit des Raumes.

»Dafür, dass du ihren Geburtstag ignoriert hast?«

Adam will aufstehen, aber ihm ist schwindelig vom Sturz.

»Oder nur dafür, dass du dich monatelang nicht gemeldet hast? Auf meine Nachrichten nicht reagiert hast, obwohl ich dir geschrieben habe, dass ich dich brauche?«

»Ja.«

»Gut, dann haben wir das erledigt. Und jetzt entschuldige mich, ich hab eine lange Fahrt vor mir.«

Tomek kommt näher und greift nach dem Eimer. Einen Augenblick lang kann Adam die vertrauten Gesichtszüge seines besten Freundes erkennen.

»Zieht ihr um?«

Adam versucht, das Heisere in seiner Stimme hinunterzuschlucken. Sein Freund friert in der Bewegung ein, mustert ihn von oben bis unten. Als sein Arm zuckt, glaubt Adam, er wolle ihm aufhelfen. Doch seine Wut ist nur gewichen, um tiefer Enttäuschung Platz zu machen.

»Kasia ist wieder schwanger. Also hab ich mich auf einen

besser bezahlten Job in Stuttgart beworben. Kaum zu glauben, aber ich hab ihn bekommen. Februar geht's los.«

»Das … das sind super Neuigkeiten. Gratulation.«

»Ja.«

Tomek greift in seine Jackentasche und wirft etwas vor Adams Füße. Das Klatschen erinnert an einen Stapel Papier.

»Ich war mittags in deinem Büro, aber hab dich nicht angetroffen. Ich wollte dir das zurückgeben.«

Adam zieht den Umschlag zu sich, der mit großen Geldscheinen prall gefüllt ist.

»Das sind 20 000 Euro in bar«, sagt Tomek. »Dieselben Scheine, die du Kasia monatelang zugesteckt hast.«

Bitterkeit mischt sich in seine Stimme.

»Denkst du wirklich, meine Frau würde mir das verheimlichen? Denkst du wirklich, dass ich mein ganzes Geld verspiele? Dass ich nicht für meine Familie sorgen kann? Wir haben dein Geld nie angerührt. Wir wollten es Agnieszka in deinem Namen zum 18. schenken. Aber das hat sich jetzt erledigt.«

Tomek nimmt den Eimer und geht einige Schritte auf die Tür zu. Bleibt noch einmal stehen und atmet tief aus. Gibt Adam eine letzte Chance. Adam möchte ihm sagen, dass er erblinden wird. Will es in die Leere schreien. Aber er schafft es nicht. Und der Moment verstreicht.

»Trzymaj się, Adam.«

Ohne sich noch einmal umzudrehen, verlässt Tomek das Zimmer. Als die Eingangstür hinter ihm ins Schloss fällt, erlischt das Licht im Treppenhaus. Allumfassende Dunkelheit hüllt Adam ein. Als triebe er im Nichts.

Mit einem Mal wird ihm klar, dass das *Ting* ihn nicht retten wird. Dass er erblinden und irgendwann sterben wird, egal wie effizient sein Alltag, egal wie optimiert sein Körper, egal wie perfekt sein Leben ist. Ihm wird klar, dass er jede Referenz und jeden Erfolg in seiner Biografie, jede Anerkennung von Kollegen oder Konkurrenten, jeden persönlichen Rekord beim Joggen tauschen würde. Tauschen würde gegen lebenslang Farben und Gesichter sehen. Eintauschen würde gegen Linus' und Tomeks Freundschaft.

Eine halbe Stunde später haben sich seine Augen noch immer nicht an die Dunkelheit gewöhnt. So wird das von nun an also sein. Und endlich - endlich, denkt er - kann er weinen.

NIU

Sie liegt schon lang wach, als das Telefon vibriert. Kaspers lockiger Kopf lächelt sie vom Foto auf dem Display aus an. Zwar hatte sie sich vorgenommen, auszuschlafen und erst in letzter Sekunde zur Vertragsunterschrift bei *Google* zu erscheinen, doch die Gewohnheit weckte sie bereits um sechs. Niu widerstand dem Drang, schlaftrunken Jeans und Hoodie überzustreifen und ohne Frühstück in die Kirche zu fahren, wie so oft zuvor im vergangenen Jahr. Stattdessen machte sie es sich mit einer Schale Müsli im Bett gemütlich, zog eine Graphic Novel aus dem Regal und las die vergangenen drei Stunden darin. Die vorgegebenen Zeiten ihres alten Plans, mit dem sie ihren Alltag bis in die kleinsten Winkel ausgestaltete, mögen sich in ihren Körper eingeschrieben haben. Aber sie wird sich von diesen Überbleibseln nicht mehr lenken lassen.

Die Wintersonne fällt durch das Fenster des Plattenbaus in ihr Zimmer und verleiht den unzähligen Partikeln in der Luft plastische Gestalt. Als die Vibration des Telefons verstummt, sieht Niu ein, dass sie den Beginn des Tages nicht länger hinauszögern kann. Sie wird sich den heutigen Entscheidungen stellen müssen. Ihr Telefon meldet sich erneut, zweimal kurz hintereinander.

Wach auf, Sonnenschein. Heute ist unser großer Tag.

Es ist wohl besser, ich hole dich ab. Bin in einer halben Stunde bei dir.

Kasper scheint keine Mühe zu scheuen, um die Übernahme ihres Start-ups durch *Google* zu vollstrecken, denkt Niu. Als er sie bat, dem Verkauf zuzustimmen, spielte sie selbst bereits eine Weile mit dem Gedanken, eine längere Auszeit einzulegen oder sogar ganz aus dem Unternehmen auszusteigen. Um etwas zu ändern, sich für neue Strukturen zu öffnen. Niu deutete seine Bitte als Zeichen des Schicksals und stimmte spontan zu.

Seither plagen sie Zweifel. Immer wieder denkt sie an die künstliche Intelligenz *I*, an deren Algorithmen sie fast ihr gesamtes Leben lang schrieb und die sie später in den Code des *Ting* überführte. Das *Ting* ist ihr Lebenswerk, ihr Baby. Jetzt steht sie kurz davor, es mit einer Unterschrift an *Google* zu verkaufen. Vielleicht, denkt Niu, während sie aus der Dusche steigt, wird sie sich vor der Unterschrift genauso spontan wieder umentscheiden.

Gegen die Wand ihres kleinen Zimmers gelehnt, schaut sie an ihrem Rechner vorbei zur Fensterfront. Draußen glänzt der Fernsehturm metallen vor einem hellblauen Himmel. Die Zimmerwand am Rücken überträgt Kälte auf ihre nackte Haut, lässt die Härchen auf ihren Armen aufrecht stehen. Das Licht der Sonne hingegen wärmt ihren Bauch. Sie versucht, beiden Eindrücken gleich viel Raum zu geben. Dann das Knacken eines Möbelstücks, das Rauschen in den Rohren, Stadtlärm, der durch die isolierten Fenster dringt. Zwischen ihren nackten Fußsohlen und dem Linoleum spürt sie ein paar Krümel. Was man nicht messen kann, das existiert nicht. Das hat Adam einmal bei einem Meeting gesagt und Niu hat ihm zugestimmt. Doch wie sie sich genau in diesem Moment fühlt, wird sich nie in einer Logdatei abbilden lassen, egal wie weit sich ihre Algorithmen bei *Google* entwickeln.

Als sie angezogen ist und Kaspers Ankunft naht, kann sie den Rucksack nicht länger ignorieren, den sie gestern Nacht vor dem Zubettgehen prominent in der Mitte ihres kleinen Zimmers platzierte. Viel wird sie nicht mitnehmen, selbst wenn sie ihren Plan in die Tat umsetzt und mehrere Wochen lang nicht wiederkommen wird. Unterwäsche, einen Ersatzpullover und ihre Kulturtasche.

Es kostet Niu Überwindung, das Fitnessarmband vom Handgelenk zu lösen und in einer Schublade und nicht im Rucksack zu verstauen. Sie hat es in den letzten Wochen kaum mehr konsultiert, weder Schritte, Herzfrequenz noch Kalorien gemessen. Die nackten Zahlen können ihr nicht mehr helfen, ihr keinen Trost mehr spenden. Das Armband ist eine Versicherung für Notfälle gewesen, mehr nicht. Und doch fühlt sie sich nackt und schutzlos ohne.

Genau wie auf das Armband verzichtet sie auf das Beantworten der Fragen ihres *Selbstchecks.* Sie will auf ihre Bedürfnisse achten und ihrer Sensibilität Raum geben, ohne sich ununterbrochen zu kontrollieren. Trotzdem muss sie manchmal an das Liniendiagramm denken, das ihre Antworten grafisch visualisiert hat. An die horizontalen Linien ohne Ausschlag nach oben oder unten, die ihr durchgeplantes Leben symbolisierten. Ein Leben, das immer nur auf ein Ziel ausgerichtet war: Selbstschutz.

Falls sie ihr heutiges Vorhaben wirklich umsetzt, wird sie eine ganze Weile keine Trompete mehr spielen. Der Gedanke versetzt ihr einen schmerzhaften Stich. Die Treffen mit ihrer neuen

Amateurjazzband in den letzten Wochen waren chaotisch, ziellos, voller Ablenkungen. Doch das Spielen hat sie von der Arbeit abgelenkt. Ihr einen Ausgleich geboten. Und vor allem Spaß gemacht.

Niu setzt ihre Kopfhörer auf und stöpselt sie ans Smartphone. Bass und Saxofon setzen ein, ein Schlagzeug gesellt sich dazu. Die vertraut komplexen Harmonien eines Bebop-Jazzstücks. Ihre Kopfhörer wird sie mitnehmen, denkt sie. Nicht um sich hinter ihnen zu verstecken und vor der Welt abzuschirmen. Sondern um sich Zeit zu nehmen für die Musik. Und um bei sich zu bleiben.

Als sie die Musik wieder leiser stellt, um Kaspers Klingeln nicht zu überhören, muss sie wieder an das Foto denken. Wie so oft in den vergangenen drei Tagen, seit ihre kleine Schwester auf die Welt gekommen ist, betrachtet sie es. Das winzige Gesicht zerknautscht, der Blick leer und starrend und doch so faszinierend schön. Es fällt Niu noch immer schwer, sich eine kümmernde, stillende Lu vorzustellen, noch immer erfüllt sie der Gedanke diffus mit Eifersucht. Gleichzeitig ist der Wunsch, den Säugling zu beschützen, an seinem Leben, seiner Lebendigkeit teilzuhaben, so groß, dass Niu sich nicht verschließen kann. Sie wird vorsichtig sein und auf sich achten, denkt sie. Aber sie wird sich ihre eigenen Emotionen, wird sich diesen neuen Menschen – zumuten.

Ein kurzes, schrilles Klingeln unterbricht ihre Gedanken. Sie löst den Blick vom Foto ihrer kleinen Schwester und öffnet die Tür.

Als würde er Niu bloß zum Kaffee abholen, lächelt Kasper sie an und begrüßt sie freundschaftlich. In dem lilafarbenen Anzug unter einem dicken, grünen Mantel sieht er aus wie der

Joker höchstpersönlich. Niu fragt sich, ob Comics für jemanden wie Kasper zum Kulturprogramm gehören. Ohne auf eine Einladung zu warten, zwängt er sich an ihr vorbei und schaut sich neugierig in ihrer Wohnung um. Trotz seines unbeschwerten Auftritts kann sie seine Anspannung spüren. Seine Befürchtung, Niu könnte es sich anders überlegt haben. Es sind Kleinigkeiten, die ihn verraten. Die Ungeduld, mit der er seinen Mantel von den Armen zieht. Die verstohlenen Blicke, mit denen er sie mustert und versucht, ihre Stimmung zu lesen. Das Lächeln, das sie einlullen soll. Sie würde sich gern abwenden oder im Bad verschwinden, wie sie es früher tat, wenn sie sich vor den Emotionen und Bedürfnissen anderer Menschen schützen musste. Stattdessen setzt sie sich auf eine Plastikkiste und versucht, nur ihre eigenen Emotionen wahrzunehmen.

Mit gespielter Neugier betrachtet Kasper ihre Comic-Sammlung, zieht ein Heft hervor und blättert darin, als würde ihn der Inhalt tatsächlich interessieren.

»Gemütlich hast du's hier. Ein bisschen eng. Wenn dieser Tag rum ist, wirst du dir etwas Geräumigeres leisten können.«

Sein verschwörerisches Lächeln fordert sie zu einer Entgegnung auf, aber Niu tut ihm den Gefallen nicht. Als ihr Partner den offenen Instrumentenkoffer mit ihrer Trompete auf dem Boden entdeckt, entfährt ihm ein überraschtes Geräusch. Er geht in die Knie und hebt ihr Instrument aus dem Gigbag.

»Kannst du das spielen?«, fragt er, ohne sie anzuschauen.

Nicht die Frage lässt Niu wütend werden. Sondern dass er ihr Instrument vor sein Gesicht hebt, gegen den Schallbecher haucht und die beschlagene Stelle mit dem Ärmel poliert.

»Warum bist du hier?«, fragt sie. »Ich hätte den Weg zur *Assembly Line* alleine gefunden.«

Kasper legt die Trompete zurück in den Koffer, setzt sich in den Schreibtischstuhl und lächelt sie von oben herab an.

»Ich bin erfreut, dass wir bezüglich des Exits einer Meinung sind. Heute Nachmittag werden wir Multimillionäre sein.«

Niu beschließt, ihren Kollegen nicht an ihren Zweifeln teilhaben zu lassen. Er würde nur versuchen, sie zu überzeugen.

»Falls ich unterschreibe, dann unterschreibe ich weder für dich noch für das Geld«, sagt sie.

»Und welche Motivation treibt dich stattdessen, meine Liebe?«

Erst möchte Niu die Frage abblocken. Doch die Antwort ist ihr selbst nicht zugänglich. Also spürt sie ihren Gefühlen nach und lässt sich Zeit.

»Ich – ich möchte nicht mehr, dass jeder Tag eine Blaupause vom vergangenen ist. – Ich möchte lernen, von Veränderungen nicht überfordert zu sein. – Das wird mir leichter fallen, wenn ich die gewohnten Strukturen hinter mir lasse.«

Kasper blinzelt irritiert und lehnt sich zu ihr vor.

»Dir ist bewusst, dass dein Verbleib im Projekt als Entwicklerin des *Ting* Bestandteil des Deals ist?«, fragt er mit väterlich strenger Stimme. »*Google* und Adam erwarten dich morgen wieder im Büro, um den Start des nächsten Beta-Tests zu überwachen.«

Niu zuckt mit den Schultern.

»Und was wirst du morgen tun?«, fragt sie. »Dir die Hände reiben und dich in den Stuhl deines Vaters setzen? Ohne einen Gedanken daran zu verschwenden, dass du Linus um sein Lebenswerk gebracht hast, für deinen Willen und einen Haufen Geld. Stimmt es, dass du auch Adam erpresst hast, um ihn zum Exit zu bewegen?«

Kasper rutscht unruhig in seinem Stuhl hin und her, verschränkt die Arme vor der Brust.

»Es tut mir aufrichtig leid für Linus. Ich wollte nicht, dass es so weit kommt. Ich habe ihm mehrmals angeboten, den Übernahmevertrag doch noch als Gründer zu unterschreiben. Damit er zumindest das Geld mitnimmt. Aber er hat sich geweigert, wollte das *Ting* nicht aus der Hand geben. Ich hatte keine andere Wahl, als seinen Bruch des Zusatzvertrags zu nutzen. Ihm seine Anteile und damit auch seine Stimme zu entziehen.«

Mit einem Mal steht Kasper auf und wendet sich ab. Kurz denkt Niu, er würde flüchten, wie sie es früher tat, wenn Situationen schwierig wurden. Aber ihr Kollege stellt sich vor die geschlossene Balkontür, schaut hinaus ins mit Plattenbauten gespickte Ostberliner Panorama.

»Was Adam angeht«, fährt er fort, »stimmen die Gerüchte. Mir hat das keinen Spaß gemacht, aber ich musste diese Entscheidung treffen. Der Verkauf an *Google* ist der Beweis, dass wir etwas Außerordentliches zustande gebracht haben. Niemand wird behaupten können, wir hätten versagt.«

»Kommt drauf an, was man als Versagen ansieht«, wendet sie ein. Kaspers Bedauern ist nicht gespielt. Sie kann seine Reue spüren. Nichtsdestotrotz wächst ihre Abneigung gegen ihn.

»Die Angestellten zumindest scheinen glücklich über die Entwicklung zu sein«, sagt er.

Nicht nur glücklich, beinahe hysterisch, denkt Niu. Das ganze Büro kennt seit Tagen kein anderes Thema mehr. Die Mitarbeiter sind begierig, dem Internet-Giganten anzugehören. Bloß zweieinhalb Monate ist es her, dass die gesamte Belegschaft über die Entscheidung jubelte, das Übernahmeangebot auszuschlagen. Wie schnell Stimmungslagen umschlagen können, denkt sie. Besonders wenn sie von so charismatischen Personen wie Kasper Strindholm und Adam Strzela diktiert werden.

»Auch wenn du es mir nicht glauben wirst«, setzt Kasper von Neuem an und findet wieder Mut, sich Niu zuzuwenden. »Ein gewichtiger Grund für den erzwungenen Verkauf ist mein Anliegen, unsere Technologie im Zaum zu halten, wenn ich nicht mehr zugegen bin. Ich möchte das *Ting* in guten Händen wissen.«

»Du kannst also nachts gut schlafen, wenn unsere Technologie von einem profitgesteuerten, supranationalen Unternehmen kontrolliert wird?«

»Du denkst zu deutsch, meine Liebe«, sagt Kasper jovial. »Der Staat ist nicht die einzige Regulierungsinstanz. Große Unternehmen entwickeln ihre eigenen Strukturen, um nicht über die Stränge zu schlagen. Sie haben immer auch ihre Außenwirkung im Sinn. Sie bestehen aus vielen Akteuren und Hierarchieebenen, die Entwicklungen auch auf ihre gesellschaftlichen Implikationen prüfen. Ein kleines Start-up hingegen, mit einem Heißsporn wie Adam Strzela als Taktgeber, ist unberechenbar.«

Nius Ärger lässt sie aufstehen und sich vor Kasper aufbauen. Es ist nicht, was er sagt, sondern die Art und Weise, wie er mit ihr spricht, denkt Niu.

»Die Zeit wird zeigen, wer von uns beiden naiv ist«, entgegnet sie beherrscht. »Ich habe jedenfalls keine Lust mehr, mich von einem alten Mann belehren zu lassen. Lass uns gehen.«

Kasper lächelt und verbeugt sich spöttisch, zieht seinen Mantel an und verlässt die Wohnung. Wäre er nicht darauf bedacht, sie bei Laune zu halten, er hätte diesen Kommentar nicht auf sich sitzen lassen. Da ist sie sicher.

Erst nachdem sie Jacke und Schal übergezogen und den Rucksack geschultert hat, fällt ihr auf, was fehlt. Der Umschlag. Der noch immer auf ihrem Schreibtisch in der Kirche liegt. Sie wird später im Büro vorbeischauen müssen, um ihn zu holen.

Als die Tür zur Wohnung hinter ihr ins Schloss fällt, ahnt Niu, dass sie ihren Schutzraum Wochen, vielleicht sogar Monate lang nicht mehr betreten wird.

Schweigend durchqueren Niu und Kasper die Gänge des Gebäudes, schweigend stehen sie im engen Fahrstuhl Schulter an Schulter, schweigend treten sie ins Freie. Als Kaspers Telefon klingelt und er das Gespräch entgegennimmt, deutet er in Richtung der Hauptstraße und formt mit den Lippen das Wort Taxi. Doch Niu schlägt eine andere Richtung ein.

Wo die Sonne scheint, ist es warm, im Schatten beißend kalt. Der erste helle Tag seit Monaten. Es riecht nach Frühling, selbst zwischen den Monolithen aus Beton. In einem Sandquadrat turnen dick eingepackte Kleinkinder unter den aufmerksamen Blicken ihrer Mütter. Darunter erkennt Niu ihre russische Nachbarin. Sie haben sich nie unterhalten.

Auf dem Parkplatz dreht sie sich noch einmal um und schaut an der Platte entlang nach oben. Diesen Anblick wird Niu vermissen, auch wenn sie nicht weiß, was genau daran. Sie schließt ihr neues Auto auf und steigt ein, den Rucksack verstaut sie auf der Rückbank. Kasper bleibt draußen stehen und blickt sie verwundert durch die Frontscheibe an. Er scheint nicht registriert zu haben, dass sie die Abende der letzten drei Monate nicht im Büro verbrachte, sondern ihren Führerschein machte. Intensivkurs. Kurz nach der Prüfung kaufte sie den gebrauchten Golf GTI einem tätowierten Tuner aus Brandenburg ab. Sportsitze, verbreiterter Kotflügel, 211 PS. Kasper öffnet die Beifahrertür. Seine Mimik gibt sich keine Mühe, den Argwohn zu verstecken. Doch abgesehen von einem leisen Stöhnen bleibt er stumm.

Eine halbe Stunde später fährt der Wagen auf den Parkplatz der *Assembly Line* von *Nutshell Ventures.* An den Stehtischen des Cafés schauen einige Leute von ihren Smartphones auf. Junge, modisch gekleidete Männer und Frauen, die an überteuerten Kaffees nippen und Karriere und Leben mit denen aller anderen vergleichen. Sie ist im vergangenen Jahr vielen Menschen dieser Art begegnet. Es gibt talentierte Kreative unter ihnen, mit guten Ideen und herausragenden Fähigkeiten, denkt Niu. Andere, die Spaß an der Arbeit haben. Die meisten jedoch sind ideenlos und unambitioniert. Dazuzugehören ist ihre einzige Motivation. Welche, die schon im Abibuch vermerkt haben, ein Start-up gründen zu wollen, ohne eine Geschäftsidee zu haben. Die meinen, mit der Gründung eines Unternehmens viel Geld verdienen zu können, berühmt zu werden und ein aufregendes, unabhängiges Leben zu führen. Der neue Traum vom Leben als Rockstar. Dabei drücken sie sich vor der Arbeit, indem sie Artikel darüber lesen, wie sie ihren Alltag optimieren können, um mehr Arbeit zu bewältigen. Abends haben sie ein schlechtes Gewissen, weil sie das *CrossFit* schwänzen, und schleppen sich in eine Bar, wo sie versuchen, sich gegenseitig zu beeindrucken. Sie haben Tagespläne, wie Niu einen hatte. Sie werden die ersten User des *Ting* sein, die Pioniere. Und wenn sie ihre Ziele erreichen, wenn sie das Leben führen, das sie sich immer gewünscht haben, dann werden sie es hassen.

Niu ist froh, sich mit diesen Menschen heute nicht unterhalten zu müssen. Sie ist froh, dass Kasper ihr auf dem Weg zum Eingang der *Assembly Line* zwar immer wieder Blicke zuwirft, aber schweigt. Sie würde es gern dabei belassen. Würde gern kommentarlos umdrehen, ohne die Entscheidung treffen zu müssen, das *Ting* zu verkaufen. Oder alles schnell hinter sich bringen, ohne ein einziges Wort der Vertragsgespräche mitanhören zu müssen.

Die Kopfhörer, die seit dem Morgen um ihren Hals hängen, fallen ihr ein. Nicht aus Schutz, nicht um sich abzuschirmen, sondern um sich die Farce angenehmer zu machen, setzt sie sie auf und startet einen alten Klassiker von Miles Davis.

Als Kasper die Kopfhörer bemerkt, schießt seine Hand reflexartig zu ihrem Kopf, hält aber mitten in der Bewegung inne. Niu muss seine folgenden Worte nicht verstehen, sie kann ihre Bedeutung an seiner Mimik ablesen. Es ist eine Wohltat, ihn nicht hören zu müssen, denkt sie. Abgelenkt wird Kasper von Adam, der mit geschlossenen Augen neben der Eingangstür zur *Assembly Line* lehnt und ähnlich motiviert zu sein scheint wie sie.

Als Niu ihm zur Begrüßung zunickt, lächelt Adam schwach, greift an ihren Oberarm und drückt fest, aber liebevoll zu. Sie kann eine tiefe Traurigkeit spüren, die er zu verstecken versucht. Seine Rolle erfüllt Adam wie immer fehlerfrei, doch er hat sich verändert in den letzten Tagen. Er wirkt nicht mehr so verbissen und impulsiv, sondern schlaff und irgendwie abwesend. Es ist, als würde er seine Arbeitsgespräche und seine Tätigkeiten nur abhaken, statt sie mit Ehrgeiz und Feuer anzugehen. Kein einziges Mal hat sie in den letzten Tagen erlebt, dass er einen Angestellten anschrie. Oder völlig fixiert einer Aufgabe nachging, ohne sich um die Leute um sich herum zu scheren. Früher wirkte jeder Atemzug Adams wie ein Ringkampf mit der gesamten Menschheit, heute nur noch wie der langsame Rückzug eines angeschossenen Wildtiers. Niu fragt sich, ob die erzwungene Übernahme der einzige Grund für diese Wandlung ist.

Kasper, Adam und Niu durchschreiten die Räume der *Assembly Line,* wie damals vor sieben Monaten, doch dieses Mal sind sie nur zu dritt. Die Halle voller Bürokabinen, die von Produktionsstraßen mit eifrigen Roboterarmen durchzogen sind, kommt ihr mit einem Mal bedrückend vor. Schlimmer als ihr eigenes symbolisch aufgeladenes, pathetisches Büro. Schlimmer als die kahlen Cubicles, die sie aus amerikanischen Filmen kennt. Dass in dieser Atmosphäre Kreativität und Wohlbefinden möglich sind, kann sie sich nicht vorstellen.

Arman empfängt sie an einem kleinen Fahrstuhl. Nius Lieblingsstück von Thelonius Monk übertönt das folgende Gespräch, doch an den Blicken erkennt sie, dass es um sie geht. Oben angekommen, treten sie in einen langen Gang, von dem etliche Büros abgehen. Die Einrichtung hier ist karg und nüchtern, kahle Ziegelsteinwände, heller Parkettboden, schwarze Schreibtische. Als hätten sie ein Kinderzimmer durchschritten, um das Arbeitszimmer der Eltern zu erreichen.

Kaum haben sie den Konferenzraum betreten, reißt es mehrere Menschen gleichzeitig aus ihren Stühlen. Kasper und Adam schütteln Hände. Hände verschiedener Anwälte aus allen Lagern, Hände der vier Investorinnen und Investoren von *Nutshell Ventures,* Hände des *Google*-Repräsentanten und der *Google*-Repräsentantin. Die Frau in Rock und legerer Bluse, seriös im Auftreten, begrüßt Niu mit mütterlicher Geste. Der Mann aus dem *Google*-Tross plappert auf sie ein, Brille, Bart, kariertes Hemd. Sein Gesichtsausdruck verrät, dass die Worte warm und schmeichelnd sind. Offenbar haben die Entwicklerinnen von *Google* den Code des *Ting* studiert und Nius Leistung als bedeutend eingeschätzt. Die beiden reden weiter auf sie ein und Niu nickt. Nickt im Takt von *Round Midnight.* Mehrere Fragen werden gestellt und bleiben unbeantwortet. Das freundliche Lächeln auf den *Google*-Gesichtern weicht Irritation. Kasper zieht die Aufmerksamkeit auf sich, erklärt die Situation mit halb entschuldigender, halb belustigter Miene. Nach seinen Worten nicken die beiden Niu zu, verständnisvoll und gönnerhaft. Als wollten sie ihre Toleranz einer Abweichung gegenüber zum Ausdruck bringen.

Die Versammelten setzen sich an einen blanken, runden Tisch. Hinter den hohen Fabrikfenstern ist der wolkenlose Himmel zu sehen. Darunter im Innenhof das Café und dieselben auf Smartphones gerichteten Gesichter.

Worte werden ausgetauscht, die Niu nicht versteht. Gelegentlich blickt die *Google*-Repräsentantin zu ihr und lächelt. Als gälte es, ein Kind bei Laune zu halten, das einer überfordernden Situation ausgesetzt ist. Doch Niu ist nicht überfordert. Einzig die Entscheidung, die sie gleich treffen muss, macht ihr zu schaffen.

An leisen Stellen und in den Pausen der Tracks schnappt sie Gesprächsfetzen auf. Die Anwälte beider Parteien haben in den vergangenen Tagen die Verträge im Eilverfahren ausgehandelt. Sobald die Papiere unterschrieben sind, wird Kasper das Team verlassen. Adam wird das Unternehmen führen. Niu soll die Leitung der Entwicklung behalten, wobei ihr jemand von *Google* zur Seite gestellt wird. Keiner ihrer Angestellten soll seinen Job verlieren, eine von Kaspers Bedingungen. Linus wird nicht erwähnt.

Fünf Jazzstücke später werden Papiere auf den Tisch gelegt. Die vier Investorinnen und Investoren von *Nutshell Ventures* setzen ihre Unterschrift zuerst. Darauf folgt Kasper. Er vollzieht, ohne zu zögern. Adam wirkt weniger zielstrebig. Vielmehr als sei die Unterschrift die beste Option, die er hat, nichtsdestotrotz eine schlechte.

Ein Anwalt, den sie noch nie gesehen hat, schiebt den Stapel zu Niu und legt einen metallenen Stift daneben. Sie wird ihren Widerwillen nicht überwinden können, denkt sie. Jeder Zentimeter ihres Körpers sträubt sich, diesen Menschen ihre Arbeit, ihr Baby zu überlassen. Sie fragt sich, ob es das *Ting* ist, das in ihr wirkt, ihr empfiehlt, den Vertrag nicht zu unterschreiben.

Aber nein, das »Navigationssystem fürs Leben« hat ihr noch immer keine einzige Empfehlung gegeben, sondern sie ausnahmslos ignoriert. Sie versteht bis heute nicht, wo der Fehler liegt – bei der Technik, beim Code oder bei ihr. Es muss also sie selbst sein, die den Vertrag nicht unterschreiben möchte. Die ihr Kind nicht in die Obhut dieser Menschen geben möchte. Vielleicht, denkt Niu, ist das aber auch vermessen: zu glauben, sie sei die Einzige, die gut für das *Ting* ist. Die Einzige, die fähig genug ist, den Code weiterzuentwickeln. Wenn es wirklich so wäre, müsste das *Ting* genau jetzt sein Schweigen brechen. Müsste seine über Emotionen kommunizierte Empfehlung, die Unterschrift zu verweigern, ihrer eigenen Abneigung hinzufügen. Natürlich besitzt es kein Bewusstsein, aber wie jedes existierende System hat es ein Interesse an seiner Selbsterhaltung. Aber die Empfehlung bleibt aus.

Die Blicke aller Anwesenden sind auf sie gerichtet. Die Stimmung angespannt und unruhig. Der Anwalt schlägt die Seite des Vertrages auf, wo Niu die erste Unterschrift setzen soll. Ungerührt redet er auf sie ein, als könne sie ihn trotz der Musik aus ihren Kopfhörern verstehen, und erklärt ihr vermutlich, was genau sie unterzeichnet. Vor ihrem Gesicht hängt die langweilige Krawatte des Mannes. Wahrscheinlich gehört er zu den Männern, die sich für jung geblieben und aufmüpfig halten, weil sie unter dem schnöden Anzug grelle Socken mit kessen Obstmotiven tragen und sich bei allen sich bietenden Gelegenheiten so hinsetzen, dass der Hosenaufschlag leicht hochrutscht und mit dem Socken einen Blick auf ihr vermeintlich rebellisches Innenleben preisgibt.

Dieser zynische Gedanke macht etwas mit ihr. Sie sollte ihre Entscheidung nicht aus Antipathie diesen Menschen gegenüber treffen, denkt Niu. Sollte sie nicht treffen, weil sie Kaspers Methoden für falsch hält. Oder weil sie in der Vergangenheit Zeit und Mühe in ein Produkt investiert hat, das sie nun nicht loslassen möchte. Sie sollte die Entscheidung treffen, die am besten für ihre Zukunft ist.

Also unterschreibt sie. Gemeinsames Aufatmen der Versammelten. Der Anwalt schlägt eine andere Seite auf, legt seinen Finger auf eine leere Stelle. Sie unterschreibt. Nächste Seite. Kurz Stille, das Lied wechselt, *Lullaby of Birdland.* Ihre Mutter hat ihr dieses Lied zum Einschlafen vorgesungen, als Niu ein Kind war. Seine Wirkung hat es behalten, Sicherheit und Geborgenheit wärmen sie. Sie unterschreibt. Unterschreibt. Unterschreibt. Als es nichts mehr zu unterschreiben gilt, steht sie von ihrem Stuhl auf. Alle Blicke im Raum schnellen wieder zu ihr.

»Ich muss mal.«

Die Toiletten befinden sich am Ende des Korridors. Während sie in der Kabine sitzt, nimmt sie die Kopfhörer ab. Sie wird sie nicht mehr brauchen. Aus einem geöffneten Fenster zieht kalte Luft herein. Kalte Luft, die trotz allem nach Frühling, nach Neuanfang riecht. Niu ist traurig und gleichzeitig erleichtert. Froh, endlich weitergehen zu können.

Sie betritt einen Lastenaufzug. Nachdem sie den Knopf für das Erdgeschoss drückt und der Lift sich ruckelnd in Bewegung setzt, fällt ihr auf, dass sie vor Monaten schon einmal hier war. Ein wenig Wehmut stellt sich ein. Trotz allem ist es eine gute Zeit gewesen, denkt Niu. Sie setzt sich auf den Boden des Aufzugs und nimmt sich einen Moment, um sich von ihr zu verabschieden.

Einige Minuten später steigt sie in ihren Golf. Die Beschleunigung an der Ausfahrt des Fabrikgeländes drückt sie in den Sitz. Der Weg ist nicht weit und sie findet schnell einen Parkplatz in der Nähe der Kirche. Die Kirschbäume blühen bereits, vorschnell und verfrüht, trotzdem ein willkommenes Versprechen. Auf dem Hof vor dem Büro unterhalten sich vertraute Menschen in der Sonne, trinken Kaffee, rauchen, lachen. Dieser Ort ist zu ihrem Zuhause geworden, die Menschen zu ihrer Ersatzfamilie. Als Niu an ihnen vorbeiläuft, ihnen zulächelt, wird sie gegrüßt, aber nicht in ein Gespräch verwickelt. Ein Resümee zum Treffen mit *Google* erhofft man sich von Adam oder Kasper, nicht von ihr.

Über das naive Mission Statement im Vorraum schüttelt sie ein letztes Mal den Kopf. Angestellte blicken im Hauptsaal von ihren Monitoren auf, andere Gruppen unterhalten sich flüsternd. Im Altarbereich findet ein Meeting statt. Rasal, die Linus' Posten übernommen hat, brieft die Biotechniker für den Beta-Test, der morgen beginnen wird. 1000 Tester werden in den kommenden Tagen in den Laborräumen der Kirche eintreffen, um sich das *Ting* installieren zu lassen. Einige von ihnen werden aus den USA, Südafrika und Japan einfliegen.

Leise steigt Niu die kleine Wendeltreppe zur Empore hoch. Kaspers Schreibtisch ist bereits leer geräumt. Auf Adams sind Laptop, Unterlagen, Zeitschriften, Bücher und halb volle Kaffeetassen verteilt. Eine alte Angewohnheit von ihm, die sich neuerdings scheinbar wieder eingeschlichen hat.

Als sie vor ihrem eigenen Schreibtisch steht und nach dem Knauf der Schublade greift, zögert Niu. Sie könnte den Rechner hochfahren, sich für ein paar Minuten an den Code setzen. Überprüfen, ob am Wochenende etwas verändert wurde, ob eine der Junior-Entwicklerinnen, die ihr unterstellt sind, weitergeschrieben hat. Vielleicht würde es heute sogar Spaß machen, nach Verbesserungsmöglichkeiten der Algorithmen zu suchen, vermutet sie. Aber sie möchte sich nicht in die Sicherheit alter Gewohnheiten flüchten, auch wenn zwei schwierige

Entscheidungen vor ihr liegen. Niu öffnet die Schublade und entnimmt den Umschlag, wegen dem sie hergekommen ist.

An der Balustrade schaut sie hinunter zu den Schreibtischen. Zum Messiasbildnis des Buntglasfensters. Dem Konferenztisch, auf dem sie mit Linus geschlafen hat. Hat sie nicht genau dort, nackt und zitternd, beschlossen, etwas zu verändern?

Beim Hinabsteigen der Treppe fühlt sie die vertrauten Kerben im hölzernen Geländer und hält kurz inne. In der Kirche herrscht absolute Stille. Niemand spricht, weder im Altarbereich, in der Küche noch an den Schreibtischen. Die Sonne lässt das große Buntglasfenster aufleuchten, taucht den Saal in warme Farben. Für einen kurzen Moment wirken die Angestellten in Kontemplation versunken, vereint von einer höheren Mission. Für einen kurzen Moment ist dieser Ort heilig. Dann zerreißen die ersten Silben von Rasals gestresster Stimme die Stille.

Zwanzig Minuten später parkt sie den Golf in einer Nebenstraße in Prenzlauer Berg. Zwei ältere Trinker, die sich auf der Bank vor einer Sporthalle niedergelassen haben, prosten ihr zu, als sie aus ihrem getunten Auto steigt. Ein Kleinkind flitzt an ihr vorbei, gefolgt von seiner Mutter, die kaum älter sein kann als Niu. Touristen und Studierende unterhalten sich in Jacken und Decken gehüllt vor einem Café. Einige Altbauhäuser weiter findet sie den Namen *Landmann* auf einem Klingelschild.

Mit dem Finger auf der Klingel hält sie inne und ist nicht zum ersten Mal an diesem Tag von ihrer eigenen Unentschlossenheit genervt. Am liebsten würde sie alleine aufbrechen und sich nicht mit den Bedürfnissen und Unzulänglichkeiten eines anderen Menschen zusätzlich belasten. Seit Tagen hat sie mit Linus nicht mehr gesprochen. Sie weiß nicht, in welchem emotionalen Zustand er sich nach seinem Ausschluss aus dem Start-up befindet. Aber der leichteste Weg ist nicht immer der richtige, denkt Niu. Das haben ihr die vergangenen Jahre gezeigt.

Dreimal drückt sie die Klingel und wartet lange, bis der Summer ertönt. Ihr ehemaliger Kollege empfängt sie an der Wohnungstür, Augenringe im rundlichen Gesicht, die fettigen Haare in alle Richtungen abstehend.

»Was machst du hier? Ist heute nicht der große Tag?«

Niu nickt und fragt, ob sie hineinkommen kann. Nach kurzem Zögern zuckt Linus die Achseln. Die Wohnung hat vier Zimmer, die allesamt wirken, als wäre er gerade erst ein- oder eine zweite Person mit der Hälfte des Haushalts ausgezogen. In der Küche stehen zwei Stühle, einen Tisch gibt es nicht. Wo der Kühlschrank gewesen sein muss, klafft eine Lücke. Der Fernseher im Wohnzimmer steht auf dem Boden, davor ein einzelner Ledersessel. Das Schlafzimmer wird von einem ordentlich gemachten Doppelbett beinahe vollständig ausgefüllt. Auf dem Boden liegen Anziehsachen verstreut, wo früher ein Kleiderschrank gestanden haben muss. Im Vorbeigehen wirft Niu einen Blick in einen leeren Raum und malt sich aus, wie Linus und Kira ihn einst als Kinderzimmer vorgesehen hatten.

Zusammen betreten sie einen dunklen wie muffigen Raum. Linus setzt sich an den Schreibtisch vor einen angeschalteten Monitor. Vergessene Pizzaschachteln mit übergebliebenem Inhalt schimmeln vor sich hin, leere *Club-Mate*-Flaschen, ein benutzter Schlafsack auf der Couch. Ein wenig erinnert sie der Anblick an ihr erstes Büro in Adams Wohnung, als sie zu dritt und später zu viert jede wache Minute mit Arbeit am *Ting* verbrachten. Niu zieht die Jalousie hoch und öffnet das Fenster, dann setzt sie sich auf die Couch.

»Woran arbeitest du?«, fragt sie.

Auf dem Monitor stechen weißer und grüner Quelltext aus einer dunklen Programmierumgebung heraus.

»An nichts Besonderem.«

»Erzähl mir davon. Was hast du die letzten Tage gemacht?«

Linus schaut eine Weile auf den Streifen Sonnenlicht, der durch das offene Fenster auf die Dielen vor ihm fällt.

»Keine Ahnung. Ich hatte keine Ahnung, was ich machen soll. Ich meine, alles ist weg. Kira hat mich endgültig verlassen. Das Unternehmen wird übernommen. Meine Arbeit erledigen nun andere. Also lag ich einfach nur da. Drei Tage lang.«

Er deutet auf die Couch.

»Ohne zu schlafen. Ich hab einfach nur zur Decke hochgeschaut und manchmal geweint. Ich habe seit meiner Kindheit nicht mehr geweint. In dieser Phase habe ich darüber nachgedacht, mich wieder bei Kira zu melden, noch einmal zu versuchen, die Beziehung zu retten. Als mir etwas klar geworden ist: Kira ist kein schlechter Mensch, aber mir hat sie schon lange nicht mehr gutgetan, lange vor dem *Ting*. Also habe ich stattdessen meine Eltern angerufen. Das ist dann ziemlich schiefgelaufen.«

Linus fängt mit einem Mal an zu lachen, so ehrlich, dass es ansteckend ist. Sie lachen eine Weile.

»Meine Eltern waren enttäuscht. Sie haben über Anwälte geredet. Über Geld. Über verschenkte Lebenszeit. Über meine nächsten Schritte. Aber sie haben kein einziges Mal gefragt, wie es mir wirklich geht. Ich habe mir den ganzen Quatsch angehört und es hat mir nichts gebracht. Rein gar nichts. Also habe ich mich freundlich verabschiedet und aufgelegt, wie man es mit nervigen Bekannten tut. Das Gute daran war: Ihre Vorstellungen und Ansprüche haben mich nicht unter Druck gesetzt, wie früher immer. Sie waren einfach nur daneben.«

Linus schüttelt lächelnd den Kopf, als würde er nicht über seine Eltern urteilen, sondern über das naive Gebrabbel eines Kleinkindes.

»In diesem Moment war ich so weit, mir die volle Dröhnung zu geben und mit wirklich allen abzuschließen. Also habe ich meine ach so perfekte Schwester angerufen. Ich hatte sie mal erwähnt, angehende Ärztin, bereits verheiratet, Haus auf dem Land, weißt du noch? Ich hab mit dem Schlimmsten gerechnet. Doch zu meiner großen Überraschung war es ein sehr gutes Gespräch. Meine Schwester hat mir zugehört, und statt mir unnütze Ratschläge zu geben, hat sie mir gut zugesprochen. Und gesagt, dass sie für mich da ist, falls ich sie brauche. Wie verrückt das auch klingt, aber ich habe zum ersten Mal in meinem Leben mit meiner Schwester gesprochen, ohne sie als Konkurrentin zu sehen. Du glaubst gar nicht, wie gut das getan hat.«

Nach diesen Worten schaut Linus eine Weile zur Decke und betrachtet einen dünnen Riss im Putz. Es dauert eine Weile, bis seine Gedanken wieder hier im Zimmer angekommen sind.

»Na ja. Als das alles aus dem Weg war – dann hab ich Lust bekommen zu programmieren. Einfach nur so. Ich hab mich rangesetzt und bin seitdem nur noch aufgestanden, um aufs Klo zu gehen oder 'ne Bestellung entgegenzunehmen.«

»Was du erzählst, Linus, klingt nach einem Menschen, der ›fertig‹ ist. Ich freu mich für dich. Auch wenn's bestimmt hart war. – Und verrätst du mir, woran du arbeitest?«

Ihr Freund greift zu einer Teekanne hinter sich, gießt sich Wasser ins Glas. Anstatt zu trinken, stellt er das Glas auf den Schreibtisch, schiebt es von sich weg.

»Ich arbeite nicht. Keine Ahnung, ob du das verstehst. Ich sitze hier und schreibe, weil ich Lust darauf habe. Das wird niemals eine fertige App werden, niemand wird das jemals benutzen. Ich werde damit kein Geld machen und es wird auch nicht in meinem Lebenslauf erwähnt werden.«

Niu nickt, sie versteht gut. Sie zieht den Umschlag aus ihrem Rucksack und wiegt sein Gewicht in den Händen. Das ist die letzte Möglichkeit, in ihr altes, gesichertes Leben zurückzukehren, denkt sie. Niu müsste den Umschlag bloß wieder einstecken, sich von ihrem ehemaligen Kollegen verabschieden und zurück in ihre Wohnung fahren. Stattdessen reicht sie Linus den Umschlag.

»Was ist das?«

»Mach's auf.«

Einige Sekunden später hält er mit fragendem Gesichtsausdruck zwei Reisepässe in die Höhe. Irritiert blättert er darin.

»Warum hast du meinen Reisepass?«, fragt Linus. »Ich habe noch nie einen besessen.«

»Es war auch nicht einfach, den zu beschaffen. Das hat mich viel Zeit gekostet. Wenn du hinten reinschaust, siehst du, was noch aufwendiger war.«

Nach kurzem Blättern hat er die entsprechende Seite gefunden. Seine Augen werden groß und er lacht ungläubig.

»Das ist ein Visum für China. Ist das dein Ernst?«

Niu zieht ihre Beine an, macht es sich auf der Couch gemütlich. Draußen im Innenhof kreischen Kinder, freuen sich, endlich wieder im Freien spielen zu können.

»Zwei Flugtickets nach Shanghai habe ich auch. Heute Abend geht unser Flug. Ich habe nicht vergessen, was du in der Nacht damals gesagt hast. Dass du in das Land möchtest, wo vermeintlich ›alles Gute‹ herkommt.«

Die Blässe in Linus' Gesicht weicht einer leichten Röte.

»Das habe ich bloß so gesagt«, stammelt er.

»Ich möchte, dass du mich begleitest. So lange du eben Lust hast. Anfangs wollte ich bloß eine kleine Rundreise mit dir machen, zwei Wochen Urlaub oder so. Mir ein bisschen das Land anschauen. Der Beginn des Beta-Tests ist eigentlich ein guter Zeitpunkt. Nach der Reise hätten wir einen Haufen Datensätze und Bug-Reports gehabt, die wir hätten bearbeiten können.«

»Ist wohl ein wenig anders gekommen.«

»Als Kasper euch an die Wand gestellt hat, hab ich's mir anders überlegt. Ich habe beschlossen, dem Exit zuzustimmen. Und den Plan gefasst, nie wieder am *Ting* zu arbeiten. Die Bedingung von *Google* ganz bewusst zu ignorieren. Na und, was wollen die schon machen? Die Zeit für etwas Neues ist gekommen.«

Linus lehnt sich im Stuhl nach vorne, hält sich an seinen eigenen Oberschenkeln fest.

»Und für was?«

»Ich weiß nicht. Ich will in ein Flugzeug steigen und mich überraschen lassen.«

Niu schließt wieder das Fenster und lässt die Jalousien herunter. Ein paar Lichtstrahlen zwängen sich durch die Lamellen, tauchen den Raum in Dämmerlicht. Linus atmet tief durch und schaut sich in dem kleinen Arbeitszimmer um.

»Ich weiß, wie trostlos das alles aussieht, dieses Zimmer, meine Situation«, sagt er. »Als sei ich in einer Krise und bräuchte jemanden, der mich rausholt. Aber das täuscht. Lange Zeit hatte ich Angst, mich selbst zu verlieren. Es war, als hätte jemand Fremdes mein Leben übernommen. Und ich meine nicht das *Ting*.«

Während er spricht, massiert er gedankenverloren seinen linken Oberarm, dann den Unterarm, bis er bei seiner Hand ankommt.

»Aber diese Angst ist verschwunden. Seit ein paar Tagen habe ich das Gefühl, endlich ich selbst zu sein. Auf niemanden hören zu müssen. Weder auf Kira noch auf meine enttäuschten Eltern oder meinen ramponierten Lebenslauf. Auch nicht auf das *Ting*. Wieso sollte man Angst davor haben, etwas falsch zu machen, wenn man schon alles falsch gemacht hat?«

Linus gibt ein bitteres Lachen von sich.

»So traurig das wirken muss«, setzt er noch einmal nach. »Aber mir geht es so gut wie schon lange nicht mehr.«

»Ich möchte dich nicht retten«, entgegnet Niu. Sie deutet auf seinen Pass. »Das da ist auch keine Liebeserklärung. Ich habe kein Interesse, dass sich unser One-Night-Stand wiederholt, falls du das denkst. Ich würde mich einfach freuen, wenn du mich begleitest. Aber wenn du nicht möchtest, ist das völlig in Ordnung.«

Kurz befürchtet sie, Linus vor den Kopf gestoßen zu haben. Ohne ein weiteres Wort verlässt er den Raum, geht ins Schlafzimmer und schließt die Tür hinter sich. Die Luft wird mit den Sekunden stickiger. Niu streckt sich auf der Couch aus und guckt an die Decke, wandert einen langen Riss darin mit dem Blick ab. Konzentriert sich auf die Stimmen der Kinder, die durch das geschlossene Fenster dringen. Greift in den Schlafsack, auf dem sie liegt, knüllt den Stoff mit den Händen.

»Scheiß drauf, ich komme mit.«

Linus steht mitten im Raum, sichtlich aufgeregt und voller Vorfreude, tritt er von einem Fuß auf den anderen.

»Das hast du im Schlafzimmer herausgefunden?«

Niu gähnt und reibt sich die Augen. Sie muss eingeschlafen sein.

»Ich wollte in Ruhe überlegen, ob ich wirklich Lust auf diese Reise habe. Wo wir schon dabei sind: Was machen wir da eigentlich? Außer losfliegen und weitersehen.«

»In China ist heute der erste Tag des Neujahrfestes. Es ist eine Tradition, zum Neujahr die Familie zu treffen. Und meine Familie ist vor drei Tagen gewachsen. Ich werde meine neugeborene Schwester kennenlernen. Zeit mit ihr und meinen Eltern verbringen. Sie erwarten uns in Shanghai. Anschließend sehen wir weiter. Ich habe keine Ahnung, ob mein Führerschein in China gilt. Oder ob wir mit dem Visum uneingeschränkt durch das Land reisen können. Das werden wir dort herausfinden.«

Als könnte er sich nicht entscheiden, was er entgegnen soll, nickt Linus lange. Er entscheidet sich für ein Thema, das ihm unangenehm zu sein scheint.

»Da ist die Sache mit dem Geld. Ich hab kaum was gespart. Musste Schulden zurückzahlen.«

»Das sollte kein Problem sein. Ich habe gerade an deiner Idee mehrere Millionen Euro und einige Aktienanteile von *Google* verdient. Dadurch, dass du deine eigenen Anteile am *Ting* verloren hast, gab's für mich sogar noch was obendrauf. Es ist schon okay, wenn ich dir davon was abgebe.«

Niu prustet los und auch Linus muss über die Absurdität ihrer Worte lachen.

»Krass, wir fliegen nach China. Was nimmt man da mit?«

»Ich habe diesen Rucksack vollgepackt«, sagt sie. »Alles andere wird sich schon ergeben. Ich hab gehört, in China wird auch Kleidung hergestellt.«

Linus verzieht das Gesicht und verschwindet erneut im Schlafzimmer, dieses Mal, um zu packen. Niu schließt wieder die Augen. Sie möchte keine Zweifel aufkommen lassen.

Linus braucht eine halbe Stunde, um zu duschen, einen Rucksack zu packen und den Rechner runterzufahren. Ohne noch einmal zu zögern, zieht er die Wohnungstür hinter sich zu und scheint entschlossener zu sein als Niu selbst.

Während der Autofahrt zum Flughafen sitzen sie schweigend nebeneinander. Linus lässt das Seitenfenster herunter und Niu tut es ihm gleich. Kälte schlägt ihnen ins Gesicht, Abgase, gemischt mit Frühlingsgerüchen. Ein Kribbeln breitet sich in ihrer Bauchgegend aus. Sie muss fest ins Lenkrad greifen, um ihre Hände am Zittern zu hindern. Keine Starre. Kein Fluchtreflex.

Nicht die Symptome von Überforderung, denkt Niu, sondern Zittern vor Vorfreude und Aufregung.

Obwohl es noch Stunden bis zum Boarding sind, passieren sie die Sicherheitskontrollen im Flughafen. Sie flanieren durch die Duty-free-Shops, fassen Gegenstände an, ohne sie zu kaufen, blättern durch Bücher und Zeitschriften. Von zwei Barhockern in einem Café aus beobachten sie Menschen, die zu ihren Flügen eilen.

»Überlegst du, gegen das Vorgehen von Kasper zu klagen?«, fragt Niu.

»Meinst du, ich sollte?«

»Ich weiß nicht«, antwortet sie. »Aber ich glaube nicht, dass der Zusatzvertrag und Kaspers Aktion einer gesetzlichen Prüfung standhalten.«

Erst als ihre beiden Tassen ausgetrunken sind und sich die Halle vor ihnen geleert hat, kommt Linus auf das Thema zurück.

»Nein danke«, sagt er in gut gelauntem Ton. »Ich mach das nicht. Erstens würde ich nicht gegen Adam und Kasper Klage einreichen, sondern gegen einen Internetgiganten. Ich möchte nicht die kommenden Jahre meines Lebens mit dem Warten auf etwas verbringen, was vielleicht nie eintritt. Und zweitens: Mein Bauchgefühl rät mir davon ab. Wenn du verstehst, was ich meine.«

Sie lachen.

»Ich habe gehört, dass Kasper das *Ting* nicht mehr benutzt«, sagt Linus.

»Ja, Rasal meinte, sie hätte es für ihn deinstalliert. Scheint wohl nicht so gut für ihn gelaufen zu sein.«

»Findest du?«, fragt Linus verwundet. »Er hat etliche Millionen am *Ting* verdient. Wie ich gehört habe, hat er sich wieder mit seinen Eltern und seiner Schwester versöhnt. Und außerdem ist er Geschäftsführer von *Strindholm Consulting* geworden. Aber diese Gerüchte hast du ja sicher auch alle mitbekommen. Und jetzt frage ich mich: Ist es nicht das, was er immer wollte? Wenn das keine Optimierung der eigenen Lebenssituation ist, dann weiß ich auch nicht.«

»Hm, vielleicht. – Und was ist mit Adam? Weißt du, wie es ihm geht?«, fragt Niu. »Er wirkt so distanziert, gar nicht wie er selbst. Gar nicht wie der Mensch, den das *Ting* aus ihm gemacht hat.«

»Keine Ahnung. Ich hab ihn zum letzten Mal gesehen, als Kasper mich vor versammelter Mannschaft aus dem Unternehmen geschmissen hat.«

Mit dem Lächeln aus seinem Gesicht ist auch die Wärme aus Linus' Stimme gewichen.

»Es ist merkwürdig«, fährt Niu fort. »Ich hatte das Gefühl, dass Adam vom *Ting* immer profitiert hat. Er wurde im Start-up und in der Branche immer beliebter. Er ist zum Vorreiter und zur Schlüsselfigur einer Bewegung geworden, die zwar gerade erst in den Kinderschuhen steckt, aber nach Markteinführung des *Ting* so richtig Fahrt aufnehmen wird. Von Woche zu Woche schien er sportlicher und gesünder. Das perfekte Aushängeschild für das *Ting*. Und mit einem Mal wirkt er, als wäre alles Leben aus ihm gewichen, wie ein High-End-Computer, aus dem man den Prozessor ausgebaut hat. Als hätte ihn etwas eingeholt, wogegen ihn auch das *Ting* nicht wappnen kann.«

Linus denkt eine Weile über ihre Worte nach, dann schüttelt er den Kopf.

»Adam ist mir nur noch egal. Ich habe vieles gelernt in den letzten Tagen, nein, sagen wir, anderthalb Jahren. Eines ist, sich nicht mit Menschen wie Adam zu vergleichen. Oder sie zum Vorbild zu nehmen.«

Den Rest der Wartezeit verbringen sie in der Halle vor dem

Gate. Als Linus einschläft, sinkt sein Kopf auf ihre Schulter. Niu muss sich überwinden, ihn zu wecken, als das Boarding beginnt.

Erst zwei Stunden nachdem der Start sie in die Sessel gepresst hat, bricht Linus wieder das Schweigen.

»Hast du das *Ting* eigentlich deinstalliert?«, fragt er.

»Nein. Du?«

»Auch nicht. Aber es gibt etwas, das mich seit meinem Ausschluss aus dem Start-up beschäftigt«, sagt Linus.

»Was denn?«

»Seit Tagen frage ich mich, warum das *Ting* in meinem Fall alles falsch gemacht hat. Seit ich die Beta-Version benutze, hat es meine Beziehung mit Kira sabotiert. Es hat mir meinen Job zur Hölle gemacht. Mehrmals habe ich mit dem Gedanken gespielt, alles hinzuschmeißen. Und zuletzt hat es zugelassen, dass Adam und Kasper mich verarschen, mir das *Ting* wegnehmen und mich um meine faire Entlohnung bringen.«

Ein Flugbegleiter stellt einen Plastikbecher und eine Dose Tomatensaft auf Linus' Sitztischchen.

»Andererseits meinte ich das vorhin ernst«, fährt Linus fort. »Es geht mir so gut wie noch nie in meinem Leben. Obwohl ich alles verloren habe. Meine Freundin, meinen Job, die Unterstützung meiner Eltern, mein geregeltes Leben. Also frage ich mich, ob ich vielleicht genau das brauchte. Ob Selbstoptimierung in meinem Fall bedeutete, immer weniger den Ansprüchen von Kira, meinen Eltern – oder pathetisch ausgedrückt: der Gesellschaft – zu genügen. Vielleicht schlug das *Ting* deshalb einen völlig anderen Weg ein: Optimierung durch Verlust. Durch Ausbruch aus dem Hamsterrad. Damit ich am Ende hier sitzen und alles loslassen kann, dem ich immer versucht habe, gerecht zu werden. Damit ich am Ende so was wie *ich selbst* sein kann.«

Linus öffnet den Tomatensaft, gießt den Inhalt in den Becher und trinkt ihn aus. Rote Flüssigkeit bleibt an seiner Oberlippe kleben.

»Vor allem frage ich mich, ob das der Plan des *Ting* war. Ob es die ganze Zeit daran gearbeitet hat, mir zu helfen. Nicht mein Leben effektiver zu machen oder mir beruflichen Erfolg zu garantieren, sondern mich in eine Situation zu bringen, die mir wirklich guttut. Ohne das *Ting* würde ich noch immer in einer Beziehung mit Kira stecken und versuchen, ihren Vorstellungen eines adäquaten Freundes oder Ehemannes gerecht zu werden. Ich würde entweder als Gründer eines Start-ups völlig ausbrennen oder in einem langweiligen Angestelltenjob verkümmern. Weil eins von beiden nun mal in dieser Gesellschaft von einem erwartet wird, oder?«

Niu schaut eine Weile aus der kleinen Luke. Weit unter dem Flugzeug zieht sich ein Netz aus elektrischen Lichtern durch die Dunkelheit. Einzelne Wolkenfetzen rasen an den Tragflächen vorbei und verschwinden in der Nacht.

»Ich muss dir etwas gestehen«, antwortet sie. »Ich habe dir das aus Scham bisher verschwiegen. – Ich habe noch nie eine einzige Empfehlung vom *Ting* erhalten. Alle Einträge in meiner Logdatei sind gefälscht.«

Linus' Augen weiten sich. Er scheint nach Worten zu suchen, aber Niu gibt ihm mit einer Handbewegung zu verstehen, dass sie keine Antwort hören möchte.

»Was du eben gesagt hast, macht mich aber nachdenklich«, sagt sie weiter. »Genauso wie dir geht es mir ganz gut gerade. Ich habe wirklich eine schwierige Zeit hinter mir und sie ist noch lange nicht durchgestanden. Ich werde mich in den kommenden Jahren viel mit meinen Verhaltensmustern beschäftigen müssen. Werde – wie sagt man – hart an mir arbeiten müssen, um ein Leben zu führen, in dem es viel Zufriedenheit und manchmal Glück gibt. Aber ich glaube, ich bin wie du auf einem guten Weg. Das alles hier: die Reise, unser Gespräch, du. Das ist ein Anfang. Ich weiß nicht, ob ich hier sitzen würde, wenn das *Ting* bei mir funktioniert hätte wie bei Adam oder Kasper. Ganz ehrlich, ich bezweifele es. Möglich also, dass die Weigerung des ›Navigationssystems‹, mir eine Empfehlung auszusprechen, selbst eine Empfehlung war. Wenn sie es war, dann war es die richtige. Denn was diesen Punkt angeht, hast du recht: Das *Ting* ist mitverantwortlich dafür, dass wir zusammen in diesem Flugzeug sitzen. Ob es das intendiert hat, uns über lange Zeit auf genau diesen Punkt zugesteuert hat? Keine Ahnung. Wahrscheinlich werden wir es nie herausfinden.«

Linus lässt sich eine weitere Dose Tomatensaft bringen und trinkt ihn in einem Zug weg.

»Okay, aber was heißt das jetzt?«, fragt er, ohne den antrocknenden Gemüsesaft von seinen Lippen zu wischen. »Wird *Google* ein *Ting* zu Ende entwickeln, das den Menschen tatsächlich hilft, ein besseres Leben zu führen? ›Besser‹ nicht im Sinn von effizient und auf Erfolg ausgerichtet, sondern ausgerichtet auf Konzepte wie Selbstwahrnehmung, Empathie und Zufriedenheit? Oder werden die tausend neuen Beta-Tester und die voraussichtlich Millionen User nach Markteinführung von einem ›Navigationssystem fürs Leben‹ tyrannisiert werden, das ihren Alltag in ein Bootcamp der Leistungsgesellschaft verwandelt?«

»Weiß nicht«, antwortet Niu gähnend. »Das wird die Zeit entscheiden, oder? Wir haben unseren Teil getan. Alles, was folgt, ist nicht mehr unsere Geschichte.«

Das Rauschen des Luftstroms, das leichte Vibrieren der Maschine und das Flüstern anderer Passagiere machen sie müde. Sie zieht eine Schlafbrille der Fluggesellschaft über ihre Augen und schlägt die Kapuze über den Kopf. Noch lange spürt sie

Linus' nachdenklichen Blick auf sich ruhen. Aber sie möchte sich nicht mehr mit dem Vergangenen beschäftigen, sondern mit dem, was vor ihr liegt.

Als der Flugbegleiter fragt, ob Linus und Niu noch einen Wunsch haben, befindet sie sich schon im Halbschlaf. Sie denkt an Linus' Tomatensaft und fragt sich, ob sie auch einen trinken sollte, obwohl sie Tomatensaft gar nicht mag. Sie freut sich über die Belanglosigkeit dieser Entscheidung. Mit einem Mal, wie zur Antwort, regt sich ein fremdes Gefühl in ihr. Ein Gefühl, das nicht ihr eigenes zu sein scheint. Eine unbekannte Präsenz. Als würde etwas aus dem Dunkeln ins Scheinwerferlicht treten.